Die Rezitative in Händels Opern

Daniel Rilling

Die Rezitative in Händels Opern

Vers – Rhythmus – Melodische Gestaltung

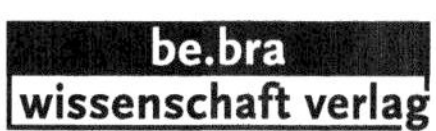

Bibliografische Information der Deutschen Nationalbibliothek
Die Deutsche Nationalbibliothek verzeichnet diese Publikation
in der Deutschen Nationalbibliografie; detaillierte bibliografische
Daten sind im Internet über http://dnb.d-nb.de abrufbar.

KulturBrauerei Haus 2
Schönhauser Allee 37, 10435 Berlin
post@bebraverlag.de
Lektorat: Katrin Endres, Berlin
Umschlag: typegerecht, Berlin
Satz: ZeroSoft
Schrift: Minion Pro 10/13pt
Gedruckt in Deutschland
ISBN 978-3-95410-221-1

www.bebra-wissenschaft.de

Inhalt

Einleitung

Problembereich, Fragestellung, Konzeption und Methode

Problembereich

Das Rezitativ ist zu Händels Zeiten der Handlungsträger in den Opern. Im Rezitativ bekennen Verliebte ihre gegenseitige Zuneigung, hier werden Intrigen und Konflikte ausdiskutiert, teils mit glücklichem und teils mit tödlichem Ausgang. Während das Rezitativ in seinen Erscheinungsformen Monolog und Dialog die Triebfeder des musikalischen Dramas ist, wird in den Arien, Duetten und Ensembles ein im Rezitativ entwickeltes oder unterdrücktes Gefühl zum Ausdruck gebracht. Über die Beschaffenheit der Arien, den Kastratengesang, die Affektenlehre und die Bühnengestik sowie über die Gepflogenheiten auf den Londoner Opernbühnen wissen wir sehr gut Bescheid. Doch wie steht es um das generalbassbegleitete Rezitativ zu dieser Zeit? Welche Funktion erfüllt das Rezitativ in Händels Opern? Wie ging Händel mit den ihm vorliegenden Versen eines Librettisten bei der Vertonung um? Welche kompositorischen Mittel standen ihm in dieser textlastigen Gattung überhaupt zur Verfügung? Hierzu sei vorab eine Grundtatsache hervorgehoben: In der italienischen Oper sind Monologe und Dialoge musikalisch notiert, das Sprechen vollzieht sich im Sprech*gesang*. Im Gegensatz zu Opern mit gesprochenen Dialogen, wie man sie u. a. aus der Zauberflöte oder Carmen kennt, konnte ein Komponist wie Händel im dramma per musica dem Interpreten auf Basis des Notentextes ein detailliertes Gerüst der musikalisch-rhythmischen Vortragsweise bereitstellen.

Während der ersten Recherchen zu diesem Thema bot es sich an, den Fokus nicht auf Tonarten und Melodieführung zu legen, sondern den italienischen Vers hinsichtlich seiner Struktur und Vertonung ins Zentrum zu rücken. Anhand von Silke Leopolds Habilitationsschrift *Al modo d'Orfeo. Dichtung und Musik im italienischen Sologesang des frühen 17. Jahrhunderts* (1993), in der die Herausforderungen der Komponisten im Sologesang des 17. Jahrhunderts im Mittelpunkt stehen, konnte an einige der darin behandelten Punkte für Händels Arbeit am italienischen Vers für das Opernrezitativ angeknüpft werden. Doch gibt es bislang nur wenige Forschungsarbeiten, in denen Librettotexte in Hinsicht auf die musikalische Notation im Mittelpunkt stehen. Für die hier vorliegende Untersuchung ist folgende Voraussetzung von zentraler Bedeutung: Das geschriebene bzw. das gesprochene Wort besteht aus einzelnen Silben. Im Zusammenhang von Wort und Satz bilden sich so verschiedene Akzentstrukturen sowie ein Wechselspiel betonter und unbetonter Silben. Im philologischen Kontext und in der traditionellen Sprechtheatertradition steht diese Ebene für sich allein. Im musikalischen Zusammenhang entsteht durch den Notentext eine zweite Ebene, die ihrerseits lange und kurze Notenwerte kennt und durch ihre streng gegliederte Taktstruktur über leichte und schwere Betonungen verfügt. Ein Komponist wie Georg Friedrich Händel kann in seinen Rezitativen bisweilen in vielen Punkten der natürlichen Akzentstruktur folgen. Allerdings entstehen ihm darüber hinaus viele Möglichkeiten, die Akzent- und Rhythmusstruktur der Klangrede für Sänger und Zuhörer zu fixieren, die natürliche Interpunktion zu übergehen oder durch zusätzliche Zäsuren zu unterbrechen. Während also der gedruckte Text es dem Interpreten überlässt, welches Wort durch eine Betonung hervorgehoben sein will, wo eine Zäsur oder Atempause den Sprachfluss unterbricht oder ein Protagonist sich während des Redens überschlägt oder ins Stottern kommt, kann der Opernkomponist präzise Vorgaben machen. Die Studie wirft einen genaueren Blick auf den rhetorischen Ausdruck und würdigt das Verdienst Händels, durch differenzierte Rhythmisierung, durch lebendige Gestaltung der Sprachmelodie und durch Zuhilfenahme der akkordgestützten Generalbassbegleitung die jeweilige Handlungssituation hervorzuheben und somit dem Zuhörer ein klares Bild des Geschehens zu vermitteln.

In einem Rezitativ kann sich eine Melodielinie freier entfalten als im strengen metrischen Korsett einer Arie. Denn die italienische Verslehre kennt unterschiedliche Versendungen (männliche/weibliche Endungen), wohingegen die rhythmische Struktur der Versanfänge, die im Notentext untrennbar mit den Taktschwerpunkten verbunden sind, bei der Betrachtung von Rezitativen meist vernachlässigt wird. So kann der Komponist in vielen Fällen selbst entscheiden, ob er streng linear dem gedruckten Librettovers folgt, ihn individuell ausdeutet oder ob er den gängigen Rhythmus- und Akzentvorgaben absichtlich widerspricht. Die verschiedenen Verslängen (im Rezitativ frei aneinandergereihte Sieben- und Elfsilber) und ihre Akzentstruktur bilden somit Grundlage und Ausgangspunkt einer wissenschaftlichen Untersuchung des Opernrezitativs bei Händel. So wird zu Beginn vor allem das Verhältnis der Silben im Vers zu den darüber komponierten Notenwerten eine wichtige Rolle spielen. Die melodisch-harmonische Ebene wird an späterer Stelle einbezogen. Über die musikalische Rhetorik hinaus – in erster Linie Melodik und Harmonik – wurde die Ebene von Rhythmus und Akzentstruktur bisher kaum zur Kenntnis genommen. Im Fokus steht hier vor allem das generalbassbegleitete Rezitativ (der teilweise wertende Begriff *secco* setzte sich insbesondere im Laufe des 19. Jahrhunderts durch)[1] und nicht um das orchesterbegleitete Accompagnato-Rezitativ.

[1] Hierauf geht u. a. der Dirigent Edward Downes in seinem Aufsatz *»Secco«-Recitative in Early Classical Opera Seria* ein. Auch Reinhard Strohm geht im Artikel *Rezitativ* sehr sorgfältig mit den Ausdrücken »secco« und »semplice« um.

Fragestellung

Wir wollen uns nun dem Forschungsgegenstand Rezitativ stufenweise annähern. Im ersten Schritt kommt es darauf an, die natürliche Struktur des italienischen Verses zu verinnerlichen, wie sie Händel bei der Komposition seiner Opern vorlag, im nächsten Schritt soll die Wort- und Versstruktur des Italienischen in Bezug zur musikalischen Notation gesetzt werden. Daher finden sich in den ersten Kapiteln einführende Fragestellungen, die dem Leser das notwendige analytische Handwerkszeug mit auf den Weg geben sollen. Grundlegend sind dabei das Verhältnis der einzelnen Silbe zum Notenwert und die Thematik von Zäsur- und Enjambementbildung. Es versteht sich an einigen Stellen von selbst, dass für ein weiterführendes Verständnis bereits inhaltliche Aspekte einbezogen werden müssen. Denn was wäre letztlich die Vertonung der Worte ohne Bezug zu deren inhaltlicher Bedeutung? Da es sich bei den hier behandelten Rezitativen ausschließlich um Opernrezitative handelt, darf auch der Bezug zur Interaktion und zum dramatischen Geschehen nicht vernachlässigt werden. In diesem ersten Abschnitt soll darüber hinaus das Wechselspiel von »versgebundener« Rezitation und Ausdeutung der Verse durch Zäsuren und Enjambements thematisiert werden. Die Grundlage bildet die blockhafte Rezitation der Verslängen, die an vielen Stellen zugunsten einer lebendigen Ausgestaltung vom Komponisten durchbrochen wird. Wie wichtig das Gleichgewicht zwischen »versgebundener« Rezitation und affektvoller Ausdeutung im Rezitativ ist, wird im Laufe dieser Untersuchung immer wieder zur Sprache kommen.

- Welche Rhythmusstrukturen findet man bei Sieben- und Elfsilbern eines Librettos vor und wie geht der Komponist damit um?
- In welchen Situationen interpretiert Händel einen Vers mithilfe von Zäsur- und Pausenbildung oder Rhythmisierung?
- In welchen Situationen überschreitet Händel die natürliche Verslänge und dehnt eine Phrase ohne Zäsur auf bis zu achtzehn Silben bzw. Notenwerte aus?
- Wie erzeugt Händel eine künstliche Nachahmung der natürlichen Rede durch eine variierende Auf- und Abtaktstruktur? An welchen Stellen wird diese durchbrochen?
- In welchen Situationen verdichtet sich die rhythmische Struktur der Verse durch Häufung von Sechzehntelgruppen?
- Welchen Einfluss haben Anreden und Ausrufe auf die Komposition und wie schlägt sich dies im Notentext nieder? Wo werden punktierte Notenwerte verwendet?

Der nächste Abschnitt ist der Sprachmelodie der Protagonisten und der Harmonik in der Generalbassbegleitung gewidmet. Hier rückt der sprachlich-technische Aspekt in den Hintergrund zugunsten der harmonisch-melodischen Analyse, die darum bemüht ist, aus dem Handlungskontext heraus die musikalischen Phänomene zu erklären. So haben Erläuterungen und Erklärungen einen ruhigeren Tonfall als Ausrufe oder Befehle. An welchen Stellen folgt Händel hier der natürlichen Sprachmelodie und wo entsteht eine tiefere musikalische Botschaft? An welchen Stellen, wie z. B. Fragekadenzen, greifen Harmonik und Melodik sowie auch das Verhältnis Singstimme und Generalbass ineinander? Der Generalbass hilft z. B. an vielen Stellen dabei, in wenigen Augenblicken abrupte Tonartenwechsel zu vollziehen, wogegen an anderen Stellen eine Tonart bewusst eingesetzt und über mehrere Takte gehalten wird. Ähnlich wie in den Arien reflektiert die musikalisch-harmonische Ebene hier die Gefühle der Protagonisten bzw. konturieren sie die Situation, in der diese sich befinden.

- Welche Fragen erhalten eine Dominant-Tonika-Kadenz und welche Funktion haben phrygische Kadenzen?
- Wann werden Continuo-Kadenzschläge in Viertelwerten verwendet? Wie verhält es sich beispielsweise mit Halbtonrückungen?
- In welchen Fällen werden treppenförmig aufsteigende Skalen komponiert?
- Welcher Ausdruck liegt den Akkordfanfaren der Melodiestimme zugrunde?
- Wie stehen die übrigen Ausrufe mit Intervallen in Verbindung?
- In welchen Situationen weicht Händel durch Verwendung von Tonarten wie H-Dur und Fis-Dur an den Rand des Quintenzirkels aus?

Ein weiterer Abschnitt setzt sich mit dem Rezitativ innerhalb einer Szene, mit Monolog und Dialog sowie den szenenverbindenden Mottoversen auseinander:

Wie behandelt Händel die Anfangs- und die Finalszenen im Rezitativ?

- Welches sind die Eigenschaften von Monolog und Dialog?
- Welche Dramaturgie verfolgt Händel mit sogenannten »Mottoversen«, die über die Handlung verteilt immer wieder auftauchen?

Die Mehrzahl der Beispiele ist den Dialogen entnommen. Hier erreicht die Verwicklung der Handlungsstränge ihren Höhepunkt, was auch eine Verdichtung musikalischer Ausdrucksmittel zur Folge hat. Die Interaktion der Dialogpartner bietet dem Komponisten viele Möglichkeiten einer lebhaften Darstellung des Geschehens, denn hier prallen nicht nur die verschiedenen Temperamente der Charaktere aufeinander, hier steht auch Aussage gegen Aussage, es werden Antworten auf drängende Fragen verlangt oder man versucht, sich aus der Affäre zu stehlen. Wie sich zeigen wird, nutzt Händel hierbei vor allem die Mittel der Zäsur- und Enjambementbildung von Vers und Rhythmus. Auch der Monolog hat bei genauerer Untersuchung eine wichtige Funktion: Hier können sich Charaktere fernab der Einflussnahme durch einen Dialogpartner oder Widersacher ungezwungen äußern, was sich auch in der Kompositionsweise widerspiegelt.

In den darauffolgenden Kapiteln werden Rezitativszenen in größerem Kontext betrachtet. Dazu gehören u. a. die Anfangs- und Finalszenen und szenenübergreifende Zusammenhänge.

Konzeption und Methode

Wie im Kapitel *Forschungsstand* dargestellt wird, greifen im Rezitativ harmonisch-melodische Analysemethoden nur bedingt, da der musikalische Satz in der Generalbassstimme zugunsten von Textausdeutung und Textverständlichkeit auf ein Minimum reduziert ist. Da Vers und Musik im Rezitativ in einem anderen Verhältnis stehen als in den Arien, wird sich diese Untersuchung von der sprachlichen Ebene her der musikalischen Ausdeutung annähern. Dies betrifft in erster Linie die Analyse der metrischen Struktur der italienischen sieben- und elfsilbigen Verse (*settenari* und *endecasillabi*) in Bezug auf die Möglichkeiten ihrer Vertonung. So wird in den Beispielen der gedruckte Vers in seiner eigentlichen Silbenzahl der musikalisch notierten Form gegenübergestellt, wodurch deutlich wird, wie von Händel die Verslängen teilweise analog im Notentext wiedergegeben werden, während sie an anderer Stelle einer freieren Ausdeutung unterworfen sind, die meist in Zusammenhang mit einem Gefühl oder einem Affekt steht. Vor allem die Geschlossenheit der Siebensilber *(settenari)* in ihrer versifizierten Erscheinungsform finden sich erkennbar im Notentext wieder, oftmals im Gegensatz zu der variablen Struktur des Elfsilbers, der durch seine verschiedenen Möglichkeiten der Zäsurbildung dem Komponisten weitere Möglichkeiten eröffnet. Die aus dem Vers in die Notation übertragenen Vers-Rhythmus-Modelle in ihrer stets wiederkehrenden und wiedererkennbaren Struktur sollen im Folgenden als »versgebundene« Rezitation bezeichnet werden.

Bei der Untersuchung der einzelnen Rezitativszenen ist es von Bedeutung, die Details in Händels Partituren akribisch in die Analyse miteinzubeziehen, was großenteils im Kontrast zur heutzutage üblichen Art der freien Deklamation durch die Interpreten steht. Die in dieser Arbeit verwendete Analysemethode bezieht sich streng auf das notierte Material und differenziert u. a. zwischen Viertel-, Achtel- und Sechzehntelbewegungen des Notentextes. Auch die Qualität der Zäsuren und Pausen wird in dieser Genauigkeit betrachtet. Es wird sich zeigen, welche Signifikanz u. a. kurze Sechzehntelzäsuren innerhalb der Rezitation haben bzw. wie entscheidend in einigen Situationen auch das Fehlen von zu erwartenden Zäsuren sein kann.

Aufgrund der zahlreichen Text- und Notenbeispiele wurde versucht, in jedem Themenbereich eine überschaubare Anzahl an aussagekräftigen Beispielen auszuwählen und den jeweiligen Handlungskontext verständlich und so knapp wie möglich zu erläutern. Die Notenbeispiele wurden streng auf den jeweiligen Zusammenhang beschränkt und bestehen in den meisten Fällen nur aus den zu besprechenden Takten und nicht aus der gesamten Szene. Wo Rhythmus und Melodieführung der Singstimme von Bedeutung sind, wurde auf das Abbilden der Continuostimme verzichtet, außer wenn diese, wie bei den Beispielen im Kapitel *Melodik und Harmonik,* zur Erläuterung der harmonischen Struktur notwendig ist. Auf ein Aussetzen der Generalbassstimme, wie sie in den Klavierauszügen zu finden ist, wurde verzichtet. Die Bezifferung richtet sich nach dem Standard der Hallischen Händelausgabe. Um den Überblick über die einzelnen Teilbereiche nicht zu verlieren, finden sich am Ende der entsprechenden Abschnitte jeweils Zusammenfassungen der wichtigsten Erkenntnisse. Die italienischen Librettoverse sind, soweit möglich, nach ihrer sieben- und elfsilbigen Struktur wiedergegeben. Eine deutsche Übersetzung zum besseren Verständnis wurde hinzugefügt.

Grundlegende Fragen und Missverständnisse

»Secco« oder »semplice«? Zwei Begriffe und ihre Bedeutung

Das Rezitativ muss in seiner Ursprünglichkeit nicht von der Musik, sondern auch von der Sprache her gedacht werden. Im wörtlichen Sinn bedeutet »recitare« bzw. »rezitieren« die mündliche Wiedergabe eines gedruckten Textes.[2] In kritischen Ausgaben und in Autographen findet man daher über einem generalbassbegleiteten Rezitativ im Regelfall die bloße Bezeichnung »recitativo« im Gegensatz zum »recitativo accompagnato«, dem orchesterbegleiteten Rezitativ. Der Begriff »secco« oder »semplice« taucht hier nicht auf. In der Musikgeschichtsschreibung hingegen greifen viele Autoren zur wertenden Umschreibung des Rezitativs. So wird bereits seit dem frühen 19. Jahrhundert das aus der Mode gekommene »recitativo« durch Eigenschaften wie »secco« (trocken) oder »semplice« (einfach) ergänzt.[3] In erster Linie bezieht sich die Umschreibung auf die reduzierte Generalbassbegleitung, die durch harmonisierte Stützakkorde dem Sologesang unterlegt wird, welcher unter Verzicht auf periodisch-arienhafte Melodik die Textverständlichkeit in den Vordergrund stellt. Der Ausdruck »semplice« macht dies im Gegensatz zum »accompagnato« deutlicher als der wertend konnotierte Begriff »secco«. Man läuft jedoch Gefahr, das Rezitativ durch diese Definition zusätzlich als trocken, langweilig oder spröde zu bezeichnen, was u. a. Martin Ruhnke in seinem Aufsatz *Das italienische Rezitativ bei den deutschen Komponisten des Spätbarock* (1976) erwähnt. Ruhnke bezieht sich hierbei auf eine Aussage Hermann Kretzschmars, der sogar so weit ging und von »Musik zweiten Grades« sprach.[4] Dabei gehört Ruhnke zu den wenigen, die einen engen Zusam-

2 Pier Francesco Tosi erwähnt in seinem Traktat *Opinioni de' cantori antichi, e moderni* die Wichtigkeit des Rezitativvortrages. Vor allem die Differenzierung, dass es wichtig ist, »Rezitative nicht nur singen zu können, sondern dass man sie auch zu rezitieren wissen muss«, verweist auf die hohe Relevanz der versifizierten Librettovorlage sowie den engen Zusammenhang der Opernkomposition mit deren Ursprung aus dem Sprechtheater. (Vgl. Tosi/Agricola, S. 157).

3 Der Entstehung des wertenden Begriffes »secco« hat sich u. a. Edward Downes gewidmet.

4 Ruhnke, S. 79.

menhang zwischen der Langeweile des Rezitativs und der Qualität der Rezitativkomposition ziehen:

> »Eine Komödie konnte schon wirken durch aneinandergereihte Arietten mit ein wenig verbindendem Text. Wenn aber die Oper durch ihre Handlung ergreifen, wenn sie ein Drama sein sollte, dann musste der Komponist auch dem Rezitativ seine besondere Aufmerksamkeit schenken. Denn hier wurde das für das Verständnis der Handlung Notwendige ausgesagt. In rezitativischen Dialogen wurden alle Konflikte ausgetragen.«[5]

Reinhard Strohm wählt in seinem Lexikonartikel über das Rezitativ die fachgerechte Bezeichnung »italienisches generalbassbegleitetes Rezitativ« oder schlicht »Rezitativ«.[6] Keineswegs war diese abwertende Bezeichnung von Theoretikern wie Pier Francesco Tosi oder Benedetto Marcello[7] ursprünglich als ein Angriff auf das Rezitativ gedacht, sondern es sollte vielmehr auf den trostlosen Zustand hinweisen, in dem es bereits im 18. Jahrhundert vorzufinden war. Tosi und Marcello ging es in erster Linie um eine ausdrucksstarke Beschreibung ihrer Eindrücke – weniger, um den künstlerischen Wert des Rezitativs zu schmälern, sondern vielmehr, um dem ästhetischen Verfall zu dieser Zeit Ausdruck zu verleihen. Das Rezitativ zur Zeit Händels pauschal als »trocken« oder »langweilig« abzuwerten, ohne es einer genaueren Prüfung zu unterziehen, wäre falsch. Zu Recht vermeidet Reinhard Strohm in seinem Rezitativ-Artikel diese wertenden Adjektive, er geht jedoch auf die Rezeptionsproblematik des »tedio del recitativo« (»Die Langeweile des Rezitativs«) ein, was uns zeigt, dass über die Gefahr der »Langeweile« bereits im 17. Jahrhundert heftig diskutiert wurde.[8] Doch der Umgang mit der Gattung Rezitativ war nicht nur in Italien ein viel diskutiertes, umstrittenes Thema, auch in den Nachbarländern setzte man sich ausgiebig mit der Problematik auseinander.

5 Ebd., S. 80.
6 Artikel »Rezitativ« von Reinhard Strohm, in: Musik in Geschichte und Gegenwart, Bd. 8, S. 227.
7 Bei Tosi handelt es sich um die Schrift *Opinoni de' cantori antichi e moderni* (1723) und bei Marcello um *Il teatro alla moda* (1720).
8 Ebd.

Das Rezitativ aus Sicht der Nicht-Italiener

Ein großes Problem der Rezeptionsgeschichte ist die geringe Beachtung sprachlicher Unterschiede. Im deutschsprachigen Raum werden allzu oft die Traktate deutscher Autoren zur Beurteilung des italienischen Rezitativs herangezogen. In den meisten Fällen wird das Rezitativ als primär musikalische Gattung begriffen, die Sprache tritt in den Hintergrund und die Bewertung des Rezitativvortrages wird zur Frage der Ästhetik. Autoren wie Johann Mattheson (*Kern melodischer Wissenschaft* (1737), *Der vollkommene Kapellmeister* (1739)) und Johann Adolph Scheibe (*Abhandlung über das Rezitativ* (1764–1765)) definieren das Rezitativ als eine freie Rede, die zwar in Versen gehalten ist, jedoch rhythmisch allerlei Freiheiten erfordert und in erster Linie der Interpretation des Sängers überlassen bleibt. Mattheson schreibt in seinem *Kern melodischer Wissenschaft*:

> »Der Recitativ hat wohl einen Tact; braucht ihn aber nicht: d.i. der Sänger bindet sich nicht daran. Wenn es aber ein Accompagnement ist, so hat man zwar, um die Spielende im Gleichgewicht zu halten, noch etwas mehr Achtung für den Tact, als sonst; allein es muß solches im Singen kaum gemerckt werden. Dieses ist vom welschen Recitativ zu verstehen, und vom Teutschen, der nach welscher Art gesetzt worden.«[9]

Zwar sind die Verse in deutscher Sprache weit weniger an ein festes rhythmisches Maß gebunden als es im Italienischen der Fall ist, allein die Differenzierung des Verses in Piano-Endungen (weiblich), Tronco-Endungen (männlich) und Sdrucciolo-Verse (daktylische Endung mit zusätzlicher Silbe) sowie das Wechselspiel zwischen Sieben- und Elfsilbern zeigen die klare Struktur der italienischen Rezitative, die der deutschen Textstruktur fehlt. Außerdem zieht die musikalische Komposition ihren Nutzen aus der silbenzählenden italienischen Metrik, welche die Musikalität für eine Vertonung bereits in sich trägt.[10] Ein weiterer wichtiger Punkt ist die Herkunft des deutschsprachigen Rezitativs, das meist allzu sehr in die Nähe des italienischen gerückt wird. Neben der Ableitung des deutschen Rezitativs, das »nach welscher Art gesetzt worden«, muss

9 Mattheson, *Kern melodischer Wissenschaft*, S. 97.

10 Die Problematik der verschiedenen Sprachen und ihrer Vertonung erwähnt François Couperin in seiner Schrift *L'art de toucher le clavencin* (Faksimile der Ausgabe Paris 1717, New York 1969, S. 38–40, zitiert nach: Funkkolleg Musikgeschichte, Europäische Musik vom 12.–20. Jahrhundert, Studienbegleitbrief 5, S. 69): »C'est que nous écrivons différemment de ce que nous éxécoutons. [...] Au contraire les Italiens écrivent leur musique dans les vrayes valeurs qu'ils l'ont pensée.« Hier wird deutlich, wie eng die italienische Sprache mit der musikalischen Notation übereinstimmt, was auch für die rhythmische Gestaltung des Rezitativverses in seiner Vertonung von Bedeutung ist.

dabei vor allem die Struktur der italienischen Sprache als für die Vertonung impulsgebende Grundlage beachtet werden.

Wenn man also Händels italienische Rezitative auf Grundlage der deutschen Autoren rechtfertigen will, gerät man rasch in eine Sackgasse. Die Darstellung der Rezitativästhetik beschränkt sich auf das deutsche Rezitativ, wie es uns noch in *Almira* überliefert ist, in Händels Gesamtwerk jedoch deckt dies nur einen Bruchteil des Repertoires ab. Außerdem ist, wie bereits Mattheson erwähnt, das deutschsprachige Rezitativ in der Kirche wie auf dem Theater die deutschsprachige Nachahmung dessen, was unter musikalisch ähnlichen, jedoch sprachlich völlig anderen Voraussetzungen in Italien entstanden ist. Mattheson behauptet mehrfach, dass die Italiener kein Maß und keinen Takt im Rezitativ kennen würden und die Deutschen hierin den Italienern nacheifern würden:

> »Wenn die Franzosen in ihrem sogenannten Récit (auch öfters in den Airs) fast auf jeder Zeile den Tact verändern, so nehmen sie sich damit zwar eine vergebliche Mühe, und könnten es den Welschen hierin viel wohlfeiler nachthun, welche, nebst uns, gar keinen abgemessenen Tact im Recitativ beobachten: denn es ist fast einerley, überall keine Zeitmaße, oder alle Augenblick eine neue zu haben.«[11]

An diesem Punkt muss offenbleiben, ob jene Beobachtung, von der Mattheson spricht, letztlich in Zusammenhang mit der Rezitativtradition steht, oder ob, ähnlich wie bei Benedetto Marcello, der Niedergang der Rezitation in der Aufführungspraxis bereits verbreitet war. Mattheson erkennt in seiner *Neuesten Untersuchung der Singspiele*, dass die erste Generation von Komponisten im frühen 17. Jahrhundert den Rezitativgesang großenteils noch liedhaft und nach gesanglichen Gesichtspunkten gestaltete. Hingegen lobt er bei seinen Zeitgenossen die hohe Wahrscheinlichkeit des musikalischen Ausdrucks durch Verzicht auf diese ariosen Elemente, jedoch sind an dieser Stelle Zweifel und Kritik zwischen den Zeilen zu finden:

> »Denn, was ist ein Gesang, ohne rechte Melodie und ohne förmlichen Tact? Ein gekleideter Körper, ohne Geist und Seele: der eben so uneigentlich ein Gesang heißet, als eine Leiche ein Mensch. Zwar es sind Klänge und Intervalle, es sind Glieder und Gliedmaßen da; aber wo bleiben denn die Bewegungsfedern? Wo ist der silberne Strick?«[12]

[11] Mattheson, *Kern melodischer Wissenschaft*, S. 40.
[12] Mattheson, *Neueste Untersuchung der Singspiele*, S. 65 f.

Es findet sich leider kaum eine schriftliche Quelle, in der Händels Zeitgenossen deutlich gemacht hätten, worauf es bei einem gut komponierten Rezitativ ankäme.

Vor allem Agricolas 1757 erschienene Übersetzung der *Anleitung zur Singkunst* von Tosis *Opinioni de' cantori antichi e moderni* (1723) lässt auf die Absicht schließen, die italienische Lehrmeinung – vor allem der Gesangsinterpretation – im deutschsprachigen Raum bekannter zu machen. Für Tosi mag die Kenntnis der italienischen Verslehre selbstverständlich gewesen sein, für Agricola ging es darum, die italienische Praxis für die deutsche Sprache praktikabel zu machen. Für die deutschen Theoretiker standen die versgebundene Rezitation und der höfische Rezitationston mit den Ausdrucksmitteln der italienischen Sprache wohl in keinem unmittelbaren Bezug. Werner Stegers Dissertation aus dem Jahr 1962 über *Stölzels Abhandlung vom Rezitativ (~1739)*[13] kommt auf ähnliche Punkte zu sprechen: So sieht Stölzel in der »natürlichen Redeweise« des Rezitativs eine Verwandtschaft des Textes zur Prosa, wobei es sich nicht eigentlich um Prosa handeln solle: »Die Verse müssen so beschaffen sein, dass sie Prosa *vortäuschen*«.[14] Vor allem die freie Behandlung der Versmaße sieht Stölzel als zentrales Argument der prosanahen Deklamation:

> »[...] sie [Jambus, Trochäus, Daktylus] bestehen also aus zwei ungleichen Gliedern, und ein solch regelmäßiges Auf und Ab, ein solch unaufdringliches stetiges Nacheinander von akzentuierter und nicht akzentuierter Silbe bringt das Vorhandensein einer Versstruktur dem Hörer weniger zum Bewusstsein als prägnantere Rhythmen, wie etwa der Daktylus [...].«[15]

Die italienische Sprache war bei der Erfindung des Rezitativs formbildend. In Deutschland (wie auch in Frankreich) mussten sowohl die melodische als auch die rhythmische Gestaltung sowie die Artikulation an die Eigenschaften der jeweiligen Sprache angepasst werden.

Doch wie ging das Publikum in England mit Händels Opern in italienischer Sprache um? Von den Londoner Opernvorstellungen sind uns zahlreiche Librettodrucke erhalten geblieben. Diese Textbücher enthielten sowohl eine versifizierte Fassung des italienischen Originals wie auch eine englische Übersetzung, die die Zuschauer während der Vorstellungen verfolgen konnten. Reinhard Strohm gibt in dem Vortrag *Erläuterungen während der Demonstration*, der im Rahmen des Karlsruher Symposiums der Händelakademie 1991 gehalten wurde, folgenden Hinweis:

13 Hier muss nochmals klar der Unterschied zwischen dem italienischen Rezitativ und dem Rezitativ in deutscher Sprache betont werden, der in dieser Arbeit nur am Rande berührt wird.

14 Steger, S. 54 f.

15 Ebd., S. 55.

»In der Praxis der damaligen Zeit wurden einerseits gewisse Bildungsinhalte, unter ihnen die antike Mythologie, vorausgesetzt; andererseits hatte man natürlich die Libretti, die vor der Vorstellung verkauft wurden. Es gab ja damals keine eigentlichen Theaterzettel, sondern man hielt die Libretti während der Vorstellung in der Hand. Die Zuschauerräume waren nie ganz dunkel, man hatte auch Kerzen im Auditorium, und so konnte man die Libretti mitlesen (es finden sich heute noch viele Libretti mit Wachsflecken und Anmerkungen, die Zuschauer hineinkritzelten, wie z. B. die Angabe von Besetzungsänderungen oder Tanzeinlagen).«[16]

Zwar kommt hier das Rezitativ nicht ausdrücklich zur Sprache, doch kann man aus dieser Rekonstruktion eines Theaterbesuchs einige wichtige Gegebenheiten ableiten, die in unserer heutigen Zeit keine Selbstverständlichkeit mehr darstellen: Die Opernbesucher der Händelzeit waren keine passiven Zuschauer, die sich in einem abgedunkelten Saal ausschließlich auf das Bühnengeschehen konzentrierten. Vielmehr war das Opernerlebnis ein aktiver Vorgang, bei dem auch der Blick ins Libretto üblich war.[17] So wusste mit großer Wahrscheinlichkeit auch der aufmerksame Opernbesucher in England mehr oder weniger über die beiden unterschiedlichen Verslängen des italienischen Rezitativs Bescheid und konnte, auch aufgrund der beigefügten Übersetzung, die Art der musikalischen Ausdeutung auch ohne tiefere Kenntnisse des Italienischen nachvollziehen. Die italienischen Verse, die dem Komponisten zur Komposition vorlagen, hielt also zu späterem Zeitpunkt auch der Londoner Opernbesucher in Händen. Allerdings ist das obige Zitat nicht allein im Kontext eines aufmerksamen und inhaltlich interessierten Publikums zu sehen, auch aufgrund der Lautstärke im Auditorium während der Vorstellungen waren diese Textbücher mit Sicherheit eine große Hilfe zum Verständnis der Werke.

Rezeption des Rezitativs damals und heute

Das Rezitativ in den Schriften des 18. Jahrhunderts

Wer einen Blick in die Literatur zum Rezitativ im 18. Jahrhundert wirft, wird viele negative Äußerungen finden. Sucht man hingegen nach Zeugnissen für künstlerisch hochwertige Rezitative oder nach den Erwartungen an diese, zeichnet sich ein anderes

[16] Vgl. Erläuterungen während der Demonstration. Reinhold Kubik und Reinhard Strohm, in: *Gattungskonventionen der Händel-Oper*, Bericht über die Symposien 1990 und 1991, Bd. IV, S. 211.

[17] Das aufmerksame Mitlesen der Textpassagen ist in keiner Weise mit der heutigen Praxis der Übertitelung zu vergleichen, da diese ja den gesungenen Text in den meisten Fällen nur in moderner, teils entfremdeter Übersetzung wiedergibt und nicht in der versifizierten Form eines Textbuches.

Bild ab. Ein eindrucksvolles Erlebnis schildert Giuseppe Tartini (1692–1770), der in seinem *Trattato di musica* (1754) in lebhaften Worten einen Theaterbesuch um das Jahr 1706 niederschrieb, also aus der Zeit von Händels Italienaufenthalt:

> »Als ich vierzehn Jahre alt war, hörte ich am Anfang des dritten Akts eine Rezitativzeile, die nicht von anderen Instrumenten als dem Basso [Continuo] begleitet wurde. Durch diese waren wir Fachleute wie auch die Zuhörer durch eine Erregung der Seele dermaßen gerührt, dass jeder dem anderen mit Erstaunen ins Gesicht sah. Uns allen erging es so. Der Affekt war kein Weinen (ich erinnere mich, die Worte waren voller Schmach) sondern von einer gewissen Strenge und Kälte des Blutes, was in der Tat die Seele erschütterte. Dreizehn Mal wurde das Drama gegeben, und immer erlebte man einhellig dieselbe Wirkung. Schlagender Beweis war die unglaubliche Stille, mit der das Publikum diesen Eindruck zu genießen bereit war.«[18]

Auffallend ist die tiefe Ergriffenheit in dieser Schilderung eines nicht genauer benannten Opernerlebnisses, bei welchem ihn insbesondere das beschriebene Rezitativ zutiefst ergriffen hat. Vor allem die detaillierte Beschreibung des Affekts, der nicht als Trauer, sondern als Schmach (sdegno) definiert wird, zeigt, wie unmissverständlich dieser dramatische Höreindruck auf Tartini und die anderen Theaterbesucher gewirkt haben muss. Bei diesem Opernerlebnis scheint die kompositorische Ausdruckskraft des Rezitativs mit der Interpretation durch den Sänger übereinzustimmen, was die Besonderheit dieser Schilderung unterstreicht. In seiner positiven Ausdrucksweise ist Tartinis Augenzeugenbericht eine Besonderheit, vor allem die geschilderte Expressivität des Rezitativs zeugt von einer Wirkung, wie sie ansonsten nur den Accompagnato-Rezitativen zugeschrieben wird. An einer anderen Stelle spricht Tartini vom Ausdruck der Leidenschaft durch Nachahmung der Natur:

> »Der Musikdichter (wenn er ein wahrer Philosoph ist) musste, wenn er sich nach der Natur richten wollte, auf unendlich viele Fälle stoßen, in denen lange Silben verlängert werden und die kurzen viel mehr verkürzt werden mussten, als ihr natürlicher Wert, um die Leidenschaft gut auszudrücken. Und das im Gegensatz zum

[18] »L'anno quattordicesimo [...] v'era sul principio del Atto terzo una riga di recitativo non accompagnato da altri strumenti, che dal Basso, per cui tanto in noi Professori, quanto negli Ascoltatori si destava un tal, et tanta commozione di animo, che tutti si guardavano in faccia l'un l'altro per la evidente mutazione di colore, che si faceva in ciascheduno di noi. L'affetto non era di pianto (mi ricordo bene, che le parole erano di sdegno) ma di un certo rigore, e freddo nel sangue, che di fatto turbava l'animo. Tredici volte si recitò il dramma, e sempre seguì l'effetto stesso universalmente; di che era segno palpabile il sommo previo silenzio, con cui l'uditorio tutto si apparecchiava a goderne l'effetto.« Tartini, *Trattato di musica*, S. 135.

natürlichen Wert gegenüber den anderen, die nicht dazu da waren, um Leidenschaft auszudrücken, außer um sie vorzubereiten. Es war also ein mäßiger und nicht strenger Takt notwendig. In diesen Fällen ähnelte deren Musik dem Rezitativ unserer italienischen Dramen, in denen der Takt ein maßvoller ist, so dass man gerade noch wahrnimmt, dass dort ein Takt sei.«[19]

Tartini spricht von einem leicht pulsierenden Metrum, in dem die italienischen Rezitative vorgetragen wurden. Es war wohl keineswegs üblich, Rezitative akribisch dem Notentext folgend mit einem streng geschlagenen Takt vorzutragen. Jedoch kann man davon ausgehen, dass die metrische Struktur mit ihren Taktschwerpunkten und Auftakten, das Verhältnis schneller und langsamer Notenwerte sowie Pausen und kürzere und längere notierte Phrasen sehr wohl von einem Komponisten wie Händel sorgfältig vorgeschrieben wurden. Dass ein mäßiger und nicht strenger Takt notwendig war, steht in starkem Gegensatz zu einer völlig freien deklamatorischen Gestaltung, wie sie von deutschen Theoretikern für die Interpreten propagiert wurde.

Bei Benedetto Marcello (1686–1639) kommt die mangelhafte Auseinandersetzung mit dem Rezitativ zur Sprache. Im ersten Kapitel seiner aus dem Jahr 1722 stammenden satirischen Schrift *Il teatro alla moda* (*Das neumodische Theater*), das an die Dichter (»a poeti«) gerichtet ist, ist folgende harsche Aussage zu lesen:

»Ebenso sollte er [der Librettist] eventuell vorhandene Kenntnisse zu italienischem Metrum und Vers, die über ein oberflächliches Maß hinausgehen, tunlichst für sich behalten. So kann er etwa mit dem Wissen, dass ein Vers aus sieben oder elf Silben bestehen sollte, nach Belieben solche mit drei, fünf, neun, dreizehn oder gar fünfzehn Silben bilden.«[20]

An dieser Kritik lässt sich ablesen, dass die Beachtung der Verslängen im Rezitativ nicht mehr so streng berücksichtigt wurde wie noch einige Jahrzehnte zuvor. Vor allem aber zeigt sich, dass das Wissen um die wechselnde 7-11-Struktur der Verse für die

19 »Il musico poeta (se vero filosofo) dovendosi conformare alla natura, doveva incontrare casi infiniti, ne' quali le sillabe lunghe si dovevano prolungare, le brevi accorciare molto più del rigoroso valore naturale per ben esprimer la passione; e ciò al confronto del valor naturale di quelle altre che non servivano alla passione, se non per disporla. Dunque era necessaria una discretiva e non una rigorosa battuta. In tal caso la loro musica si rassomigliava al recitativo dei nostri drammi italiani, in cui la battuta è a discrezione, anzi appena si accorge, che vi sia battuta.« Tartini, *Trattato*, S. 139 f.

20 Marcello, *Il teatro alla moda*, 2001, S. 3. »Non dovrà similmente professare cognizione veruna del metro, e verso italiano, toltane qualche superficiale notizia, che il verso si formi di sette, o d'undeci sillabe, con la quale regola potra poi comporne a capriccio di trè, di cinque, di nuove, di tredici, e di quindeci ancora.« Marcello, *Il teatro alla moda*, 1883, S. 5.

Komposition und den Vortrag des Rezitativs elementar war. Der sarkastische Unterton in Marcellos Traktat ist nicht zu übersehen, seine Kritik gilt in erster Linie der Flickschusterei der Librettisten. Möglicherweise kritisiert er dabei noch jene Komponisten, die sich bei der Rezitativkomposition nicht an die geordnete Vertonung der Sieben- und Elfsilber halten.

Schriften über die Missstände der Rezitativkomposition wie diese sind reichlich zu finden, jedoch hat kaum ein italienischer Autor den Versuch unternommen, eine praktische Anleitung für den Rezitativvortrag in der italienischen Oper zu verfassen. Abgesehen von den erwähnten Invektiven gibt es neben Instrumental- und Kompositionslehren kein umfassendes Zeitzeugnis des italienischen Rezitativs. Aus der Darstellung Marcellos lässt sich jedoch über die freie Behandlung der Verse einiges ablesen. Marcello mahnt in seinem Kommentar unmissverständlich an, dass die Verse im Rezitativ eine Länge von sieben oder elf Silben vorweisen müssen. Was meint Marcello also mit seinen »drei, fünf, neun oder dreizehn Silben«? Bei Händel finden sich ebenfalls Beispiele, in denen die Sieben- und Elfsilbigkeit aufgelöst wird, doch ist es oft die künstlerische Freiheit des Komponisten, zu dramatischen Zwecken die Sieben- und Elfsilber durch auskomponierte Enjambements auf bis zu fünfzehn Silben anwachsen zu lassen bzw. den Vers an gezielten Stellen in kleinere Satzfragmente und Sinneinheiten zu untergliedern. Vor allem in London wird dieser freie Umgang mit Librettovorlagen weniger für Aufruhr gesorgt haben, als dies in Italien, dem Stammland der Oper, der Fall gewesen wäre. An vielen Stellen von Händels Libretti, die bekanntlich bereits vor der Komposition von den Librettisten gründlich gestrafft und überarbeitet wurden, findet sich eine durchweg freiere Behandlung der Verslängen, allerdings stets in Rücksicht auf den dramatischen Kontext.[21] Auch Benedetto Marcello erkennt die Missachtung der klar rezitierten Versstrukturen an, wenn auch nur aus negativer Sicht. Aus dramaturgischer Perspektive zeigt dies deutlich, wie gezielt Händel die konventionelle Einhaltung der Rezitativregeln zugunsten des Theatralischen zu nutzen wusste. Was Marcello zur Satire dient, finden wir bei Händel als lebendigen Vortrag auf der Bühne. Oder mit anderen Worten: Das Sprengen einer blockhaften Versrezitation wird gezielt für bestimmte Affektsituationen eingesetzt. Über den Bau der Verse hinaus gibt uns Benedetto Marcello auch Aufschlüsse über die rhythmischen Strukturen:

[21] Wirft man z. B. einen Blick in die 9. Szene des I. Akts von Händels *Flavio*, so fallen einem zu Beginn die freien Verslängen ins Auge, die an kaum einer Stelle einer strukturierten 7-11-Gliederung folgen. Es handelt sich um eine Situation, in der Emilia ihren Geliebten Guido zur Rede stellen will, während dieser aus Gründen der Ehre ihren Vater zum Duell fordern muss. Die Fragmentierung der Verse und das Nicht-in-Gang-Kommen des Dialogs zeigen hier deutlich, was Händel und sein Librettist in dieser Szene beabsichtigen.

»Dabei kenne er jedoch weder die verschiedenen Möglichkeiten guten Akzentuierens und Reimens etc. etc., noch habe er Ahnung von poetischer Terminologie [...]«[22]

Hinter dieser satirischen Bemerkung erkennt man deutlich den hohen Anspruch, der zu dieser Zeit von Traditionalisten wie Marcello an die Rezitative gestellt wird und man kann hieraus schließen, dass bereits zu Beginn des 18. Jahrhunderts auch die Qualität der Rezitativkomposition je nach Begabung von Librettist und Komponist auch starken Schwankungen unterliegen konnte.

Pier Francesco Tosi (1654–1732) setzt sich in seinem Traktat *Opinioni de' cantori antichi, e moderni o sieno osservazioni sopra il canto figurato* (*Meinungen über die alten und modernen Sänger oder auch Betrachtungen über den figurierten Gesang*) vor allem mit didaktischen Fragen des Singens und der Interpretation auseinander. Das Werk erschien 1723 als Lehrbuch für Sänger und Gesangslehrer in Bologna und wurde unter dem Titel »Anleitung zur Singkunst« 1757 von Johann Friedrich Agricola (1720–1774) ins Deutsche übersetzt.[23][24] Tosi widmet dem Rezitativ ein eigenes Kapitel und spricht die drei Hauptkategorien Theater-, Kirchen- und Kammerrezitativ an. Für das theatralische Rezitativ gibt Tosi einen Hinweis, der den Bezug zur höfischen Gesellschaftsordnung innerhalb der Personenkonstellation der *opera seria* herstellt:

«[...] weil es [das theatralische Rezitativ] mit der Aktion des Sängers unzertrennlich verbunden ist, nötiget den Meister, den Schüler in einer gewissen der Natur gemäßen Nachahmung zu unterrichten, welche nicht schön sein kann, wenn sie nicht mit der erhabenen Anständigkeit ausgeführet wird, mit welcher Fürsten, und diejenigen, die mit Fürsten umzugehen wissen, reden.«[25]

22 Marcello 2001, S. 3. »[...] non intendendo però il vario modo di ben accentare rimare etc etc. non li termini poetici [...].« Marcello 1883, S. 5.

23 Am Berliner Hof war Agricola als Hofkomponist angestellt und lernte hier u. a. die Werke Johann Adolph Hasses intensiv kennen. Es ist also davon auszugehen, dass Agricola bei seiner Übersetzung eine umfassende Kenntnis der italienischen Oper hatte.

24 Johann Friedrich Agricolas Übersetzung des Tosi-Traktats ist um etliche Fußnoten und Kommentare erweitert, um die Ästhetik der deutschen Vortragsweise anzupassen. Eine wichtige Rolle spielt die Vernachlässigung des Rhythmus' zugunsten einer frei gestalteten Deklamation, wie sie im deutschsprachigen Operngesang üblich war.

25 Tosi, *Anleitung zur Singkunst* in der Übersetzung von Agricola, Berlin, 1757, S. 156. »Il secondo è Teatrale, che per esser inseparabilmente accompagnato dall' azione del Cantante obbliga il Maestro d' istruir lo Scolaro con quel decoro col quale parlano i Principi, e quegli che a Principi fanno parlare.« Tosi, *Opinioni de' cantori antichi e moderni*, S. 41.

Laut Tosi besteht also in der Darbietung des italienischen Opernrezitativs eine enge Verbindung zum höfischen Konversationston. Der Anstand und das Prestige der Ausdruckskraft (decoro) bezieht sich auf die gestische und szenische Darbietung. Diese hat allerdings nur ihre Relevanz, wenn der entsprechend gepflegte Redestil im Rezitativ verankert ist, da man wohl kaum davon ausgehen kann, dass zu Händels Zeiten ein Interpret mit den Gesten eines Adligen und der rhetorischen Ausdrucksweise des einfachen Arbeiters auf der Bühne stand. Diesen Punkt kritisiert Tosi, wenn er auf die Art des Rezitativvortrages, die bereits zu seiner Zeit im Niedergang begriffen war, zu sprechen kommt:

> »Es ist weitaus schwerer gut zu singen als gut zu rezitieren, der Verdienst des ersteren überwiegt vor dem zweiten. Welch Glück wäre es für den, der gleichermaßen beides könnte!«[26]

Im Kammerrezitativ, von Tosi auch als *Soliloquio* (Gespräch mit sich selbst) bezeichnet, treten die natürlichen Empfindungen des menschlichen Herzens in den Vordergrund. In Anlehnung an die Kammerkantate soll eine Empfindung ausgedrückt werden, die dann in einer auf das Rezitativ folgenden Arie ihren Höhepunkt an musikalischem Ausdruck findet. Diese Beschreibung des Kammerrezitativs kann den Monologen des Opernrezitativs zugerechnet werden, da hier ebenfalls der Ausdruck des Gefühls im Zentrum steht. Dies geschieht im Monolog oft durch reflektierende Offenbarungen gegenüber dem Publikum, was dann in der Form einer Arie ihren musikalischen Höhepunkt erreicht. Außerdem bemängelt Tosi bereits zu seiner Zeit die Nachlässigkeit, mit der Komponisten mit den Rezitativen umgehen:

> »[...] wenn es möglich wäre sie auswendig zu behalten; wenn ihnen nicht der Nachdruck der Worte und der Musik fehlete; wenn sie nicht den der singt, und den der zuhöret, mit den gefährlichsten Sprüngen vom Weißen zum Schwarzen, erschreckten: wenn sie nicht das Ohr und die Regeln durch die schlechtesten Modulationen beleidigten; wenn sie nicht den guten Geschmack durch eine beständige Ähnlichkeit quäleten; wenn sie durch die widerwärtigsten Wendungen der Töne nicht Herzensstiche gäben: und endlich, wenn die Perioden nicht verrenket würden, von Leuten, die weder Puncte noch Beystriche kennen. Ich erstaune, dass gewisse Herren nicht die Rezitative derjenigen Verfasser nachzuahmen und sich zu Nutzen

[26] «Essendo però assai più difficile di cantar bene che di ben recitare, il merito del primo prevale al secondo. Che bella felicità sarebbe di chi egualmente le possedesse in perfetto grado!« Tosi, *Opinioni de' cantori antichi e moderni*, S. 97.

zu machen suchen, welche uns, durch den Ausdruck gewisser Noten, die von sich selbst singen, als wenn sie sprächen, das Wahre aufs lebhafteste vor Augen malen.«[27]

Die Kunst der Rezitativkomposition wurde also keinesfalls gering geschätzt. Der Anspruch an die musikalische Rhetorik war mit Sicherheit ebenso hoch wie bei der Komposition von Arien. In diesem Zusammenhang beklagt Tosi zudem die unsachgemäße Verwendung von Binnen- und Schlusskadenzen. Er fordert dazu auf, stets den Bezug zum Inhalt des Gesprochenen zu wahren und so zwischen inhaltlichen Einschnitten (Dominant-Tonika-Kadenzen) bzw. Gedankenwechsel und Wortunterbrechungen (abgebrochene Kadenzen) zu unterscheiden. Bei aller Kritik liefert Tosi jenen entscheidenden Hinweis, der den Wert einer gepflegten Rezitation in Versen ausmacht: *die Nachahmung dessen, wie Fürsten miteinander sprechen und diejenigen, die mit ihnen umzugehen wissen.*

Die Tradition der Versrezitation geht mit großer Sicherheit auf die Darstellung der idealen höfischen Gesellschaft zurück, die Anfang des 16. Jahrhunderts von Baldassare Castiglione am Hof von Urbino entworfen und in seinem Werk *Il libro del Cortegiano*, dem *Buch vom Hofmann*, festgehalten wurde. So ist im ersten Buch zu lesen:

»Was für den Hofmann also hauptsächlich wichtig und notwendig ist, um gut zu sprechen und zu schreiben, ist nach meinem Dafürhalten das Wissen. Denn wer nichts weiß und nichts im Geist hat, was verstanden zu werden verdient, kann es weder sagen noch schreiben. Hierauf muss man in schöner Ordnung gliedern, was man zu sagen oder zu schreiben hat, dann es mit Worten richtig ausdrücken, die, wenn ich mich nicht täusche, geeignet ausgewählt, prächtig und gut gefügt, vor allem aber auch vom Volk gebraucht sein müssen. Denn sie machen die Großartigkeit und Pracht der Rede aus, wenn der Sprecher gesundes Urteil und Fleiß besitzt und die am besten bezeichnenden Worte für das, was er sagen will, auszuwählen und hervorzuheben versteht und sie, indem er sie nach seinem Willen wie Wachs bildet, an der Stelle und in der Ordnung anzubringen weiß, dass sie beim ersten Blick ihre Würde und Pracht zeigen und erkennen lassen, wie Gemälde, die in das

27 Tosi/Agricola, S. 161. « Se così è, molti recitativi teatrali sarebbon ottimi se non fossero confusi gli uni cogli altri; Se si potessero imparar a mente; Se non mancassero d'intelligenzza di parole, e di Musica; Se non ispaventassero chi canta, e chi sente co' salti mortali dal bianco al nero; Se non offendessero l'orecchio, e le regole con pessime modulazioni; Se non tormentassero il buon gusto con una perpetua somiglianza; Se con atroci voltate di corde non traffiggessero l'anima; E se finalmente i periodi non fossero storpiati da chi non conosce né punti, né virgole? Io mi stupisco, che questi tali non cerchino d'imitare per loro profitto i recitativi di quegli autori, che ci rappresentano in essi una viva immagine della verotà coll' espressiva di certe note, che cantano da loro stesse, come se parlassero. »Tosi, *Opinioni de' cantori antichi e moderni*, S. 46.

ihnen günstige und natürliche Licht gestellt sind. Das behaupte ich vom Schreiben wie vom Sprechen, für das indessen noch einiges erforderlich wird, was beim Schreiben nicht notwendig ist, wie eine gute Stimme, nicht zu fein oder weich wie bei einer Frau, aber auch nicht so scharf und schrecklich, dass sie etwas Bäurisches hat, sondern tönend, klar, ruhig und wohlgefügt, mit gewandter Aussprache, und von schicklichen Haltungen und Gebärden begleitet.«[28]

Der gepflegte Konversationston zeigt sich also sowohl beim Schreiben als auch beim Sprechen und unterscheidet sich deutlich vom groben und unstrukturierten »bäuerischen« Tonfall. Die Gliederung in einer schönen Ordnung sowie die gewandte Aussprache werden uns in Händels Rezitativen an vielen Stellen begegnen. Andererseits wird sich innerhalb der Opernrezitative zeigen, zu welchen Ergebnissen das Außerachtlassen der beschriebenen Strukturen führte. Die Sieben- und Elfsilberstruktur zeugt von der hohen klassischen Bildung, sowohl in Versen schreiben zu können als auch diese zu rezitieren. Nicht umsonst sind die großen italienischen Versepen *Gerusalemme liberata* (1574) von Torquato Tasso und *Orlando furioso* (1516) von Ludovico Ariosto beliebte Opernstoffe geworden. Auch für die Opernsänger zu Händels Zeit waren diese höfischen Umgangsformen keineswegs unbekannt, gingen doch die großen Kastraten wie u. a. Senesino und Farinelli an den großen europäischen Fürstenhöfen ein und aus.[29]

28 Castiglione/Baumgart, S. 65 f. «Quello adunque che principalmente importa ed è necessario al cortegiano per parlare e scriver bene, estimo io che sia il sapere; perché chi non sa e nell'animo non ha cosa che meriti esser intesa, non po né dirla né scriverla. Appresso bisogna dispor con bell'ordine quello che si ha a dire o scrivere; poi esprimerlo ben con le parole: le quali, s'io non m'inganno, debbono esser proprie, elette, splendide e ben composte, ma sopra tutto usate ancor dal populo; perché quelle medesime fanno la grandezza e pompa dell'orazione, se colui che parla ha bon giudicio e diligenzia e sa pigliar le piú significative di ciò che vol dire, ed inalzarle, e come cera formandole ad arbitrio suo collocarle in tal parte e con tal ordine. che al primo aspetto mostrino e faccian conoscer la dignità e splendor suo, come tavole di pittura poste al suo bono e natural lume. E questo cosí dico dello scrivere, come del parlare; al qual però si richiedono alcune cose che non son necessarie nello scrivere: come la voce bona, non troppo sottile o molle come di femina, né ancor tanto austera ed orrida che abbia del rustico, ma sonora, chiara, soave e ben composta, con la pronunzia espedita e coi modi e gesti convenienti; li quali, al parer mio, consistono in certi movimenti di tutto 'l corpo, non affettati né violenti, ma temperati con un volto accommodato e con un mover d'occhi che dia grazia e s'accordi con le parole, e piú che si po significhi ancor coi gesti la intenzione ed affetto di colui che parla. » Castiglione 1965.

29 Auch Joachim Eisenschmidt widmet in seiner Dissertation *Die szenische Darstellung der Opern Georg Friedrich Händels (*1940) dem »höfischen Spiel« eigens ein Kapitel. Gleich wenn Eisenschmidt in erster Linie die Darstellungsformen behandelt, so ist doch davon auszugehen, dass ähnliches auch für die sprachlichen Gegebenheiten gilt: »Die Opern Händels spielten nur in fürstlichen Kreisen. Denken und Ausdrucksweise der Personen war das (sic!) von Hofleuten. So durchzog auch die ganze Aufführung eine Folge höfisch-höflicher Handlungen, an denen man sich gleichsam berauschte. (Eisenschmidt, S. 116). Eisenschmidt führt deutlich vor Augen, dass weniger das Theater versuchte, höfisches Leben auf die Bühne zu bringen, als dass die höfischen

Das Traktat *Saggio sopra l'opera in musica* von Francesco Algarotti (1712–1764) erschien erstmals 1755 und erfuhr bis 1787 mindestens zehn Auflagen.[30] Im dritten Kapitel handelt Algarotti über das Rezitativ *(Della maniera del cantare e del recitare)* und unterscheidet bereits in der Überschrift zwischen gesungenen und rezitierten Passagen.[31] Darüber hinaus nennt Algarotti die Vorteile des komponierten Dramas im Gegensatz zum Sprechtheater, da hier die Art der Rezitation im Detail vom Komponisten vorgegeben wird und der Sänger sich somit nur noch an das zu halten hat, was bereits in Wort und Musik notiert wurde:

> »Einen großen Vorteil gegenüber dem Komischen [gemeint ist wohl der Schauspieler der Commedia dell'arte] hat ohne Zweifel der Schauspieler des Musikdramas, wo die Rezitation an die Noten gebunden und beschränkt ist, wie in den antiken Tragödien. Er [der Schauspieler] hat somit alle Wege vorgezeichnet, die er einzuhalten hat. Er kann also nicht ins Fettnäpfchen treten bei den unterschiedlichen Tonfällen und -dauern über den Worten in seiner Partie. Es wird ihm vom Komponisten genau vorgeschrieben.«[32]

Algarotti spricht sich sehr deutlich über die Genauigkeit der Rezitativkomposition aus, die vom Komponisten vorgeschrieben wird bzw. werden kann, wenn hier auch keine konkreten Namen von Komponisten genannt werden.[33] Im Gegensatz zu den deutschen Theoretikern ist nichts von der deklamatorischen Freiheit zu lesen, die dem Interpreten sämtliche Möglichkeiten überlässt, die Worte möglichst naturgemäß und frei sprechen zu dürfen. Sowohl Tonhöhe wie auch Rhythmus sind vom Komponisten notiert und sollen auch im Rezitativ dem Interpreten ein sicheres Geleit durch das Werk geben. Überraschenderweise rückt Algarotti das notierte Opernrezitativ in die Nähe der Griechischen Tragödie und erbringt somit den Nachweis, dass es im Rezitativ des *dramma per musica* ebenfalls um eine Nachahmung antiker Formen geht.

Umgangsformen an sich an Theatralik kaum zu überbieten waren und sich so wenig vom »Lebensstil der Wirklichkeit abhoben« (S. 117). Außerdem erwähnt der Autor, dass die Sänger oft Mitglieder der Hofgesellschaften waren (vgl. S. 120) und sich die szenische Darstellung daher aus sich selbst ergibt.

30 Die Auflistung ist dem Vorwort von Robin Burgess entnommen.

31 ALGAROTTI 1762, S. 40.

32 Ebd., S. 42. »Un grande vantaggio sopra il Comico ha senza dubbio l'attore nell'opera in musica, dove la recitazione è legata e ristretta sotto le note, come nelle antiche tragedie. Egli ha segnate con ciò le vie tutte che ha da tenere; non può metter piede in fallo quanto alle differenti inflessioni e durate delle voci sopra le parole della parte sua; che a lui esattamente le prescrive il compositore.«

33 Es gilt dabei als wahrscheinlich, dass Algarotti während seines Londoner Aufenthalts 1736 in Covent Garden Aufführungen von *Ariodante* und *Alcina* erlebt hat (vgl. Ingeborg ALLIHN: Algarotti, Die Musik am Berliner Hof, S. 209).

Weiterhin beklagt er die mangelnde Qualität der Opernsänger und äußert sich über die Art und Weise der Rezitativinterpretation wenig begeistert:

> »Vielen von ihnen kam nie in den Sinn, wie wichtig es vor allem anderen wäre, dass sie lernen würden, die eigene Sprache gut auszusprechen, gut zu artikulieren und verstanden zu werden und nicht ein Wort mit dem anderen zu verwechseln, wie es ihnen des öfteren passiert. Es gibt keine größere Schweinerei als die Essensgeräusche, die sie aus Gewohnheit auf den Endnoten machen und in ihrem zarten Gaumen die Worte zerteilen und verschlucken.[34] So dass, wer nicht vor seinen Augen das Opernlibretto hat, über seine Ohren den vagen Eindruck von Vogelgezwitscher bekommt.«[35]

In diesen Worten zeigt sich die Nachlässigkeit, mit der manche Sänger ihre Partien auf der Opernbühne darboten, und wie weit die Aufführungspraxis der damaligen Zeit von den hohen Erwartungen Francesco Algarottis entfernt war. Dies gilt mit großer Wahrscheinlichkeit nicht nur für die Interpretation der Arien, sondern ebenso für den gepflegten Vortrag der Rezitative. An diesem Beispiel zeigt sich, dass nicht nur für den Komponisten, sondern auch für den Opernbesucher das gedruckte Opernlibretto eine wichtige Rolle spielt.

Pietro Gianellis *Dizionario della musica sacra e profana* ist eines der ersten Nachschlagewerke im italienischen Raum, das Ende des 18. Jahrhunderts in erster Auflage erschien und dem *recitativo semplice* einen eigenen Artikel widmet.[36] Gianellis Definition des einfachen Rezitativs gegenüber dem obligat-orchesterbegleiteten liest sich folgendermaßen: »Dieses soll, soweit es möglich ist, die natürliche Unterhaltung nachahmen«.[37] Allerdings ist an keiner Stelle von einer freien Deklamation des Notentextes durch den Interpreten die Rede. Die Äußerung liest sich vielmehr als der vom Komponisten unternommene Versuch, in den Rezitativpassagen die Dialoge so natürlich

[34] Die undeutliche Artikulation hat laut Algarotti wohl zur Folge, dass mancher Protagonist sich anhört, als sänge er mit vollem Mund. Nach der Beliebtheit von Algarottis Traktat zu schließen ist es wohl kaum ein Zufall, dass sich der Unmut des Autors mit einem Augenzwinkern im zweiten Finale von Mozarts *Don Giovanni* wiederfindet.

[35] Algarotti 1762, S. 41. »A più di loro non è mai caduto in pensiero quando sarebbe prima di ogni altra cosa necessario che imparassero a ben pronunziare la propria lingua, a bene articolare e farsi intendere e a non iscambiare, come avviene loro assai volte, un vocabolo con l'altro. Niente vi di più sconcio quanto quel mangiarsi ch'ei fanno per certo lor vezzo le finali, e nel tenero lor palato dimezzare e troncar le parole. Tanto che chi non ha dinanzi gli occhi il libretto dell'opera, non riceve per gli orecchi impressione alcuna distinta di quanto è cinguettano.«

[36] Der Rezitativ-Artikel ist in der erweiterten 3. Auflage, Bd. 6 erschienen, Venedig 1830.

[37] »Questo per quanto è possibile deve imitare il discorso natural.« Gianelli, S. 89.

wie möglich in Musik zu setzen. Erwähnenswert ist zudem die Ausführung über die Akzentuierung:

> »Gewöhnlich bezeichnet man [das Rezitativ] in der üblichen Zählzeit, in der Art, dass jeder musikalische Akzent auf eine starke Zählzeit des Taktes fällt und andersherum.«[38]

Im Notentext sind somit die Akzente und Taktschwerpunkte eindeutig festgelegt. Die Behandlung der Auf- und Abtaktigkeit der vertonten Verse liegt ebenfalls in den Händen des Komponisten und schließt eine freie Gestaltung des Protagonisten in Bezug auf Rhythmik und Melodik aus. Bei Gianelli ist im Gegensatz zu Tosi und Marcello wenig Negatives gegenüber dem Rezitativ zu finden. Im letzten Satz gibt er dem Leser den Hinweis: »Der Schüler soll die guten Rezitative der großen Meister studieren«.[39] Hieraus lässt sich jedenfalls erahnen, dass auch Gianelli von der Qualität des *recitativo semplice* wusste, auch wenn die Tradition des Rezitativgesangs, wie sie zu Beginn des Jahrhunderts gepflegt wurde, zu dieser Zeit kaum noch Bedeutung gehabt haben dürfte.

Die Musikwissenschaft und das Rezitativ im 20. Jahrhundert

Musikwissenschaftler haben sich im Laufe ihrer Geschichte immer wieder mit der Thematik des generalbassbegleiteten Rezitativs auseinandergesetzt, kamen bislang jedoch in den meisten Fällen nie über eine stilistische Einordnung und die Suche nach dem dramatischen Zusammenhang mit den Arien hinaus. Das Problem der verslastigen Gattung Rezitativ im Gegensatz zur durch die Musik geprägten Arie liegt auf der Hand. Vor allem die sprachliche Vielfalt und die strukturellen Unterschiede des italienischen, französischen, deutschen und englischen Rezitativs lassen den Themenbereich rasch ins Unübersichtliche anschwellen, ganz zu schweigen von der Unterscheidung in kirchliche und weltliche Musik, die ebenfalls in jedem Land zu unterschiedlichen ästhetischen Auffassungen führte. Wirft man jedoch einen Blick in die Nachschlagewerke des im frühen 20. Jahrhundert noch relativ jungen Fachs der Musikwissenschaft, so zeigt sich auch für das Rezitativ ein langsam erwachendes Interesse. Während in der ersten Auflage von Hugo Riemanns Musiklexikon aus dem Jahr 1882 dem Stichwort »Recitativ« nur ein kurzer, erläuternder Artikel gewidmet wird, liest man in der 11. Ausgabe aus dem Jahr

[38] »[...] pure si usa segnarlo nella misura del tempo ordinario, in modo che ogni accento musicale cada sopra un tempo forte della misura e così viceversa.« Ebd.

[39] »Deve lo studente osservare li buoni recitativi di valenti maestri« Ebd., S. 90.

1929[40] folgende Ergänzung: »An guten Arbeiten über das Rezitativ ist Mangel.«[41] Dieser von musikwissenschaftlicher Weitsicht zeugende Kommentar deutet auf das wachsende Bewusstsein hin, mit dem man (wohl auch hinsichtlich der ersten Wiederentdeckungen von Händelopern zu Beginn der 1920er Jahre) dem vor allem im 19. Jahrhundert stark in Vergessenheit geratenen generalbassbegleiteten Rezitativ nun wieder entgegentrat. Auf die Äußerungen über die fehlende wissenschaftliche Ausarbeitung des Rezitativs folgten im Laufe des 20. Jahrhunderts auch einige Aufsätze, die sich mit dieser Thematik auseinandersetzten. Im Folgenden soll anhand der wichtigsten Autoren verdeutlicht werden, welche ersten Schritte die Musikwissenschaft in der Rezitativforschung im 20. Jahrhundert gegangen ist, welchen Problemen und Denkmustern sie unterworfen war und welche Lehren wir in unseren Tagen daraus ziehen können.

Die umfassendste Darstellung über das Rezitativ ist Friedrich Heinrich Neumanns (1924–1959) *Die Ästhetik des Rezitativs. Zur Theorie des Rezitativs im 17. und 18. Jahrhundert* (1962). Die Studie überzeugt durch einen unglaublichen Reichtum an Quellen, insbesondere aus dem deutschen und französischen Raum. Die intensive Auseinandersetzung mit den Rezitativtheorien im Rahmen seiner Dissertation, in der vor allem Theoretiker aus dem deutschsprachigen Raum behandelt sind, legte den Grundstein für diese Publikation.[42] Neumann behandelt die Rezitativgeschichte seit ihren Ursprüngen und bezieht die Ästhetiken der verschiedenen Sprachräume (Frankreich, Deutschland, England) ein. Doch bereits bei der Definition im Kapitel *Das Rezitativ als redender Gesang* wird deutlich, dass Neumann in seiner Ästhetik den Versuch unternimmt, alle Theoretiker für eine Gesamtdefinition zu vereinnahmen. Vor allem der fehlende Bezug zu den musikalischen Werken in verschiedenen Ländern sowie die Einordnung in den jeweiligen gesellschaftlichen Kontext können den Leser leicht in die Irre führen. Denn auch der Wandel des Kunstgeschmacks von den Anfängen um 1600 bis ins späte 18. Jahrhundert kommt nicht zur Sprache. So werden im Kapitel *Wesensbestimmung des Rezitativs* in einem Atemzug Johann Georg Sulzers *Theorie der schönen Künste* (~ 1771), Giovanni Battista Donis *Trattato della musica scenica* (~ 1640) sowie Michel-Paul Guy de Chabanons *De la musique considérée en elle-même* (1785) genannt, um nur einige Autoren aufzuzählen. Die Problematik besteht vor allem im Versuch, einen allgemeingültigen Rezitativbegriff zu definieren, da allzu rasch Rückschlüsse vom Allgemeinen aufs Spezielle, nicht aber vom Speziellen aufs Allgemeine gezogen

40 Nach dem Tod von Hugo Riemann im Jahr 1919 wurde die Reihe von Alfred Einstein weitergeführt.

41 Artikel *Rezitativ*, in: *Riemann Musiklexikon*, 11. Auflage, 1929, S. 1502.

42 Neumanns Arbeit *Die Ästhetik des Rezitativs* erschien posthum nach seinem frühen Tod im Jahr 1959. Zuvor hatte Neumann bei Rudolf Gerber 1955 über *Die Theorie des Rezitativs im 17. und 18. Jahrhundert unter besonderer Berücksichtigung des deutschen Musikschrifttums des 18. Jahrhunderts* promoviert.

werden. Als Stellvertreter der italienischen Oper wird Donis Traktat mit dem Vermerk angeführt, dass diese Gedanken keinen großen Widerhall fanden.[43] Danach nimmt vor allem die deutsche Rezitativtheorie mit ihren bekannten Vertretern den größten Platz in Neumanns Abhandlung ein. Besonders hervorzuheben ist im Kontext dieses Buches die Aussage:

> »Dass das Rezitativ neben gesanglichen auch sprachliche Elemente enthielt [...] folgte nach Ansicht der Theoretiker daraus, dass es mehr oder weniger eine »Nachahmung der Rede« war bzw. aus einer solchen hervorging.«[44]

Auffallend ist vor allem die rein musikalische Sichtweise auf die Gattung Rezitativ. Denn dass ein Rezitativ zwangsweise sprachliche Elemente enthalten muss und jene sogar in weiten Teilen über die musikalische Form dominieren, ist bereits umfassend dargelegt worden. Der Versuch, das Rezitativ als genuin musikalische Ausdrucksform zu betrachten, bringt den Autor im Laufe seiner Arbeit in Erklärungsnot:

> »Dabei war offensichtlich, dass das Rezitativ rhythmisch völlig aus der Nachahmung der Rede stammen musste. Denn die Komponisten – und Sänger – waren verpflichtet, den in der Rede liegenden (freieren) Rhythmus unverändert – insbesondere ohne Einschränkungen durch ein ursprünglich-musikalisches (festes) Taktmaß – ins Rezitativ zu übernehmen [...]. Darüber hinaus konnte die Rede vom Rezitativ harmonisch unmöglich nachgeahmt werden, weil in ihr keine Vorbilder für harmonische Bildungen vorlagen. Inwieweit aber die Melodik des Rezitativs aus der Nachahmung der Rede stammte, schien problematisch.«[45]

Vor allem scheint auch der im Notentext notierte Rhythmus eine Erfindung der Komponisten zu sein. Dabei liegt die Lösung des Problems dem Autor eigentlich bereits vor Augen, wenn er sagt, dass im Rezitativ die Rede harmonisch und unmöglich nachgeahmt werden könne. Der an dieser Stelle notwendige Perspektivwechsel, das Rezitativ aus Sicht der Sprache zu betrachten und nicht als rein musikalisches Phänomen, fehlt jedoch leider. Dass diese künstlerische und wissenschaftliche Aufwertung eines Librettoverses in metrisch-rhythmischer Hinsicht von vornherein ausgeschlossen wird – bzw. dass die Verslehre bei Neumann überhaupt nicht existiert – bringt den Autor im Laufe seiner Abhandlung in einige Schwierigkeiten. Jedenfalls wird diese Problematik an keiner Stelle weiter erörtert. Befolgt man Neumanns Theorie, dass Komponisten und

43 Vgl. ebd., S. 18.
44 Ebd., S. 11.
45 Ebd.

Sänger *verpflichtet* gewesen seien, die freie Rede in musikalischer Form nachzuahmen, so stellt der Autor die Sinnhaftigkeit des auskomponierten Rezitativs ernsthaft in Frage. Auch der fest verankerte Ausdruck »Rezitativ« wäre demnach ein großer etymologischer Irrtum der Operngeschichte. Bei der melodischen Nachahmung der natürlichen Rede steht Neumann auf einmal vor besagtem Problem: im Gegensatz zum Rhythmus, der in seiner musikalischen Form überhaupt keine Rolle spielt, kann die Melodik wie auch die Harmonik im Rezitativ unmöglich aus einer Nachahmung der natürlichen Rede stammen. Der Autor muss eingestehen, dass er für diese Theorie »keinen Theoretiker ganz in Anspruch« nehmen kann.[46] Neumann schließt mit der Annahme, »dass das Rezitativ also melodisch gar nicht aus der Nachahmung der Rede stammen konnte, und dass die Komposition der Rezitativmelodik daher eine Leistung der freien Phantasie sein musste.«[47] An dieser Stelle wird nochmals deutlich, welche Vormachtstellung die notierte Musik in Neumanns Rezitativrezeption einnimmt. Während musikalische Gesetzmäßigkeiten einer genauen Analyse unterzogen werden, spielen der Rezitativvers und die italienische Verslehre für den Autor keine Rolle.

Der britische Dirigent Sir Edward Downes (1924–2009) fasste 1961 die unterschiedlichen Meinungen aus Sicht der Aufführungspraxis in seinem Aufsatz *»Secco«-Recitative in Early Classical Opera Seria (1720–80)* zusammen. Dies betrifft nicht nur die Definition und die Herleitung des wertenden »secco«-Begriffs, vor allem gehört Downes zu den wenigen, die auf die mangelnde Auseinandersetzung mit dem Rezitativ in der musikwissenschaftlichen Forschung hinweisen.[48] Downes erwähnt u. a. den zentralen und viel diskutierten Punkt der natürlichen Nachahmung der Rede:

> «Die Singstimme folgte den Neigungen der natürlichen Rede, mit vielen wiederholten Noten, stufenweiser melodischer Bewegung oder kleinen Sprüngen, um die Harmonik der [Generalbass]-Begleitung hervorzuheben. Bei irregulär langen Phrasen mit häufigen Pausen und alles in einem Ambitus, der äußerst selten eine Oktav überschreitet.«[49]

Interessant ist, dass Downes deutlich die Entstehung des »secco«-Begriffes hervorhebt, den er als Erfindung des 19. Jahrhunderts bezeichnet: »I found no mention of the term

[46] Ebd.

[47] Ebd.

[48] »The voice part followed the inflections of natural speech, with many repeated notes, stepwise melodic motion, or small skips outlining the harmony of the accompaniment, in irregular phrase lengths punctuated by frequent rests, and all within a range seldom exceeding an octave.« Vgl. Downes, S. 51.

[49] Ebd., S. 52.

before 1831«[50]. Weder Pietro Giannelli noch Peter Lichtenthal[51] verwenden in ihren Nachschlagewerken den Ausdruck »secco«. Es ist außerdem zu betonen, dass Downes den Begriff vor allem in nicht-italienischen Lexika aus dem deutschen, französischen und englischen Raum findet. Für die Verwendung des wertenden »secco«-Begriffs hat er deutliche Worte:

> «Auf der anderen Seite ist es wahrscheinlich, dass der neue Begriff das Zeitgefühl widerspiegelt, das diesem große Verbreitung gab. Um 1830, als die Romantik in voller Blüte stand, schien dieser altmodische Rezitativstil wahrscheinlich so trocken wie Staub, und »recitativo secco« mag in der Tat ein romantischer Begriff für ein klassisches Verfahren sein, das weder von den Sängern, noch vom Publikum mehr verstanden wurde.«[52]

Als Komponisten erwähnt Downes vor allem Mozart, Gluck und Jommelli. Die Traktate von Marcello und Tartini sind bei Downes zwar erwähnt, eine Auseinandersetzung mit Tosi und Algarotti vermisst man allerdings. Im zweiten Teil seines Aufsatzes widmet sich der Autor vor allem aufführungspraktischen Fragen und gerät mehrfach in Versuchung, die generalbassbegleiteten Rezitative vor allem hinsichtlich ihres Gefühlsausdrucks bzw. Affekts zu bewerten.

Martin Ruhnke (1921–2004) erwähnt in seinem Aufsatz *Das italienische Rezitativ bei den deutschen Komponisten des Spätbarock* (1976) ebenfalls den abwertenden »secco«-Begriff und erwähnt das Bestreben

> »[…] nicht stille Größe und abgeklärte Harmonie zu suchen, sondern erregtes Pathos zur Schau zu stellen und die leidenschaftlichsten Affekte durch die Musik auszudrücken. Das Thema »Rezitativ im Spätbarock« impliziert also die These, dass auch das Rezitativ etwas mit intensiver Wortausdeutung zu tun habe – was in einem gewissen Gegensatz steht zu dem heute üblichen, aber erst im 19. Jahrhundert erfundenen Terminus »Secco-Rezitativ«.«[53]

50 Ebd., S. 50, seine Untersuchung bezieht sich auf die Definitionen der Lexika Brossards, Kochs und Webers.

51 Hier bezieht sich der Autor auf Lichtenthals Artikel *Recitativo*, in: *Dizionario e bibliografia della musica*, Mailand, 1836.

52 »On the other hand it is likely that the new term does also reflect the feeling of the age that gave it wide currency. By 1830, when romanticism was in full bloom, this outmoded recitative style probably did seem »dry« as dust, and recitativo secco may be in fact a romantic term for a classical procedure no longer really understood by either singers or audiences.« Downes, S. 51.

53 Ruhnke, S. 81.

Ruhnke sieht die Aufgabe des Rezitativs in erster Linie in der Nachahmung des natürlichen Sprechens, sei es in Bezug auf den Sprachrhythmus als auch auf das Deklamationstempo.[54] Er zitiert Johann Gottfried Walther, dessen Aussage bis heute die Ästhethik des Rezitativs prägt: »Man sei im Rezitativ mehr beflissen [...], die Affektus zu exprimieren, als nach dem vorgeschriebenen Tacte zu singen«.[55] Neben einer großenteils harmonisch-melodischen Herangehensweise am Beispiel *Tamerlano*, woraus er die erste Szene des ersten Akts Händels mit jener aus Gasparinis Oper vergleicht, stellt der Autor einen statistischen Vergleich auf, der die Häufigkeit von Achtelnoten, Pausen und Dehnungen der Komponisten prozentual gegenüberstellt. Ein weiterer Schwerpunkt liegt auf der melodisch-figuralen Gestaltung der Singstimme sowie der Harmonisierung des *basso continuo*. Die Einbeziehung der Versstruktur findet man auch bei Ruhnke nur bedingt, auch tendiert der Autor dazu, die Sprachlichkeit des italienischen Rezitativs aus den reichlichen Quellen deutscher Theoretiker abzuleiten. Neben der Gefahr, sich allzu sehr auf diese zu stützen, verlieren sich einige Forscher immer wieder in den Fängen einer allzu tendenziösen harmonisch-melodischen Analyse.

Raymond Monelle (1937–2010)[56] beklagt in seinem Aufsatz *Recitative and Dramaturgy in the Dramma per Musica* (1978) die mangelhafte Auseinandersetzung mit dem Rezitativ in der Oper des frühen 18. Jahrhunderts:

> «In einer Hinsicht ist unser Wunsch vergeblich, der zeitgenössischen Kritik in unserer Abhandlung des Rezitativs zu folgen. Der deutsche Autor ist zu beschäftigt mit den minutiae und Grundlagen der Rezitativkomposition; die Italiener schweigen zu diesem Thema. Wie Neumann herausfand, ist ihre größte Sorge die Grundsatzfrage, ob das Rezitativ »singende Sprache« oder »gesprochener Gesang« sei; und sie diskutieren praktische Fragen, wie den Spannungsabfall nach einer Arie und wie er vermieden werden kann, aber sie helfen wenig bei der Frage des Ausdrucks.«[57]

[54] Ruhnke, S. 83.

[55] Ebd.

[56] Raymond Monelle beschäftigte sich hauptsächlich mit musikalischer Semantik. In Aufsätzen wie »What is a musical text?« (1996) oder »Musical uniqueness as a function of the text.« (1997) zeigt sich auch sein Schwerpunkt für philologisch-musikalische Zusammenhänge. Aus diesem Grund bietet sich die Erwähnung Monelles im Zusammenhang dieser Arbeit an, auch wenn sein Forschungsgebiet das italienische Opernrezitativ nur am Rande berührt.

[57] »In some degree, then, our desire to follow contemporary criticism in our examination of recitative is frustrated. The German writer is too concerned with the minutiae and rudiments of recitative composition; the Italians are silent on the matter. As Neumann found, they concern themselves with general issues-whether recitative is a «singing speech« or a »speaking song« - and they discuss practical problems, like the anticlimax after an aria and how it might be avoided, but they help very little with the question of expressiveness.« Monelle 1978, S. 247 f.

Monelle spricht wichtige Punkte wie das *parlar cantando*, das singende Sprechen, sowie das *cantando parlare*, das sprechende Singen an. Weder er noch seine nicht näher benannten »Italiener« grenzen die Frage nach der Funktion und Herkunft des Rezitativs entsprechend ein. Allerdings zeigt sich an Monelles Zitat deutlich, wie sehr sich die ästhetische Auffassung in den verschiedenen Kulturkreisen unterscheidet und eine übergreifende Diskussion nahezu unmöglich macht. Raymond Monelle kommt außerdem auf den dramatischen Rhythmus und die Diktion zu sprechen, da er ebenfalls den Schwerpunkt einer rhythmischen Analyse vermisst:

> «Dramatischer Rhythmus, Charakterisierung, Vielfalt der Diktion und des Ausdrucks in einem großen Gesamtplan – diese Dinge müssen diskutiert sein, wenn das dramma per musica mit den anderen Erscheinungen der Opernkunst verglichen werden will.«[58]

Reinhard Strohm zitiert in seinem Aufsatz *Die musikalische Dramaturgie von Arianna in Creta* (2006) die Aussage von Carl Dahlhaus: »Wir werden die Barockoper so lange nicht verstehen, wie wir das barocke Sprechtheater ignorieren.«[59] Vor allem die Tatsache, dass sich im Italien des 17. und 18. Jahrhunderts trotz einiger Versuche ein genuines Sprechtheater nicht etablieren konnte, ist ein wichtiges Indiz, da sich die Funktion des Sprechtheaters im Musikdrama und gerade in den Rezitativen wiederfand. Allein der Ausdruck »Rezitativ« weist auf die alte Tradition des Literaturvortrages hin. Die Rezitation als Gattungsbegriff ist letztlich viel älter als die Oper. Während also nach den meisten deutschen Musiktheoretikern wie Johann Mattheson, Johann Adolph Scheibe und Gottfried Heinrich Stölzel die Deklamation in erster Linie dem Interpreten überlassen wird, soll nun an dieser Stelle die Aufmerksamkeit auf jene grundlegenden Forschungsarbeiten gerichtet werden, in denen die italienische Metrik in der Gestalt von Versen und die Möglichkeiten ihrer Vertonung eine zentrale Rolle spielen. So kann diese Arbeit vielleicht auch erste Impulse darüber liefern, was wir vielleicht eines Tages aus den notierten Rezitativen über das damalige Sprechtheater rekonstruieren können.

58 »Dramatic rhythm, characterization, variety of diction and expression within an overall plan - these things must be discussed if the dramma per musica is to be compared with other great manifestations of operatic art.« Ebd., S. 247.

59 Zitiert nach Strohm, *Die musikalische Dramaturgie von »Arianna in Creta«*, S. 172.

Forschungsstand, Werkauswahl und Entstehungskontext

Forschungsstand

Das Kernproblem der Rezitativ-Forschung lag bislang vor allem darin, das italienische Opernrezitativ aus sprachlicher Sicht nicht deutlich von Theoretikern und Traktaten aus dem deutschsprachigen Raum sowie vom deutschsprachigen Rezitativ zu trennen. In der aktuellen Forschungsliteratur spiegelt sich dieser Stand der Erkenntnisse wider.[60] Dass die melodisch-harmonischen Aspekte über die Sprachgrenzen hinweg ihre musikalischen Gesetzmäßigkeiten beibehalten, muss an dieser Stelle nicht weiter ausgeführt werden, dass das italienische Rezitativ in melodisch-harmonischer Sicht für den deutschsprachigen Raum Vorbildfunktion hatte, ebenfalls nicht. Zwar führt die Anwendung der harmonisch-melodischen Analyse in Fällen wie der Frage- und Schlusskadenz im Rezitativ sehr wohl zu plausiblen Ergebnissen, während hingegen die freie Rezitation im deutschen Rezitativ aufgrund der unterschiedlichen metrischen Gesetzmäßigkeiten nur wenig mit der versgebundenen Rezitation eines italienischen Opernlibrettos gemein hat. Bei Kubiks Aufsatz *Nebeneinander – Miteinander* (2002) handelt es sich um eine Aufarbeitung von Forschungserkenntnissen, die auf ähnliche Weise Raymond Monelle bereits 1978 in einem Aufsatz an Hasses Metastasio-Vertonungen vornahm – sowohl hinsichtlich des analytischen Vorgehens als auch der Begriffsbildung – und die von Kubik an Beispielen aus Händel-Opern ein weiteres Mal erläutert werden. Kubiks Einstieg ist ein Beispiel aus dem II. Akt von *Ariodante*, wo die aufsteigende D-Dur-Skala der Sinfonia mit jener des darauffolgenden Rezitativs »Di Dalinda l'amore« übereinstimmt. Kubik erkennt Übereinstimmungen der Melodieführung zwischen Rezitativen und Arien. In seiner Dissertation über Händels *Rinaldo* widmete er hingegen der Rezitativuntersuchung ein ganzes Kapitel. Ziel des Autors ist es, eine umfassende Darstellung der Oper *Rinaldo* zu liefern. Eine Kritik an der Vernachlässigung von Vers und Rhythmus ist also aufgrund der Fragestellung nicht angebracht, dennoch soll dieses Kapitel die Problematik der Rezitativrezeption an dieser Stelle verdeutlichen. Kubik unterscheidet im Rezitativ drei Gruppen: das affektneutrale, das pathetische und das dramatische Rezitativ:[61]

> »Zwei Gruppen unterscheiden sich: in erzählenden Rezitativen beschränkt sich die Gestaltung überwiegend auf korrektes Referieren des Textes; enthält der Text ver-

[60] Vgl. u. a. das Kapitel *Rezitativ* in *Händels Opern*, Bd. 1, hrsg. von Mücke/Jacobshagen aus dem Jahr 2009.

[61] Kubik, *Rinaldo*, S. 142 f., er bezieht sich hierbei auf Martin Ruhnke: *Das italienische Rezitativ bei den deutschen Komponisten des Spätbarock.*

einzelt affektgeladene Teile, so kann sich Händel entscheiden, auf den Einsatz von übersteigerten Mitteln zur Wortausdeutung zu verzichten.«[62]

Als übersteigerte Mittel spricht Kubik von textbezogenen Sprüngen, Dissonanzen und Pausen.[63] Der Autor liefert eine harmonisch-melodische Wortausdeutung des Textes. Er erkennt in seinen Notenbeispielen eine klare Gruppierung in siebensilbige Phrasen, was aber nicht ausdrücklich zur Sprache kommt.[64] Als Beispiel dient ihm der Dialog zwischen Armida und Rinaldo, der im Libretto und im Notentext aus einer Aneinanderreihung von Elfsilbern erscheint. Aufgrund der untextierten Notenbeispiele wird Kubiks Ansatz zu einer satztechnischen Untersuchung, in der die musikalische Periode und nicht der sinngliedernde Vers im Mittelpunkt steht (ein ähnliches Missverständnis kennen wir von Artusi, der seinerzeit die kontrapunktischen Fehler von Monteverdis »Cruda Amarilli« ohne die sinnbildende Textierung verurteilte). Trotz der gründlichen Analyse steht die melodisch-harmonische Sichtweise ohne Bezug zur Versstruktur und einer Analyse von Sprache und Rhythmus. Vor allem die harmonische Analyse der Frage-Antwort-Episoden steht im Mittelpunkt. Genau an diesem Punkt scheint das methodische Problem des Kapitels zu liegen. Begriffsdefinitionen wie »erzählendes« und »pathetisches« Rezitativ werden nur pauschal klassifiziert und nicht weiter hinterfragt. Bereits in Scheibes *Abhandlung vom Rezitativ* werden diese Begriffe verwendet, allerdings auch hier ohne deutliche Zuordnung.[65] Auch erkennt Kubik in der Rede und Gegenrede zwar eine sich steigernde Spannung durch einen chromatisch aufsteigenden Bass, jedoch die rhythmische Verdichtung, die eine zentrale Rolle in Händels Dialogen spielt, ist nicht weiter erwähnt. In Bezug auf die Frageformeln spricht Kubik von phrygischen Kadenzen sowie von Halbschlüssen in Dur, eine genaue Bezugnahme, an welcher Stelle Händel sich dieser harmonischen Wendungen bedient, bleibt aus. Da Kubiks Dissertation eine Gesamtdarstellung von Händels *Rinaldo* ist, nimmt sein Kapitel über die Rezitative nur geringen Raum ein. Es ist jedoch ein großer Verdienst des Autors, als einer der wenigen in der musikwissenschaftlichen Forschung den Rezitativen überhaupt einen ausführlichen Teil seiner Untersuchung zu widmen.

62 Ebd., S. 142.
63 Vgl. ebd.
64 Vgl. ebd., S. 144.
65 Der Versuch einer Einordnung dieser »affektfreien« Passagen in den dramatischen Kontext und deren Funktion soll im Rahmen dieser Arbeit geschehen. Klassifizierungen wie »affektfrei« und »pathetisch« lassen sich in den aufgeführten Fällen nur schwer einer bestimmten Rezitativszene zuordnen. Es wäre allerdings möglich, dass Scheibe hier weniger auf die Intention des Komponisten Bezug nimmt, sondern vielmehr – dem Textinhalt folgend – vom Sänger eine entsprechend »pathetische« oder »affektfreie« Interpretation fordert.

Für eine Untersuchung des vertonten Verses war die in der Einleitung bereits erwähnte Studie von Silke Leopold über die italienische Monodie im 17. Jahrhundert *Al modo d'Orfeo* (1995) wegweisend. Es stellte sich heraus, dass die meisten Forschungsansätze an der Vernachlässigung der geschilderten Punkte scheitern mussten, da sie für das Rezitativ und vor allem den Vers keine Analyse-Methoden finden konnten. Da im Rezitativ der Vers eine vorherrschende Funktion hat, ist *Al modo d'Orfeo* ein wichtiger Ausgangspunkt, weil hier zum ersten Mal umfassend der Bezug von Musik und Text in der italienischen Monodie des 17. Jahrhunderts behandelt wird, womit die Arbeit eine große Lücke in der Musikwissenschaft schließt. Die Autorin bezieht sich mehrfach auf Gabriello Chiabreras Kategorisierung der unterschiedlichen italienischen Versarten (Fünfsilber, Sechssilber, Siebensilber, etc.) nach qualitativen Kriterien. Die unterschiedlichen Verslängen wirken sich bei ihrer Vertonung hinsichtlich der Rhythmik und eventueller Binnenzäsuren aus. Auch geschlossene Periodik und offene Strukturen spielen dabei eine bedeutende Rolle. Silke Leopolds Erkenntnis besteht in erster Linie in der Aufwertung der Versstrukturen und deren qualitativer Beschaffenheit in Bezug auf die Arbeitsweise der Komponisten. Hierin ist auch der Grund zu suchen, weshalb bislang keine umfassende Untersuchung des Secco-Rezitativs möglich war.[66] Auch wird das Dilemma von Vers und Tanz als Ausgangspunkt für metrisch-rhythmische Kontur – vor allem in Bezug auf die Arien – genannt.[67] Die Aufgliederung der Verse in Teilverse hat nicht nur im Sologesang und im Madrigal eine wichtige Funktion, sondern auch in Händels Rezitativen, in welchem die freie Aneinanderreihung von Sieben- und Elfsilbern eine zentrale Rolle spielt. Leopold betont die variable Akzentstruktur des Sieben- und Elfsilbers, die »unbegrenzte Möglichkeiten, Sprachakzente musikalisch nachzuvollziehen«[68] mit sich bringt. Gerade hierin liegt die Tendenz, trotz der musikalisch-rhythmischen Stilisierung des Secco-Rezitativs eine Nähe zur natürlichen Alltagsdeklamation zu sehen, nicht umsonst schließt das Kapitel über die Rezitation von Sieben- und Elfsilbern mit der Aussage: »Das Secco-Rezitativ der zweiten Jahrhunderthälfte ist auch das positive Ergebnis negativer Erfahrungen mit dem Endecasillabo bei dem Bemühen um musikalisch geschlossene Formen.«[69] In der freien Aneinanderreihung von Sieben- und Elfsilbern im Rezitativ besteht ein grundlegender Unterschied zu ihrer Verwendung im Sologesang des 17. Jahrhunderts, was »an ihrer Einbindung in ein strenges Form- und Reimschema [lag]«, so »dass diese Verse[…] in der lyrischen wie in der epischen Dichtung dennoch nicht als prosahaft

[66] Leopold, *Al modo d'Orfeo*, Bd. 1, S. 14 f.
[67] Ebd., S. 75.
[68] Ebd., S. 77.
[69] Ebd., S. 84.

verstanden wurden«.[70] Weiterhin wird in der Arbeit auf die Umfunktionierung der Verse innerhalb des Kompositionsprozesses verwiesen, was die Versstruktur nicht nur im Sologesang, sondern auch im Rezitativ des frühen 18. Jahrhunderts entscheidend prägt: »Zumeist lösten die Komponisten das Formschema eines Gedichts in Sinnzusammenhänge auf und kreierten damit jene Art der Textverarbeitung, die Heinrich Besseler mit dem Namen »Prosamelodik« belegte«.[71] Auch in der Aufteilung der Rezitativverse werden also die Sinnzusammenhänge über die Formschemata gestellt.[72] In welcher Hinsicht sich dies in Händels Rezitativkompositionen widerspiegelt, wird sich an späterer Stelle zeigen.

Trasybulos Georgiades legte in den Aufsätzen *Aus der Musiksprache des Mozart-Theaters* (1950) und *Sprache als Rhythmus (*1959) Grundlagen, die für das Verständnis der Beschaffenheit des Dialogs und der Nachahmung der natürlichen Rede von Bedeutung sind. Wichtig für die Erforschung des Rezitativs ist auch ein Ansatz, den Rhythmus aus dem Vers herzuleiten. So treffen im Rezitativ des 18. Jahrhunderts zwei widersprüchliche Ansätze aufeinander: der pulsierende Rhythmus (in Händels Rezitativen meist 4/4- oder 3/2-Takt) und die weitgehend lockere Führung der Singstimme. Diese gliedert sich in über die Taktgruppen hinweg frei aneinandergereihte Rhythmusgruppen, die sich der Sinngliederung des Komponisten und Librettisten unterordnen. Diese Rhythmusgruppen, von zweisilbigen Ausrufen über traditionelle Versfüße bis hin zu Sieben- und Elfsilbern und darüber hinaus, bestehen aus fixen rhythmischen Modellen. Die Taktangaben dienen der Notation des *basso continuo*, der meist in halben oder ganzen Noten harmonisiert und sich bei Kadenzen oder dramatischen Höhepunkten in Viertelwerten bewegt. Außerdem dienen die Taktschwerpunkte der Akzentsetzung im Vers. Die Unmittelbarkeit der natürlichen Sprache, vor allem im Dialog, erkennt Georgiades u. a. in seiner Analyse der Ilia-Arie *Se il padre perdei* aus Mozarts *Idomeneo*. Mozart schafft durch das »zahnradähnliche Ineinander« eine »ständige Variierung des 2/4 Takts«, der durch den Bass wieder »eingefangen« wird.[73] Im Aufsatz *Sprache als Rhythmus* zeigt der Autor den Unterschied des Rhythmus anhand des *Suleika*-Liedes von Franz Schubert. Hier wechselt der Rhythmus der ersten beiden Verse »Was bedeutet die Bewegung / Bringt der Ost mir frohe Kunde?« in der Komposition vom Auftakt zum Abtakt.[74] Wie sich zeigen wird, ist die variable Akzentstruktur auch in Händels Rezitativkomposition von großer Wichtigkeit, weil gerade durch die variable Auftakt-

70 Ebd., S. 47.
71 Ebd.
72 Ebd.
73 Vgl. Georgiades, *Kleine Schriften*, S. 21.
74 Ebd., S. 82.

struktur der Versanfänge die künstliche Nachahmung einer natürlichen Unterhaltung vollzogen wird.

Die Figurenlehre im Rezitativ ist von jener des musikalischen Satzes zu unterscheiden. In Hans-Heinrich Ungers *Die Beziehungen zwischen Musik und Rhetorik* (1941) werden in erster Linie die sogenannten musikalisch-rhetorischen Figuren der geschlossenen Form der Vokal- und Instrumentalmusik besprochen. In Anknüpfung daran wird im Folgenden eine Übertragung der Begriffe auf das Rezitativ versucht, wasin einem begrenzten Bereich, wie u. a. den sich erweiternden Satzgliedern, gelingt, die sich im Rezitativ in sich erweiternden Rhythmusgruppen wiederfinden, was in der Harmonik zum Beispiel bei Fragen und Aussagen zutrifft. Jedoch lässt sich die musikalische Sprache metrisch geschlossener Formen, wie Komponisten sie unter anderem in Arien oder auch in instrumentalen Tanzsätzen bzw. Orchester-Suiten verwenden, kaum auf die Rezitation übertragen. Beim Rezitativ handelt es sich um eine Mischform, in der zwar viele Elemente der gesprochenen Rede (die mit den musikalischen Formen wenig gemein hat) vorkommen, hingegen nur wenige Elemente der musikalischen Figurenlehre Anwendung finden.

Anadiplosis wird im Rezitativ rhythmisch betrachtet: eine Rhythmusfigur am Ende einer Rede kann zu Beginn vom Dialogpartner wieder aufgegriffen werden.

Aposiopesis bezeichnet den plötzlichen Abbruch der Rede durch Schweigen bzw. eine Pause.

Dubitatio ist »eine Ungewissheit des Gefühls«[75] und drückt sich harmonisch durch »zweifelhafte Modulation«[76] aus. Bei Händel spielt der Unterschied zwischen Dubitatio- und Interrogatio-Fragen (einfachen Dialogfragen) eine elementare Rolle.

Emphasis Nachdruck ist im Rezitativ durch die rhythmische Gleichbehandlung der Notenwerte ausgedrückt.

Gradatio findet sich in der Singstimme als aufsteigende Linie von explikatorischen Phrasen, als sich steigernde Rhythmusgruppen und als chromatischer Bass für eine sich steigernde Spannungskurve wieder.

75 Forkel, Zitiert nach Unger, S. 74.
76 Ebd.

Mimesis wird zur Verdeutlichung an besagten Stellen als »metrisches Echo« bezeichnet, da es sich nicht immer um ein bewusstes Nachahmen bereits gesagter Worte bzw. bereits erklungener Rhythmen handelt.[77]

Parenthesis ist im Rezitativ eine gängige rhetorische Formel. Sie wird im musikdramatischen Zusammenhang des »bei-Seite-Sprechens« meist »a parte« genannt.

Pathopoiia erregt durch stark hervorstechende Harmonik Affekte wie Freude oder Schmerz.

Tmesis bezeichnet das Auseinanderfallen eines oder mehrerer Sinneinheiten durch Pausen und findet vor allem bei Begrüßungsformeln, Anrufen und Ausrufen Verwendung, aber auch wenn ein Dialog ins Stocken gerät.

Auch Unger erliegt der Versuchung, das Rezitativ von rein musikalischer Seite her zu betrachten. Die Analyse seines Bach-Rezitativs befasst sich ausschließlich mit der harmonisch-melodischen Betrachtung,[78] weder der Vers noch der Rhythmus (in diesem Falle bezüglich der deutschen Lyrik) spielen in Bezug auf Rhetorik und Affekt eine bedeutende Rolle.

2015 ist an der Universität in Rochester eine Dissertation über *The Recitativo Semplice in Handel's Operas for the First Royal Academy of Music, 1720–1728* von Regina Compton erschienen, die sich mit der Ausdeutung der Rezitative in Bezug auf die Affektenlehre und Bühnengestik im Zeitraum der acht Jahre der ersten Londoner Akademie befasst. Compton fokussiert sich – ähnlich wie bereits Reinhold Kubik in seiner Rinaldo-Dissertation – darauf, den Bezug von Rezitativ und Arie auf Grundlage der harmonisch-melodischen Methode zu untersuchen. So findet die Autorin an einigen Stellen die kompositorische Botschaft des Rezitativs in den Arien wieder und deckt an manchen Stellen Widersprüche in der dramaturgischen Konzeption der Protagonist(inn)en auf. Sie exemplifiziert darüber hinaus ihre Idee der musikalisch-dramatischen Konzeption Händels an den drei Frauenrollen Polissena (Radamisto), Gismonda (Ottone) und Irene (Tamerlano) im Spiegel ihrer damaligen Zeit. Im Vordergrund stehen die musikalischen Affektausdeutungen sowie deren szenisch-gestischer Ausdruck.

[77] Der Begriff »metrisches Echo« stammt aus Helmut Löseners *Der Rhythmus in der Rede* (1999) und ist dort ausführlich beschrieben.

[78] Unger, S. 133.

Wer sich also eher für die theatralische Umsetzung und die größeren Handlungsbögen der Rezitative interessiert, sei an dieser Stelle auf die Arbeit Comptons verwiesen.

Werkauswahl und Entstehungskontext

Eine wissenschaftliche Arbeit über Händels Opernschaffen steht bei der Auswahl der Werkbeispiele vor einer großen Herausforderung. Innerhalb eines Entstehungszeitraumes von 33 Jahren von Händels italienischem Erstlingswerk *Rodrigo (HWV 5)* bis *Deidamia (HWV 41)* erstreckt sich sein Werk auf 41 Opern. Nicht nur innerhalb der Opern im Allgemeinen, auch bei den Rezitativen finden sich stilistische Entwicklungen. Vor allem in seinen italienischen Lehrjahren lassen sich zu Beginn Unsicherheiten in der Behandlung der italienischen Sprache feststellen, wie man sie in den Londoner Werken ab *Rinaldo* (1711) immer seltener findet. Zwar sind *Rodrigo* (1707) und *Agrippina* (1709) die beiden einzigen Opern, die in Italien für italienisches Publikum entstanden sind und daher längere Rezitativszenen besitzen, als dies in der Londoner Periode der Fall ist.[79] Ein kurzer Einblick in *Almira (1705)* und *Rodrigo* sollte genügen, um einen Überblick darüber zu bekommen, mit welchem Kenntnisstand Händel sein erstes Werk in Italien schrieb. Somit bilden die Rezitative der Londoner Zeit Händels Hauptwerk und stehen im Mittelpunkt dieser Studie. Im vorliegenden Buch wird der gesamte Zeitraum von Händels Opernschaffen, von *Rodrigo* (1707) bis *Deidamia* (1741) betrachtet. Diese Untersuchung wird stufenweise an das überaus reiche Quellenmaterial an Opernrezitativen heranführen. Aus Gründen der Übersichtlichkeit wurde so weit wie möglich eine chronologische Abfolge der Werke in den einzelnen Kapiteln gewahrt. Das Jahr der Uraufführung bei den einzelnen Beispielen verortet das Werk im Gesamtschaffen und macht so die Zeitsprünge innerhalb der einzelnen Abschnitte ersichtlich. Ingesamt werden in dieser Arbeit etwas mehr als die Hälfte von Händels Opern in ausgewählten Beispielen berücksichtigt, wie auch die verschiedenen Typen von der sogenannten Pastorale über die Zauber- bis zur Heldenoper, um einen möglichst weitgefächerten Überblick zu gewährleisten. Da für die meisten Beispiele jeweils in einigen Sätzen der inhaltliche Rahmen zum tieferen Verständnis geschildert werden muss, sei es dem Autor verziehen, dass vor allem die ersten und zweiten Akte herangezogen wurden, um die Inhaltsangaben der Ver- und Entwirrungen nicht allzu

[79] Reinhard Strohm rückt *Rodrigo* trotz der sprachlichen Differenz stilistisch in die Nähe von *Almira*. Der Autor bezieht dies einerseits auf das »iberische Libretto« Francesco Silvanis sowie auf bestimmte kompositorische Eigenheiten. (Vgl. Reinhard Strohm: Händels Opern im europäischen Zusammenhang, in: Die Oper im 18. Jahrhundert, S. 30). Auch in *Almira* sind die Rezitative im italienischen Stil vertont, allerdings steht Händel in beiden Werken am Anfang seiner Laufbahn als Opernkomponist.

ausschweifend werden zu lassen. Den Finalszenen ist hingegen an späterer Stelle ein eigenes Kapitel gewidmet.

Für Händels Opernschaffen, das sich in mehreren Etappen entwickelte, ist die Entwicklung hier als grobes Raster in folgende Abschnitte aufgeteilt (genannt sind nur die in dieser Arbeit behandelten Opern):

1. Die Anfangsjahre in Hamburg	1703–1706	Almira
2. Der Aufenthalt in Italien	1707–1710	Rodrigo, Agrippina
3. Die ersten Londoner Jahre	1711–1716	Rinaldo, Pastor Fido, Teseo, Amadigi
4. Die Royal Academy of Music	1719–1728	Radamisto, Il Floridante, Ottone, Flavio, Giulio Cesare, Tamerlano, Rodelinda, Riccardo Primo, Tolomeo
5. Die »Zweite Akademie«	1728–1737	Poro, Ezio, Orlando, Arianna, Ariodante, Alcina
6. Händels eigenes Opernunternehmen	1737–1741	Faramondo, Serse, Imeneo, Deidamia

Händels Erstlingswerk *Almira* entstand im Laufe des Jahres 1704 in Hamburg und wurde am 8. Januar 1705 im Opernhaus am Gänsemarkt aufgeführt. Die Bearbeitung des Librettos erfolgte durch Friedrich Christian Feustking auf Veranlassung Reinhard Keisers. Die Arien sind in deutscher und italienischer Sprache, die Rezitative durchweg auf Deutsch. Dass kurz darauf der nicht erhaltene *Nero* bei Händel in Auftrag gegeben wurde, lässt auf einen bemerkenswerten Erfolg der *Almira* schließen. Die nächste uns überlieferte Oper *Rodrigo* ist das erste Werk in italienischer Sprache, das Händel wahrscheinlich während seines Aufenthaltes in Rom im Sommer 1707 für Florenz komponierte.[80] Das Libretto hieß ursprünglich *Il duello d' amore, e di vendetta* und stammt von Francesco Silvani. Es wurde von einem unbekannten Autor zu *Vincer se stesso è la maggior vittoria* bzw. *Rodrigo* umgearbeitet. Spannend ist vor allem die nachvollziehbare, mit dem Italienaufenthalt beginnende musikalische als auch sprachliche Entwicklung von Händels italienischem Opernstil. 1709, zwei Jahre nach *Rodrigo*, folgte *Agrippina*, die, für das Teatro Grimani di San Giovanni Grisostomo in Venedig komponiert, zu einem großen Erfolg wurde und einen großen Entwicklungssprung im Umgang mit der italienischen Sprache erkennen lässt.[81] Die Vertrautheit mit dem Italienischen sowie die souveräne Handhabung der Struktur und Machart

[80] Winton Dean lässt offen, ob die Uraufführung im Teatro del Cocomero oder im Palazzo Pitti stattfand. Vgl. Dean 1987, S. 109 f.

[81] *Agrippinas* durchschlagender Erfolg ist nicht zuletzt aus der Aufführungsserie im Jahr 1709 rekonstruierbar. Für weitere Details bietet sich das Vorwort der HHA II-3 an, S. VII f.

eines Opernlibrettos findet nun einen ersten Höhepunkt und auch Abschluss: Händels Opernschaffen in Italien ist mit *Agrippina* beendet.[82] Ein halbes Jahr später befand sich der Komponist bereits wieder in Hannover und wurde zum Hofkapellmeister ernannt. Auf einer Reise nach London erhielt Händel dann vom dortigen Opernunternehmer Aaron Hill den Auftrag, *Rinaldo* zu komponieren. Auch in London konnte Händel auf ein italienisches Opernensemble zurückgreifen, die Versifizierung des Librettos wurde dem Italiener Giacomo Rossi übertragen. Die Uraufführung fand 1711 im Queens Theatre statt. Ab *Rinaldo* zeigt sich der souveräne Umgang mit dem italienischen Vers, dem Händel in seinen Rezitativen durch eine ausdrucksstarke, rhythmisch-melodische Kompositionsweise Gestalt verleiht. Glaubt man den Worten des Librettisten Rossi, so hat Händel selbst großen Einfluss auf die Gestalt des Librettos genommen, was wohl auch den Rezitativen zugute kam.[83] Der Umbruch von Händels italienischen zu den Londoner Opern liegt vor allem in den Kürzungen, die den inhaltlichen Verlauf auf das Allerwesentlichste beschränkt. Finden wir in *Rodrigo* und *Agrippina* noch lange Passagen italienischer Beredsamkeit und ausschweifender Mitteilungsfreude, so sind seit *Rinaldo* manche Szenen auf nur wenige Takte geschrumpft. Das englische Publikum war nur teilweise des Italienischen mächtig und Händel wusste geschickt auf die neuen Anforderungen zu reagieren: durch die deutlich zu erkennenden und hörbaren musikalischen Floskeln sowie eine rhythmische Prägnanz konnte auch ein Engländer, der die Rezitative nur stichwortartig im Original verstehen konnte, mithilfe der musikalischen Sprache der Handlung folgen. Bis zur letzten italienischen Oper *Deidamia* im Jahr 1741 wird Händel dies beibehalten. Bei Händels Rückkehr nach London 1712 entstand *Il Pastor Fido,* welcher im November 1712 uraufgeführt wurde. Vom Publikum wurde das Werk wenig geschätzt, schlummert es doch auch heute noch zwischen seinen erfolgreichen Nachbarn *Rinaldo* und *Teseo* (1713). Die Pastoraloper *Il Pastor Fido* mit einer Fülle von Unisono-Arien und Arien mit schlichter Generalbassbegleitung zeigt Händels Kunst von ihrer intimeren Seite. Dieser typisch italienische pastorale Stil darf heute wie damals keineswegs unterschätzt werden. Allerdings nahm die Bearbeitung von Giacomo Rossi wenig Rücksicht auf dramatische Geschlossenheit.[84] Doch in den hier zu behandelnden Rezitativen zeigt sich Händels Gestaltungsfreude in beeindruckender Weise und darf in dieser Arbeit daher keinesfalls fehlen. Nach den Erfahrungen des *Pastor Fido* setzte Händel auf das bewährte Erfolgsrezept: es folgten 1713 *Teseo* und 1715 *Amadigi di Gaula*, die wie *Rinaldo* als sogenannte »Zauberopern«

[82] Bei DEAN ist hierzu zu lesen: *Four years in the artistic climate of Italy have melted what remained of the German stiffness […] and fused the diverse influences in a plastic idiom that was to be refined and extended but not essentially altered in London.* Vgl. DEAN 1987 S. 119.

[83] Vgl. HHA II-4/1, S. VII f.

[84] Vgl. DEAN 1987, S. 209 f.

bezeichnet werden. Zum ersten Mal arbeitete Händel nun mit dem Librettisten Nicola Francesco Haym, eine Zusammenarbeit, die noch bis in die 1720er Jahre halten sollte. Das italienische Libretto von *Teseo* beruht auf einer französischen Vorlage und behält als einzige von Händels Opern die fünfaktige Struktur bei, was auf die Machart der Rezitative jedoch keinerlei Einfluss hat. Die italienische Bearbeitung stammt von Nicola Haym. Die Uraufführung fand im Januar 1713 im Queens Theatre statt, als der Theaterdirektor Owen Swiney nach der zweiten Vorstellung mit den gesamten Einnahmen verschwand.[85] Dank des erfolgreichen *Teseo* konnten die notwendigen Kosten mit insgesamt dreizehn Vorstellungen jedoch wieder eingespielt werden. Neuer Theaterleiter und Weggefährte Händels wurde nun für die kommenden dreißig Jahre Johann Jacob Heidegger. Die Ankunft des Kastratensängers Nicolini veranlasste Händel im Jahr 1715 *Amadigi* zu komponieren, als Bearbeiter der französischen Libretto-Vorlage werden wiederum Nicola Francesco Haym oder Giacomo Rossi vermutet.[86] Seit 1714 war Händels Dienstherr Kurfürst Georg von Hannover zum englischen König George I gekrönt worden, da Königin Anne im selben Jahr verstorben war. Ab sofort hieß das Opernhaus Kings Theatre, wo im Mai 1715 die Uraufführung des *Amadigi* stattfand. Die Oper muss sehr erfolgreich gewesen sein, wie Winton Dean bemerkt: »Amadigi wurde am 16. Februar 1716 wiederaufgenommen, mit all der zur Oper gehörigen neuen Szenerie, den Maschinen und Kostümen sowie der Originalbesetzung inklusive Anastasia Robinson und erlebte nochmals sechs Aufführungen«[87] Letztere sind noch bis ins Jahr 1717 nachweisbar.[88] Bis 1720 entstehen vorerst keine neuen Opern mehr. Händel komponierte unter anderem die *Wassermusik* für eine Königliche Schiffahrt auf der Themse und widmet sich im ländlichen Cannons der Komposition seiner *Chandos-Anthems*, sowie zweier englischsprachiger Oratorien: der englischen Fassung von *Acis and Galathea* und *The story of Esther*. Als im Jahr 1719 die Royal Academy of Music ins Leben gerufen wurde, reiste Händel nach Deutschland, um für dieses neue Opernunternehmen prestigeträchtige Sänger zu engagieren. Fündig wurde er am Hofe Augusts des Starken in Dresden, wo er Senesino, Matteo Berselli, Margherita Durastanti, Maddalena Salavai, Francesco Guicciardi und Giuseppe Boschi gewinnen konnte.[89] Da außer Margherita Durastanti keiner der Starsänger rechtzeitig nach London übersiedeln

85 Vgl. Dean 1987, S. 274 f.

86 Vgl. HHA II-8, S. VI f.

87 »Amadigi was revived on 16 February 1716, with all the New Scenes, Machines, and Cloaths belonging to the Opera‘ and the original cast, including Anastasia Robinson, and again enjoyed six performances.« Dean 1987, S. 287.

88 Vgl. HHA II-8, S. VI f.

89 Ursprünglich hatte Johann David Heinichen für das Jahr 1719 die Oper *Flavio Crispo* komponiert. Da es Händel jedoch gelang, Sänger wie Senesino und Berselli abzuwerben, provozierten diese absichtlich einen Eklat, um ihr Dienstverhältnis in Dresden aufzulösen.

konnten, musste Händel für *Radamisto* entsprechende Einschnitte in Kauf nehmen. Auch für *Radamisto* wird Haym als Bearbeiter des Librettos in Erwägung gezogen, der »mit dem Komponisten die besten Opern der Royal Academy-Jahre schuf«.[90] Hier wird Winton Dean in Bezug auf die Zusammenarbeit des Komponisten mit dem Librettisten nochmals deutlich: »Händel und sein Assistent Haym folgten der Florentiner Version treu, mit den üblichen Rezitativ-Kürzungen und dem Ersetzen von Arientexten.«[91] Die Uraufführung fand im April 1720 am Kings Theatre statt und war ein großer Erfolg, da auch diese Oper noch bis 1721 im Repertoire blieb.

Sieht man von Händels drittem Akt des *Muzio Scevola* ab, (die Oper war eine Gemeinschaftsarbeit von Filippo Amadei, Giovanni Battista Bononcini und Händel), sollte es länger als ein Jahr dauern, bis Händel der Öffentlichkeit seine nächste Oper präsentieren konnte: *Il Floridante* erblickte im Dezember 1721 das Licht der Welt. Die Librettobearbeitung lieferte Paolo Antonio Rolli, der großen Wert auf auf seine Geltung als Dichter legte, weshalb er die Verskunst höher schätzte als den dramaturgischen Aufbau des Librettos im Ganzen.[92] Bei Silke Leopold ist hierzu zu lesen: »Auf der Grundlage des Librettos *La costanza in trionfo* von Francesco Silvani [...] verfasste Paolo Antonio Rolli sein Libretto, das mit der Vorlage freilich wenig mehr als den Handlungsverlauf gemein hat«.[93] Das Werk gilt als Reaktion auf Bononcinis *Astarto*, der vor allem durch gefällige Melodien[94] den großen Beifall des Publikums erwarb. Winton Dean schreibt hierzu: »Händel fühlte sich zweifellos genötigt, die Herausforderung anzunehmen, wenn auch nur zur eigenen Sicherheit.«[95] Trotz all dieser Widrigkeiten – Margherita Durastanti erkrankte zudem vor der Uraufführung und kehrte erst 1722 zurück – erfuhr *Il Floridante* im Dezember 1722 eine erfolgreiche Wiederaufnahme. Ein letztes Mal setzte Händel das Werk 1733 für einige wenige Vorstellungen auf den Spielplan.

Als nächstes Werk kam im Januar 1723 *Ottone, Re di Germania* zur Aufführung. Der große Erfolg von *Ottone* spiegelt sich in den vielen Wiederaufnahmen: 1726/27 und 1733 steht die Oper wieder auf dem Spielplan. Einer der Gründe ist sicherlich die neuerliche Zusammenarbeit mit Nicola Haym, auch wenn diese laut Winton Dean im Fall von *Ottone* problematisch war: »Alles geschieht viel zu rasch und ohne ausreichende Erklärung; durch das Verdunkeln der Motive der Charaktere lässt er deren Verhal-

90 Vgl. HHA II/9.1, S. VII.

91 »Handel and his assistant Haym followed the Florence version fairly closely, with the usual abbreviation of recitatives and substitution of aria texts.« Dean 1987, S. 328.

92 Vgl. HHA II/11, S. VIIIf.

93 Leopold 2009, S. 242.

94 »graceful tunes, light accompaniments, and a less learned approach« Dean 1987, S. 390.

95 »[...] Handel no doubt felt obliged to meet the challenge, if only for his own security.« Ebd.

ten inkonsequent und die Handlung lächerlich erscheinen.«[96] Umso überraschender ist es auch hier, mit welch eindrucksvollen Mitteln es Händel gerade in den Rezitativen gelingt, den Szenen und Charakteren die erforderliche Tiefe zu verleihen. Neben Senesino (Ottone) und Margherita Durastanti (Gismonda) tritt nun auch Francesca Cuzzoni auf den Plan, der in *Ottone* die Partie der Teofane zugedacht war. Die nächste Uraufführung kam vier Monate später im Mai 1723 mit *Flavio, Re dei Longobardi*. Auch bei diesem Werk ist über die Librettobearbeitung von Händel und Haym wenig Gutes zu lesen: »Das Libretto von Flavio hatte eine schlechte Presse und es ist wahr, dass es keiner literarischen Überprüfung standhält. Ebenfalls stimmt es, dass Hayms Gewohnheit, den Dialog zu komprimieren und die Erklärung des Verhaltens der Protagonisten zu opfern, mehr als einmal die Handlung an den Rand der Absurdität bringt.«[97] Wie so oft wird durch die Komposition Händels auch in diesem Fall manche Schwäche des Textbuches aufgewertet. Interessanterweise kommt Dean in diesem Zusammenhang auch auf das Rezitativ zu sprechen: »Das ganze Werk ist von Humor durchdrungen, die breiteren Aspekte sind auf die Situationen und das Rezitativ begrenzt.«[98] An späterer Stelle dieser Untersuchung wird deutlich werden, wie geschickt Händel die kompositorische Umsetzung in diesem Fall gelungen ist. Das Werk stand jedoch rasch im Schatten von *Ottone* und dem bald folgenden *Giulio Cesare*, da eine Wiederaufnahme nur für 1732 nachweisbar ist. *Giulio Cesare* wurde am im Februar 1724 erstmals aufgeführt und erlebte dreizehn Vorstellungen. Das von Nicola Haym überarbeitete Libretto erfreute sich schon vor seiner Überarbeitung großer Beliebtheit. Haym konnte hier auf hochwertige Vorlagen von Francesco Bussani zurückgreifen, weswegen diese Überarbeitung als eine der besten dieser Jahre gilt: »Das Libretto in seiner schlussendlichen Form ist eines der besten, das Händel jemals erhalten hat. [...] Die Handlung ist vielseitig, aufregend und sehenswert, die Charakterzeichnung stark, die Motive klar.«[99] Wiederaufnahmen des *Giulio Cesare* sind für 1725, 1730 und 1732 nachweisbar.

Die Bearbeitung der Librettovorlage von *Tamerlano* übernahm ein weiteres Mal Nicola Haym. Als Vorlage diente Agostino Piovenes Libretto aus dem Jahr 1711. Auch hier verweist Dean auf die Zusammenarbeit zwischen Librettist und Komponist:

96 »Everything happens far too quickly and without sufficient explanation; by obscuring the characters' motives he makes their behaviour seem inconsequent and the plot ridiculous [...].« Dean 1987, S. 423.

97 »The libretto of Flavio has had a bad press, and it is true that it will not bear literary inspection. It is also true that Haym's habit of compressing the dialogue and sacrificing the explanation of the characters' behaviour more than once carries the action to the brink of absurdity«. Ebd., S. 465 f.

98 »The humour permeates the whole work, though its broader aspects are confined to the situations and the recitative.« Ebd.

99 »The libretto in its final form is one of the best Handel ever received. [...] The action is varied, exciting, and spectacular, the characterization strong, the motives clear.« Dean 1987, S. 488 f.

»Trotzdem ist der größere Teil von Händels Libretto der 1711 entstandende Text von Piovene, der von Haym, der zweifellos unter Händels strenger Aufsicht handelte, gekürzt und ergänzt wurde.«[100] Das Werk kam im Oktober 1724 zur Uraufführung. Bis zum Ende der Saison im Mai 1725 erlebte *Tamerlano* insgesamt zwölf Aufführungen. Abgesehen von einer Aufführung 1731 verschwand die Oper jedoch bald wieder von der Bühne, da ein geeigneter Tenor für die Partie des Bajazet (bei der Uraufführung: Francesco Borosini) im Sängerensemble fehlte.[101] Die nächste Oper *Rodelinda* kam im Februar 1725 zur Aufführung. Das Libretto stammt von Antonio Salvi und wurde von Nicola Haym für die Londoner Bühne adaptiert und erfuhr die üblichen Kürzungen. Hierzu ist bei Winton Dean zu lesen: »Haym kürzte die Rezitative um mehr als die Hälfte und ließ nahezu 650 Verszeilen weg – nur 63 von ihnen wurden in Anführungszeichen im Libretto gedruckt – der Rest wurde strikt kleingehackt und wieder zusammengefügt«[102] Die Oper war ein großer Erfolg mit vierzehn Vorstellungen in dieser Saison. In der kommenden Saison konnten weitere acht Vorstellungen stattfinden. Im März 1726 war mit Faustina Bordoni die lang erwartete Rivalin von Francesca Cuzzoni in London eingetroffen (für die beiden »Rival Queens« schuf Händel mit *Alessandro* ein erstes Werk, in dem sich die beiden in virtuosen Hauptpartien dem englischen Publikum vorstellten). In *Riccardo Primo* standen die beiden Sängerinnen wieder gemeinsam auf der Bühne: Francesca Cuzzoni als Costanza und Faustina Bordoni als Pulcheria. Als Librettist übernahm diesmal Paolo Rolli die Umarbeitung der Vorlage von Francesco Briani (der Titel lautete ursprünglich Isacio Tiranno). *Riccardo Primo* erklang im Mai 1727 zum ersten Mal, wurde aber durch den Tod von König Georg I. unterbrochen. Etwa einen Monat später, nach der Krönung von Georg II, nahm Händel eine revidierte Fassung auf den Spielplan; in dieser Fassung erlebte das Werk elf Vorführungen. Im April 1728 kam *Tolomeo* nach einer Vorlage von Sigismondo Capece zur Aufführung. Die Überarbeitung stammt von Nicola Haym. Auch hier ist die ursprüngliche Fassung der Dialoge von 1705 Versen auf 653 stark zusammengekürzt. Winton Dean spricht im Fall von *Tolomeo* vom schlechtesten Libretto, das Händel und Haym erstellt haben sollen.[103] Der Uraufführung folgten dennoch sieben Vorstellungen und zwei Wiederaufnahmen 1730 und 1733. Mit *Tolomeo* schließt die sogenannte »Erste Akademie«, die 1719 ins Leben gerufen worden war, gefolgt von der »Zweiten Akademie«, die unter der Führung von Händel und Johann Jacob Hei-

[100] »Even so the greater part of Handel's libretto is Piovene's 1711 text abridged and supplemented by Haym, undoubtedly acting under Handel's close supervision.« Dean 1987, S. 535.

[101] Vgl. ebd.

[102] »Haym cut the recitatives by more than half, removing nearly 650 lines of verse – some 63 of them were printed in virgole in the libretto – and roughly chopping and joining the remainder.« Dean 1987, S. 575.

[103] Vgl. Dean 2006, S. 111.

degger von 1729 bis 1734 dauerte. Eine erneute Reise durch Italien nutzte Händel dazu, neue Sänger zu engagieren und sich mit den neuesten italienischen Opern und Libretti vertraut zu machen. Am Ende konnte er Antonio Bernacchi, Antonia Merighi, Anna Maria Strada, Annibale Pio Fabri, Francesca Bertolli und Johann Gottfried Riemschneider engagieren. Da Bernacchi vom englischen Publikum nicht angenommen wurde, verhandelte Händel 1730 wieder mit Senesino. Ab 1729 lassen sich die Autoren der Librettobearbeitungen nicht immer genau bestimmen, weswegen man vermuten darf, dass Händel selbst diese Arbeit übernahm. Zwar hatte sein Librettist Nicola Haym bereits seine Teilnahme an der neuen Akademie zugesichert, er starb jedoch 1729. Paolo Rolli war ihm im Laufe der Jahre zu einem leidenschaftlichen Gegner geworden. Als Unterstützung könnte in einigen Fällen Giacomo Rossi zur Verfügung gestanden haben. *Poro* basiert auf einem Libretto von Metastasio und lautete ursprünglich Alessandro nell' Indie. Die Uraufführung fand im Februar 1731 statt und war mit sechzehn Aufführungen innerhalb der Saison ein großer Erfolg. Vielleicht ließ Händel aus diesem Grund eine weitere Oper mit einem Metastasio-Libretto folgen: *Ezio* feierte im Januar 1732 Premiere. Diesmal hielt sich die Begeisterung des Publikums jedoch in Grenzen: Das Werk erreichte nur fünf Vorstellungen und wurde von Händel nicht mehr auf den Spielplan genommen.[104] Händel zog, wenn auch nicht unverzüglich, seine Konsequenz daraus. Ein Jahr später, im Januar 1733, präsentierte er *Orlando* dem Publikum. Die Librettovorlage stammte von Carlo Sigismondo Capece, der den Stoff aus Ariosts *Orlando Furioso* entnommen hatte, jedoch ist die Diskussion um einen eventuellen Mitarbeiter am Textbuch noch nicht abgeschlossen.[105] In *Orlando* setzt Händel mit der Figur des Zoroastro ein weiteres Mal auf Zauberelemente und Bühneneffekte, wie er es bereits in *Rinaldo*, *Teseo* und *Amadigi* getan hatte. Die Oper brachte es letztlich auf den beachtlichen Erfolg von zehn Vorstellungen. Dies war der letzte Auftritt des Kastraten Senesino (in der Partie des Orlando) in einer Händeloper. Als nächstes Werk folgte ein Jahr später mit *Arianna in Creta*, das im Januar 1734 auf die Bühne kam. Für das Libretto wurde Pietro Pariatis *Teseo in Creta* überarbeitet. Hier geht Dean so weit zu behaupten, Händel oder sein Mitarbeiter habe aus den Rezitativen »Hackfleisch« gemacht. Von Pariatis ursprünglichen 1351 Versen bleiben bei Händel letztlich noch 596 übrig.[106] Trotz alledem war *Arianna* ein großer Erfolg. Ganze siebzehn Vorstellungen erlebte das Werk im Laufe der Saison. Anfang der Folgesaison setzte Händel die Oper mit einigen Änderungen erneut auf den Spielplan. Nach der Saison 1733/34 beendete Heidegger die Zusammenarbeit mit Händel am Kings Theatre, welcher fortan seine Opern in Covent Garden aufführte. Die dorti-

104 Vgl. Dean 2006, S. 206.
105 Ebd., S. 240.
106 Ebd., S. 259.

ge Leitung hatte John Rich. In Covent Garden kam es zu einer kurzzeitigen Zusammenarbeit mit der Tänzerin Marie Sallé, für die er den Prolog *Terpsichore* in Hinblick auf eine Wiederaufnahme des *Pastor Fido* komponierte. Auch die Wiederaufnahme von *Arianna in Creta* wurde in dieser Hinsicht überarbeitet. Es folgte noch eine Balletteinlage für *Ariodante*, der im Januar 1735 zur Uraufführung kam und das erste Werk war, das Händel für das Theater Covent Garden komponierte. Die Vorlage für das Libretto lieferte Antonio Salvis *Ginevra principessa di Scozia*. Zwar erreichte Ariodante elf Vorstellungen, erfreute sich jedoch beim Publikum keiner großen Beliebtheit, von den Balletteinlagen weiß man ebenfalls wenig.[107] Ein weiteres Mal griff Händel in *Alcina* einen beliebten Stoff aus Ariosts *Orlando furioso* auf. Seine Quelle war ein anonymes Libretto namens *L' isola di Alcina*. Winton Dean bezeichnet das Werk mit seinen immerhin achtzehn Vorstellungen als Händels letzten Opernerfolg.[108] Die Uraufführung fand im April 1735 in Covent Garden statt. Die nächste in dieser Arbeit besprochene Oper *Faramondo* geht auf ein Libretto von Apostolo Zeno zurück, welches Händel in einer Opernbearbeitung von Francesco Gasparini vorlag. Bemerkenswert ist die drastische Kürzung der Rezitativszenen. Während in Gasparinis Bearbeitung noch insgesamt 1240 Rezitativverse vorhanden waren, kürzte Händel die Textmasse um mehr als die Hälfte auf 540 Verse. Dean bezeichnet die Protagonisten als Bauchsprecherpuppen, die nur noch von einer unsichtbaren Macht getrieben werden.[109] Die Uraufführung fand im Januar 1738 im Kings Theatre statt. Mit sieben Vorstellungen war *Faramondo* nur ein mittelmäßiger Erfolg. Bereits im April desselben Jahres ließ Händel den *Serse* folgen. Das Libretto stammt im Original von Silvio Stampiglia, dem wiederum das Libretto Nicolò Minatos vorlag. Mit nur fünf Aufführungen war *Serse* ein eher mittelmäßiger Erfolg. Im November 1740 kam mit *Imeneo* Händels vorletzte Oper auf die Bühne. Ein weiteres Mal bediente sich der Komponist einer Vorlage von Silvio Stampiglia und schuf mit dieser Oper ein intimes, fast kammermusikalisches Werk. In London erlebte das Werk nur zwei Aufführungen, wurde aber in einer Umarbeitung 1742 bei Händels Dublin-Aufenthalt ein weiteres Mal gespielt. Für die letzte Oper *Deidamia* ist noch einmal die Zusammenarbeit mit dem Librettisten Paolo Rolli nachweisbar. Die Uraufführung fand im Januar 1741 statt im Lincoln's Inn Fields-Theater statt. Auch dieses Werk erlebte nur drei Aufführungen.

[107] Vgl. Dean 2006, S. 302.
[108] Ebd., S. 327.
[109] Ebd., S. 405.

Die chronologisch geordnete Werkauswahl mit dem Jahr der Uraufführung sieht folgendermaßen aus:

Almira, HWV 1 (1705)
Rodrigo, HWV 5 (1707)
Agrippina, HWV 6 (1709)
Rinaldo, HWV 7 (1711)
Il pastor fido, HWV 8 (1712)
Teseo, HWV 9 (1713)
Amadigi di Gaula, HWV 11 (1715)
Radamisto, HWV 12a (1720)
Il Floridante, HWV 14 (1721)
Ottone, Re di Germania, HWV 15 (1723)
Flavio, Re dei Longobardi, HWV 16 (1723)
Giulio Cesare in Egitto, HWV 17 (1724)
Tamerlano, HWV 18 (1724)
Rodelinda, Regina de' Longobardi, HWV 19 (1725)
Riccardo Primo, Re d' Inghilterra, HWV 23 (1727)
Tolomeo, Re d' Egitto, HWV 25 (1728)
Poro, Re dell' Indie, HWV 28 (1731)
Ezio, HWV 29 (1732)
Orlando, HWV 31 (1733)
Arianna in Creta, HWV 32 (1734)
Ariodante, HWV 33 (1735)
Alcina, HWV 34 (1735)
Faramondo, HWV 39 (1738)
Serse, HWV 40 (1738)
Imeneo, HWV 41 (1740)
Deidamia, HWV 42 (1741)

Vers und Rhythmus

Versgebundene Rezitation

Allgemeine Grundlagen

Welche Anforderungen muss ein Libretto, abgesehen von einem spannenden und abwechslungsreichen Handlungsablauf, erfüllen? Diese Frage stellte sich bereits der italienische Dichter und Schriftsteller Gabriello Chiabrera (1552–1638), der im 17. Jahrhundert damit begonnen hatte, die unterschiedlichen Verse nach ihren Längen und ihrer poetisch-musikalischen Verwendbarkeit zu kategorisieren. Denn die metrische Vielfalt spielt für die Vertonung eine nicht zu unterschätzende Rolle. Durch die praktische Erfahrung der Komponisten zu dieser Zeit erwiesen sich so für die Arientexte vor allem die fünf-, sechs-, sieben-, acht- und zehnsilbigen Verse für geeignet. Die Siebensilber tauchten außerdem zusammen mit den Elfsilbern als *versi sciolti* im Rezitativ auf. Bei den *versi sciolti* (herausgelöste Verse) handelt es sich um die freie Aneinanderreihung verschieden langer Verse, wie z. B. den Sieben- und Elfsilbern. Endreime findet man vor allem am Versende, hier kann sich auch ein Siebensilber auf einen Elfsilber reimen. Durch freie Aneinanderreihung von Sieben- und Elfsilbern soll die Skandierung von Versen vermieden werden, um einer geschlossenen Periodenbildung aus dem Weg zu gehen. Um den Unterschied zwischen geschlossenem und offenem Vers zu verdeutlichen, sei als kurzes Beispiel hier das Duett mit Serse und Arsamene aus dem I. Akt aus *Serse* (1738) angeführt. Dabei stelle man sich vor, dass es sich hierbei eben nicht um eine gesungene Partie im Duett, sondern um einen kurzen Rezitativdialog handelt. Bei den Verslängen handelt es sich um Siebensilber, bei denen lediglich die Versenden zwischen Piano- und Troncoakzentiuerungen wechseln:

Serse:
lo le dirò che l'amo,
nè mi sgomentarò.
E perchè mia la bramo,
so quel che far dovrò.

Arsamene:
Tu le dirai che l'ami,
ma non t'ascolterà.
Quella beltà che brami
solo di me sarà.

Man merkt rasch, dass diese Siebensilber allein nicht ausreichen, um einen flüssigen Rezitationston zu garantieren und ihnen vielmehr die geregelte Akzentstruktur für eine Arie inneliegt. Ganz anders dagegen offenbart sich die Struktur, wenn man sich einen Wechsel von sieben- und elfsilbigen Versen vor Augen führt. Der Wechsel vom Sieben- zum Elfsilber folgt dabei meist einer geordneten Struktur. So trägt ein Elfsilber den Siebensilber meist schon in sich und lässt eine freie Gliederung der Teilverse zu, wie folgender Rezitativvers aus *Agrippina* (1709) verdeutlicht:

Agrippina (I. Akt, 1. Szene):

Nerone amato figlio; è questi il tempo	11p
in cui la tua fortuna	7p

könnte ebenso in folgender Weise gesetzt werden, wodurch sich vor allem der Schwerpunkt der Aussage verlagert, die Versstruktur aber erhalten bleibt:

Nerone amato figlio;	7p
è questi il tempo / in cui la tua fortuna	11p

Hier zeigt sich die Vielfalt, in der sich die Sieben- und Elfsilber miteinander kombinieren lassen und weshalb gerade diese beiden Verslängen für das Rezitativ gut geeignet sind: Den harten Kern bildet der Siebensilber, der sich durch die Erweiterung einiger Silben zum Elfsilber ausbauen lässt. So führt der Wechsel von Siebensilbern und den Elfsilbern *a majore* (bei dem der vordere Teilvers länger ist) und *a minore* (bei dem der hintere Teilvers länger ist) zu einer großen Freiheit der Phrasierung innerhalb der Verse, was auf die asymmetrische Zäsur des Elfsilbers zurückzuführen ist. Jeder Elfsilber beinhaltet im vorderen oder hinteren Teilvers meist einen Siebensilber, wodurch auch bei einer Folge von Elfsilbern oder einem Wechsel von Elf- und Siebensilbern die siebensilbige Struktur stets das konstante Grundgerüst bildet. Betrachtet man die Rezitative hinsichtlich ihrer Vertonung, so lassen sich rhythmische Varianten der Versvertonung feststellen, die im folgenden näher untersucht werden sollen.[1] Gabriello Chia-

[1] Diese Arbeit dient nicht dazu, die Grundlagen der italienischen Verslehre und Metrik zu vermitteln. Zur Funktion und Beschaffenheit des italienischen Verses sei auf Elwerts Arbeit über *Italienische Metrik* verwiesen.

brera nennt in seinen *Dialoghi sull'arte poetica* (Dialoge über die Kunst der Poesie) aus dem Jahr 1623 den Elfsilber einen vollkommenen Vers (»intero«), den er im Weiteren als »instrumento del poeta eroico« (Werkzeug für die Heldendichtung) bezeichnet.[2] Mag auch in Händels Rezitativen vor allem der Siebensilber im Mittelpunkt stehen, so hat auch der Elfsilber nach wie vor eine große Bedeutung. Wie sich der Elfsilber und der Siebensilber von Händel vertonen lassen und wie sie in ihrer Struktur ein zentrales Charakteristikum des Rezitativs darstellen, soll im Folgenden näher erläutert werden.

Siebensilber

Der Siebensilber mit Piano-Endung (weibliche Endung) tritt in Händels Rezitativen am häufigsten auf. Er kann nicht nur als Vollvers, sondern auch als Teilvers in einem Elfsilber mit einem vier- bis fünfsilbigen Versglied versteckt sein. Ebenso kann er im Elfsilber die Gestalt eines Troncoverses (männliche Endung) oder auch eines Sdruccioloverses (Daktylusendung) annehmen, so dass die kürzeren Versglieder in den meisten Fällen zwischen vier und fünf Silben liegen. Aus diesen Gründen ist es nicht immer eindeutig, aus dem Notentext einen Siebensilber als eigenständigen Vers von einem Teilvers zu unterscheiden. Als *verso piano* tritt der Siebensilber in den folgenden Varianten am häufigsten auf:

- Achtelbewegung, erste Achtel auftaktig ♪ | ♪ ♪ ♪ ♪ ♪
- Auftakt, mit Viertel auf Taktschwerpunkt ♪ ♪ | ♩ ♪ ♪ ♪ ♪
- auftaktig mit zwei Sechzehnteln 𝅘𝅥𝅯 𝅘𝅥𝅯 | ♩ ♪ ♪ ♪ ♪
- volltaktig mit zwei Sechzehnteln ♪ 𝅘𝅥𝅯 𝅘𝅥𝅯 ♪ ♪ ♪ ♪
- Auftakt, mit Sechzehnteln in der zweiten Vershälfte ♪ | ♩ ♪ 𝅘𝅥𝅯 𝅘𝅥𝅯 ♪ ♪

Dank der Vielfalt von Längen und Kürzen lassen sich die siebensilbigen Bausteine problemlos dem natürlichen Sprechrhythmus der Verse unterlegen. Bezeichnend sind die unterschiedlichen Zeitebenen einer Viertel-Achtel-Bewegung sowie die rascheren Achtel-Sechzehntel-Figuren. In diesen Beispielen kann bereits ein Unterschied zwischen volltaktigen und auftaktigen Versen gemacht werden. Innerhalb der auftaktigen Verse unterscheiden sich wiederum der Achtelauftakt vom Sechzehntelauftakt sowie die unterschiedlichen Auftaktlängen.

Aus diesen unterschiedlichen rhythmischen Modellen des Siebensilbers wird deutlich, welche Beweglichkeit allein innerhalb jener Versstruktur möglich ist. An dem folgenden Beispiel soll veranschaulicht werden, wie nur durch den Wechsel zweier

[2] CHIABRERA, Gabriello: *Dialoghi sull'arte poetica*, 1. Buch, S. 28.

Rhythmusmodelle eine lebendige Sprachstruktur entstehen kann. Armidas Monolog der 5. Szene des II. Akts von *Rinaldo* (1711) besteht aus einer Aneinanderreihung von Siebensilbern, sieht man vom finalen Elfsilber ab. In ihrem Monolog rühmt sich die Zauberin Armida voreilig ihres Sieges über Rinaldo.

Armida:

Cingetemi d'alloro	7	Windet mir mit Lorbeer
le trionfali chiome!	7	die siegreichen Haare!
Rinaldo, il più possente,	7	Rinaldo, der Mächtigste,
terror dell'arme Assire,	7	Schrecken des assyrischen Heers
in umile olocausto	7	wird in einer erniedrigenden Opferung
sull'altar del mio sdegno	7	auf dem Altar meiner Schmach
cadrà svenato al suolo.	7	entseelt am Thron zu Boden fallen.
Conducetelo quivi, o spirti, a volo!	11	Führt ihn geschwind her, ihr Geister!

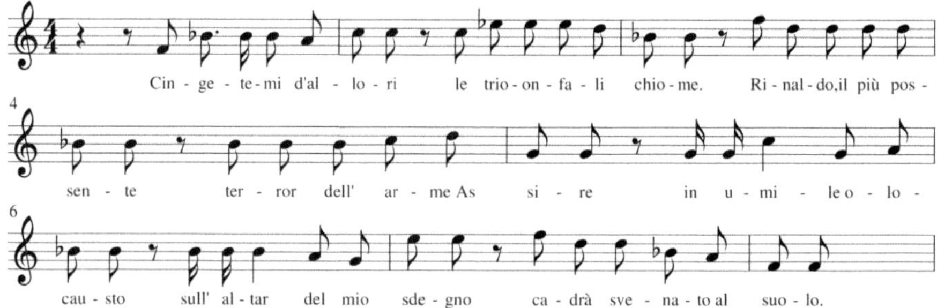

Der erste Vers hat auf den Imperativ »cingetemi d'allori« eine Punktierung, die den Befehlscharakter der Aussage unterstreicht.[3] Die Verse drei bis fünf (T. 2 bis T. 4) sind eine fließende Achtelbewegung, bei der die erste Silbe bzw. die erste Achtel auf einen unbetonten Auftakt fällt. Erst in den beiden Versen ab T. 5 ändert Händel den Rezitationston durch einen bewegten Sechzehntelauftakt. Durch eine gedehnte Viertelnote werden die beiden Wörter »umile« und »altar« zusätzlich betont, die beiden Präpositionen »in« und »sull'« fallen auf einen unbetonten Sechzehntelauftakt. In diesen beiden parallel rhythmisierten Versen ist Armidas rhetorischer Umschwung nicht zu überhören. Durch die streng abtaktige Struktur der ersten vier Verse ändert sich durch die auftaktige Sechzehntelgruppe der Tonfall.

Das folgende Beispiel hingegen zeigt zwei Ausschnitte, in der die Volltaktigkeit eine bedeutende Rolle spielt. Im Dialog zwischen Rinaldo und Armida in der 6. Szene des

[3] Vgl. hierzu das Kapitel *Emphasen durch Punktierungen, S. 125–131.*

II. Akts tauchen zwei Siebensilber mit Sechzehntelrhythmus auf, deren Betonung auf dem Taktbeginn liegt:

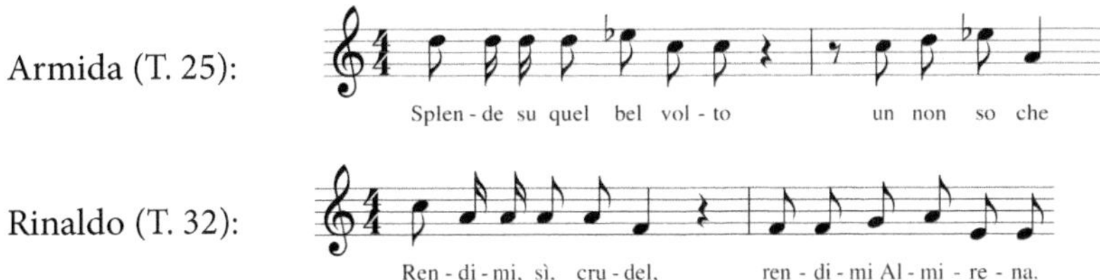

Bei Rinaldos »rendimi, sì, crudel« (»Gib sie mir zurück, Grausame«) sieht man außerdem, dass der Troncovers mit einem Viertelwert endet, also die harte Betonung einen längeren Wert bekommt.[4] Mit Nachdruck artikuliert Rinaldo im zweiten Takt die Wörter »rendimi Almirena« (»Gib mir Almirena zurück«). Während bei Armida der zweite Takt mit einer Achtelzäsur beginnt, sind bei Rinaldo beide Verse abtaktig vertont, wodurch seine Aussage ein besonderes Gewicht erhält.

Die 1. Szene des III. Akts von *Rinaldo* bietet ein gutes Beispiel für eine ruhig fließende Achtelbewegung über mehrere Takte hinweg. Eustazio und Goffredo sind am Zauberberg eingetroffen, wo sie Almirena und Rinaldo aus den Händen Armidas retten wollen. Hier verweist das Notenbild auf eine ruhige Deklamation, die keine Erregungen oder Erschütterungen wie im vorigen Beispiel kennt. An den Siebensilber zu Beginn schließt sich in diesem Fall ein Elfsilber an, den es sich lohnt, in das Beispiel zu integrieren, da hier nochmals deutlich wird, dass der Teilvers am Ende im Notenbild wie ein selbständiger Siebensilber erscheint:

Eustazio, III. Akt, 1. Szene (T. 1 f.):
Quivi par che rubelle
La terra s'alzi / a guerreggiar le stelle.

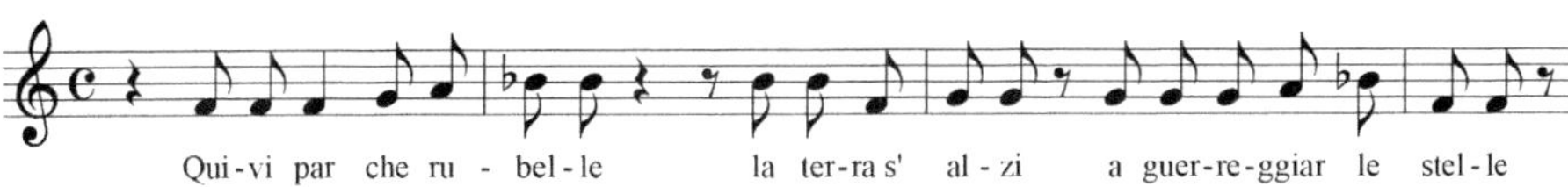

Bei der Viertel-Achtel-Bewegung zu Beginn legt Händel die Betonung auf das Wort »par« (es scheint). So wird die Taktmitte deutlich betont, bei einer abtaktigen Vertonung würde der Schwerpunkt auf »quivi« (hier) fallen. In T. 2 und T. 3 folgt die Akzentuierung der natürlichen Sprachstruktur. Die natürliche Zäsur des Elfsilbers liegt

4 Die Tronco- und Sdruccioloverse werden auf S. 83–93 besprochen.

zwischen »alzi« und »a guerreggiar« und wird dementsprechend durch eine Achtelpause gekennzeichnet. Viel erregter und unruhiger wirkt ein Vers hingegen, wenn auf einen Achtelauftakt ein Viertelwert folgt sowie ein Sechzehntelpaar auf der vierten und fünften Silbe, wie in den folgenden drei Beispielen aus dem II. und III. Akt von *Rinaldo*:

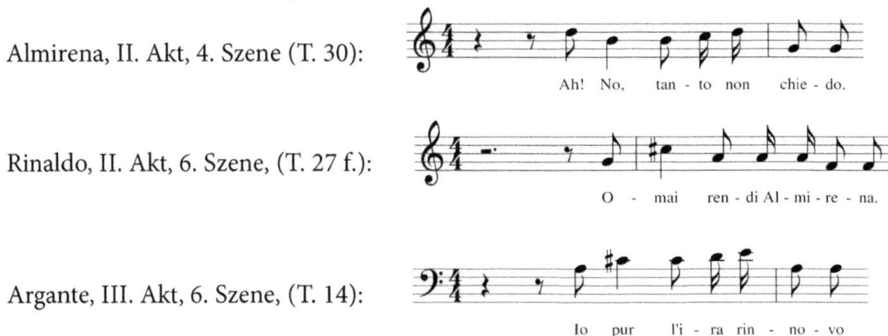

In allen drei Fällen beginnen die Siebensilber mit einem Ausruf: »Ah! No«, »omai« und »io pur«, während die zweite Vershälfte inhaltlich isoliert bestehen kann: »tanto non chiedo« (»ich erbitte nicht viel«), »rendi Almirena« (»Gib mir Almirena zurück«) und »l'ira rinnovo« (»ich erneuere den Zorn«). In allen drei Fällen haben die fünfsilbigen Rhythmen den Charakter von Ausrufen und entsprechen dem Charakter der sogenannten Adonisverse[5].

Fazit

Ein Vers kann unterschiedliche Sprachtempi und Akzentuierungen aufweisen. Im Notenbild kann zwischen auftaktigen und volltaktigen Versen bzw. Versabschnitten unterschieden werden. Während eine Viertel-Achtelbewegung einen ruhigen Sprachfluss unterstützt, können Sechzehntelgruppen einem Vers einen erregteren Sprachduktus verleihen.

Elfsilber ohne Zäsur

Der Elfsilber hat im Gegensatz zum Siebensilber eine natürliche Zäsur, die den Vers in einen längeren und einen kürzeren Teilvers unterteilt. In der italienischen Metrik und in der Verslehre taucht der Elfsilber so gut wie nie ohne Zwischenzäsur auf. In der Rezitativvertonung ist dagegen die Notation das entscheidende Element: Händel verzichtet an manchen Stellen auf die natürliche Zäsur des Elfsilbers, während er andere Male

[5] Vgl. hierzu S. 136–140.

die Akzentstruktur genau berücksichtigt. In *Rinaldo* (1711) finden sich u. a. folgende Beispiele, in denen elfsilbige Verse ohne notierte Zäsur auftauchen:

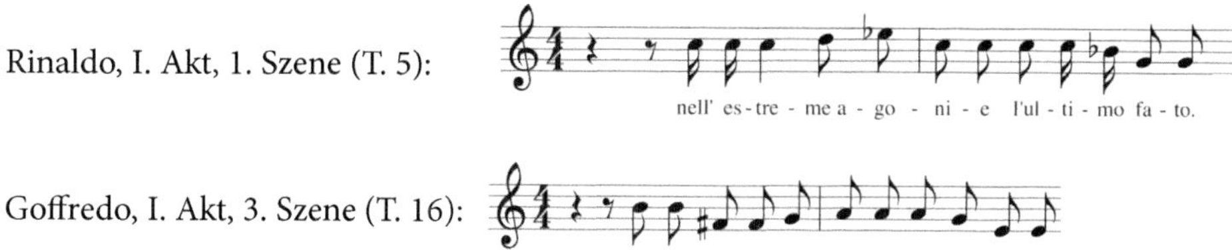

Die Vertonung des ersten Verses, »nell'estreme agonie«, mag auf den ersten Blick verwirren. Es handelt sich um einen Elfsilber, der eine natürliche Zäsur aufweist: »nell'estreme agonie / l'ultimo fato«. Zählt man die vertonten Notenwerte, kommt man auf eine Anzahl von zwölf Tönen. Der Komponist hat – aus Rücksicht auf die Textverständlichkeit – den Diphtong von »agonie« auf zwei getrennte Achtelwerte komponiert. Betrachtet man den Teilvers »nell'estreme agonie« für sich allein, handelt es sich um einen Siebensilber. Da jedoch der Diphtong »ie« nach den Gesetzen der Verslehre innerhalb des Verses nur eine Silbe bekommt, deutet Händel die italienische Metrik nach seiner eigenen musikalischen Vorstellung aus. Einerseits gilt es, im italienischen Vers die natürliche Silbenzahl zu beachten, diese muss aber nicht zwingend mit der Anzahl der vertonten Notenwerte übereinstimmen.[6] Es ist also ratsam, stets zwischen Zählung der Silben und Zählung der Notenwerte zu unterscheiden. Auch der Vers »non teme della sorte / i crudi eventi« besitzt eine natürliche Zäsur, die im Notentext nicht vorkommt. An den aufgeführten Beispielen ist vor allem der Verzicht auf die Untergliederung in Teilverse von Interesse. So nimmt der Komponist den Charakteren in diesen Takten absichtlich die natürliche Zäsur und erwirkt damit eine langatmige elfsilbige Phrase.

Eine weitere Besonderheit ist die gleichförmige Achtelbewegung, die ebenfalls auf elf Silben ausgedehnt wird, ohne eine Zäsur zu setzen. In Goffredos Vers drückt dies vor allem die Standhaftigkeit und Unerschütterlichkeit aus, die im Inhalt bereits vorgegeben ist: »non teme della sorte i crudi eventi« (»nicht fürchtet er die grausamen Vorfälle des Schicksals«). Die Notation weist darauf hin, dass der Komponist in diesen Fällen Binnenzäsuren innerhalb des Verses vermeiden will und der Sänger somit eine längere zusammenhängende Versperiode rezitieren soll.

[6] Ein Vergleich zwischen den Gesetzmäßigkeiten der italienischen Verslehre und der musikalischen Umsetzung wird nur dann behandelt, wenn es dem Verständnis dieser Untersuchung dient. Es ist unschwer zu erkennen, dass Händel beim Komponieren der Verse in erster Linie die dramatische Qualität des Werkes berücksichtigt und die Auflösung von Diphthong oder Dialöphe der Artikulation und Textverständlichkeit dient. Der Begriff der Sieben- und Elfsilber sollte daher aus musikalischer Sicht weiter gefasst werden. So kann die Silbenzahl eines Verses im Libretto in seiner Vertonung abweichen.

Fazit

Entgegen der italienischen Verslehre kann die natürliche Zäsur des Elfsilbers im Notentext fehlen. Somit entsteht im Elfsilber eine Phrase von bis zu zwölf Notenwerten, je nachdem, wie die einzelnen Silben und Vokale im Verhältnis zur Notation stehen.

Elfsilber mit Zäsur

Wenn im Gegensatz zum obigen Abschnitt die natürlichen Bruchstellen im Elfsilber berücksichtigt werden, ändert sich das Notenbild. Der ursprüngliche Vers, wie man ihn im Libretto vorfindet, ist oftmals nur im Abgleich mit der Textvorlage auszumachen. In den meisten Fällen sind die natürlichen Zäsuren im Notentext durch Sechzehntel- oder Achtelpausen zu erkennen. Dies soll anhand zweier kurzer Beispiele deutlich werden:

Goffredo, I. Akt, 1. Szene (T. 9):
Per illustrar co' rai / d'eterna gloria

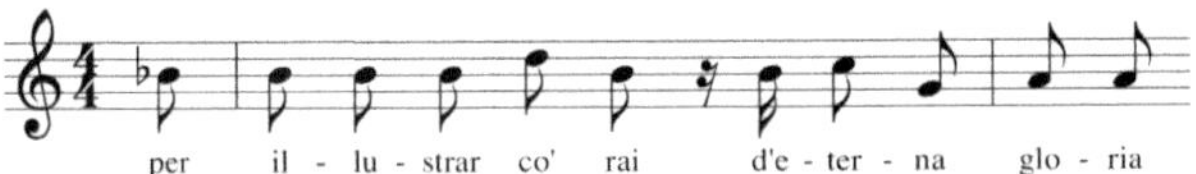

l'ultima di Sion / nostra vittoria

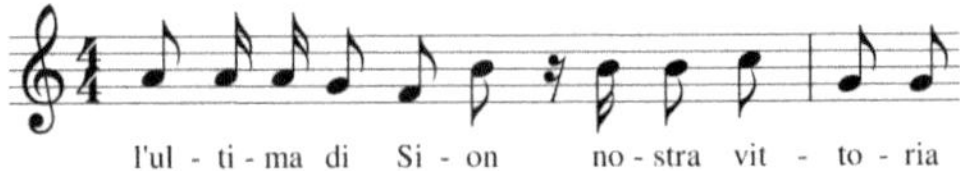

Es handelt sich um die beiden Finalverse aus Goffredos Monolog vom Beginn des I. Akts aus *Rinaldo*. Zwar könnte man auf den ersten Blick die vorderen Teilverse für eigenständige Siebensilber halten, doch sind die männlichen Endsilben (Troncoverse) in diesem Fall nicht mit einem Viertelwert markiert. Um den finalen Effekt des Rezitativschlusses zu verstärken, greift Händel zu einer analogen Rhythmisierung der beiden Verse. Die beiden Elfsilber *a majore* haben jeweils die Zäsur nach der sechsten Silbe und beginnen den zweiten Teilvers mit einer akzentuierenden Sechzehntel. Dagegen ist der Beginn des ersten Verses auftaktig, der zweite Vers dagegen volltaktig, wodurch eine prosanahe Rezitation entsteht. An anderen Stellen kann ein Elfsilber mit Zäsur auch folgendermaßen aussehen:

Almirena, I. Akt, 1. Szene (T. 28 f.):
Rinaldo, amato sposo / eh ti sovvenga

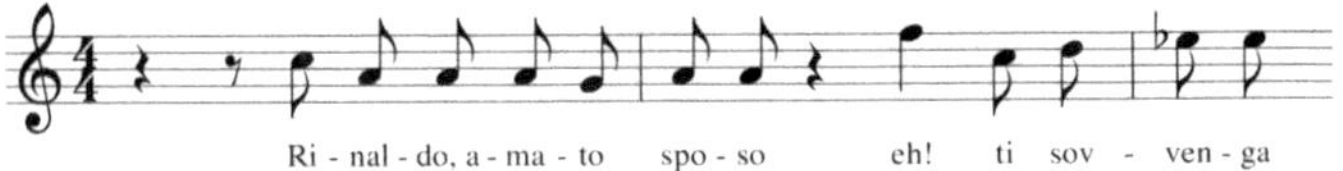

Almirena, I. Akt, 1. Szene (T. 35 f.):
Sin che Sion / scuota quel giogo indegno:

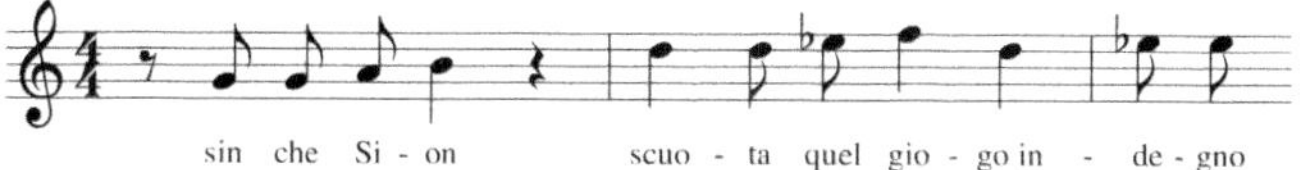

Die ursprüngliche Silbenzahl erweitert sich durch die komponierte Zäsur auf zwölf Notenwerte. Eine natürliche Zäsur ist durch die Synalöphe »o – eh« im Librettovers noch nicht zu erkennen, die Notation unterstützt die Verständlichkeit des Textes. Dem Teilvers »eh, ti sovvenga« wird durch die Pausenzäsur größere Bedeutung beigemessen. Dem Komponisten lag daran, aufgrund der Textverständlichkeit den Vers in Sinnabschnitte zu gliedern. Die beiden Viertelwerte auf »giogo indegno« weisen auf ein Ausweichen aus den fixen Rhythmusmodellen hin, was nur durch den Blick auf die Textierung an Bedeutung gewinnt: durch die zwei aufeinandertreffenden Vokale »go« und »in« wird der Notenwert bei der Deklamation auf zwei fiktive Achtelwerte verteilt, wodurch eine Lautveränderung innerhalb des Notenwertes entsteht. Man erkennt an dieser Stelle sehr gut, wie stark Textierung und Silbenverteilung auf die ursprünglich so starr erscheinenden Rhythmusmodelle Einfluss nehmen. Im selben Beispiel findet man nach der vierten Silbe eine natürliche Zäsur, woraus ein Elfsilber *a minore* entsteht. Zwischen »Sion« und »scuota« bildet sich keine Synalöphe, weswegen sowohl im Vers als auch in der Vertonung die Elfsilbigkeit beibehalten wird. In manchen Fällen verstecken sich Siebensilber als Teilverse eines Elfsilbers, wie bereits im obigen Beispiel »Rinaldo, amato sposo«, in dessen vorderem Teilvers ein gesamter Siebensilber in Achtelbewegung zu erkennen ist. In anderen Fällen fällt der siebensilbige Teilvers folgendermaßen aus:

Almirena, I. Akt, 1. Szene (T. 39 f.):
Spesso gela nel sen / marziale ardore

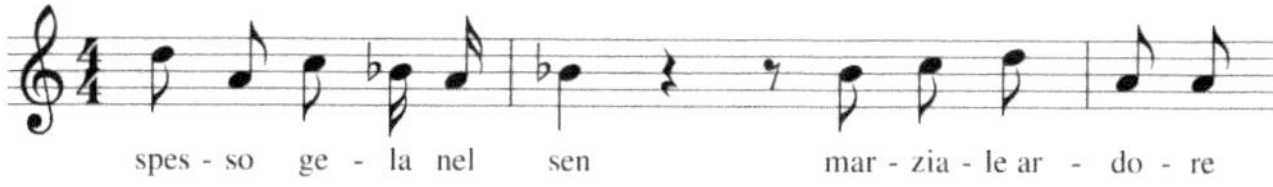

Argante, I. Akt, 3. Szene (T. 12 f.):
Tanto devi al tuo prò, tanto al mio onore

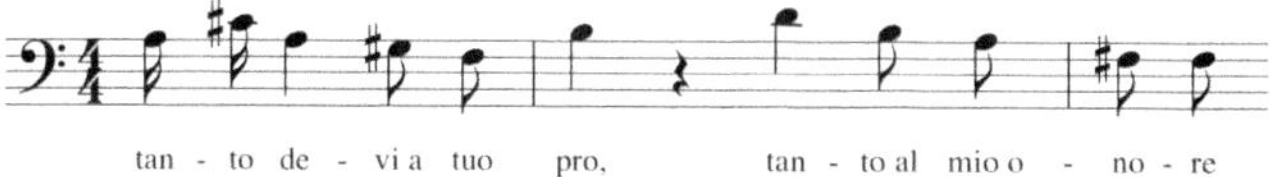

Armida, II. Akt, 5. Szene (T. 8 f.):
Conducetelo quivi, o spirti a volo

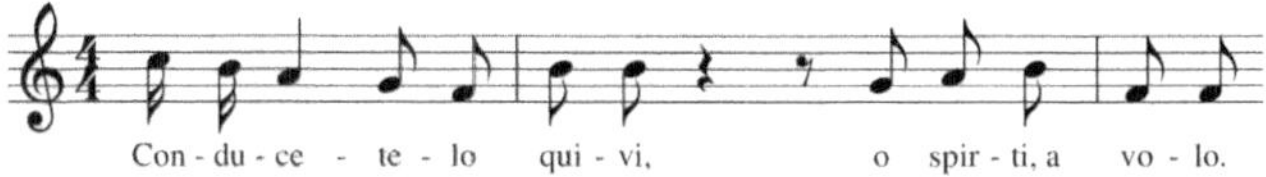

Im ersten Beispiel handelt es sich im vorderen Teil um einen Troncovers mit Viertelwert am Ende. Bei »Tanto devi« ist im ersten Versglied ein auftaktiger Siebensilber mit Tronco-Endung versteckt, auch ist durch die Viertelpause eine klare Trennung der beiden Teilverse vorhanden. Bei »Conducetelo quivi« wächst durch Auflösung der Synalöphe »quivi – o spirti« der Vers auf zwölf Notenwerte an. So entsteht im vorderen Teilvers ein auftaktiger Siebensilber, der hintere Teilvers besteht aus einer reinen Achtelbewegung. Durch die drei- bis fünfsilbigen Teilverse am Anfang oder am Ende einer solchen Phrase lässt sich in vielen Fällen erkennen, ob es sich um einen Siebensilber als Teilvers oder um einen eigenständigen Siebensilber handelt. Doch nicht immer erscheint ein Elfsilber im kürzeren Versglied mit Viertel- und Achtelwerten.

Armida, I. Akt, 5. Szene (T. 20):
Svelto fia di Rinaldo / il gran sostegno

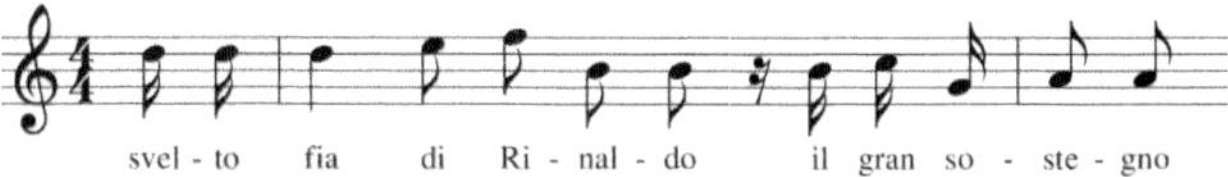

speri pur d'Asia / il desolato regno:

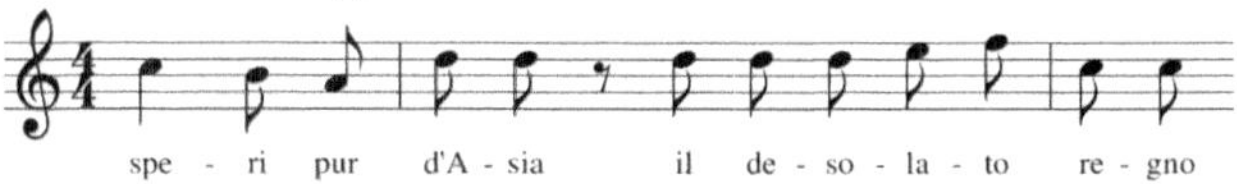

Im ersten Vers teilt sich der Elfsilber in einen auftaktigen Siebensilber zu Beginn und einen hinteren Teil mit drei auftaktigen Sechzehnteln. Das untere Beispiel weist auf einen ruhigeren Sprachfluss hin, im zweiten Teil erkennt man darüber hinaus einen Siebensilber in Achtelbewegung. Da durch die Zäsur die Synalöphen aufgelöst werden müssen und der Vers vom Komponisten zugunsten der Textverständlichkeit in seine Sinnabschnitte untergliedert wird, wächst die Zahl derartig vertonter Notenwerte auf zwölf an. Auch hier strukturieren die kleinen Zäsuren die rezitierten Verse und sorgen durch die Gliederung in Sinngruppen für einen verständlicheren Höreindruck.

Fazit

Die natürlichen Zäsuren der Elfsilber teilen den Vers in zwei ungleiche Hälften, die durch Pausen notiert sind. Der größere Versteil ist ein Siebensilber mit meist sieben Notenwerten, während der kürzere Teil aus fünf Notenwerten besteht. Die rhythmische Zäsur fällt dabei meist mit der inhaltlichen Sinngliederung zusammen.

Rodrigo – Händels erste italienische Oper

Mit diesen rudimentären technischen Grundlagen von Vers und Rhythmus soll nun ein Blick in die Anfänge von Händels Opernschaffen geworfen werden. Denn hier zeigt sich am deutlichsten, wie neuartig ihm diese Art der italienischen Rezitativkomposition vorgekommen sein muss und was er aus Hamburg mit auf den Weg nahm. Aus Deutschland war ihm vor allem die relativ lose Struktur des deutschen Opernrezitativs bekannt. Feste Verslängen und Silbenzählung wie im Italienischen gab es hier nicht. Vielmehr dominiert in den *Almira*-Rezitativen die Gliederung in Sinnabschnitte in Verbindung mit einer überwiegenden Achtelnotation und der Verwendung von Punktierungen. Da die Rezitative von einer Überzahl an Achtelwerten geprägt sind, liegt die endgültige Art der Deklamation im Ermessen des Interpreten.[7] In der 7. Szene des I. Akts von *Almira* (1705) sieht dies bei Consalvos Ansprache an Edilia folgendermaßen aus:

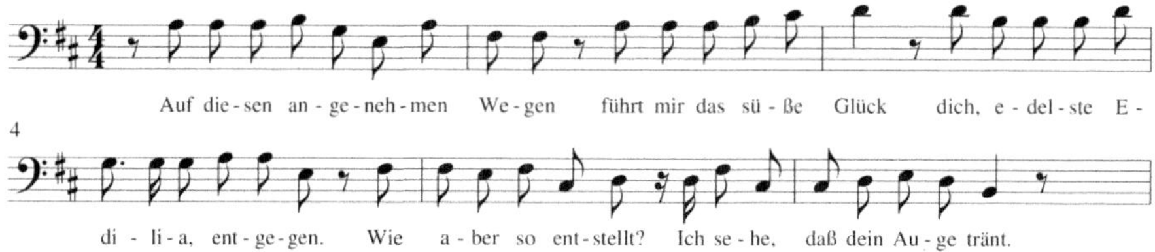

Händels deutsche Rezitative sind nicht nur in ihrer gleichförmigen Achtelbewegung charakteristisch im Vergleich zu jenen, die er später in Italien komponiert. Auch der Umgang mit den Punktierungen folgt in erster Linie dem Deklamationston des geschriebenen Wortes, was sich im Dialog zwischen Osman und Tabarco am Ende der 7. Szene zeigt.

[7] Im Beispiel aus *Almira* ist der Interpret tatsächlich auf eine eigene Ausdeutung der Deklamation angewiesen. Hier zeigt sich deutlich der qualitative Unterschied zum genau notierten italienischen Rezitativ, das jedoch aus dem historischen Missverständnis heraus von Interpreten in ähnlicher Weise ausgedeutet wird.

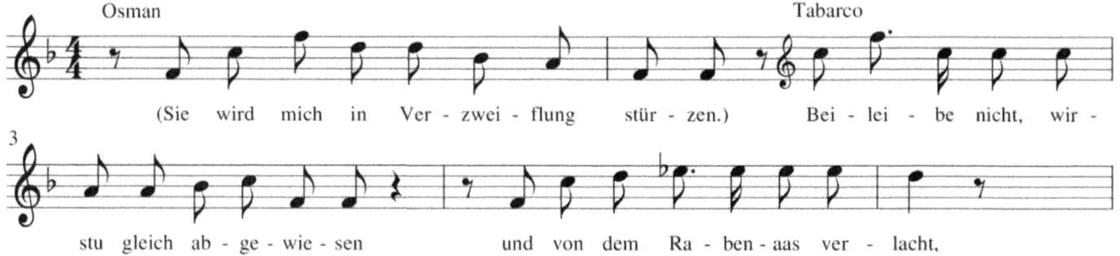

Hier sieht man, wie locker Händel in *Almira* mit der Verwendung von Punktierungen umgeht und wie undifferenziert die Achteldeklamation der deutschen Sprache in ihrer Notation erscheint. Dies ist der Zustand des Rezitativs, dem Händel in Hamburg begegnete.

Als Händel im Jahr 1708 *Rodrigo* komponierte, war dies seine erste italienische Oper überhaupt. Die italienische Sprache scheint der Komponist bereits gut beherrscht zu haben, was sich u. a. darin zeigt, dass die Rezitative aus Händels eigener Feder stammen. Dies ist ein weiterer Hinweis auf den hohen Stellenwert, den die Vertonung der Rezitative bei Händel wie auch seinen Zeitgenossen gehabt haben muss. Verglichen mit den späteren Opern zeigt die Partitur jedoch auch einige Schwachpunkte.[8] Am auffallendsten ist Händels akribisch versgebundene Vertonung vieler Rezitativpassagen. Die Vorteile der klaren italienischen Versstruktur wird Händel rasch erkannt haben, doch welche dramatischen Gestaltungsmöglichkeiten kann man im besten Falle daraus entwickeln? Es versteht sich, dass Händel in seinem ersten italienischen Werk noch damit beschäftigt ist, die Textmassen deklamatorisch korrekt in Musik zu setzen. So neigt Händel in den meisten Fällen dazu, die Verse gemäß ihrer im Libretto abgedruckten Längen zu komponieren. Noch hütet er sich davor, allzu gewagte Experimente zu versuchen, um einen Vers durch dramatische Ausgestaltung hervorzuheben, ihn also in weitere Teilverse zu untergliedern oder auf wichtige Zäsuren zu verzichten. Händel ist darum bemüht, viele Sinneinheiten in sieben- und elfsilbigen Phrasen zu bilden, auch über Versenjambements und Sprecherwechsel hinaus. Das erste in Händels Autograph erhaltene Rezitativ ist der Dialog zwischen Fernando und Esilena in der 3. Szene des I. Akts. Abgesehen von der Anrede in T. 1 bei Fernando sowie in T. 7 f. hält sich Händel bei den letzten beiden Elfsilbern an die Verslängen der Librettovorlage.

8 Bereits Rainer Heyink weist im Vorwort der Hallischen Händelausgabe zu *Rodrigo* auf etliche Akzentuierungsfehler und die Unsicherheit in der Silbenzählung hin, vgl. HHA I, Bd. 2, S. XII.

Libretto:

Reina, in sì bel dì, che trascinata 11p
la fellonia ti geme a piè del soglio, 11p
il giubilo comun, ch'empie Castiglia 11p
Solo nel tuo gran cor non trova loco. 11p

Vertonung:

Reina / in sì bel dì 7t
che trascinata la fellonia 10p
ti geme a piè del soglio 7p
il giubilo comun ch'empie Castiglia 11p
solo nel tuo gran cor non trova loco. 11p

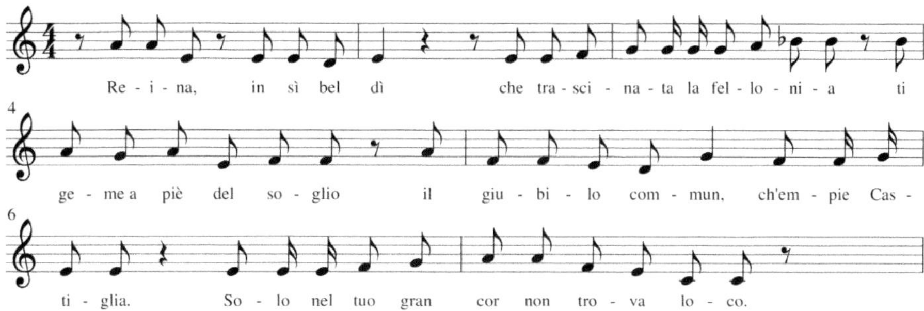

Zu Anfang steht die Anrede »reina« isoliert da, gefolgt von den Worten »in sì bel dì«. Der zweite Sinnabschnitt in der Vertonung ist die zehnsilbige Einheit »che trascinata la fellonia«, bevor im folgenden Vers »ti geme a piè del soglio« das 7/11-Muster wieder eingehalten wird. Händel beherrscht hier bereits die Untergliederung der Verse in Sinnabschnitte und versucht, die rhythmische Struktur der Verse im Notentext beizubehalten, auch wenn diese durch die Bildung neuer Sinneinheiten erst entstehen. Diese Art der Unterteilung in Sinnabschnitte ist bereits in *Almira* wie auch in *Rodrigo* ausgeprägt und in nahezu jeder Szene zu finden. Neben dieser Unterteilung, die vor allem der Textverständlichkeit dient, findet man ein Stocken der Rede durch zusätzliche Pausenzäsuren in *Rodrigo* noch sehr selten. Auch die Verdichtung von Sechzehntelgruppen bzw. die Entspannung durch eine Viertel-Achtel-Bewegung wird noch nicht zu dramatischen Zwecken eingesetzt.

Eine Besonderheit bildet Esilenas Antwort an Fernando in T. 12. Hier komponiert Händel den Elfsilber »in quelle poi troppo alle pene avezze« (»den zu sehr an Schmerzen Gewöhnten …«) mit einer Punktierung an ungewöhnlicher Stelle:

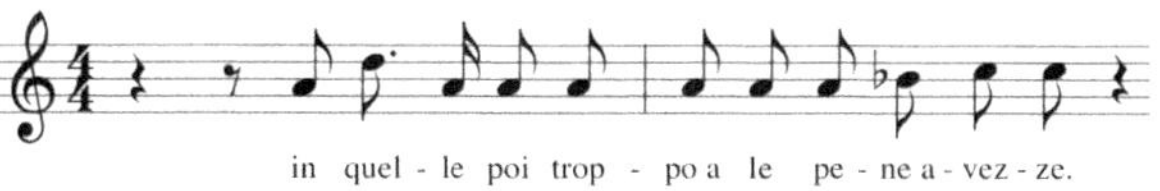

Händel will durch die Punktierung auf der zweiten Silbe die Worte des Elfsilbers richtig betonen, ohne dessen Struktur zu zerstören. Da dieser Elfsilber in sich eine Sinneinheit bildet, verzichtet er darauf, ihn durch eine Zäsur in zwei Teilverse zu gliedern. Sechs Notenwerte lang verharrt Händel zudem auf dem Ton *a'*, worin sich die Unsicherheit im Umgang mit der Sprachmelodie des Italienischen zeigt. Der Melodiebogen wirkt dadurch sehr steif und wenig beweglich. Eine weitere Punktierung findet man bei Fernandos Antwort in T. 29 f.: »E pure è tuo Rodrigo« (»Und doch ist Rodrigo dein«).

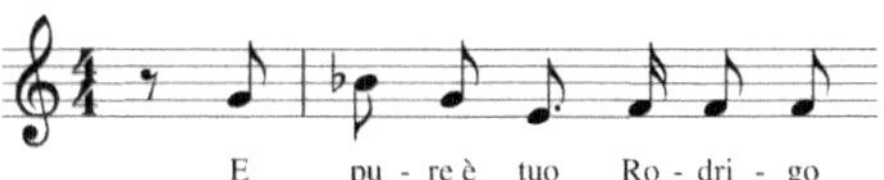

Man erkennt einen Siebensilber, der ebenfalls in sich eine Sinneinheit bildet und somit keiner weiteren Ausdeutung bedarf. Es zeigt sich nochmals die stilistische Nähe zu *Almira*. Vor allem die Dialöphe von »pure – è« sowie der Diphthong auf »tuo« mögen Händel veranlasst haben, die Textverständlichkeit mit einer Punktierung hervorzuheben. Zu späterer Zeit hätte er wohl den Vers eigenhändig in beispielsweise »e pur tuo è Rodrigo« geändert, um den Versrhythmus nicht zu zerstören. In T. 16 der 4. Szene findet sich gar der Ausruf »Ah, caro sposo« (»Ach, geliebter Gemahl«) mit einer punktierten Viertel auf »ah«.

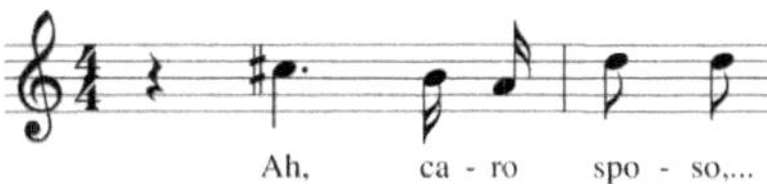

Vergleicht man diese Anrede mit jener Vielzahl an Möglichkeiten der späteren Opern, die ausführlich im Kapitel *Zwei- und dreisilbige Phrasen: Begrüßungen, Anreden und Befehle* behandelt werden, erkennt man, welche Entwicklung sich bei Händel in den folgenden Jahren abzeichnet. Vor allem die schroffe Punktierung mit zwei Sechzehnteln wird in späteren Jahren aus Händels Notenbild weitgehend verschwinden. Ein letztes Beispiel führt in die 9. Szene, in der sogar zwei Punktierungen innerhalb eines durchkomponierten Elfsilbers zu finden sind.

Rodrigo:

Mentre di mie vittoire Iberia esulta	Während Iberien meine Siege feiert
sol Rodrigo non gode;.	freut sich nur Rodrigo nicht;

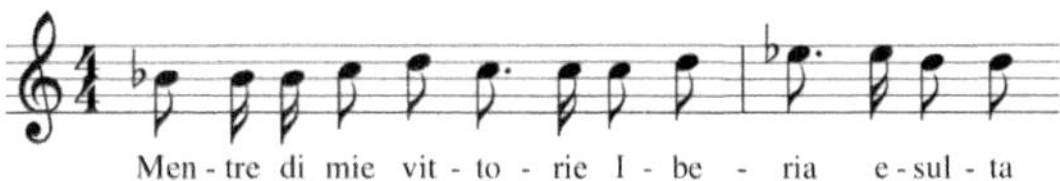

Man sieht deutlich die freie Art der Akzentbetonung innerhalb des Verses, wie sie bei Händel noch in *Almira* verwendet wurde. Händel war darum bemüht, einerseits die Struktur des Elfsilbers zu wahren und andererseits den natürlichen Akzent auf »vittorie« und »Iberia« nicht zu zerstören. In den Londoner Opern wird man einen derartigen Umgang mit den Punktierungen jedenfalls nicht mehr finden.

Am Ende der 4. Szene sieht man in T. 23[9] nochmals die häufigen Tonrepetitionen, durch welche die Sprachmelodie stark beeinträchtigt ist.

Rodrigo:

Spesso la gelosia fatta maestra	Oft wird die Eifersucht zur Meisterin
su cattedra d'amore, ...	auf der Kanzel der Liebe gemacht, ...

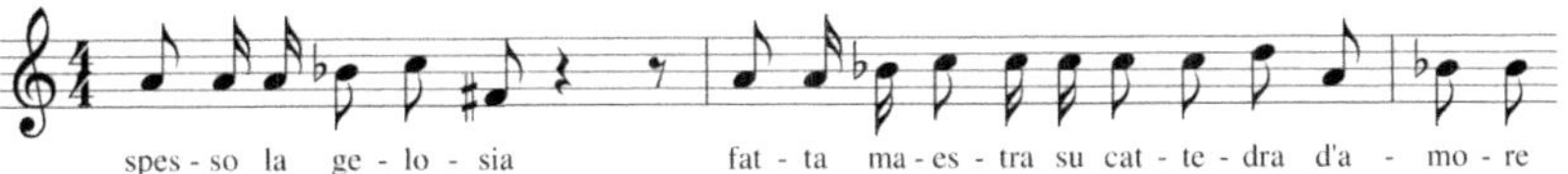

Der Rezitationston wirkt durch die vielen Tonwiederholungen teilweise hämmernd und wenig melodiös. Ein weiteres Mal geschieht dies bei Giuliano in T. 24 der 1. Szene des II. Akts, auch hier häufen sich in seiner Rede die Tonwiederholungen.

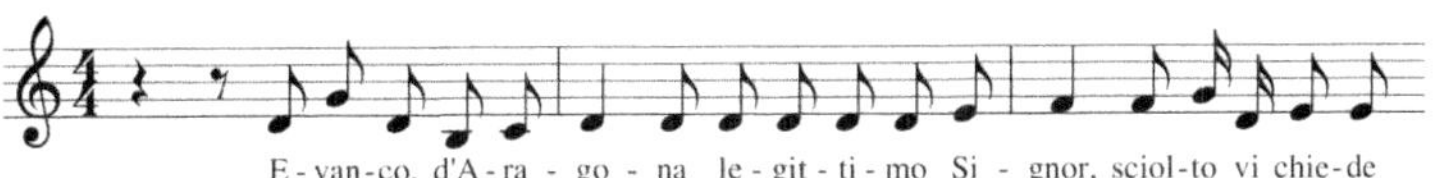

Giuliano repetiert sechs Mal auf dem selben *d'*, bevor sich die Melodiestimme am Ende zu einer finalen Kadenzfloskel formt. Vor allem die Tonrepetition ohne differenzierte Rhythmisierung macht diese Takte unbeweglich. Außerdem erkennt man eine Phrase von achtzehn Notenwerten ohne Zäsur. Ein direkter Bezug zur Handlung, dass Giuliano im Affekt handelt oder die Geduld verliert, besteht nicht.

Fazit

Bei *Rodrigo* musste Händel Kenntnisse der Vertonung von Sieben- und Elfsilbern besitzen, den italienischen Akzenten und der Sprachmelodie folgen und die Textverständlichkeit durch sinnvolle Gliederung gewährleisten. Man findet viele Tonrepetitionen und Punktierungen werden teils mitten im Vers angesetzt, oft auch mehrmals infolge.

9 Hier ist in der Hallischen Händel-Ausgabe auf »gelosia« ein zusätzlicher Vorhalt auf den Enddiphthong als Stichnote eingefügt worden, der für das Verständnis in unserem Zusammenhang jedoch nicht von Bedeutung ist.

Die Librettoverse sind noch wie in *Almira* sehr mechanisch in Noten übertragen und es fehlt noch die spätere Lebendigkeit der Personencharakteristik.

Vertonung der Versanfänge

Auf- und Abtaktvielfalt im Rezitativ

Die Verslehre kennt vor allem die drei Verstypen *verso piano*, *verso tronco* und *verso sdrucciolo*. Dabei steht der Pianovers für die eigentliche Verslänge, dem Troncovers fehlt die letzte Silbe und dem Sdrucciolovers wird eine weitere Silbe hinzugefügt. Diese unterschiedlichen Typen werden im Kapitel *Vertonung der Versenden*[10] genauer besprochen. Zu Beginn soll hier jedoch die Beschaffenheit der Versanfänge interessieren, da die wechselnde Akzentstruktur der ersten Silben eines Verses entscheidend für das Vorhandensein bzw. Nicht-Vorhandensein einer periodischen Struktur ist. Welche Rolle spielt z. B. der stetige Wechsel von Auf- und Abtakt bei den einzelnen Versen? In welchen Fällen folgen Verse mit derselben Auftaktstruktur aufeinander oder wann findet man Verse mit volltaktigem Beginn? Bereits Thrasybulos Georgiades hat in seinem Aufsatz *Zur Musiksprache der Wiener Klassiker* (1951) auf die rhythmische Diskontinuität hingewiesen, aus der – vor allem in Bezug auf die Opern Mozarts – der dramatische Ausdruck des »Hier und Jetzt« entsteht.[11] Im Bezug auf Haydns erstes Streichquartett op. 1,1 ist zu lesen:

> »Voraussetzung eines so gebauten Satzes ist, dass der Takt als eine selbständige Größe aufgefasst wird. Er läuft gleichmäßig ab und gewährleistet die Einheit. Ihm gegenüber wird die Ausfüllung durch Töne als eine ebenfalls selbständige, aber veränderliche Größe gehandhabt; auch können beide gegeneinander verschoben werden. Durch die Veränderungsmöglichkeit, wie sie uns das Experiment vorführt, wird uns ihre neue Selbständigkeit bewusst. Die geistige Tat des Klassikers ist die Zerlegung der bis dahin vermeintlichen Einheit von rhythmisch-tonlicher Gestalt und metrischer Gewichtsverteilung in zwei selbständige, gesondert zu handhabende Größen.«[12]

Die von Georgiades erwähnten »Klassiker« müssen im Zusammenhang mit Händels Rezitativen nicht weiter berücksichtigt werden. Allerdings handelt es sich bei dem von Georgiades angesprochenen Punkt um ein Phänomen, das schon in den Rezitativen

[10] Vgl. S. 83–93.
[11] Georgiades, Zur Musiksprache der Wiener Klassiker, S. 33.
[12] Georgiades, ebd., S. 37.

der Händelzeit ein wichtiges Charakteristikum darstellt. Bei allem Scharfsinn dieser Erkenntnis ist seiner Aussage in einem Punkt zu widersprechen: Es ist keineswegs das »non prius auditum der Wiener klassischen Musik«[13], im Rezitativ zu Händels Zeit ist die metrische Gewichtsverlagerung und der stetige Wechsel der Auftaktlängen das gestaltende Formprinzip schlechthin, in der geschlossenen Arienform der Händelzeit findet man diese musikalische Ausdrucksform dagegen nicht.

Die Lebendigkeit der Rede und die Annäherung an die gesprochene Sprache entsteht durch die freie Aneinanderreihung der Sieben- und Elfsilber, da durch die verschiedenen Verslängen nur an wenigen Stellen ein periodenhafter Aufbau möglich ist. Auch die Gliederung in Teilverse und die Verwendung von Enjambements tragen zu einem rhythmisch freien Vortrag bei, ebenso das weitgehende Fehlen von ordnenden Reimstrukturen. Dagegen kann durch Parallelität von Versen in auf- und abtaktige Phrasen mit denselben Rhythmusmodellen über mehrere Takte hinweg ein periodischer Rhythmus erzeugt werden, der durch den ständigen Wechsel von Auf- und Abtaktlängen gestört werden kann und somit den Eindruck eines prosanahen Rezitationsstils suggeriert.

Werfen wir zuerst einen Blick in *Radamisto* (1720). Hier treffen wir in der 4. Szene des I. Aktes Radamisto und Zenobia in einem kurzen Dialog:

Radamisto: **O**ve se**guir** mi **vuoi** / **spo**sa infe**li**ce?	*Radamisto:* Wohin willst du mir folgen, unglückliche Braut?
Zenobia: **O**ve il des**tin** ti **por**ta.	*Zenobia:* Wo dich das Schicksal hinführt.

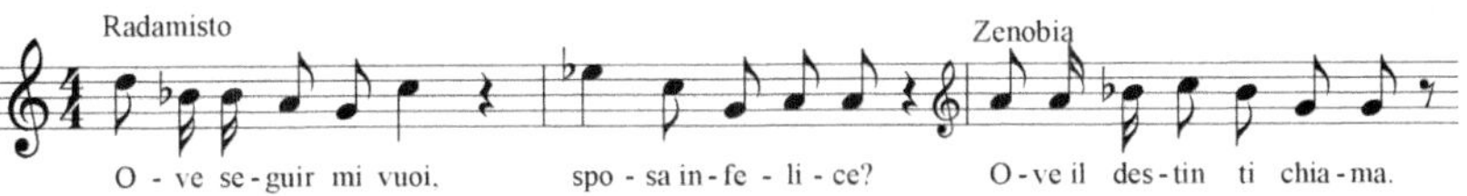

Bei Radamisto sehen wir einen Elfsilber, der in zwei Teile getrennt ist und bei Zenobia einen Siebensilber in piano-Form. Die Betonungen liegen auf dem »ove« des anfänglichen Siebensilbers, der mit einer Tronco-Endung schließt. Der anschließende fünfsilbige Teilvers beginnt mit einem Viertelwert auf »spo-«. Zenobia dagegen schließt wieder an den anfänglichen Achtel-Sechzehntelrhythmus an, ebenfalls auf »ove«.

13 Ebd.

Die beiden Versanfänge wie auch der Binnenvers auf »sposa« beginnen also auf eine volltaktige Zählzeit. Der lautmalerische Aspekt betont außerdem das »oh« als subtile Klage der beiden Liebenden. Der Binnenvers als Teilvers des Elfsilbers wird hier als rhythmisch gleichwertiges Segment eingeschoben und nimmt wie der Siebensilber des vorigen Taktes ganze drei Viertelwerte des Taktes ein. Dasselbe gilt auch für Zenobia. Es gelingt Händel hier, aus einem Elfsilber und einem Siebensilber drei Bausteine zu bilden, die sich in ihrer Rhythmisierung stark aneinander annähern.

Fünfzehn Jahre später, in der 8. Szene des I. Akts von *Ariodante* (1735), ist ein kurzer Monolog Ariodantes zu hören, der sich über vier Takte erstreckt. Innerhalb des 4/4-Taktes sind alle Verse und Sinnabschnitte auftaktig vertont, was zu folgendem rhythmischen Schema führt:

Ariodante:

Oh, fe**li**ce mio **co**re!
Dopo **tan**ti tor**men**ti
pur giun**ge**sti / alla **sfe**ra de' con**ten**ti.

Oh mein glückliches Herz
Nach so vielen Qualen
Bist du nun in das Reich der Zufriedenen gelangt

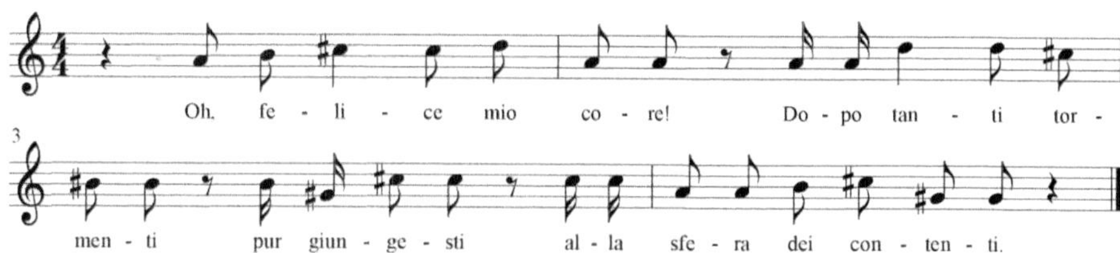

Sowohl die beiden Siebensilber wie auch die beiden Teilverse des Elfsilbers beginnen mit zwei auftaktigen Achtel- bzw. Sechzehntelgruppen. Alle Verse und Teilverse haben den Taktschwerpunkt auf der dritten Silbe, wodurch dieser viertaktige Monolog einen fließenden Rhythmus bekommt. Im ersten Takt findet man zwei auftaktige Achtelnoten, im zweiten Takt zwei auftaktige Sechzehntel. Ebenso wird das Versfragment »pur giungesti« in T. 3 ebenfalls mit zwei auftaktigen Sechzehnteln vertont, während der letzte Auftakt aus zwei Sechzehnteln besteht.

Im Vergleich dazu hat der ebenso kurze Monolog Dalindas in der 11. Szene bei den ersten beiden Versen den Schwerpunkt auf den abtaktigen Silben.

Dalinda:
Ah! che quest'**al**ma am**an**te
arde per **al**tro **fo**co,
e in et**er**no sarà **se**mpre cost**an**te.

Ach! Dass diese liebende Seele
durch ein anderes Feuer brennt
und auf ewig immer beständig sein wird.

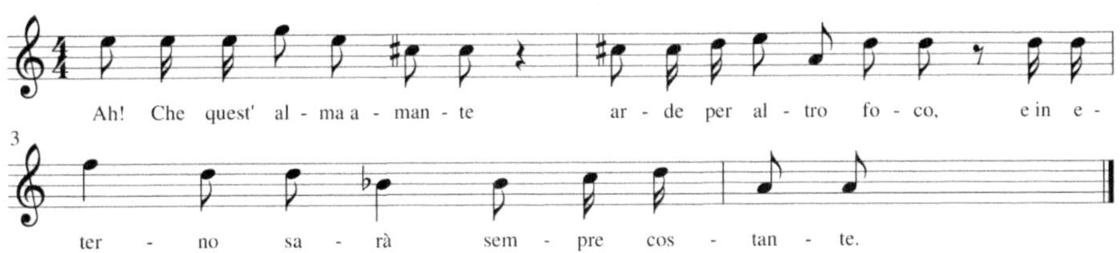

In diesem Monolog sind die beiden Siebensilber auf dasselbe rhythmische Schema abtaktig vertont. Erst die unregelmäßige Struktur des Elfsilbers bringt den Komponisten dazu, aus dem festen Abtaktmuster auszubrechen. Außerdem kann Händel nach dem Ausruf »Ah« des ersten Verses wie ein Echo den Ausruf in »**ar**de« nochmals nachklingen lassen. Die Lautmalerei ist in Bezug auf Dalindas Situation gut nachvollziehbar, klagt sie doch in diesem Monolog darüber, dass ihr Geliebter seine Aufmerksamkeit einer anderen Geliebten zugewendet hat.

In der 9. Szene des II. Akts von *Ariodante* wechseln dagegen innerhalb des Dialogs die auf- und abtaktigen Verse hin- und her. Der Dialog spielt sich zwischen Odoardo, Dalinda, dem König und Ginevra ab.

Odoardo:
Quante sventu**re** un **gior**no sol ne p**or**ta!

Wieviel Unglück ein einziger Tag bringt

Dalinda:
Sire! **ve**di il do**lo**re,
che tras**por**ta la **fig**lia;
squarcia le **ve**sti, e'l **vol**to,
fatta di **se** ne**mi**ca.

Herr, sieh den Schmerz
der die Tochter bedrückt;
Zerreiße die Kleider und das Haupt
Sich zur Feindin gemacht

Ginevra:
Padre …

Vater …

Rè:
Non è mia **fi**glia una impu**di**ca!

Eine Unkeusche ist nicht meine Tochter!

Odoardo beginnt mit einem volltaktigen Vers, der seine Betonungen auf »quante« und »giorno« hat. Allerdings gerät der Elfsilber bereits nach seiner Zäsur bei »un giorno« rhythmisch aus den Fugen und erhält durch seine vier Sechzehntel deklamatorischen Charakter. Dalindas Achtel auf »sire« sind auftaktig, ebenso ihr folgender Vers mit den Worten »che trasporta«. Abtaktig sind hingegen ihre letzten beiden Verse, die mit »squarcia« und »fatta« beginnen. So steigert sich in den ersten beiden Versen bei Dalinda das Rezitationstempo, während es sich um dasselbe rhythmische Muster handelt. Ebenso verhält es sich beim König. Der Vers ist mit einer Zäsur in zwei Teile untergliedert, die beide aus fünf Silben bestehen. Drei auftaktige Achtel sind auf »non è mia« komponiert, im zweiten Teilvers sind es am Beginn drei Sechzehntelnoten, das Tempo verdoppelt sich im Auftakt von der Achtel- auf die Sechzehntelebene. Entscheidend innerhalb dieser Szene ist allerdings der stets wechselnde Rhythmus von Auf- und Abtakt, wodurch der Sprechgesang seine Natürlichkeit erhält.

Fazit

Ein Rezitativ lebt von der Vielfalt der Akzentuierung. Im Falle von *Radamisto* sieht man, wie Verse und Aussagen rhythmisch angeglichen werden können. Bei *Ariodante* zeigt sich die Steigerung in der Fragmentierung des Dialogs und dem raschen Wechsel der Auf- und Abtaktlängen. Ein gleichmäßig pulsierender Rhythmus prägt die Rede ebenso wie ein ständiger affektiver Wechsel im schnellen Dialog.

Verschiedene Auftaktlängen der Versanfänge

Auftakte im Rezitativ können eine Länge von einem Notenwert, von zwei oder drei Notenwerten haben. Auftakige Verse können dementsprechend ein bis drei Silben umfassen, bis eine betonte Silbe aus dem Zusammenhang hervorsticht. Es gilt also darauf zu achten, ob in einem Vers das erste oder z. B. erst das dritte Wort betont wird, was den inhaltlichen Aspekt grundlegend verändern kann. Zu Beginn soll ein vergleichendes Textbeispiel aus *Floridante* (1721) diese Gegebenheit erläutern.

Rossane (I. Akt, 4. Szene):

D'**inno**cente virtù vo alla difesa (Vertonung beginnt mit »D'innocente« auf den ersten Schlag des Taktes)	oder	D'innocente **virtù** vo alla difesa (»D'innocente« ist auftaktig und »virtù« fällt auf den Taktbeginn)

Hier kann ein Komponist also wählen, ob der Schwerpunkt eher auf »innocente« (»unschuldig«) oder auf »virtù« (»Tapferkeit«) liegen soll. Sobald man jedoch diesen Gedanken in größerem Zusammenhang und mit dem Notentext betrachtet, erschließt sich die Tragweite dieses Aspektes.

Die Vielfalt der Auftaktlängen zeigt sich u. a. in der 10. Szene des I. Akts aus *Orlando* (1733). Die Natürlichkeit der Rede findet ihre Vielfalt in der verschiedenartigen Verwendung der Auftaktvertonung. In dem nur sechstaktigen Monolog trifft man in wenigen Takten auf eine große rhythmische Vielfalt:

Orlando:

T'ubbidi**rò**, cru**de**le;	Ich werde gehorchen, Grausame,
e ved**rai** in **que**sto is**tan**te	du wirst in diesem Augenblick merken
che **del**la Princi**pes**sa	dass ich nur der Verteidiger
fui **so**lo difens**or**, ma non a**man**te.	nicht der Liebhaber der Prinzessin war.

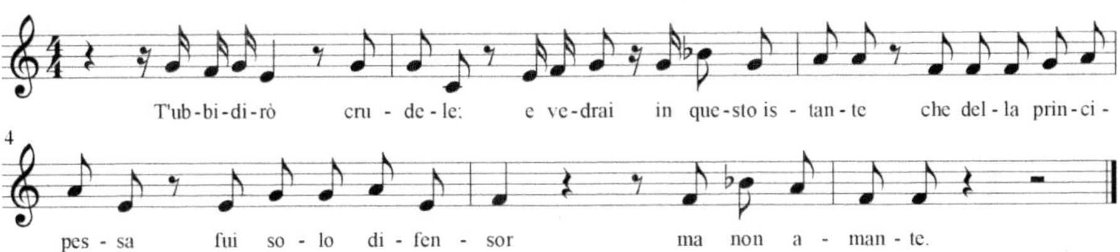

Der erste Vers ist in zwei auftaktige Teilverse untergliedert. Der erste Teil »t'ubbidirò« ist mit drei auftaktigen Sechzehnteln unterlegt und endet auf eine Troncosilbe. Der zweite Teilvers »crudele« besteht aus drei Achteln, bei denen die erste auftaktig vertont ist. Bereits im ersten Vers folgt also ein Drei-Sechzehntel-Auftakt auf einen Achtel-Auftakt. Der zweite Vers besteht ebenfalls aus zwei Teilversen: der vordere besteht aus den Worten »e vedrai« aus einem Auftakt mit zwei Sechzehnteln, gefolgt von einer Sechzehntelpause. Auf »in questo istante« folgt ein Auftaktmodell aus einer Sechzehntel und zwei Achteln. Der folgende Vers »che della principessa« ist eine reine Achtelbewegung, bei der die erste Silbe »che« eine auftaktige ist, die Silben von »della« fallen auf den Schwerpunkt der Taktmitte. Ebenso verhält es sich im vierten Vers auf »fui solo«. Auf den letzten Teilvers »ma non amante« erklingt ein Drei-Achtel-Auftakt. Dieser kurze Monolog zeigt deutlich, wie groß die Vielfalt an Auftaktvertonungen im Rezitativ sein kann. Die Möglichkeiten erstrecken sich je nach Versstruktur auf ein bis drei auftaktige Silben. Außerdem kann Händel das Sprechtempo ändern und wechselt zwischen Achtel- und Sechzehntelauftakt, was weitere Differenzierungen und Akzentbetonungen innerhalb der Rezitation möglich macht. So entsteht bereits in der Notation durch rhythmische Vielfalt die künstliche Nachahmung der natürlichen Rede. Durch diese ständig wechselnden Auftaktlängen entsteht eine lose Struktur, in der die Verwendung von Phrasen deutlich ins Gewicht fällt, wenn diese auf einem Taktschwerpunkt beginnen.

Fazit

Durch die unterschiedlichen Auftaktlängen von einem bis zu drei Notenwerten ändert sich stets die Nuance der Akzentuierung. Zwar beginnen die einzelnen Segmente allesamt auf den ersten Blick mit einer unbetonten Zählzeit, durch die unterschiedliche Silbenzahl der Auftakte und die Variation von Achteln und Sechzehnteln ändert sich jedoch stets der rhythmische Charakter wie auch das Tempo, was der Rezitation ihre große Vielfalt verleiht.

Abtaktigkeit als rhetorisches Ausdrucksmittel

Welchen Unterschied auf den Redefluss die Vielfalt der Auftakte in Bezug auf den abrupten Wechsel zur Abtaktigkeit hat, zeigt sich wiederum in *Orlando* (1733) anhand der 2. Szene des II. Akts. Dorinda hat im Dialog mit Orlando verraten, dass sich Angelica mit Medoro aus dem Staub gemacht hat. Am Ende weist sie ausdrücklich auf die Attraktivität Medoros hin, um anschließend in Sehnsucht zu vergehen:

Dorinda:

Già v'ho detto, che chiamasi Medoro	Ich habe schon gesagt, er heißt Medoro,
ed è giovane e bello	er ist jung und schön
d'una bona struttura. **Ahi!**	und von gutem Körperbau. Ach!
Che non posso	Ich kann ihn
scordarlo! Ed ora **tut**to quel che miro	nicht vergessen! Und alles was ich sehe,
parmi che sia Medoro e ognor sospiro.	erscheint mir wie Medoro und ich seufze stets.

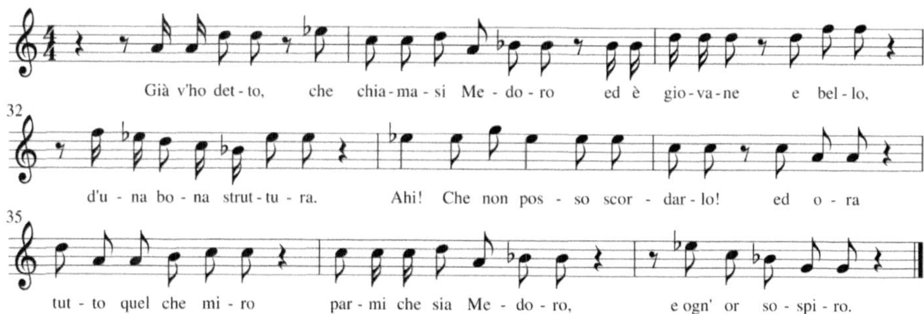

Der Akzentwechsel Dorindas geschieht mitten im Vers auf den Ausruf »Ahi«. Von T. 29 bis T. 32 ändert sich der Taktschwerpunkt ständig. Im ersten Elfsilber »già v'ho detto« steht zu Beginn ein Zwei-Sechzehntelauftakt, auf »che chiamasi« ein Achtel-Auftakt, im zweiten Vers wieder ein Zwei-Sechzehntelauftakt auf »ed è«, im dritten Vers auf »d'una bona struttura« ein Zwei-Sechzehntel-Auftakt hin zum Schwerpunkt der Taktmitte. In T. 33 dagegen setzt auf den Ausruf »ahi« plötzlich ein Abtakt ein. In T. 35 f.

folgen zwei weitere Teilverse auf »tutto quel« und »parmi che sia«. Dorindas Affekt wechselt von der Eifersucht zur Sehnsucht. Das flexible Auftaktgerüst weicht einem weitgehend stabilen abtaktigen Schema in jenem Moment, als Dorinda es doch noch gelingt, ihre wahren Gefühle zu äußern.

Auch in der zwei Jahre später entstandenen *Alcina* (1735) finden sich abtaktige Phrasen, die sich auf mehrere Verse erstrecken. In der 6. Szene des I. Akts zeigt sich deutlich, wie wichtig der Auf- und Abtaktwechsel für den sprachlichen Ausdruck ist. Zuvor wurde Bradamante von Oronte zum Duell herausgefordert, was zu Beginn der 6. Szene Morgana zu verhindern weiß:

Morgana:	
Io **so**no tua difesa, **io** ...	Ich bin dein Schutz, ich ...
(ad Oronte)	
... tua nemica.	... deine Feindin.
Ospite, nol curare. E tu superbo!	Gast, beachte ihn nicht. Und du Hochmütiger
La reina offendesti.	hast die Königin beleidigt.
Bradamante:	
Volgiamo altrove il piè.	Lass uns anderswo hingehen.
Morgana:	
Caro, no'l voglio,	Teurer, ich will es nicht,
che di Oronte punir saprò l'orgoglio	denn den Stolz Orontes werde ich zu bestrafen wissen

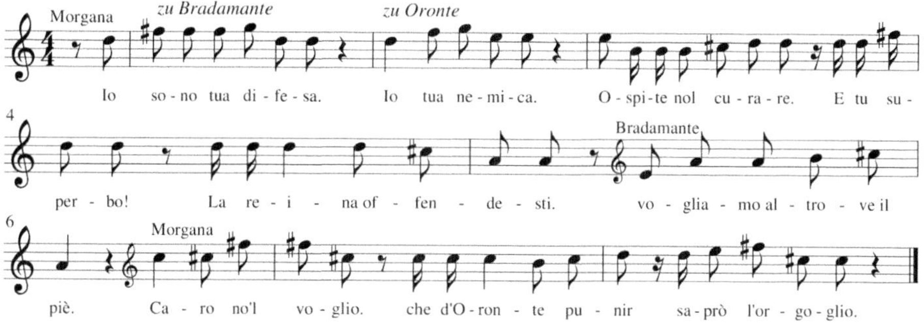

Alle abtaktigen Phrasen liegen in dieser Szene bei Morgana. Auffallend ist vor allem der Betonungswechsel, als sie sich in T. 1 bis T. 3 von Bradamante zu Oronte wendet. Vor allem der Viertelwert auf den Taktbeginn »io« verleiht der Aussage großes Gewicht und wird zudem durch einen verminderten H-Dur-Akkord im Generalbass verstärkt. In T. 3 folgt auf »ospite« der nächste Vers auf eine betonte Zählzeit, wenn auch ohne instrumentale Akkordstütze, während in T. 15 der Schwerpunkt mit einer Viertelnote auf die Taktmitte fällt. Mit »io«, »ospite« und »caro« sind die Betonungen in diesem Dialog eindeutig verteilt und »caro« durch einen Cis-Dur-Sextakkord im Generalbass hervorgehoben. Morgana tritt direkt mit ihren Gesprächspartnern in Dialog. Die Taktschwerpunkte geben ihrer Aussage somit ein zusätzliches Gewicht.

In der 12. Szene des II. Akts findet ein Dialog zwischen Morgana, Ruggiero und Bradamante statt, an dessen Ende sich bei Morgana wiederum dieselben rhetorischen Mittel finden. Diesmal gelten die Vorwürfe beiden Gesprächspartnern, sowohl Bradamante als auch Ruggiero. Morgana erwischt die beiden just in dem Moment, als sie von Alcinas Insel fliehen wollen. Ihr letzter Vers lautet:

Morgana:

Alcina vi darà giusta mercede,	Alcina wird euch den rechten Lohn geben,
(zu Bradamante) **Os**pite ingannatrice,	undankbarer Gast,
(zu Ruggiero) **uom** senza fede	treuloser Mann

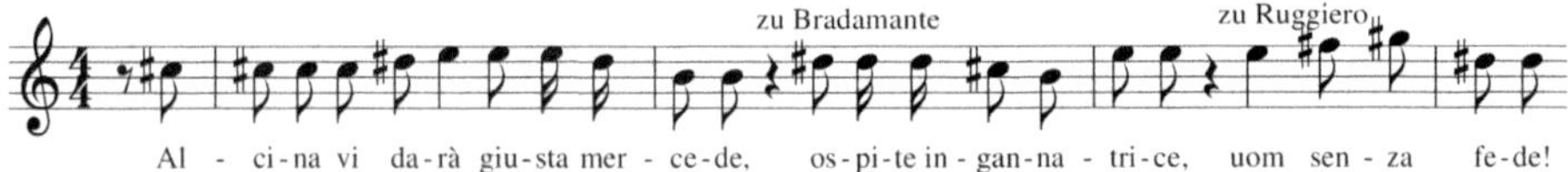

Hier wechselt Morgana mitten im Vers ihre Ansprechpartner. Von ihren Vorwürfen sind sowohl Bradamante als auch Ruggiero betroffen. In T. 16 fällt »ospite« auf die schwere Zählzeit der Taktmitte, in T. 17 »uom« mit einer Viertelnote. Diese beiden Beispiele zeigen, dass Morganas vorwurfsvolle Aussagen durch ihre Betonung ein besonderes Gewicht bekommen. Die Vorwürfe Morganas sind jedoch nicht die einzigen dieser Art. In der 2. Szene des III. Akts hat Alcina herausgefunden, dass Ruggiero im Begriff ist, sie zu verlassen und sich wieder einem ritterlichen Leben in Ruhm und Ehre zu widmen. Alcina schließt den Dialog in T. 25 f. mit den vorwurfsvollen Worten:

Ruggiero:

Mi **sti**mola l'o**no**re.	Mich treibt die Ehre.

Alcina:

Va! m'oltraggiasti assai **va,** tradi**to**re!	Geh, du hast mich genug betrogen. Geh, Verräter.

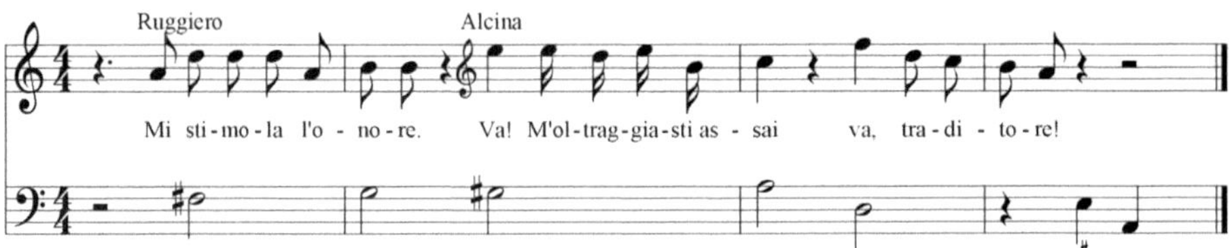

Dieser finale Elfsilber Alcinas reimt sich mit Ruggieros letztem Vers auf »onore«. Bei Ruggiero, wie bereits in den Takten zuvor, handelt es sich in T. 25 um ein Auftaktmodell, das erst mit Alcinas Antwort in T. 26 zum Abtaktigen wechselt. Verstärkt wird dies wiederum durch die Akkordstützen im Generalbass, die bei beiden »va«-Einsätzen ebenfalls auf die Taktmitte fallen. So wird der Elfsilber mit seinen beiden Teilversen noch zusätzlich betont.

In der 3. Szene ist es Melisso, der an mehreren Stellen zur abtaktigen Rezitation wechselt. Bereits der Rezitativbeginn in T. 1 beginnt volltaktig:

Tutta d'armate **squa**dre l'isola è **cin**ta	Die ganze Insel ist mit bewaffnetem Heer umstellt

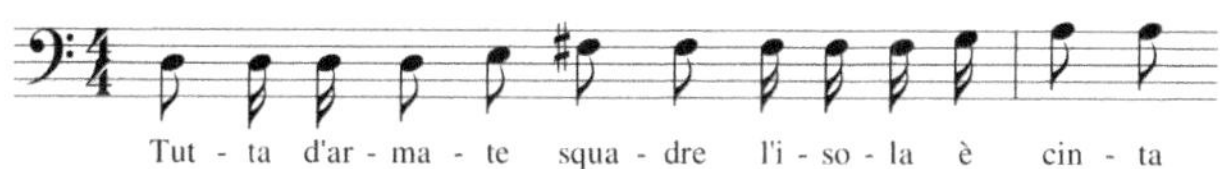

Ab T. 6 folgen zwei Verse mit Aufzählungscharakter, die jeweils mit der Anapher »prendi« beginnen. Hier fällt dementsprechend zwei Mal infolge die Anfangssilbe auf den Taktschwerpunkt:

prendi il gorgoneo scudo	Nimm den Gorgonenschild
prendi il destriero alato	nimm das geflügelte Pferd

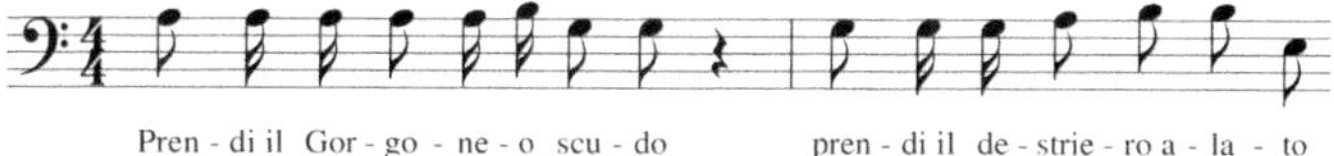

Während sich Bradamante und Ruggiero ihren Weg durch die Zauberinsel mit Gewalt bahnen wollen, rät Melisso den beiden davon ab. Dies tut er in einem nachdrücklichen Befehlston auf den Imperativ »prendi«. Seine Worte haben in dieser Szene also großes Gewicht und finden letztlich auch Gehör. Melissos schwerwiegende Aussagen dominieren auch die 4. Szene. Ruggiero bahnt sich auf Melissos Rat hin nun seinen Weg durch Alcinas Zauberreich, während Bradamante mit Melisso zurückgeblieben ist. Die ersten beiden Takte Melissos beginnen mit abtaktigen Rhythmusmodellen:

Vanne tu seco an**co**ra	Geh du mit ihm
dove fa seno il **ma**re	dorthin, wo das Meer eine Bucht bildet.

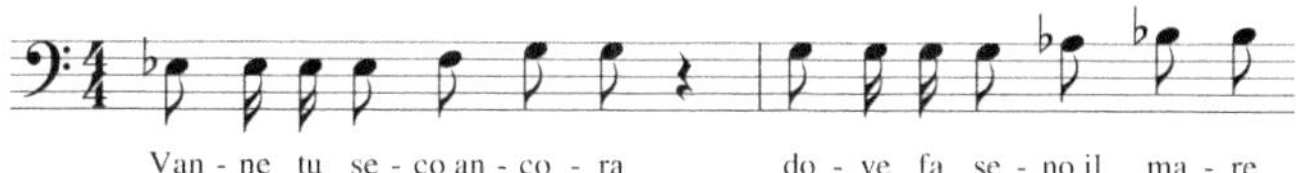

Auch an Bradamante richtet Melisso eine deutliche Botschaft. Durch ihre Volltaktigkeit und auch ihren pulsierenden gleichmäßigen Rhythmus erhalten die Verse an all diesen Stellen eine hervorgehobene Deutlichkeit, die sich von den taktweise wechselnden Auftaktmodellen unterscheidet.

Fazit

Insbesondere nach einer längeren Phrase freier Akzentuierung fallen abtaktige Verse stark ins Gewicht. In den Beispielen war dies u. a. der Fall, wenn die Rede an einen anderen Protagonisten gerichtet war oder z.B. eine Aufzählung stattfindet. Auf einsilbige Ausrufe wie »io«, »ahi« oder »va!« haben die Viertelwerte auf der ersten Silbe eine besonders kräftige Wirkung.

Identische Taktanfänge und Periodische Versgruppen

Der stetige Wechsel der Auftaktlängen sowie das Variieren zwischen Auftakt und Abtakt, rhythmische Diskontinuität – auch durch Pausenzäsuren – sorgen dafür, eine künstliche Nachahmung der natürlichen Redeweise zu schaffen. Gezeigt werden soll nun, wie in bestimmten Situationen die Parallelität von mehreren Versen zu einer Periodenbildung verwendet wird, die das Gesagte als eine Art »Rede in der Rede« aus dem vorherrschenden Rezitationston hervorheben. Die Verse müssen dabei nicht zwingend dieselbe Silbenzahl bzw. Phrasenlänge haben, der skandierende Tonfall entsteht oft bereits durch identische Auftakte.

In *Rinaldo* (1711) entwickelt sich in der 5. Szene des II. Akts zwischen dem Titelhelden und der Zauberin Armida ein Konflikt. Armida fordert Rinaldos Liebe, Rinaldo hingegen fordert von ihr seine entführte Geliebte Almirena zurück. In dichter Abfolge prallt Rede und Gegenrede hier aufeinander. Man sieht bereits am Libretto, dass sich ein Vers auf die beiden Gesprächspartner verteilt, was die Struktur wesentlich verdichtet.

Armida:
Prendi questo mio cor — Nimm mein Herz

Rinaldo:
Per lacerarlo. — Um es zu zerreißen

Armida:
Mille gioie t'appresto. — Tausend Freuden schenke ich dir.

Rinaldo:
Io mille pene — Ich tausend Schmerzen.

Armida:	
T'ammolliscano i prieghi	Dich sollen meine Bitten erweichen.
Rinaldo:	
Io gli detesto.	Ich verabscheue sie.
Armida:	
Abbian forza i sospir.	Meine Seufzer sind gewaltig.
Rinaldo:	
D'accender l'ira	Um meinen Zorn zu entzünden
Armida:	
M'obbedisce l'inferno.	Mir gehorcht die Hölle.
Rinaldo:	
Io ti disprezzo	Ich verachte sie.

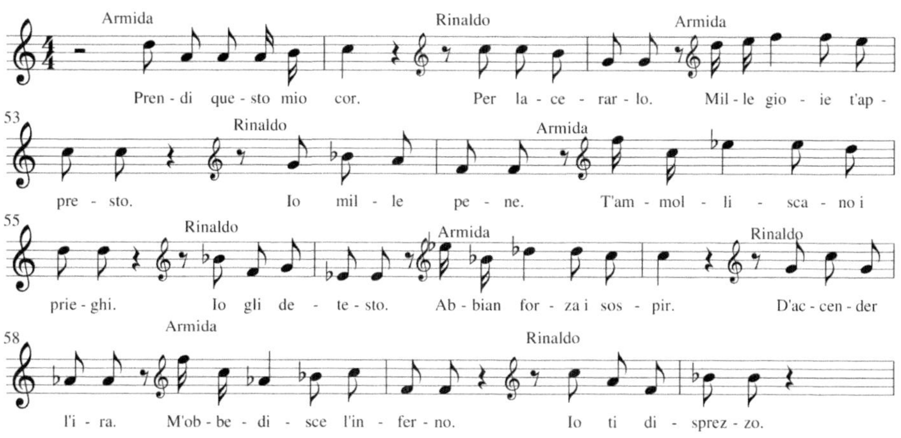

Die Verse dieses Zwiegesprächs sind Elfsilber, in denen der vordere, längere Teilvers den Bitten und Drohungen Armidas gehört, während Rinaldo sich auf Antworten im hinteren *a minore*-Teil beschränkt, die wenige Worte beinhalten und sich in die kürzeren Versenden fassen lassen. Die Versanfänge Armidas sind ab T. 52 stets auftaktige Sechzehntelpaare, während sich Rinaldo in seinen Antworten auf eine getragene Achtelbewegung beschränkt. Wichtig ist vor allem das feste Schema, in dem dieses Streitgespräch abläuft. Wir finden hier keine Gliederung in Fragen und Antworten, vielmehr Aktion und Reaktion. Hier wird kein lockerer Dialog mit stetig wechselnder Auf- und Abtaktigkeit geführt. Die Situation ist starr und festgefahren, und eben dies drückt sich durch den Notentext und den entsprechenden Rezitationsstil aus.

Zwölf Jahre später in *Flavio* (1723) ist es Ugone in der 5. Szene des I. Akts, der seinem Herrn, dem König Flavio, mit höflichen Worten seine Tochter Teodata vorstellt. Dies geschieht nicht in einem beiläufigen Rezitationston, sondern in einer wohlüberlegten kurzen Ansprache. Ugone ringt zu Beginn nach Worten, weshalb er so lange gewartet habe (T. 16), bevor er sich fassen kann und sich ein strukturierter Redefluss entwickelt.

Ugone:

Or che di Guido, a lei german', le nozze	Jetzt wo die Hochzeit ihres Bruders Guido
la richiaman dai boschi	sie aus den Wälder zurückruft,
al tuo piè genuflessa,	um zu deinen Füßen zu knien
per sottrarsi al rigor d'astri tiranni	um sich der Strenge der tyrannischen Sterne zu
di sua tenera età consacra gli anni.	entziehen in ihren zartem Alter, heiligen die Jahre.

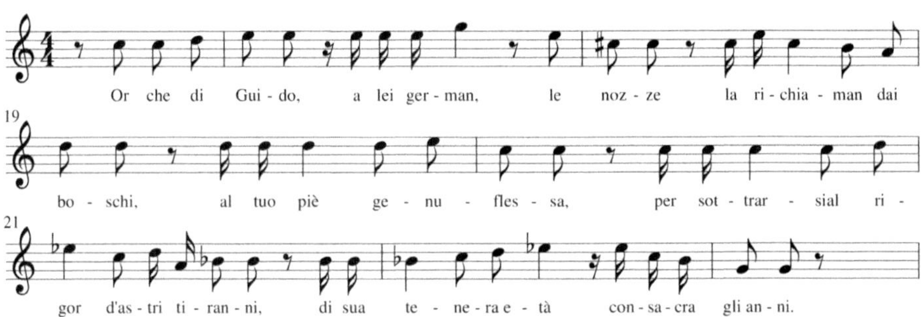

Auffallend ist die sich wiederholende Struktur der Sechzehntel-Auftakte ab dem zweiten Vers. Ugone ringt im ersten Elfsilber noch deutlich nach Worten – immerhin ist dieser Vers in drei Sinnabschnitte geteilt. Bei »Or che di Guido« sind die drei Auftaktnoten in Achteln notiert, beim zweiten Fragment auf »a lei german« in drei Sechzehnteln. Dann folgt noch das dreisilbige »le nozze« auf drei Achtelnoten, bevor die pulsierende gleichmäßige Rezitation einsetzt. So entwickelt sich stufenweise eine strukturierte Rezitation, die im vorletzten Elfsilber zu einem Vers ohne Zäsur führt und im finalen Vers entsprechend der musikalischen Kadenz durch einen Drei-Sechzehntel-Auftakt schließt.

In der 12. Szene des I. Aktes findet eine Unterredung zwischen Emilia und Guido statt, in welcher Guido seiner Geliebten allerhand verwirrende Fragen stellt, um sich ihrer Treue zu versichern. Aus dieser Situation entwickelt sich ein Frage-Antwort-Spiel, in dem je ein Siebensilber von Guido zur Fragestellung rezitiert wird und Emilia in einem Siebensilber antwortet.

Guido:	
Dunque non cangerai voglia o pensiero?	Also wirst du Willen und Gedanken nicht ändern?
Emilia:	
Mai.	Niemals.
Guido:	
Nè il commando del re?	Nicht der Befehl des Königs?
Emilia:	
Tu sei mio re, mio nume.	Du bist mein König, mein Gott.
Guido:	
Nè la voce del mondo?	Nicht die Stimme der Welt?
Emilia:	
Altri che te non odo.	Ich höre nichts außer dir.
Guido:	
Nè la ragion del sangue?	Nicht die Blutrache?
Emilia:	
Tu del mio cor sei vita.	Du bist das Leben meines Herzens.
Guido:	
Nè l'affetto del padre?	Nicht den Affekt des Vaters?

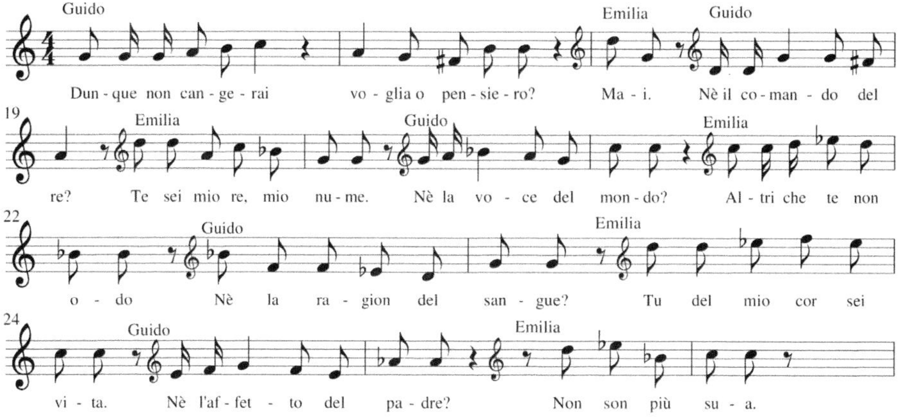

Entscheidend ist in dieser Szene nicht in erster Linie die Verwendung ein und desselben Rhythmus' und die Schaffung einer erkennbar periodischen Struktur. Vielmehr wird das schematische Frage-Antwort-Spiel durch eine strenge Skandierung der Verse strukturiert. Guido beginnt in T. 16 mit zwei abtaktigen Versen, in T. 18 ist dann bereits ein auftaktiger Vers zu erkennen, danach dominieren ebenfalls die auftaktigen Modelle. Auffallend ist jedoch die Deutlichkeit der siebensilbigen Struktur, die diesen Dialog erstarren lässt. So entsteht ein festgefahrenes Zwiegespräch, das sich im Kreis zu drehen scheint. Die strenge Struktur bekommt die Gestalt eines Verhörs. Die Konsequenz, mit der in dieser Szene Verse in beinahe geschlossener Form aneinandergereiht werden, ist auch in Händels Dialogen eine Seltenheit.

In der 3. Szene des II. Aktes von *Riccardo Primo* (1727) findet ein Zwiegespräch zwischen Pulcheria und ihrem Vater Isacio statt. Isacio beharrt darauf, dass anstelle Costanzas seine Tochter Pulcheria die Braut Riccardos wird. Am Ende der Szene fasst Isacio seinen Willen in sieben Versen zusammen.

Isacio:

[...] Egli prospone
ai vantaggi d'Isacio
l'amor suo, le tue nozze. Il mio commando
eseguisca Pulcheria:
Pensi sol che ciò chiede
il mio regno, il mio soglio,
pensi ch'è figlia mia ch'io così voglio.

Er liegt dem Vorteil
Isacios im Weg mit
seiner Liebe, seiner Heirat. Meinen Befehl
soll Pulcheria ausführen:
Denk nur daran, was
mein Reich, mein Thron verlangt.
Denk daran, es ist meine Tochter, ich will's so.

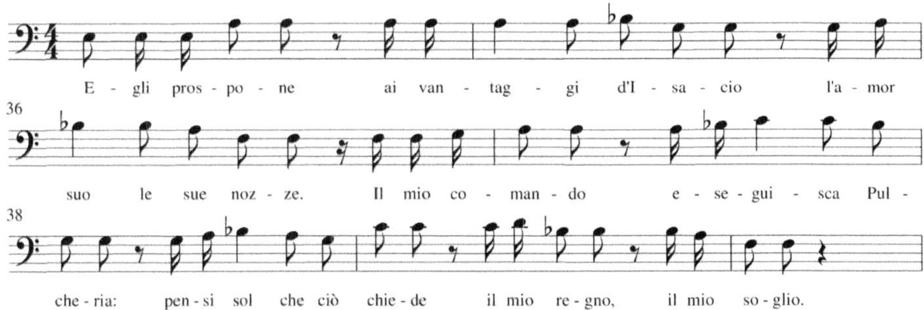

In dieser Szene fallen die häufigen Sechzehntelpaare der auftaktigen Verse auf, die sich durch die Ansprache Isacios ziehen. Eine Struktur zieht sich über vier Verse von den Worten »Ai vantaggi« (»Zum Vorteil«) bis hin zu »Pensi sol« (»Denke nur daran«), sodass man innerhalb seiner Rede eine klare Ansprache erkennen kann. Nur bei »Il mio commando« (»Mein Befehl«) ist die Versstruktur unterbrochen. Dies geschieht durch den Einschub des Elfsilbers, der in seinem zweiten Versglied mit einem Drei-Sechzehntel-Rhythmus den strengen Tonfall des Vaters noch verschärft. Bei »Il mio regno, il mio soglio« (»Mein Reich, mein Thron«) befindet sich eine Wiederholung derselben Rhythmusgruppe, ebenfalls mit scharf akzentuierter Sechzehntelgruppe am Anfang. Längere und kürzere Phrasen sind mit derselben Auftaktstruktur versehen worden. Erst im letzten Vers »Pensi ch'è figlia mia« (»Denk daran, dass es meine Tochter ist«) ändert sich der Rhythmus zur abtaktigen Rezitation.

In *Ezio* (1732) greift Händel ebenfalls auf sich wiederholende Rhythmen zurück. Diese können auch in viel kürzerer Form erscheinen, ohne dass sie innerhalb der Situation an Aussagekraft verlieren. In der 9. Szene des I. Akts verkündet Onoria den Willen des Kaisers, Fulvia heiraten zu wollen. Die ersten drei Verse in T. 13 bereiten die zu überbringende Nachricht an Fulvia vor. Die beiden letzten Verse heben sich dann sowohl inhaltlich als auch in ihrer rhythmischen Ausdeutung davon ab.

Onoria:

[...] per ciò mi spiace	[...] deshalb missfällt es mir
al tuo amore infelice	für deine unglücklichen Liebe
esser d'infauste nove apportatrice.	die Überbringerin schlechter Neuigkeiten zu sein.
Fulvia ti vuol sua sposa	Fulvia, der Kaiser will dich
Cesare al nuovo dì.	am kommenden Tag zur Frau nehmen.

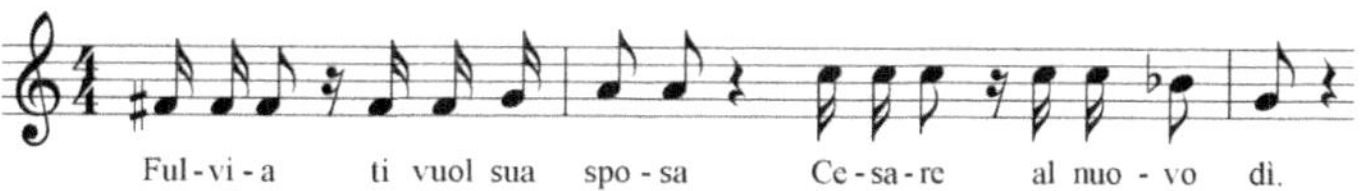

Fulvias Name erklingt im Anapäst, auch die Rhythmisierung von Fulvia und Cesare ist identisch. Die Zäsuren nach »Fulvia« und »Cesare« isolieren die beiden Namen und verstärken die Reduktion auf ausdrucksstarke Versfüße. Es handelt sich um eine kurze Ansprache, in der zweimal dasselbe Versmuster zweier Siebensilber erklingt. Die beiden Verse wirken wie eine in sich geschlossene Form und heben sich so von der sonstigen Prosamelodik ab. Onoria spricht als Überbringerin eines Befehls des Kaisers.

Doch während die rhythmisch markanten Verse in *Ezio* der Rede Onoria allein gehören, kann diese Struktur im Dialog auch auf zwei Gesprächspartner verteilt werden.

In der zeitnah entstandenen *Arianna* (1734) führen Teseo und Arianna in der 11. Szene des I. Akts ein Zwiegespräch, in dem die Treue im Mittelpunkt steht. Arianna kann nicht verstehen, dass sich ihr Geliebter Teseo auf Kreta in den Kampf begibt, um Minotaurus und Tauride zu besiegen. Außerdem hegt Arianna Zweifel, ob Teseo dies nicht aus Liebe zu Carilda tut. Teseo dagegen hält daran fest, dass es ihm nur um die Ehre gehe, und er Arianna ebenso liebe wie seine Heimat Athen.

Arianna:
[…]
troppo certo è il tuo periglio — Zu sicher ist dein Untergang

Teseo:
Vincerà il mio valor — Meine Ehre wird siegen

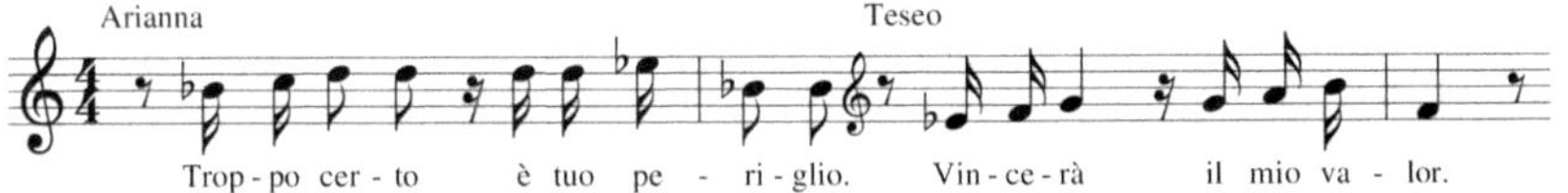

Vergleicht man den Notentext ab T. 31 bei Arianna und Teseo, so fällt die rhythmische Parallelität ins Auge. Während Arianna auf den Enden der Teilverse Piano-Silben hat, sind es bei Teseo Tronco-Endungen. Die Versgruppen steigern sich von zwei zu drei Sechzehnteln, gegliedert durch eine Sechzehntelpause. Bei Arianna handelt es sich um den Teilvers eines Elfsilbers, Teseo dagegen hat einen gesamten Siebensilber mit Tronco-Endung. Auf der einen Seite überrascht die rhythmische Übereinstimmung zwischen Arianna und Teseo, andererseits unterscheidet Händel genau zwischen weiblichen Endungen bei Arianna und männlichen Endungen bei Teseo. Die Rollen sind somit klar verteilt. Teseo greift den bebenden Rhythmus von Arianna auf und zeigt Verständnis für ihre Befürchtung. Durch die beiden harten Tronco-Endungen stellt Teseo klar, dass ihm durch seine Männlichkeit (»valor«) der Sieg sicher sei.

Im letzten Rezitativ der 2. Szene des I. Akts von *Imeneo* äußert dieser ab T. 3f. seinen fatalen Wunsch, Rosmene für sich haben zu wollen, ebenfalls in drei identisch gebauten Versen:

Imeneo:
Dalla patria non chiedo — Von meiner Heimat verlange ich nichts
che di stringer la mano — als die Hand
all'amata Rosmene. — der geliebten Rosmene.

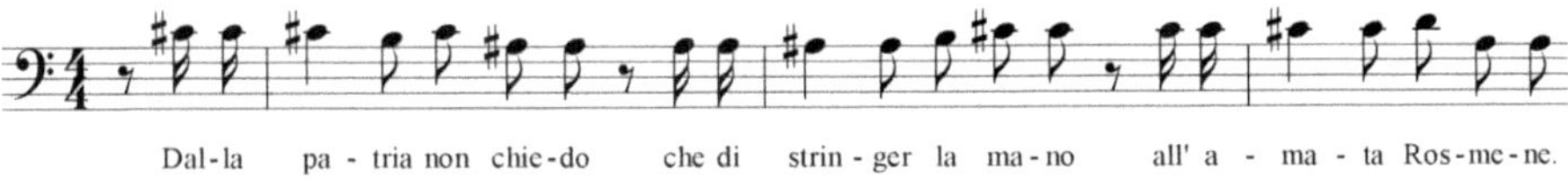

Durch den sich dreimal wiederholenden Sechzehntelauftakt bekommen die Verse Imeneos periodischen Charakter. Seine Aussage ist nicht nur für Rosmene und Tirinto von ausschlaggebender Bedeutung, sie bestimmt auch den weiteren Verlauf der Handlung. Auch in dieser Situation hebt Händel die Verse aus dem diskontinuierlichen Rezitationston hervor.

Fazit

Aus der wechselnden Akzentstruktur kann in einigen Fällen eine periodisch-gebundene Versrezitation werden, die einer Aussage große Geschlossenheit verleiht und oftmals auch eine Art Rede in der Rede darstellt. Die Beispiele zeigen, wie in manchen Fällen die Handlung ins Stocken gerät oder wie zwei Gesprächspartner durch identische Rhythmisierung Übereinstimmung vermitteln. Dies kann über mehere Takte oder in kleineren Phrasen geschehen.

Vertonung der Versenden

Pianoverse

In Kapitel *Siebensilber* wurde bereits die Qualität der Versenden angesprochen, bei denen der Pianovers das eigentliche Standardmodell darstellt. Aufgrund der zahlreichen Beispiele soll an dieser Stelle eine kurze Zusammenfassung genügen und der Leser sei für eine etwaige Vertiefung auf obiges Kapitel verwiesen. Die Sieben- und Elfsilber schließen in vielen Fällen mit einer weichen (weiblichen) Endung. In diesen Fällen sind die vorletzten Silben betont und es folgt eine letzte leichte Silbe auf die unbetonte Zählzeit. Diese Verse werden im italienischen als *versi piani* bezeichnet und stehen in häufigem Wechselspiel mit den *versi tronchi* und den *versi sdruccioli*. Zur Erinnerung sei an den ersten zitierten Vers aus dem Kapitel *Siebensilber*[14] erinnert: *Cingetemi d'allòro*. Man erkennt hier deutlich auf die letzten beiden Silben den weichen Ausklang des »oro«. Der Vers umfasst die vollen sieben Silben und ist somit ein typischer Pianovers. Nun könnte Händel allerdings hingehen und die letzte Silbe streichen: *Cingetemi d'allor*. Auf der Stelle verliert der Vers seinen weichen Klang und wird zu einem *settenario tronco* (Abgeschnittener Vers). Mit diesem Vergleich soll nicht dem Folgekapitel über die Troncoverse vorgegriffen werden. Jedoch zeigt diese kleine Änderung deutlich auf, wie leicht durch eine kleine Änderung am Ende des Verses in die Rezitationsstruktur eingegriffen werden kann.

Troncoverse

Den italienischen Troncoversen fehlt, ähnlich den männlichen Endungen im deutschen, die letzte Silbe. Ein Siebensilber endet bereits auf der sechsten Silbe, ein Elfsilber endet auf der zehnten Silbe. Die Troncoverse werden in Rezitativszenen an vielen Stellen zur Verschärfung des dramatischen Kontextes eingesetzt. Die fehlende Endsilbe, die stets mit einem Viertelwert vertont wird, macht die Troncoverse zu sogenannten

[14] vgl. S. 54.

»männlichen Versendungen« im Gegensatz zur »weiblichen« Piano-Endung und gibt der Rezitation einen härteren Ausklang. Teils geschieht dies, um die strenge Einheit im Sieben- oder Elfsilber zu wahren, oftmals wird aber auch ein Vers bzw. ein Wort absichtlich »beschnitten«, um eine entsprechende Wirkung zu erzielen.

Ein erstes Beispiel ist dem Ende des II. Akts von *Flavio* (1723) entnommen. Der junge Guido trifft im Duell auf seinen künftigen Schwiegervater Lotario, der Guidos Vater Ugone beleidigt hatte und nun von seinem Sohn verlangt, diese Schmach zu rächen. In der 10. Szene geht es um Leben und Tod, denn Lotario ist nicht bereit, den Posten als Statthalter von Britannien an Guidos Vater abzutreten und hat stattdessen seinem künftigen Schwager eine schallende Ohrfeige verpasst, was innerhalb der höfischen Gesellschaft einen unverzeihlichen Tabubruch darstellt:

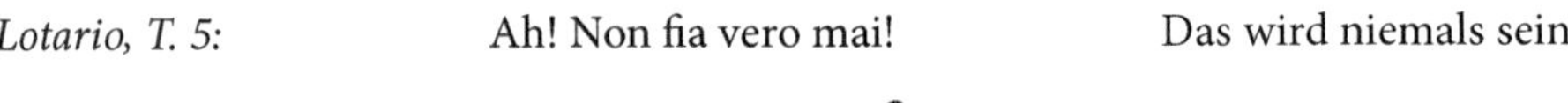
Lotario, T. 5: Ah! Non fia vero mai! Das wird niemals sein!

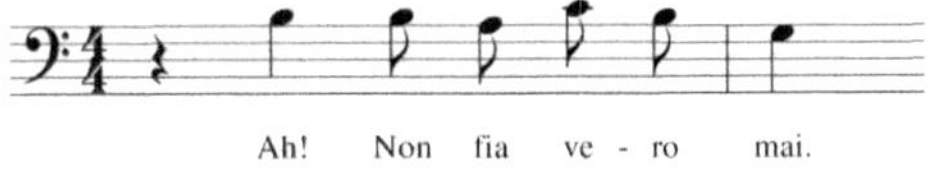

Lotario, T. 15: Figlio d'Ugon tu sei Du bist Ugones Sohn.

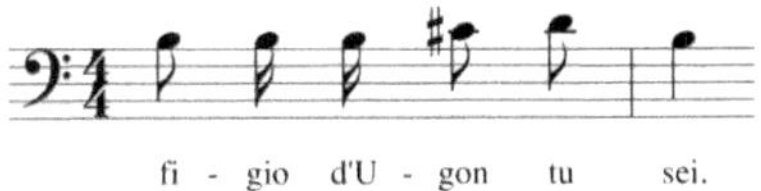

Lotario, T. 29 f: Chi desia di morir qui resta esangue. Wer sterben will, soll ums Leben kommen.

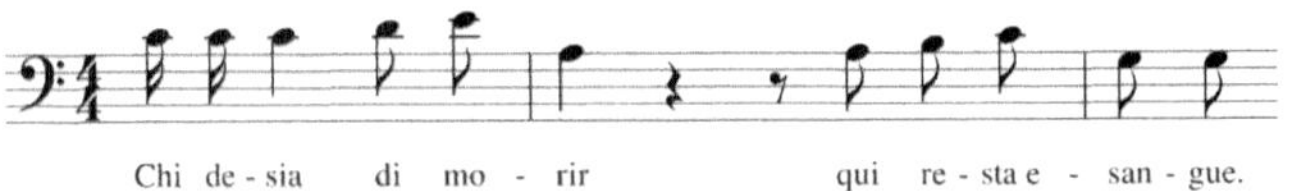

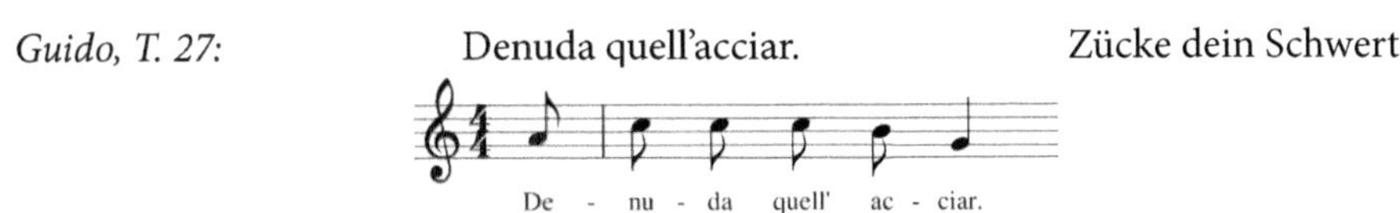

Wie aus dem Inhalt unschwer zu entnehmen ist, findet auch hier ein Kampf um Leben und Tod statt. Während auf der Bühne die Klingen gewetzt werden, akzentuiert der Komponist das Wortgefecht deutlich durch schroffe Tronco-Phrasierungen. In T. 5 und T. 15 sind alleinstehende Siebensilber vertont, im T. 29 handelt es sich um einen elfsilbigen »Sonderfall«, der im Gesamtzusammenhang eine wichtige Rolle spielt:

Der vordere Teilvers »chi desia di morir« ist durch eine Viertel- und Achtelpause vom hinteren Versglied getrennt, erscheint somit im Notentext wie auch für den Hörer als selbstständiger Vers. Inhaltlich wird hier ein weiteres Mal die Todesnähe thematisiert. An dieser Stelle erscheint der Teilvers des Elfsilbers als eigenständiger Siebensilber mit Tronco-Endung. Wie fließend die Übergänge zwischen gedrucktem und komponiertem Vers sein können, wie sehr der Komponist mithilfe der Notation auf die Zuspitzung solcher Konflikte hinarbeiten kann, wird auch an diesem Beispiel überaus deutlich.

Eine Verdichtung von Troncoversen wie in *Flavio* ist kein Einzelfall. In der 1. Szene des I. Akts von *Tamerlano* (1724) erfährt der Gefangene Bajazet, dass sein Rivale Tamerlano als Friedenspfand Bajazets Tochter Asteria heiraten will. Tamerlano werde ihm im Gegenzug die Freiheit schenken. In dieser Rezitativszene eskaliert ab T. 17 die Situation, als der Geliebte Asterias, Andronico, ihrem Vater Bajazet das Schwert verweigert, mit welchem er Selbstmord begehen will.

Bajazet:

Tu 'l nieghi a me; per me pietà non hai.	Du verwehrst es mir? Du hast kein Mitleid.
Non me 'l nieghi il mio ardir: [...]	Verweigere mir nicht meinen Willen: [...]

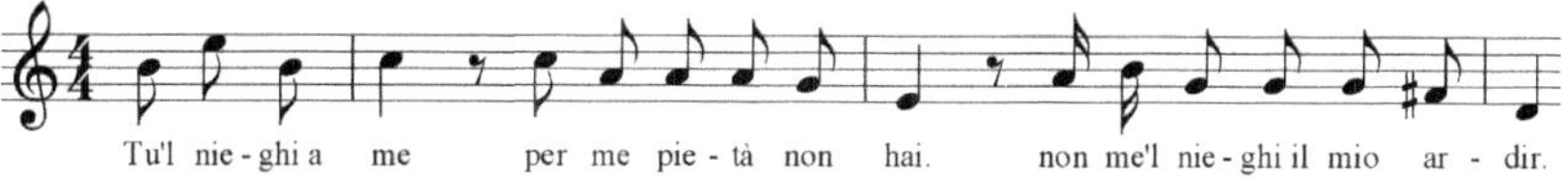

Es handelt sich um einen Elf- und einen Siebensilber. Teilt man zusätzlich den Elfsilber in seine beiden Teilverse, entsteht folgende Gliederung:

Tu 'l nieghi a me?	♪ ♪ ♪ ♩
Per me pietà non hai.	♪ ♪ ♪ ♪ ♪ ♩
Non me 'l nieghi il mio ardir:	𝅘𝅥𝅯 𝅘𝅥𝅯 ♪ ♪ ♪ ♪ ♩

Wie das obige Beispiel zeigt, handelt es sich sowohl beim Teilvers des Elfsilbers sowie beim Elfsilber als Ganzem und dem Siebensilber um Troncoverse, an deren Ende ein Viertelwert steht. Die Steigerung von vier, sechs auf sieben Notenwerte gibt dem Ausruf zusätzlich zu den schweren Viertelendungen eine erkennbare Struktur.[15] Im Siebensilber ist außerdem die Synalöphe zwischen »mio« und »ardir« aufgelöst, weshalb der Vers in der Notation einen Wert mehr benötigt, als die Verslehre vorsieht. Ab T. 38 entwickelt sich dann ein weiterer Troncovers aus den Worten Bajazets:

[15] Vgl. das Kapitel *Steigerung und Gradation: Wachsende Versglieder*, S. 121–125.

Bajazet:

Questo è il solo spavento che mi fa il mio morir, lasciar la figlia	Das ist der einzige Schrecken, der das Sterben mir macht: die Tochter zu verlassen

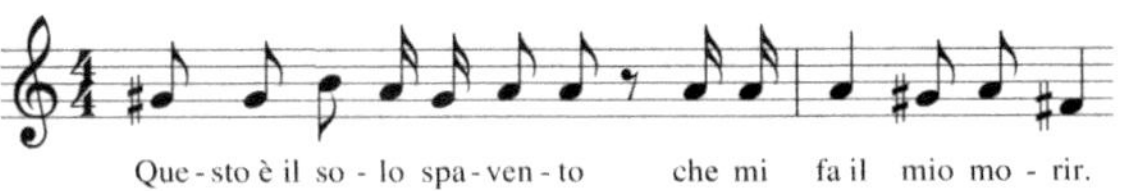

Der Troncovers steht in unmittelbarer Nähe zum Tod. Ebenso wie im vorigen Beispiel wäre es dem Komponisten ein Leichtes gewesen, diesen Versen die letzte Silbe und den entsprechenden Notenwert hinzuzufügen. In diesem Fall würde aus dem schroffen »ardir« ein weicher Pianovers mit »ardire« und aus »morir« ein abgerundetes »morire« werden. Harte, männliche Tronco-Endungen treffen den Ton dieser Situation zweifellos besser und verdeutlichen durch die markanten Viertelnoten am Ende den Sinngehalt des musikalischen Vortrags. Der Tonfall der Dialogpartner verhärtet sich. Im Elfsilber besteht außerdem die Möglichkeit, auch im Teilvers eine Tronco-Endung zu besitzen und so eine Verdoppelung der Tronco-Endungen herbeizuführen, was den Ausdruck von Bajazets Worten wie z. B. in T. 42 noch verstärkt:

Bajazet:

Ah, mio destin, troppo crudel tu sei!	Ach, mein Schicksal, du bist zu grausam!

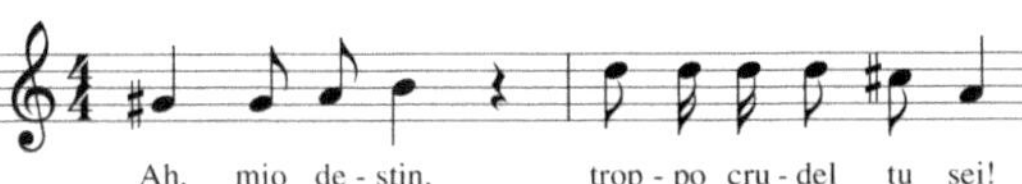

Händel folgt der natürlichen Zäsur nach »destin« und setzt nach den ersten vier Silben die erste Tronco-Endung. Eine weitere findet sich auf die letzte Silbe des Elfsilbers, hier umschreibt das Gesagte den geäußerten Selbstmordwunsch Bajazets.

Wer annimmt, die Häufung von Troncoversen habe ihren Platz hauptsächlich zwischen verletzter Männerehre und Duellszenen, sei auf das folgende Beispiel verwiesen. Hier zeigt sich, wie verhärtet eine Situation sein kann, ohne in sofortigem Mord- und Totschlag zu enden. In der 7. Szene des III. Akts von *Orlando* (1733) trifft Angelica auf die weinende Dorinda. Dorinda erzählt, der rasende Orlando habe Medoro erschlagen. Sie verheimlicht ihr jedoch, dass sie selbst die frühere Geliebte Medoros war, was der Grund für ihre Tränen ist. In T. 2 äußert sie ihre Rechtfertigung folgendermaßen:

Dorinda:

Non lo cercar, che al fin se lo saprai più di me piangerai	Erforsche es nicht, wenn du es am Ende erfährst, wirst du vor allem über mich weinen.

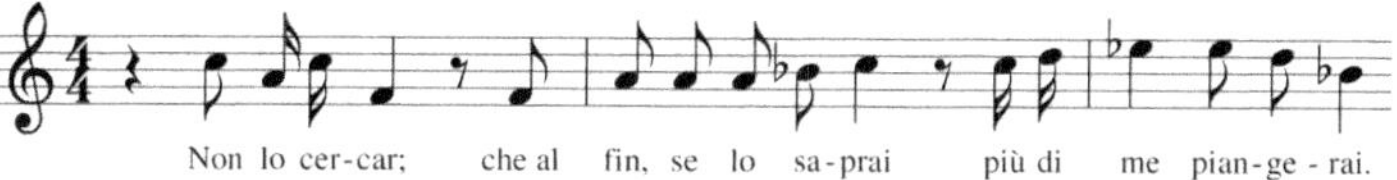

Drei Untergliederungen weist dieser Ausschnitt aus Dorindas Rede auf. Bereits zu Beginn dieses Beispiels erkennt man vor »Non lo cercar« eine Viertelpause. Sowohl der Elfsilber wie auch der Siebensilber sind Verse mit Tronco-Endung. Außerdem ist der vordere Teilvers des Elfsilbers »non lo cercar« ebenfalls mit einer Tronco-Endung versehen. In Händels Vertonung finden sich also drei Tronco-Abschnitte in Folge. Über die Tronco-Endungen ist allerdings nicht zu vergessen, dass an zwei Stellen die Rede durch Achtelpausen ins Stocken gerät. Dorinda ist von tiefer Verzweiflung geplagt, die sich in einer Häufung der Tronco-Endungen zeigt. In der deklamatorischen Umsetzung drückt dies aus, wie sehr sie in diesem Augenblick um die geeigneten Worte ringt.

Fazit

Troncoverse haben einen härteren Tonfall als die weichen Piano-Endungen. Bei den *versi tronchi* mit ihren Viertelnoten am Schluss wird der Tonfall deutlich verschärft. In bestimmten Situationen häufen sich die Troncoverse analog zur angespannten Situation. So ist es nicht nur der Inhalt, der den szenischen Rahmen des Geschehens vorgibt, sondern auch der Notentext, der vor allem in seiner rhythmischen Akzentstruktur (Viertelwerte, Pausenzäsuren), den Ausdruck der Protagonisten prägt.

Sdruccioloverse

Der Sdrucciolovers hat eine zusätzliche Silbe am Ende und ist auf die letzten drei Silben mit einer Daktylus-Endung oder mit einer Punktierung rhythmisiert. So wird ein Siebensilber zu einem achtsilbigen Vers mit Daktylus-Endung und ein Elfsilber zu einem zwölfsilbigen, ebenfalls mit Daktylus-Endung. Neben den Versen mit Piano- und Tronco-Endung findet man im Rezitativ an wenigen Stellen Sdruccioloverse, wenn diese im Vergleich seltener vorkommen und sich in ihrem Ausdruck weniger eindeutig einer bestimmten Handlungssituation zuordnen lassen als die ausdrucksstarken Troncoverse. Im Rezitativ ist die Zuordnung nicht immer eindeutig, da der Sprachrhythmus oftmals einfach der natürlichen Wortendung am Versende folgt. In den Arien hingegen findet man sie vor allem in Höllen- und Unterwelt- sowie in Buffo-Szenen. Die Fachliteratur berichtet darüber ausführlich.[16] Da diese Arbeit jedoch ein umfassendes Bild der Vers- und Rhythmusstrukturen liefern will, darf auch ein Blick auf die *sdruccioli* an dieser Stelle nicht fehlen.

Ein erstes Beispiel stammt aus der 4. Szene des II. Akts von *Rinaldo* (1711). Almirena wurde von der Zauberin Armida entführt. Unglücklicherweise hat sich Armidas Geliebter Argante in die schöne Almirena verliebt. Indem sie Mitleid erregt, hofft diese nun, ihre Freiheit zu erlangen und den Annäherungsversuchen Argantes zu entkommen. Die Sdrucciolo-Endungen sind daktylisch vertont, erhalten aber durch eine Punktierung ein zusätzliches Gewicht:

Argante:	
[...] mi sento il cor a **frangere**.	Ich fühle, wie mir das Herz bricht.
Almirena:	
Dunque lasciami **piangere**.	Nun denn, lass mich weinen.

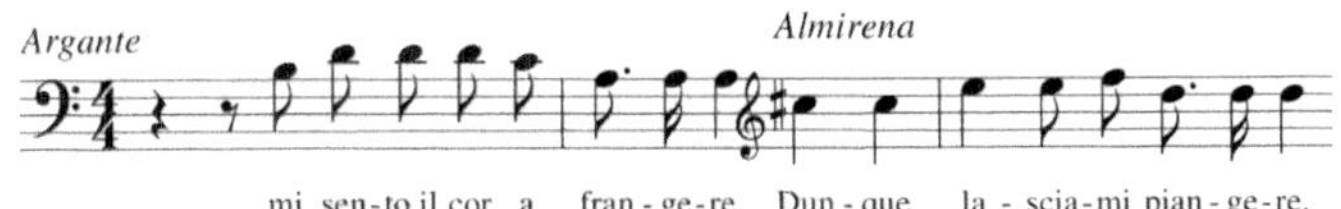

Die Reimendungen der beiden Verse sind auf die Dialogpartner verteilt, beide befinden sich in der Zwickmühle: Argante schwankt zwischen seiner Liebe zu Almirena und der Furcht vor den Zauberkünsten seiner Geliebten Armida. Diese Zerrissenheit zeigt sich in jenem Sdrucciolovers auf »frangere«. Argantes Aussage zielt darauf ab, Almirena durch ehrliche Worte zum Mitgefühl und zur inneren Erschütterung zu bewegen. So auch Almirena, die zwar standhaft bleibt, jedoch ebenfalls zu ihren Gunsten Mitleid erregen will. Vor allem jedoch dienen die Punktierungen auf »frangere« und »piangere« der Betonung der Gefühlszustände Argantes und Almirenas.

[16] Silke Leopold ordnet in ihrem Aufsatz *Quelle bazzicature poetiche, appellate ariette. Dichtungsformen in der frühen italienischen Oper (1600–1640)* den Sdrucciolovers wegen seiner hämmernden Endung (S. 115) den Affekten Grauen und Schaudern zu. Auch hier ist die Verwendung vielfältig, die Autorin verweist auf die Herkunft des Sdruccioloverses aus der Quattrocentolyrik und den gezielten Rückbezug der Librettisten auf diese literarische Form. Einerseits gilt der Sdrucciolo als »bäuerisch und unschön« (S. 113), andererseits nimmt Leopold Bezug auf Wolfgang Osthoffs These, der Sdrucciolovers würde ebenso »für den Bereich des Magischen und der Unterwelt stehen (ebd., vgl. auch: Osthoff, Händels »Largo« als Musik des goldenen Zeitalters, in: AfMw 30, 1973, S. 179 f.). Da in der Pastorale die Hirten als niederes Volk galten, wurde diesen ebenfalls häufiger der Sdrucciolorhythmus zugeordnet (S. 114).

Auch bei den Sdruccioloversen lohnt es sich, die Siebensilber innerhalb eines Elfsilbers isoliert zu betrachten, da auch hier, wie im folgenden Beispiel von *Flavio* (1723), Sdrucciolo-Endungen auftauchen. In der 10. Szene des II. Akts, als Guido seinen Schwiegervater Lotario im Duell herausfordert und tödlich verwundet, äußert er dies in folgenden Worten:

Guido:

Veggalo il genitore!	Das soll der Vater sehen!
Consecrat' ho la **vittima** all'onore.	Ich habe den Besiegten für die Ehre geopfert.

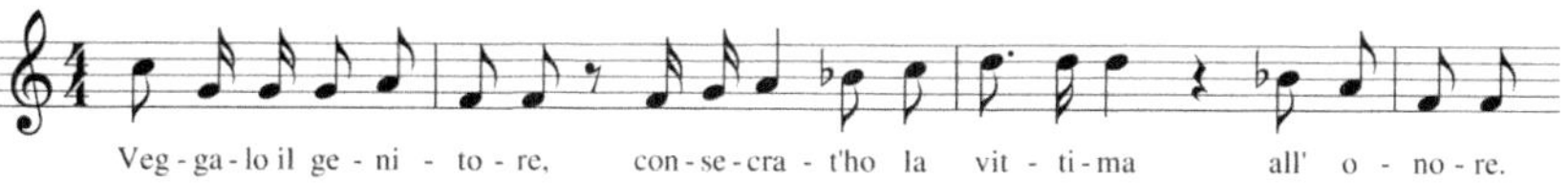

Während der Siebensilber der textnahen Akzentstruktur folgt, zeigt sich beim folgenden Elfsilber eine überraschende Vielfalt: durch eine Viertelpause ist der vordere siebensilbige Teilvers von der Schlussfloskel getrennt. Während man den gedruckten Vers für einen unbedeutsamen Elfsilber halten könnte, entwickelt der Wortlaut durch die Sdrucciolo-Konstruktion im Notentext ein dramatisches Eigenleben. Das Opfer, »vittima«, ist der Vater seiner Geliebten Emilia. Die Ehre hat gesiegt, der Bösewicht ist im Duell gefallen. Im hinteren Teilvers wird die Ehre, »onore«, allerdings nicht mehr sonderlich hervorgehoben. Hier dominiert eine glatte Achtelrezitation. Das »Ehrenhafte« dieses Ehrenmordes wird somit infrage gestellt und durch die Sdruccioloendung kommt die Doppelbödigkeit von Guidos Aussage unüberhörbar zur Geltung. Händel löst absichtlich den Sdrucciolorhythmus aus dem Elfsilber an seiner natürlichen Bruchstelle heraus. Erst durch die Auflösung der Synalöphe entsteht der daktylische Rhythmus.

Ein Blick in die 4. Szene des I. Akts von *Tamerlano* (1724) bestärkt die Vermutung, dass Händel an einigen Stellen Sdruccioloverse konstruiert, um eine Aussage musikalisch mit einem eindeutigen Kommentar zu versehen. Bajazet hat durch seine Unbeugsamkeit Tamerlano zur Weißglut gebracht, so dass Andronico seine Geliebte Asteria vor Tamerlano um Gnade für ihren Vater bitten ließ. Tamerlano hingegen hat sich dabei selbst in Asteria verliebt und verkündet nun Andronico, dass er diese heiraten wolle. Asteria weiß, dass Andronico als griechischer Thronfolger bestimmt ist und fürchtet nun, dass dieser sie als Gefangene Tamerlanos zurücklassen würde. Das Rezitativ beginnt mit Asterias Worten:

Asteria:

Il fortunato **Andronico** ritorna
all'impero de' Greci?

Der glückliche Andronico kehrt zurück,
um über die Griechen zu herrschen?

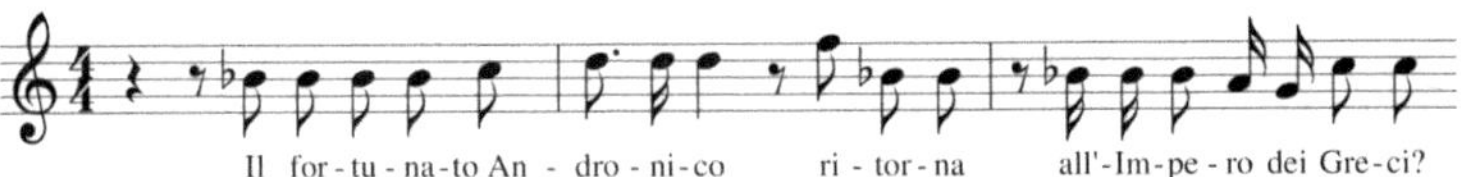

Ein weiteres Mal fällt der große Unterschied ins Auge, der zwischen dem Lesen des Librettoverses und der rhythmisch-differenzierten Darstellung im Notentext entsteht. In diesem Fall hat Händel den vorderen Teil des Elfsilbers in einen Siebensilber mit Sdruccioloendung umfunktioniert. Der Hörer (oder der aufmerksame Betrachter des Notentextes) stolpert geradezu über die Formulierung »fortunato Andronico«, denn Asteria weiß zu diesem Zeitpunkt noch nicht, in welchem Dilemma sich ihr Geliebter bereits befindet. Man meint, die Freude auf die Rückkehr aus dem Beben der Stimme Asterias herauszuhören. Dank Händels rhythmischer Ausdeutung entsteht ein ausdrucksstarker musikalischer Kommentar. Dies erklärt auch, weshalb Händel die drei Silben von »ritorna« isoliert hat und entgegen dem natürlichen Versrhythmus eine völlig neue Struktur schafft. Im Gegensatz zum vorigen Beispiel wird hier die natürliche Silbenzahl nicht gestört. In der 6. Szene verarbeitet Händel den Vers auf dieselbe Weise. Es ist Andronico, der sich in T. 47f. gegen Asterias Anklage verteidigt und ihre Vorwürfe für nicht gerechtfertigt hält:

Andronico:

Asteria, al vostro amante non conviene
così ingiusto **rimprovero**, sappiate ...

Asteria, es schickt sich nicht, den Geliebten
auf so ungerechte Weise zu bedauern. Wisst ...

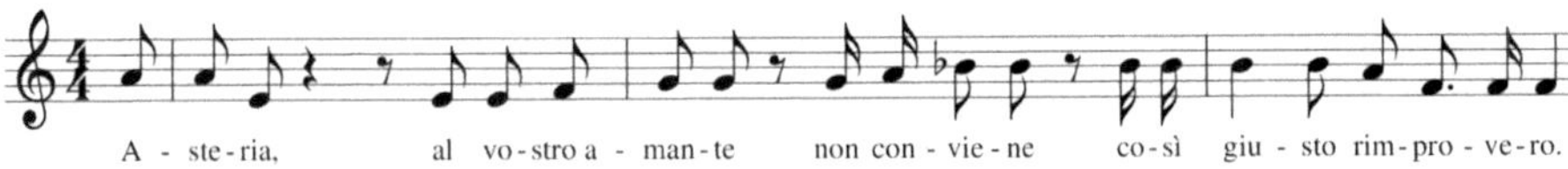

Auf den ersten Blick erkennt man im Text lediglich zwei elfsilbige Verse. Doch Händel gliedert den Wortlaut in verständlicher Weise und formt einen Elfsilber in einen siebensilbigen Sdrucciolovers um.[17] Das Versende auf »rimprovero« ist durch eine Zäsur abgetrennt. Es handelt sich nicht um ein »Bedauern« seitens Asterias, sondern um einen schweren Vorwurf. So deutet er den irreführenden Wortsinn von »rimprovero«

[17] Die Anreden werden im Kapitel *Steigerung und Gradation: Wachsende Versglieder,* S. 121–125, genauer besprochen.

in einer Sdrucciolo-Endung aus. Wie im vorigen Beispiel bleibt dabei ein dreisilbiges Versfragment auf »sappiate« übrig, das isoliert nach einer Pause erklingt.

Nun noch ein Sprung an Ende von Händels Opernschaffen: In der 6. Szene des II. Akts von *Serse* (1738) trifft Serses verlassene Verlobte Amastre auf Serses Diener Elviro, als sie sich aus Verzweiflung das Leben nehmen will. Amastre wird von Serse verschmäht, da dieser sich in der Zwischenzeit in die Geliebte seines Bruders, Romilda, verliebt hat. Der sich stets zwischen Tollpatschigkeit und Bauernschläue bewegende Diener Elviro versucht in holprigem Tonfall mit etlichen Verszäsuren die Unglückliche an die wahren Freuden des Lebens zu erinnern, die für ihn Essen und Trinken sind.

Elviro:

Pensate: e poi, se mi volete **credere**	Bedenkt, wenn Ihr mir glauben wollt:
vivete sol per ben mangiar e **bevere**.	Ihr lebt nur, um gut zu essen und zu trinken.

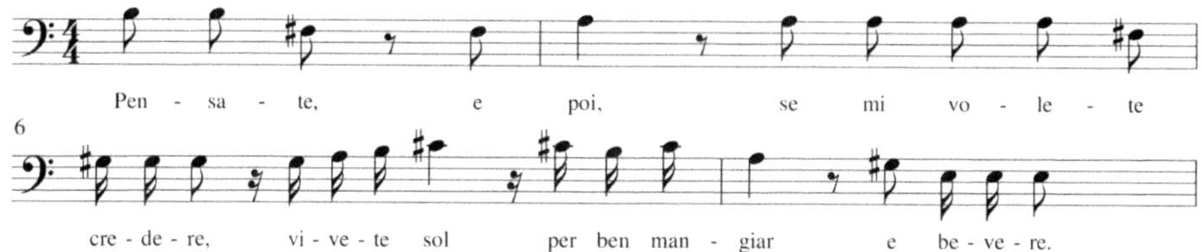

Man erkennt zwei durch Pausen unterteilte Elfsilber mit Sdrucciolo-Endung. Der Buffo-Charakter der Szene erklärt sich an dieser Stelle von selbst. Vor allem die Doppelung mit der identischen Reimendung verstärkt die Botschaft dieser grotesken Lebensweisheit zusätzlich.

In *Deidamia* (1741) erklingt in der 3. Szene des I. Akts ein Sdrucciolovers bei Achille. Dieser lebt unerkannt und als Frau verkleidet am Hof von Licomedes. So soll er seinem prophezeiten Tod im Trojanischen Krieg entkommen. In dieser Szene kommt er von der Jagd zu den Hofdamen zurück, unter denen sich auch seine Geliebte Deidamia befindet. Bemerkenswerterweise fordert er seine Gefährtinnen dazu auf, sich ebenfalls öfter an Jagdausflügen und Wettkämpfen zu beteiligen:

Achille:

[…] altre al berzaglio	die anderen sollen auf das Ziel
o vibri il dardo, o le saette scocchi	mit surrenden Pfeilen oder schnellenden Bögen schießen,
altre in corsa **gareggino**.	andere sollen sich im Wettlauf messen.

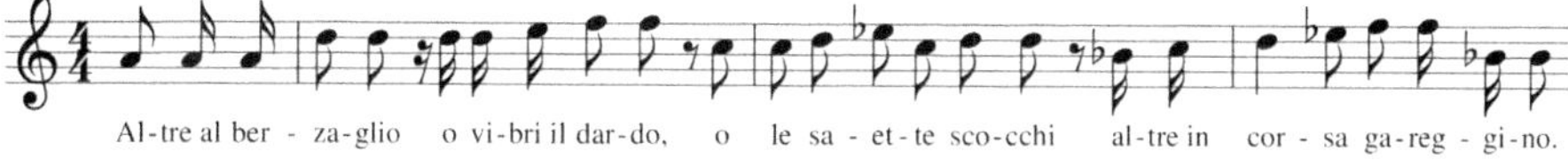

Zwar wohnt dem in Frauenkleidern lebenden Achille eine gewisse Komik inne, ob dies sich jedoch wirklich in Sdrucciolo-Versen wie hier ausdrückt, kann nicht eindeutig festgelegt werden. In diesem Fall ist keine markante Punktierung zu erkennen, sondern lediglich eine daktylische Endung. Der Komponist folgt also der natürlichen Sprach- und Rhythmusstruktur des Verses und legt auf eine zusätzliche punktierte Betonung keinen Wert. Somit fällt dieser Sdrucciolo-Vers im Vergleich zu den vorigen Beispielen nicht sonderlich ins Gewicht. Auch die vorhergehenden Versfragmente weisen kein explizites Eingreifen in die Sprachstruktur auf, sondern lediglich eine blockhafte Gliederung in größere Sinnabschnitte.

In der 9. Szene des II. Akts taucht im zweiten Rezitativ ein weiterer Sdruccioloryhthmus auf. Ulisse hat in »Pirra« mittlerweile Achille erkannt und ist überrascht, wie geschickt eine Frau mit Pfeil und Bogen umgehen kann. Deidamia hingegen ist besorgt und fürchtet, Achilles Tarnung könne auffliegen und dieser werde gemäß dem Orakel vor Troja sein Leben lassen müssen:

Deidamia:

Mi promettesti, ingrato,	Du hast mir versprochen, Undankbarer,
d'evitar questi Greci	diese Griechen zu meiden
che a tua ruina sol **vennero**. [Cara]	die nur zu deinem Unheil kamen.

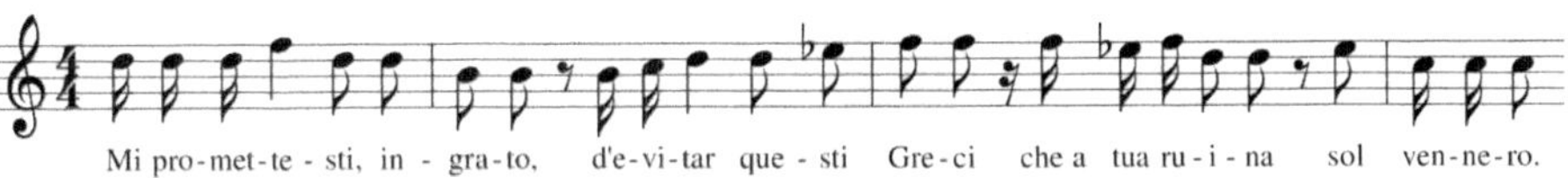

Händel folgt dem Librettovers, indem er der natürlichen Akzentstruktur der Sprachlichkeit folgt. Der mittlere Vers »d'evitar questi Greci« entspricht einem klaren Rhythmusmodell. Die letzten beiden Silben des dritten Verses gehören bereits Achille, der mit »Cara« seine Geliebte beruhigen will. Der Vers unterteilt sich also in die beiden Glieder »che a tua ruina« und »sol vennero«. Es handelt sich also um keine erkennbare Verslänge mit Sdruccioloendung, sondern um einen abgetrennten Teilvers, der Deidamias Rede abschließt. Auch hier ist der Rhythmus durch die Wortendung bedingt. Es wäre letztlich Spekulation, dieser Sdrucciolo-Rhythmisierung einen doppelten Boden zuzuweisen. Vielmehr zeigt dieser Ausschnitt eine affektive sechzehntelreiche Rezitation, die die innere Unruhe Deidamias widerspiegelt und von einer Sdrucciolo-Endung, bedingt durch die Wortendung, abgeschlossen wird.

Fazit

Händels Umgang mit Sdrucciolorhythmen zeigt eine große Bandbreite, angefangen bei der schlichten Befolgung der Akzentstruktur bis hin zu buffonesken Aspekten. Im

Gegensatz zu den Troncoversen tauchen die *sdruccioli* bei weitem nicht so gehäuft auf. Der Komponist hat die Möglichkeit, eine Sdrucciolo-Endung durch Punktierungen hervorzuheben oder der natürlichen Versakzentuierung zu folgen. Händel kann auch innerhalb einer elfsilbigen Phrase einen Binnenvers als autonomen Siebensilber mit Sdrucciolo-Endung erzeugen. Die Verwendung der *sdruccioli* in Bezug auf die Handlung und den rhetorischen Ausdruck ist weitläufiger als bei den Troncoversen.

Ausdeutung der Verse durch Enjambements und Zäsuren

Enjambements – Längere Rezitationsphrasen ohne Zäsur

Während in den vorigen Abschnitten die Verse in ihrer natürlichen Erscheinungsform behandelt wurden, ist es im Gegensatz zur sogenannten »versgebundenen« Rezitation auch möglich, die ursprünglichen Verslängen zu verschleiern. So wird die natürliche Verslänge von sieben bzw. elf Silben überschritten, durch Enjambements (Zeilenumbrüche) entstehen größere Einheiten von bis zu achtzehn Silben Länge. Wie sich an den folgenden Beispielen zeigt, sind diese langen Phrasen oft eng mit dem Handlungsverlauf verknüpft.

In *Ottone, Re di Germania* (1723) haben sich in der 10. Szene des II. Aktes Emireno und Adelberto in einer Grotte versteckt, die ihnen als Fluchtweg aus dem Gefängnis dient. Emireno ist der verschollene Bruder Teofanes, während Adelberto Teofane für sich gewinnen will. Teofane hingegen liebt Ottone. Auch Ottone und dessen Schwester Matilda treiben sich an jenem Flussufer herum, das an den Grottenausgang mündet. Teofane beobachtet Ottone und dessen Cousine und denkt nun, dass Matilda dessen neue Geliebte sei. Sie ist noch völlig benommen von diesem Gedanken, was sie für einen Moment die Fassung verlieren lässt. Dies äußert sich bei Teofane schließlich in einem *a parte* ab T. 16, das 19 Silben aufweist:

Teofane:

(Gìa nel pensicro impressa della rivale, ahi, mi ferì la voce!)	(Die Stimme der Rivalin hat sich meinen Gedanken eingeprägt und verletzt mich)

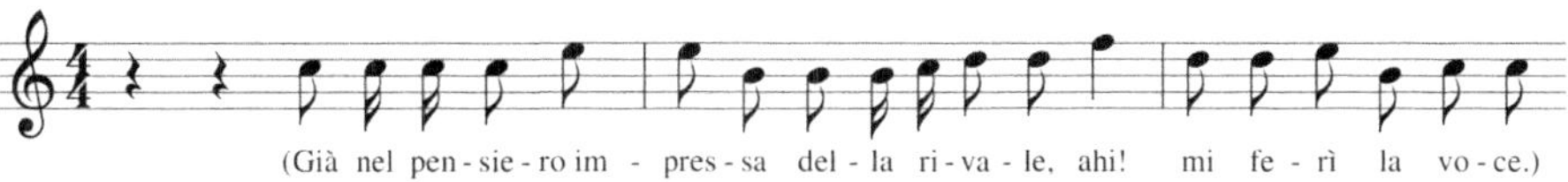

Teofane besitzt die Selbstbeherrschung, ihre Gedanken nur dem Publikum gegenüber in einem *a parte* zu äußern. Der Ausruf unterstreicht die innere Anspannung Teofanes, die seit Beginn der Handlung von Zweifeln geplagt wird. Erst taucht Adelberto unter dem Vorwand auf, er sei ihr Geliebter Ottone, und nun ertappt sie ihren Geliebten mit einer anderen. In derselben Szene will der Intrigant Adelberto Teofane als seine Geliebte wider deren Willen auf einem Boot entführen, wird jedoch von einem aufkommenden Sturm daran gehindert. Teofane kommentiert dies mit den Worten »Empi, al vostro attentato il ciel resiste« (»Ihr Verbrecher, der Himmel widersteht eurer Tat«), worauf Adelberto seine Beherrschung verliert und in folgenden unkontrollierten Rezitationston verfällt:

Adelberto:

Più del mar, **più del cielo**
torbido mi spaventa il tuo bel ciglio.

Mehr als das Meer, mehr als der wüste Himmel
erschreckt mich dein schönes Antlitz.

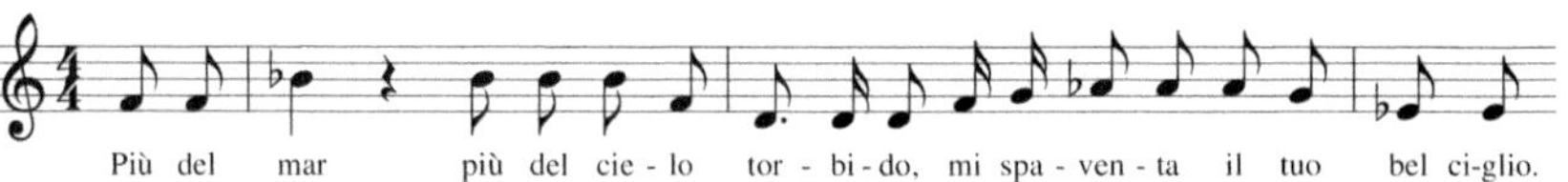

So entsteht eine fünfzehnsilbige Phrase, in der zusätzlich auf das Wort »torbido« eine emphatische Punktierung kommt. Adelberto scheint also, betrachtet man das strukturlose Versgebilde, tatsächlich beim Anblick Teofanes außer Kontrolle zu geraten. Adelberto fällt es sichtlich schwer, seine Standhaftigkeit unter Beweis zu stellen.

In *Giulio Cesare in Egitto* (1724), ein Jahr später entstanden, trifft selbiger in der 9. Szene des I. Akts auf Tolomeo, die gegenseitige Begrüßung ist nicht besonders herzlich. Cesare nimmt Tolomeo die Enthauptung Pompeos sehr übel und ahnt bereits, dass auch er einer Mordintrige zum Opfer fallen könnte. Zwar erklingen alle missbilligenden Äußerungen der beiden Dialogpartner stets im *a parte*, Tolomeo jedoch verrät sich ab T. 16 durch seinen Rezitationsstil:

Tolomeo:

Alle stanze reali
questi che miri t’apriran le porte,
e a te guida saranno.
(Empio, tu pur venisti in braccio a morte.)

Zu den königlichen Gemächern
werden dir diese hier die Türen öffnen
und dich geleiten.
(Verbrecher, du kamst in eine tödliche Falle)

Cesare:

(Scorgo in quel volto un simulato inganno.)

(Ich erkenne in seinem Antlitz den gespielten Betrug.)

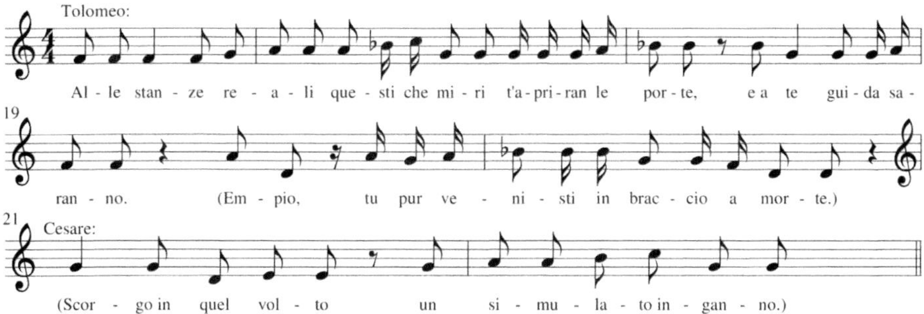

In diesem Ausschnitt finden die Anfeindungen ab T. 19 im *a parte* statt, sind also nur an das Publikum gerichtet. Wirft man jedoch einen Blick auf Tolomeos Worte ab T. 16, so lässt sich ein Enjambement der ersten beiden Verse ausmachen, wodurch eine achtzehnsilbige Phrase ohne Zäsur entsteht. Erst in T. 18 bei »e a te guida saranno« erklingt ein eigenständiger Siebensilber. Es hat den Anschein, als ob sich Tolomeo durch seinen rezitatorischen Regelverstoß als Übeltäter verrät und aus Versehen im offenen Dialog sein wahres Gesicht zeigt, was Cesares *a parte* in T. 21 sowie seine folgende Arie »Va tacito e nascosto« (»Verborgen schleicht der Jäger«) aus dem Kontext des Dialogs zu erklären vermag. Dabei geht es keinesfalls um den im Vers geäußerten Inhalt. Der höfische Tabubruch findet auf rhythmischer Ebene durch das Missachten der Verslängen statt. Die unwirsche Haltung Tolomeos zeigt auf, was Cesare in seiner folgenden Arie ausdrückt. Dort wird in aller Deutlichkeit besungen, wie sich ein Jäger schleichend und lautlos seiner Beute anzunähern hat. Diese goldene Jagdregel scheint Tolomeo im Rezitativ allerdings vergessen zu haben. Außerdem zeigt die verdichtete Sechzehntelgruppierung deutlich den erregten Zustand Tolomeos, im Gegensatz zu Cesares ruhig deklamierter Achtelbewegung.

In der 6. Szene des II. Akts von *Riccardo Primo* (1727) drückt sich im zweiten Rezitativ nach Pulcherias Arie »Ai guardi tuoi son pur vaga« die Empörung Orontes über den Tyrannen Isacio anfangs in einer elfsilbigen Phrase aus, während sich an späterer Stelle seine Wut weiter steigert.

Oronte:
Si sforzi alla ragion questo tiranno.
Io son di Siria il prence, e in quelle mura
ho mille armati fidi miei vasalli
pronti a vittoria o a morte.

Man zwinge diesen Tyrannen zur Vernunft. Ich bin der Prinz von Syrien, und in diesem Gemäuer habe ich tausend meiner treuen bewaffneten Vasallen, bereit zum Sieg oder zum Tod.

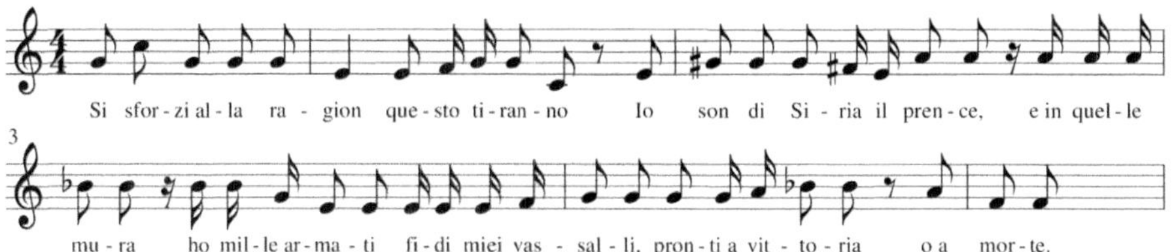

Die rhythmische Struktur der Sechzehntelnoten zeigt, wie sich Oronte innerhalb dieser vier Verse in seine Rachegelüste hineinsteigert. Er tut dies im ersten Elfsilber ohne Atem zu holen, phrasiert dann jedoch im zweiten Vers ab T. 4 f. gemäß der Interpunktion den Elfsilber in einen *a majore*. Auffällig ist vor allem die Behandlung der letzten beiden Verse. An dieser Stelle taucht ein rhythmisches Enjambement auf, das die Phrase auf sechzehn Silben bzw. Notenwerte anwachsen lässt. Erst vor »o a morte« (»oder in den Tod«) trennt Händel den Vers durch eine Dialöphe. Die rhythmische Gradation steigert sich zudem vom zweiten Vers an kontinuierlich, sogar bis zur vierfachen Sechzehntelakzentuierung. Das stufenweise Verlieren der Beherrschung drückt sich neben einer rhythmischen Verdichtung dadurch aus, dass eine unnatürlich lange Phrase entsteht, wie sie als natürliche Verslänge nicht vorkommt. Dieser unkontrollierte Wortschwall Orontes wird von Händel in dieser Situation exakt vorgeschrieben. Während die wachsenden Versglieder im Regelfall die dreifache Gradation nicht überschreiten, steigert sich Oronte an dieser Stelle in vier Schritten. Im letzten Rezitativ der 6. Szene des II. Akts steigert sich Orontes Kampfeslust ab T. 2 ein weiteres Mal.

Oronte:

Che mai pensa tentar l'alma guerriera?	Was versucht nun die kriegerische Seele?
Ma non senza ragione	Aber nicht ohne Grund
fama lo suol chiamar Cuor di Leone.	nennt ihn sein Ruhm Löwenherz

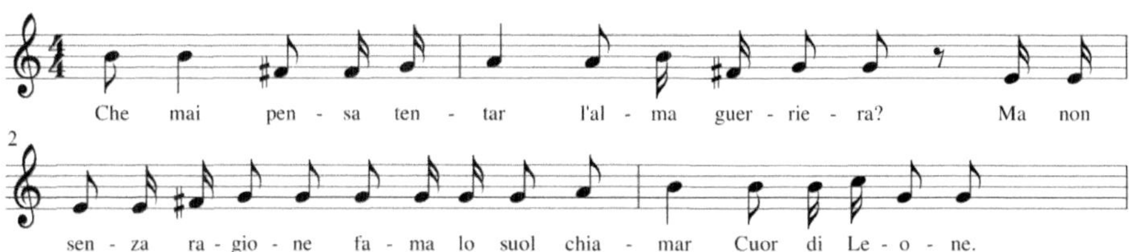

Durch die mehrfache Folge von Adonis-Rhythmen (Achtel-Sechzehntel-Sechzehntel-Achtel-Achtel) wird der Ausruf-Charakter, der seinen Höhepunkt am Ende hat, klar strukturiert. »Cuor di Leone« (Herz des Löwen / Löwenherz) trägt ebenfalls diesen Rhythmus und zieht sich somit wiederholt durch den Racheappell Orontes. Der Vers wird auf achtzehn Silben erweitert und erhält durch die Wiederholung eine einprägsame Struktur. In diesem Fall hat Händel eine Phrase von 7 + 11 Silben geschaffen durch ein Versenjambement nach »ragione« sowie durch die fehlende Zäsur im Elfsilber nach »chiamar«. Auch Isacios Zorn schlägt sich in der 7. Szene anhand von ausufernd langen Phrasen nieder.

Isacio:
Ah! Scampò dagli aguati Oronte, e tutto **scoperto avrà l'inganno. Empia fortuna sempre t'opponi** ai gran disegni!

Ach! Oronte ist entwischt und er wird den Betrug erkannt haben. Gnadenloses Schicksal, immer widersetzt du dich den großen Plänen!

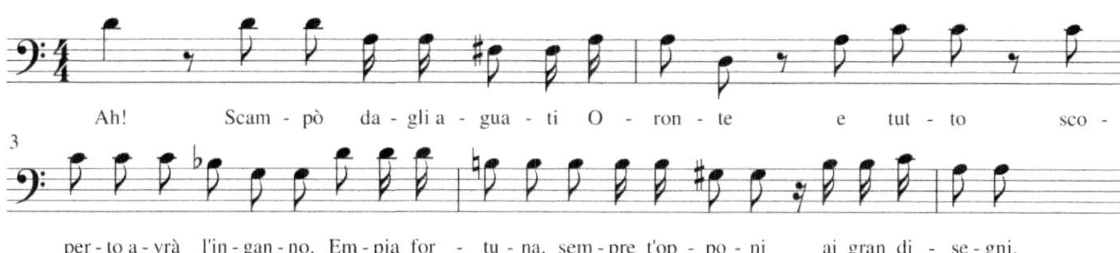

Den ersten Elfsilber hat Händel gemäß seiner inhaltlichen Aussage in drei Glieder geteilt. Zuerst erklingt der Ausruf »Ah!«, dann der Mittelteil »scampò ...« und anschließend gipfelt nach »e tutto« in T. 2 f., durch ein Enjambement die längste Periode Isacios. Dessen Wut steigert sich zu einer Phrase, die sechzehn Silben umfasst. Es fallen vor allem die Missachtung der Interpunktion, klarer Artikulation und Sinngliederung ins Auge. Eine erkennbare Zäsur zwischen »inganno« und »empia«, die im Libretto sogar mit einem Satzende markiert ist, scheint Isacio nicht zu kennen. Sein Wutausbruch vollzieht sich ohne Punkt und Komma und macht deutlich, wie er stufenweise die Beherrschung verliert. Hier zeigt sich, wie genau Händel in solchen Situationen mit dem Text und dessen Ausdeutung zu spielen weiß. Während Isacio sich gegen jede Art von Sinngliederung und Interpunktion stellt, wirft er dem Schicksal die Worte »sempre t'opponi ai gran disegni« (»immer widersetzt du dich den großen Plänen«) vor. Die inhaltliche Umsetzung durch den Notentext zeigt in aller Deutlichkeit, wie widersprüchlich sich Isacios Denken zum wahren Sachverhalt entpuppt.

In der 12. Szene des I. Akts aus dem sechs Jahre später entstandenen *Orlando* (1733) sind Angelica und Medoro im Begriff abzureisen. Dorinda entdeckt die wahren Gefühle der beiden und glaubt, Medoro nun für immer verloren zu haben. Als Dank für die Gastfreundschaft schenkt Angelica ihr ein Schmuckstück, das fatalerweise ein Geschenk von Orlando war. Angelicas Worte des Dankes ab T. 15 lesen sich wie folgt:

Angelica:	
Prendi, **e conserva questa**	Nimm und bewahre diese
grata memoria d'un sincero affetto.	dankbare Erinnerung eines aufrichtigen Gefühls.

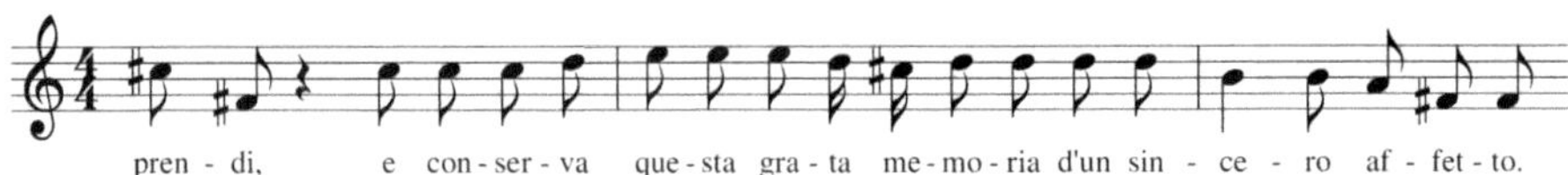

Zwar klingt diese Aussage Angelicas auf den ersten Eindruck äußerst tugendhaft, im Kontext der Handlung und bei der Betrachtung des Rezitationstones fällt allerdings ein anderes Licht auf diese Freundschaftsbekundung. Einerseits verliert Orlando seine Geliebte Angelica, andererseits verliert Dorinda ihren Geliebten Medoro. Der vermeintlichen Aufrichtigkeit des Gefühls widerspricht auch die Art von Händels Vertonung: Nach »prendi« komponiert Händel zwar noch eine Viertelpause, die Phrase bis T. 17 dagegen besteht aus ganzen achtzehn Silben ohne Zäsur. Beinahe scheint es, als würde Angelica selbst an der Aufrichtigkeit ihres Verhaltens und ihrer Aussage zweifeln bzw. sich durch ihren Rezitationston selbst verraten. Im Gegensatz zu einer künstlichen Zäsurbildung, die den Vers in mehrere Einzelteile untergliedern würde, wie es oft in Situationen der Verlegenheit geschieht, wird diese von Händel hier bewusst verdeckt. Nicht nur dem Elfsilber fehlt die natürliche Zäsur nach »grata memoria«, dies wird durch das Enjambement mit dem vorigen Vers noch erweitert. Die Doppeldeutigkeit von Angelicas Aussage liegt auf den Worten »sincero affetto« (»aufrichtiges Gefühl«). Zwar mag die Dankbarkeit gegenüber Dorinda ehrlich gemeint sein, doch bei dem Schmuckstück handelt es sich um ein Geschenk von Orlando, den sie nun wegen Medoro zu verlassen gedenkt.

Auch Orlando ist in der 7. Szene des II. Akts kurz davor, die Beherrschung zu verlieren. Durch den Zauber Zoroastros ist es Angelica gelungen, vor Orlando zu fliehen. In dieser Situation beginnt Orlando seinen Monolog mit folgenden Worten:

Orlando:	
Dove, dove guidate,	Wohin führt ihr, Furien,
furie che m'agitate il piede errante,	mir den umherirrenden Fuß,
per ritrovar l'indegna	um das ehrlose Paar zu finden,
coppia, che si nascose agli occhi miei?	das sich vor meinen Augen versteckt?

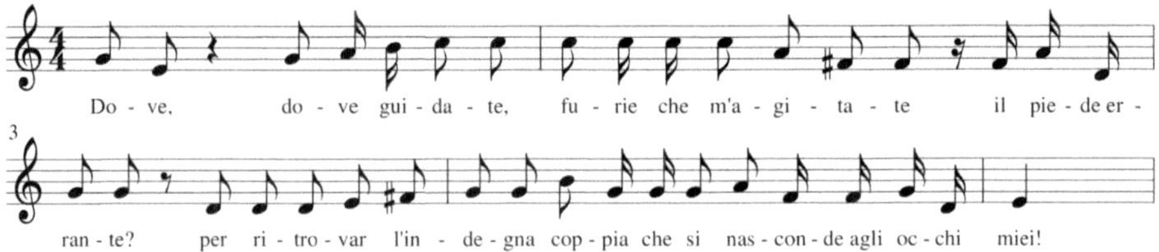

In den ersten beiden Versen hat Händel mit einem Enjambement eine zwölfsilbige Phrase ohne Zäsur geschaffen, die Orlandos Wut bereits andeutet: »dove guidate, furie, che m'agitate«. Bereits hier liegt kein erkennbarer Elfsilber zugrunde, den der Komponist zu einer zwölfsilbigen Phrase vertonen können. Das erste »dove« wird isoliert, ab dem zweiten fügt Händel den Vers durch ein Enjambement dem vorderen Teilvers des Elfsilbers hinzu. Im nächsten Schritt ab T. 3 steigert sich Orlandos Wut in einen achtzehnsilbigen Wutausbruch: »per ritrovar l'indegna coppia che si nasconde agli occhi miei?«. In diesen Takten verschwindet ebenfalls jede erkennbare Struktur. Orlandos Wutausbruch gipfelt in einem Redeschwall ohne Punkt und Komma. Das Enjambement »indegna – coppia« verstärkt bereits im geschriebenen Vers jenen Bruch, der von Händel kompositorisch auf die Spitze getrieben wird.

Gehen wir nun zum II. Akt von *Arianna* (1734), wo in der 4. Szene Teseos Freund Alceste auf Teseos Geliebte Arianna trifft. Der eifersüchtige Alceste hingegen glaubt, dass Teseo das Abenteuer auf sich nimmt und Carilda befreien will, um sie für sich zu gewinnen. Auch Arianna ist von solchen Gedanken besessen und fühlt sich ab T. 12 nun durch Alcestes Intrige bestärkt:

Alceste:

E protestò **che l'opra**	er [Teseo] hat bekräftigt, dass dies ein Werk
d'amor, quanto di zelo era un'impegno	der Auftrag der Liebe und des Ehrgeizes sei

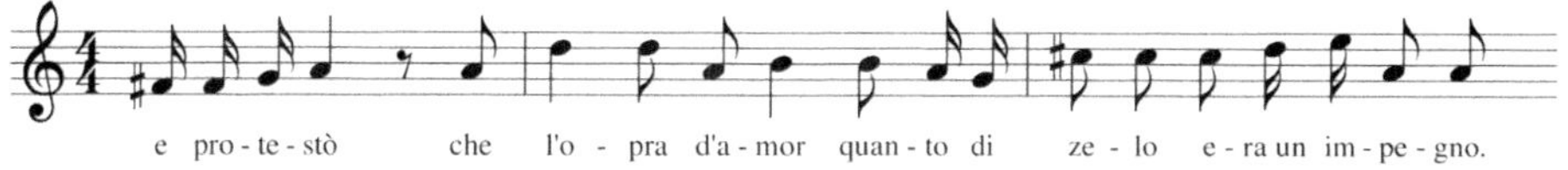

An dieser Stelle findet ein Zeilenenjambement statt, das zu einem vierzehnsilbigen Wortschwall von »che l'opra d'amor, quanto di zelo era un'impegno« führt. Dieser Gefühlsausbruch Alcestes ist wiederum ein Reden ohne Punkt und Komma. Die Worte sprudeln in diesem Moment unkontrolliert aus Alceste heraus, eine Vers- oder Rhythmusstruktur ist in T. 13f. nicht zu erkennen. Alceste verfällt, ganz und gar aus der Versrezitation ausbrechend, in eine unkontrollierte Deklamation. So prasselt sowohl auf Arianna als auch auf den Zuhörer dieser Redeschwall wie ein Unwetter herab. Betrachtet man den Inhalt, so erklärt sich auch, weshalb Händel genau in dieser Situation die geordnete Versrezitation ignoriert. Alceste ist zutiefst in seinem Stolz verletzt und fürchtet, Carilda zu verlieren. Außerdem entsteht in ihm Neid, weil er sie nicht selbst auf heldenhafte Art befreien kann. Unglücklicherweise liebt Carilda ja ebenfalls Teseo und Alceste konnte ihr seine Liebe bislang nicht unter Beweis stellen.

In *Alcina* (1735) ist es Bradamante, die in der 12. Szene des II. Aktes aus Angst vor der Rache Alcinas ihren Geliebten Ruggiero bittet, seine Liebesbekundungen auf einen späteren und sichereren Ort zu verschieben. Ab T. 4 beginnt Bradamante mit einer sechzehnsilbigen Phrase auf siebzehn Notenwerten, in der ihre Eile und Nervosität ausdrucksvoll zur Geltung kommen:

Bradamante:[18]

[...] Sorgi, Ruggiero!
serbiamo a miglior uso
tu le discolpe, io le querele. Andianne,
temo sempre dovunque il guardo volga,
vedere Alcina ria, che mi ti tolga.

[...] Steh auf, Ruggero!
Zu anderer Zeit sparen wir uns
die Entschuldigungen und den Streit auf. Geh,
ich fürchte immer und überall, dass mein Blick
die gekränkte Alcina trifft, dass sie dich mir
wegnimmt.

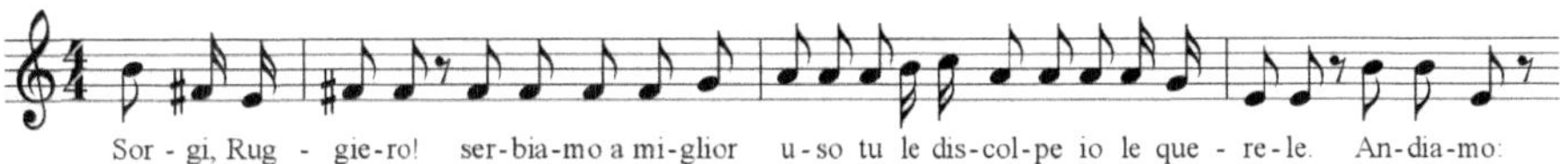

Nach der Aufforderung »sorgi, Ruggiero« folgt Bradamantes lange Phrase von »serbiamo« bis »querele«. Durch das Versenjambement entsteht so eine große Phrase, die erkennen lässt, wie Bradamante für einen Moment ihren gepflegten Rezitatonsstil vergisst. Die fehlenden Zäsuren rücken außerdem Tonrepetitionen in den Vordergrund, die jener Phrase einen kräftig deklamatorischen Charakter verleihen. Die siebzehnsilbige Phrase ist in diesem Fall von zwei Aufforderungen umrahmt, durch die Bradamantes Angst um Ruggiero noch hervorgehoben wird: In T. 3 »sorgi Ruggiero« und in T. 6 »andianne«, beide in Form des Imperativs. Ihre innere Nervosität und Anspannung lässt Bradamante für einen Moment aus der versgebundenen Rezitation ausbrechen. Wirft man einen Blick auf den zweiten Vers, so besteht dieser aus einer Dreigliederung, von der man im Notentext jedoch erst bei »andianne« Kenntnis nimmt. Die Aufzählung »tu le discolpe, io le querele« geht in der sich überschlagenden Wortlawine Bradamantes unter.

Ein ähnlicher Fall findet sich in Händels letzter Oper *Deidamia* (1741): hier läuft der Held Achille Gefahr, sich zu verraten, als er seiner von Zweifeln geplagten Geliebten Deidamia ewige Treue schwört. In der 3. Szene des I. Akts werfen sich die beiden wechselseitig Liebesbekundungen zu, gefolgt von einer Arie Deidamias. Als Achille dann im folgenden Rezitativ einen Monolog führt, beteuert er gegenüber dem Publikum nochmals seine Liebe zu Deidamia. Dabei entwickelt sich ab T. 3 eine Phrase von achtzehn Silben:

[18] Hier steht im Libretto »andiamo« (Lass uns gehen), im Gegensatz zum auffordernden »andianne« (Sieh zu, dass du fortkommst) im Notentext, vgl. *The librettos of Handel's Operas*, Bd. 7., S. 191.

Achille:

Alla delizia del cor mio, diletta,
sempre fido sarò, sempre amoroso,
questi dolci affetti
aman troppo il riposo.
No, non arrestin corso
ad altri bei diletti e poscia a quelle

da me aspettate opre d'onor più belle.

Den Freuden des Herzens, Geliebte,
bin ich immer treu, immer in Liebe,
diese süßen Gefühle
lieben es zu sehr, auszuruhen.
Nein, sie sollen nicht den Weg versperren
anderen schönen Freuden und vor allem denen nicht
von denen ich mir mehr ruhmreiche Taten erwarte.

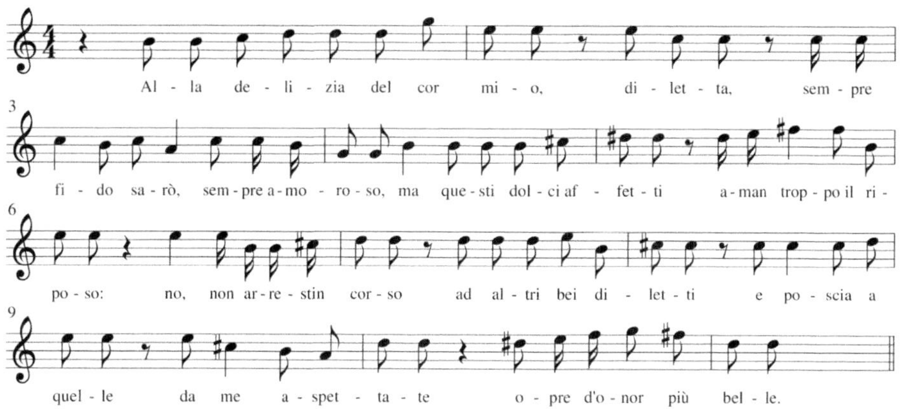

Bereits der erste Vers weist eine unregelmäßige Zäsurbildung auf. Während das »diletta« am Schluss als direkte Anrede abgespalten ist, entsteht zuvor eine Phrase von neun Silben. Anschließend bildet sich von »sempre fido« bis »dolci affetti« eine überlange Phrase von achtzehn Silben ohne Zäsuren. Bereits die Verschleierung der Versstrukturen zeigt, wie Achille sein Liebesbekenntnis auf die leichte Schulter nimmt. Die Enjambements drücken die Beiläufigkeit seiner Worte unmittelbar aus. Ab T. 5 dagegen lässt sich, abgesehen von fünfsilbigen Teilversen der Elfsilber, wieder die Tendenz zur versgebundenen Rezitation erkennen. Händel zeichnet ein deutliches Charakterbild Achilles, wie es nur im Monolog möglich ist. Vor allem die Destruktion der Versstruktur zu Beginn macht deutlich, wie es in Wirklichkeit um die Empfindungen Achilles gegenüber Deidamia steht, vor allem, wenn man ihm die Verlockungen von Jagd und Krieg vor Augen führt. Bedeutsam ist, dass diese Verse Teil des Monologes sind. Denn im Dialog mit Deidamia hätte er sich zweifellos durch diese unsittliche Art der Rezitation selbst verraten, im Monolog jedoch wird dieser rhetorische Ausrutscher lediglich dem Publikum offenbart.

Fazit

Durch Enjambements und durch Verzicht auf gliedernde Pausenzäsuren kann der Komponist aus der versgebundenen Rezitation ausbrechen. Charaktere fallen aus der künstlichen Gliederung in einen deklamationsartigen Redestil. So zeigt sich in den überlangen Enjambementbildungen der Kontrast zwischen der höfischen Eleganz und dem plötzlichen Ausbrechen aus dieser künstlichen Struktur, was den Verlust der Kontrolle über die *ratio* symbolisiert.

Pausen und Zäsuren innerhalb des Verses

Neben der Schaffung von überlangen Phrasen durch Enjambements geht Händel aber auch den umgekehrten Weg, wenn er den Versen zusätzliche, künstliche Zäsuren komponiert, die ebenfalls ein wichtiges Gegengewicht zur künstlichen Ordnung der Versrezitation darstellen. Im Gegensatz zu einem langatmigen Redeschwall können eine künstliche Zäsurbildung und eine kleinteilige Struktur der Verse Verlegenheit und Sprachlosigkeit hervorrufen: Der Dialog gerät ins Stocken.

In der 2. Szene von *Ottone* (1723) gibt sich Adelberto als Ottone aus, um Teofane vor Eintreffen seines Erzfeindes zu heiraten und so sein politisches Bündnis mit dem griechischen Königshaus zu befestigen. Schnell erkennt man an den durch Pausen durchbrochenen Redepassagen die Irritation Teofanes. Adelberto rezitiert meist in Elfsilbern mit natürlicher Zäsur bzw. in Siebensilbern, während Teofane die Worte im Hals stecken zu bleiben scheinen:

Adelberto:	
Vien di romano inclita figlia, e volgi	Da kommt die demütige römische Tochter und
in me tuo sposo il guardo. Un doppio giorno	blickt mich, deinen Bräutigam, an.
al tuo apparir in questo cielo è sorto;	Zweimal ging der Tag am Himmel auf;
né giammai l'Oriente	niemals machte der Orient
di più ricco tesor fe' dono a Roma.	Rom ein größeres Geschenk.
Teofane:	
Signor, ciò ch'io porto	Herr, was ich als keusche
dote di casta sposa è ossequio, e fede.	Braut bringe, ist Gehorsam und Treue.
(Ma! Questi è Otton?)	(Aber das ist Ottone?)

In Adelbertos Rede dienen die Achtelpausen der Gliederung in Sinnabschnitte, bei Teofane sind es die Sprachlosigkeit und die Verwirrung, die durch die Viertelpausen großes Gewicht bekommen. Das Atemholen nach »Signor« durch eine Viertel- sowie eine Achtelpause verstärkt diese Irritation. Ein wichtiger Teil von Teofanes Worten wird im *a parte* gesprochen: »Ma! Questi è Otton?« (»Aber das ist Ottone?«), »Fama bugiarda« (»Verlogene Schilderung«)[19], »Misera me« (»Ich Arme«), »Che dirò« (»Was soll ich sagen?«), »Pittura infida« (»Treuloses Bildnis«). Teofanes Irritation lässt sich in dieser 2. Szene also einerseits an ihrer verstockten, durch Pausen zergliederten Versrezitation erkennen sowie durch die gehäuften *a parte*-Äußerungen an den Zuhörer.

Guido führt in der 11. Szene des I. Akts von *Flavio* (1723) einen Monolog der Verzweiflung: Sein Vater Ugone zwingt ihn, die erlittene Schmach an Lotario, dem Vater seiner Geliebten Emilia, zu rächen. Über fünf Takte ringt Guido um die richtigen Worte, der Monolog besteht aus einer Aneinanderreihung einzelner Ausrufe.

Guido:

Amor, Emilia, onore	Liebe, Emilia, Ehre
Guido, Lotario, Ugone, o Fati, o stelle!	Guido, Lotario, Ugone, o Schicksal, o Sterne!
Ma che? [...]	Aber was?

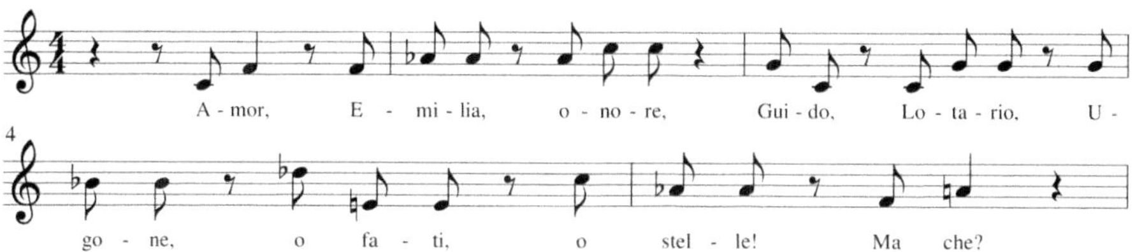

Der Vers ist in viele zwei- und dreisilbige Fragmente unterteilt. Über zwei Verse hinweg besteht deren Inhalt aus Ausrufen und Namen, was eine versgebundene Rezitation unmöglich macht. Händel gliedert im Notentext den Vers in entsprechende Ausrufe. Melodisch sind diese durch Intervallsprünge gekennzeichnet, vor allem Terzen, Quarten und Quinten. Die Sprachlosigkeit wird durch eine Aneinanderreihung von Ausrufen auf die Spitze getrieben. Acht Ausrufe folgen in diesen Versen aufeinander. Zudem fällt die Achtelrezitation auf, die lediglich beim ersten »amor« und bei der Frage »ma che?« unterbrochen wird. Hierbei handelt es sich um Troncosilben, auch diese Ausrufe haben die Dauer von drei Achtelwerten. Durch die fehlende syntaktische Struktur von Subjekt, Prädikat und Objekt werden die Verse zu einer Aneinanderreihung von Ausrufen, was für die Vertonung zwangsweise eine Zäsurbildung zwischen den einzelnen Wörtern bedeutet. In diesem Beispiel muss der Komponist die Ausrufe in ihrer Abfolge

[19] Teofane bezieht sich hier auf das, was sie in Erzählungen über Ottone bereits erfahren hat. Denn bislang kennt sie ihren Geliebten nur von einem kleinen Gemälde.

komponieren. Lediglich durch die Länge der Pausenbildung sowie durch Spannungen in Melodik und Harmonik kann musikalisch eingegriffen werden.

Auch der Dialog in der 12. Szene im I. Akt von *Flavio* ist von Sprachlosigkeit geprägt. Guido trifft auf Emilia, der Auftritt beginnt mit einer Abschiedszeremonie, bevor das Gespräch zwischen den beiden in Gang kommt. Über zehn Takte werfen sich Emilia und Guido Floskeln an den Kopf, durchbrochen von Achtel- und Viertelpausen:

Emilia:	
Guido! Consorte?	Guido! Geliebter?
(Guido will ein weiteres Mal gehen)	
Fuggi e non parli? Guido?	Du fliehst und sagst nichts? Guido!
Guido:	
Emilia, addio!	Emilia, lebe wohl!
(er will gehen, sie hält ihn zurück)	
Emilia:	
Io moro; Ascolta; senti:	Ich sterbe; höre, hör mir zu:
te per mio dolce sposo	Hat dich nicht zum lieben Bräutigam
il ciel non destinò?	der Himmel mir bestimmt?

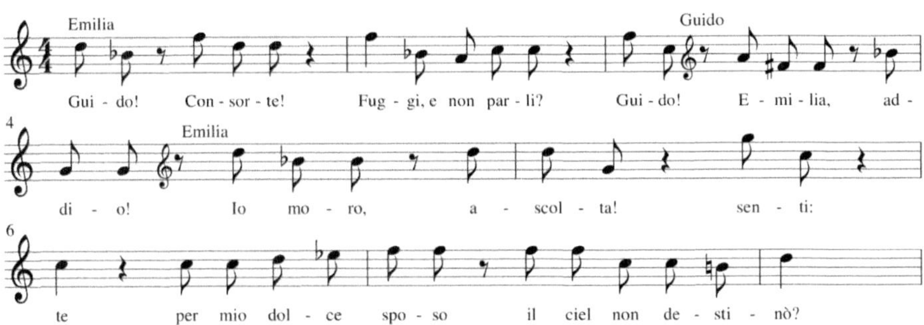

Die Ausrufe Emilias »Guido? Consorte?« sind zwei kurze aufeinanderfolgende Fragen. Das »fuggi e non parli« hat die Länge von fünf Silben, danach folgt eine Binnenzäsur. Im folgenden Vers in T. 3 wird der Ausruf »Guido« nochmals wiederholt. In T. 3 kann Händel den musikalischen Ausdruck individuell gestalten und komponiert für Guido dieselbe Sprachlosigkeit, die man bereits von Emilia kennt. Bei »Emilia, addio« hätte er ebenso eine fünf- bis sechssilbige Phrase ohne Zäsur komponieren können, doch Guidos Tonfall steht dem von Emilia in nichts nach. So erklingen die Worte »Emilia, addio« wie zwei gesonderte Ausrufe. Im folgenden Vers ist es wiederum die Synonymfolge des Librettisten »ascolta, senti« (»hör' zu), die für eine Zäsurbildung sorgt. Ein letztes Mal ist der Dialog ab T. 8 von Zäsuren durchbrochen, bevor das Gespräch langsam in Gang kommt.

Guido:
Non so. — Ich weiß nicht.

Emilia:
Non sai? Guido! — Du weißt nicht? Guido!

Guido:
Ah, temo … — Ach, ich fürchte …

Emilia:
Di che? — Was?

Guido:
Che m'abbandoni. — Dass du mich verlässt.

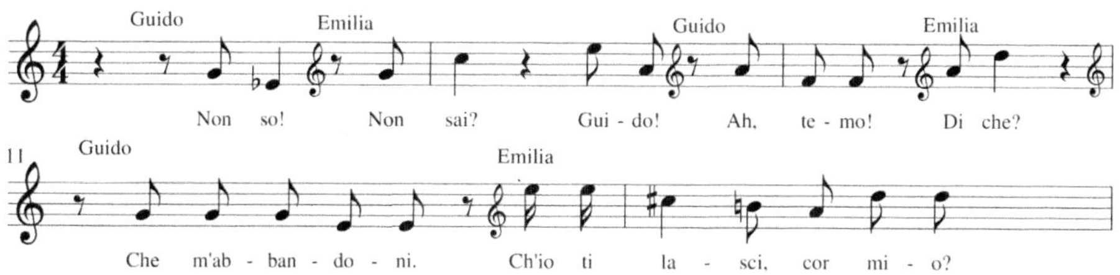

An dieser Stelle ist es wiederum die Textvorlage, die den stockenden Verlauf des Rezitativs vorgibt. In diesen Szenen wird deutlich, wie stark ein Rezitativdialog vom fließenden Rhythmus der Verse abhängig ist. Bei Emilia ist der Teilvers wieder auf zwei Ausrufe verteilt, der erste davon in Frageform. Sobald also einem Vers die grammatikalische Struktur fehlt, zerfällt dieser in kleinere Sinneinheiten, was sich auch im Notentext widerspiegelt.

In *Giulio Cesare* (1724) präsentiert Achilla in der 3. Szene des I. Akts im Auftrag Tolomeos das abgeschlagene Haupt von Pompeo. Dies geschieht in Gegenwart Cesares, Cornelias (Pompeos Gemahlin) und Sestos (Pompeos Sohn):

Achilla:	
Acciò l'Italia ad adorarti impari,	Damit Italien lerne, dich zu bewundern,
in pegno d'amistade e di sua fede	als Pfand der Freundschaft und Treue
questa del gran Pompeo superba testa	schenkt er dir das hochmütige Haupt des
di base al regal trono offre al tuo piede.	großen Pompeo zu Füßen deines Thrones
Uno degli Egizii svela un bacile,	*Ein Ägypter öffnet ein Gefäß*
sopra il quale sta il capo tronco di Pompeo.	*In dem das abgeschlagene Haupt von*
	Pompeo liegt.
Cesare:	
Giulio, che miri?	Giulio, was siehst du?
Sesto:	
Oh dio, che veggio?	O Gott, was sehe ich?
Cornelia:	
Ahi lassa!	Oh weh!
Consorte! Mio tesoro!	Mein Mann, mein Geliebter!
Curio:	
Grand'ardir!	Welch Dreistigkeit!

Nachdem Caesar den Kopf des Pompeo präsentiert bekommt, bricht bei ihm, Cornelia, Sesto und Curio eine große Schockstarre aus, die sich auf musikalisch-rhythmischer Ebene in einer erkennbaren Sprachlosigkeit niederschlägt. In T. 51 erklingt Cesares Frage »Giulio che miri?« mit einer Achtelzäsur nach den ersten beiden Silben, Sesto teilt seinen Ausruf in zwei dreisilbige Abschnitte mit Achtelpause, auch Cornelia beginnt ab T. 53 f. mit zwei dreisilbigen Ausrufen »Ahi lassa! Consorte!«, erst nach zwei Viertelpausen folgt ein viersilbiger Ausruf »mio tesoro«. Curio fällt in T. 56 mit dem dreisilbigen »Grand' ardir« in den Dialog ein. Ab T. 58 folgt ein Ohnmachtsanfall Cornelias, der durch die durchbrochenen Versteile bereits vorbereitet wurde: »io manco, io moro!« (»Ich falle in Ohnmacht, ich sterbe«). Die Schockstarre der Dialogpartner zieht sich über sechs Takte hinweg von T. 51 bis T. 56, bis Cesare das Wort ergreift und Cornelia zu Hilfe eilt. Dieser Ausschnitt ist geprägt von kurzen Intervallausrufen und retardierenden Pausen. Die Notenwerte bestehen aus fragmentierten Viertel- und Achtelwerten, es lässt sich keine fließende Versrezitation feststellen. Die Reaktion auf das abgeschlagene Haupt Pompeos schlägt sich unmittelbar im Rezitationsstil nieder. Händel erzeugt bei Cesare in T. 51 eine künstliche Binnenzäsur wie auch bei Sesto in T. 52.

In der 4. Szene des I. Akts von *Tamerlano* (1724) setzt Händel ebenfalls künstliche Zäsuren innerhalb des Verses und erzeugt so eine Art von Sprachlosigkeit. Tamerlano hat im Dialog mit Asteria überraschend verkündet, sie anstelle Irenes zur Frau nehmen zu wollen. Dieser rechnet wohl in T. 36 mit dem dankbaren Zuspruch Asterias, diese hüllt sich jedoch in Schweigen und lässt Tamerlanos Liebesgeständnis bis T. 41 unkommentiert.

Asteria:	
Di mie nozze? Con chi?	Meine Hochzeit? Mit wem?
Tamerlano:	
Col Tamerlano. Sì vi adoro oh bella; io lo dico, e ciò basta.	Mit Tamerlan. Ja, ich liebe dich, du Schöne Ich sage es, das genügt.

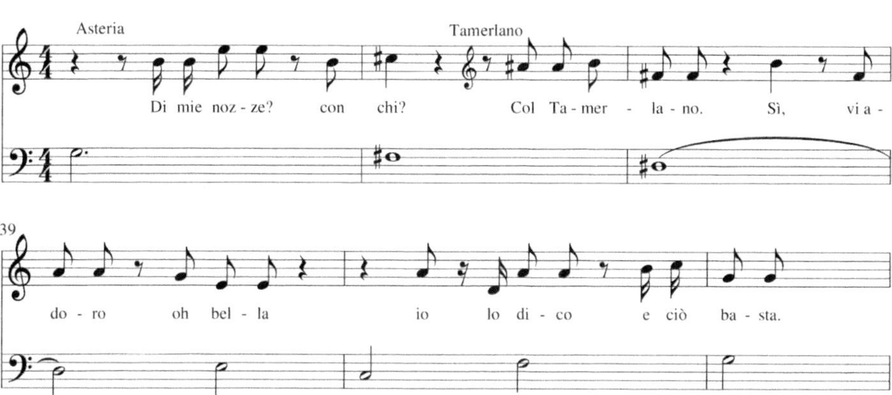

Auffallend sind die vielen Zäsuren in Tamerlanos letzten beiden Versen. Händel hat in beiden Fällen die Siebensilber mit je zwei Zäsuren versehen und die Verse so in drei Einzelteile untergliedert, obwohl es sich um grammatikalisch vollständige Sätze handelt. Am auffälligsten sind die beiden Viertelpausen in T. 39/40, wenn der Generalbass von einer halben Note *e* auf eine halbe Note *c* moduliert, während die Singstimme schweigt. Alle Teilverse Tamerlanos bestehen ab T. 38 aus höchstens drei Silben mit Ausnahme des viersilbigen »e ciò basta«. Hier drückt sich eine überraschende Verunsicherung aus, die der Librettovers nicht vorsieht und als Idee Händels betrachtet werden kann. So ist es dem Komponisten gelungen, die große Verwirrung zum Ausdruck bringen, die Tamerlano beim Anblick der schönen Asteria verspürt. Während sich ab T. 39 der Generalbass fortbewegt, scheint sich Asteria zu weigern, auf dieser Begleitung die von Tamerlano erwünschte Antwort zu intonieren. Stattdessen setzt kurz darauf Tamerlano verärgert den Dialog fort.

Zehn Jahre später, in *Arianna* (1734), finden sich einige Zäsuren innerhalb der Verse, die wiederum mit Aufzählungen in Verbindung stehen. In der 6. Szene des I. Akts rezitiert Alceste einen Monolog. Dieser ist in Carilda verliebt, eine der sieben Jungfrauen, die als Opfer für Minotaurus auserwählt wurden. Aufgrund seiner Liebe sieht sich Alceste verpflichtet, Carilda aus den Fängen von Minos, dem König von Kreta, und dem Ungeheuer Minotaurus zu befreien. Am Ende seines kurzen Monologs zählt er die ehrenhaften Tugenden auf, die ihm zur Seite stehen sollen:

Alceste:

[...] assista al mio valore:	Meiner Ehre mögen beistehen
amicizia, dover, onor, amore.	Freundschaft, Pflicht, Ehre, Liebe.

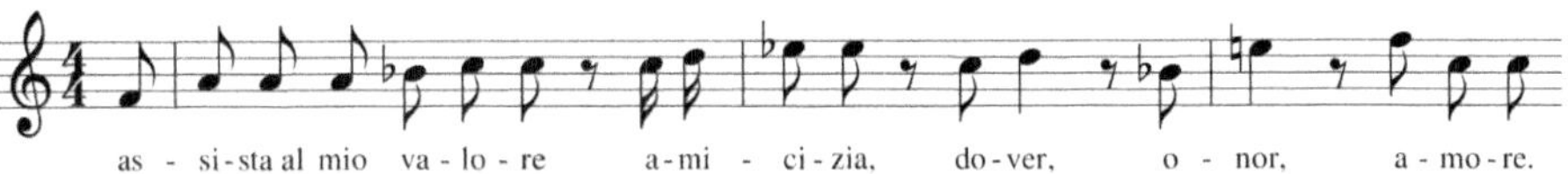

Die Aufzählung veranlasst Händel dazu, von einem durchkomponierten Vers abzusehen und die einzelnen Wörter voneinander isoliert in Musik zu setzen. Dies gelingt Händel, indem er »valore«, »amicizia«, »dover«, »onor« und »amore« durch Achtelzäsuren unterbricht und somit als Aufzählung kenntlich macht.

Ähnlich verhält es sich in der 12. Szene, als die zurückgelassene Arianna einen Monolog führt. Sie klagt darüber, von Teseo verlassen worden zu sein und kann ihre Worte niemand anderem als dem Wind anvertrauen:

Arianna:

E mi lasciò il crudele!	Und der Grausame hat mich verlassen!
Prieghi, pianti e lamenti	Bitten, Weinen und Klagen
non giunsero a ferir altro che i venti	können niemanden als die Winde rühren.

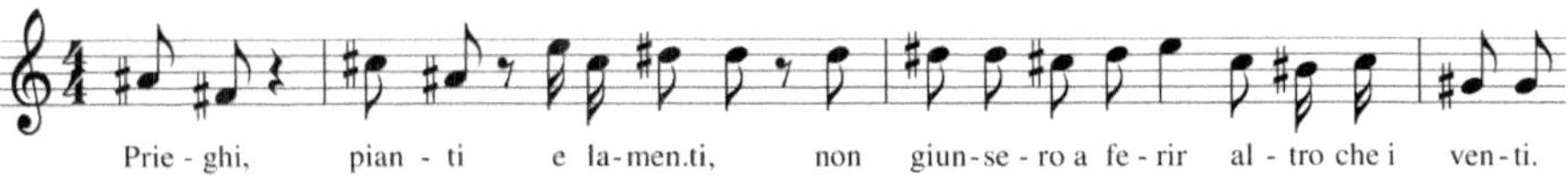

Auch in diesem Siebensilber werden die einzelnen Worte aus dem Versfluss herausgelöst, um so den Aufzählungscharakter deutlich zu machen. »Prieghi« und »pianti« lassen außerdem einen Dreiklangscharakter erkennen. Beide Wörter sind, getrennt durch eine Viertelpause, in fallenden Achtelterzen komponiert. »Prieghi« ist eine große Terz *ais*' – *fis*', »pianti« eine kleine Terz *cis*" – *ais*', es bildet sich so ein Fis-Dur-Dreiklang. Der dritte Teil der Aufzählung »e lamenti« ist auf die Melodielinie *e*" – *c*" – *dis*" notiert.

Zu Beginn des II. Akts von *Faramondo* (1738) hat Gustavo seine Tochter Rosimonda dem Verräter Gernando versprochen, falls dieser ihm den Kopf von Rosimondas Geliebtem Faramondo bringen würde.

Gustavo:	
Già udisti i sensi miei, figlia, tu pronta disponi ad ubidirmi ora il tuo core.	Du hast meinen Entschluss gehört, Tochter, stelle nun dein Herz in meine Dienste.
Rosimonda:	
(Crudel commando! Iniqua legge! Oh, amore,...)	(Grausamer Befehl! Ungerechtes Gesetz! Oh, Liebe!)

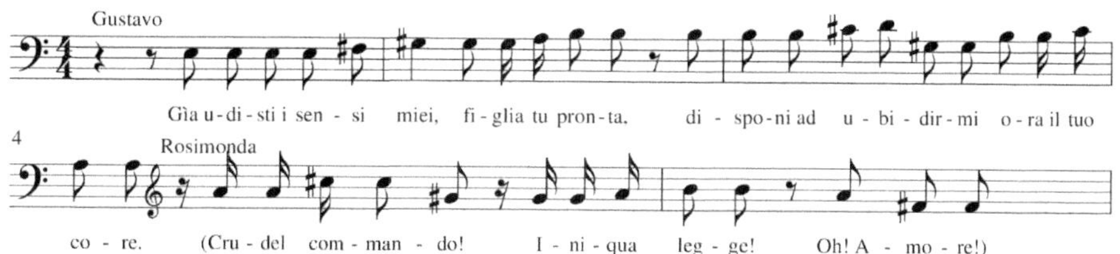

In den beiden Elfsilbern Gustavos offenbart sich dessen selbstbewusste Haltung. Die beiden Verse sind von Händel im Notentext dem Libretto entsprechend vertont worden, obwohl der Sinnzusammenhang nach »tu pronta« dadurch unterbrochen wird und durch ein Enjambement mit dem folgenden Vers verbunden sein müsste. Gustavo unterstreicht damit auf rhythmischer Ebene seine Autorität gegenüber Rosimonda. Rosimondas Vers dagegen ist in drei Sinnabschnitte untergliedert und durch Pausen voneinander getrennt. So bekommen die drei Abschnitte bei Rosimonda drei Ausrufe. Durch die Dreiteilung des Verses entsteht eine komponierte Sprachlosigkeit, die in starkem Kontrast zur flüssigen Versrezitation Gustavos steht. Auch an dieser Stelle zeigt sich deutlich, wie stark die Art der Versvertonung auf die Rhetorik innerhalb des Rezitativs wirken kann: auf der einen Seite die unmissverständlichen Worte Gustavos, auf der anderen die hilflosen Ausrufe Rosimondas.

An einem abschließenden Gegenbeispiel soll deutlich werden, dass Händel in vielen Situationen entgegen der zu erwartenden Ausdrucksweise selbst entscheidet. In der 7. Szene des I. Akts von *Alcina* findet sich Oronte am Ende der Szene von Morgana allein zurückgelassen wieder. Der Finalvers klingt wie ein vergebliches Flehen, seine Angebetete doch noch zum Bleiben zu überreden:

Oronte:

Ti arresta; odi, crudele idolo mio — Bleib; höre mich, meine grausame Geliebte

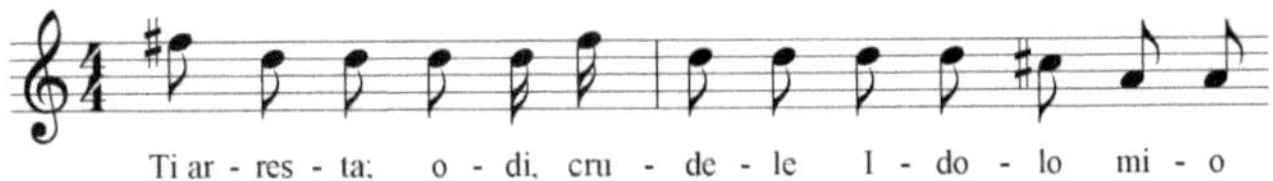

Dieser Elfsilber bietet mehrere Möglichkeiten einer Untergliederung, auf die von Händel jedoch verzichtet wird. So entsteht eine fließende Rezitation ohne eine einzige Zäsur. Beim Lesen des Verses würde man nach »arresta« eine Zäsur erwarten und gegebenenfalls den Imperativ »odi« isolieren. Die Rezitation Orontes wirkt durch die fehlenden Zäsuren hilflos und verhetzt, seine Worte scheinen sich im letzten Vers beinahe zu überschlagen. Anstelle der drei Ausrufe »Ti arresta«, »odi crudele« und »Idolo mio« erklingt ein einziger Wortschwall ohne Zäsur. Die Szenenanweisung »la segue« (»er folgt ihr«) lässt auf eben diesen Affekt schließen und es ist anzunehmen, dass Händel dies auch in den Rezitationston Orontes einkomponiert hat. Es ist also in diesem Zusammenhang stets der Kontext zu berücksichtigen, in dem die Rezitation eines Protagonisten stattfindet.

Fazit

Durch die Häufung von Zäsuren innerhalb eines Verses gerät die Rede ins Stocken oder einzelne Worte werden aus dem fließenden Tonfall hervorgehoben. Dies kann ggf. durch eine Aufeinanderfolge von Aufzählungen oder Ausrufen im Libretto vorgegeben sein. Wenn einem Protagonisten das Wort im Halse stecken bleibt, kann der natürliche Redefluss durch zusätzliche Pausenzäsuren ins Stocken geraten.

Ausdeutung der Verse durch Rhythmisierung

Rhythmische Verdichtung durch Anapäst und Daktylus

Zu Beginn dieser Untersuchung war hinsichtlich der Siebensilber auf Rhythmusmodelle hingewiesen worden, die den Versen eine klar erkennbare Struktur verleihen. Vor allem durch ihre ständige Wiederholung bilden diese Muster die Basis des Rezitativgesangs. Man findet darin aber auch einige Stellen, in denen der Komponist zu einer verdichteten Folge von Rhythmen greift, um den Redefluss zusätzlich zu dramatisieren. Die folgenden Beispiele aus *Amadigi* und *Flavio* zeigen, wie eine rasche Aufeinanderfolge von Daktylen und Anapästen wirkungsvoll an den entscheidenden Stellen in den Handlungsverlauf eingewoben werden können. In den meisten Fällen handelt es sich dabei um folgende Modelle:

Anapäst: ♪ ♪ ♪ ♪ ♪ ♪ ♪ und Daktylus: ♪ ♪ ♪ ♪ ♪ ♪ ♪ ♪

Keineswegs bilden diese Rhythmisierungen einen roten Faden, der sich durch alle Opern Händels zieht. Allerdings bietet dieses Beispiel aus *Amadigi* einen Aspekt in Händels Opernschaffen, der durchaus eine Erwähnung verdient: hier zeigt sich, dass Händel im Rezitativ einiger Opern ganz bestimmte Schwerpunkte setzt, die in anderen Werken nicht in derselben Häufigkeit auftreten. Über die einfache Sechzehntelrhythmisierung hinaus findet in *Amadigi* eine Verdichtung mit Daktylus und Anapäst im Siebensilber statt, die zu dramatischen Zwecken eingesetzt wird.[20] Vor allem zeigt sich darin Händels Experimentierfreude, in verschiedenen Werken stets einen neuen Schwerpunkt zu setzen, der sich in dieser Form nur selten findet.

In *Amadigi* (1715) versucht die verschmähte Melissa mit allen Mitteln der Zauberei, Amadigi für sich zu gewinnen, der sich jedoch bereits in Oriana verliebt hat. Da dies Melissa nicht gelingt, fühlt sie sich verschmäht und nimmt die Rolle des rachsüchtigen Weibes ein. Alles beginnt in der 2. Szene des I. Aktes, als Amadigi sich einen Fluchtweg aus Melissas Zaubergarten bahnen will.

S'apra col ferro il varco
Man öffne den Weg mit dem Schwert

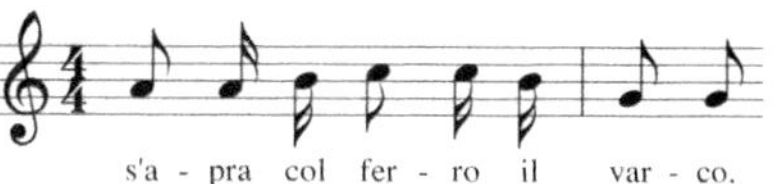

Der Siebensilber ist geprägt von einem doppelten Daktylus, die Silben werden auf acht Notenwerte verteilt. Händel könnte die Sechzehntelwerte von »ferro il« ebenso auf einen Achtelwert setzen. Doch er erweitert den natürlichen Rhythmus des Verses durch eine zusätzliche Sechzehntelrhythmisierung. Dieser hämmernden Rezitation antwortet Melissa in ihrem ersten Auftritt direkt im Anschluss zu Beginn der 3. Szene:

E tu cerchi fuggir?
Und du versuchst zu fliehen?

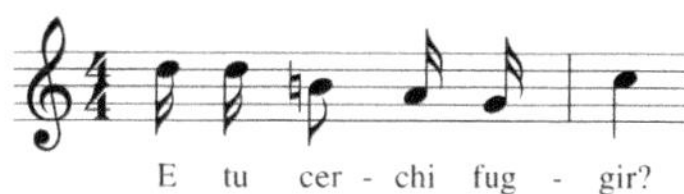

Melissas Frage, ob Amadigi vor ihr fliehen wolle, kontrastiert mit einem harten Anapäst, der durch den Tronco-Vers statt zwei Endsilben eine Viertelnote besitzt. Die-

20 *Amadigi* ist ein Beispiel in Händels Werk, wo man Rhythmusmodelle in einer solchen Häufung finden kann. Dagegen setzt Händel z. B. bei Teofane in *Ottone* sehr oft Dubitatiofragen ein, um ihre Ratlosigkeit zum Ausdruck zu bringen. In *Riccardo Primo* findet man bei Oronte und Isacio zahlreiche Wutausbrüche, während *Flavio* von einer häufigen Zäsurbildung und Sprachlosigkeit geprägt ist. Für ein umfassendes Ergebnis müssten jedoch alle Händelopern speziell auf derartige Phänomene untersucht werden.

ses Wortgefecht zu Beginn der Oper ist kein Sonderfall. Ein weiteres Mal taucht das Modell in derselben Szene bei T. 23 nochmals auf:

Melissa:[21]

Che Melissa sdegnata	Dass die empörte Melissa
tutti i mostri d'inferno	alle Monster der Hölle,
tutte l'arpie più sozze,	alle Harpyen
Cerbero, furie, fuoco e fiamme	Cerberus, Furien, Feuer und Flammen
appresta	bereitstelle

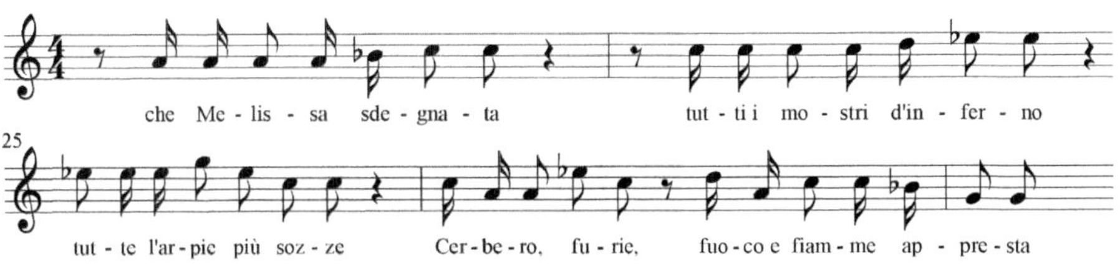

An dieser Stelle erstreckt sich die Rhythmisierung bereits über zwei Siebensilber und intensiviert nochmals den hämmernden Ausdruck ihrer Worte. Im zweiten Versglied des Elfsilbers erklingt wieder ein doppelter Anapäst. Der Elfsilber zeigt eine metrische Verdichtung durch die zusätzlichen beiden Achtelnoten auf »furie«, was dem Vers eine deutliche Steigerung verleiht. Allerdings handelt es sich um kein Rhythmusmodell, da es nur bei Melissa vorkommt. Auch Amadigi greift als Reaktion auf Melissas Wutausbruch zu dieser Figur (T. 31).

L'arti tue non faranno
Deine Künste werden es nicht vermögen

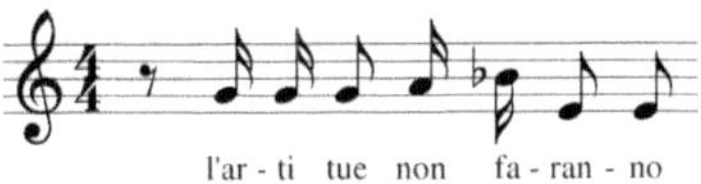

Wenn Dardano sich zu Amadigis Feind erklärt, so tut er dies in der 5. Szene, T. 35 auf folgende Weise:

Finger più non si dee
Man muss nicht mehr so tun, als ob

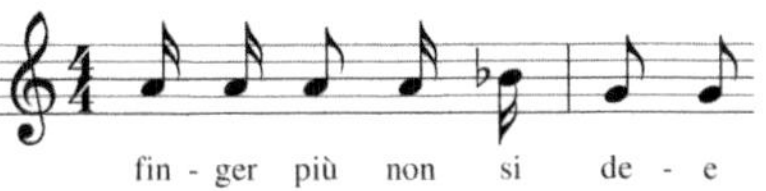

[21] Hier ist im Libretto »che sdegnata Melissa« zu lesen, vgl. *The Librettos of Handel's Operas*, Bd. 2, S. 270.

Dardano ist ebenso wie Melissa zutiefst gekränkt, da Amadigi und er dieselbe Frau (Oriana) lieben. Diese hat sich allerdings bereits Amadigi versprochen, weshalb ab dieser Szene Melissa und Dardano nicht nur inhaltlich, sondern auch in Händels rhythmischer Gestaltung der Rezitative auf einer Seite stehen. Auch im II. Akt taucht die doppelte Anapästfigur wieder auf, als Amadigi in der 1. Szene, T. 12 in den »Brunnen der wahren Liebe« hineinsieht.

Per veder s'il mio ben fida è in amarmi
Um zu sehen, ob meine Geliebte in ihrer Liebe treu ist

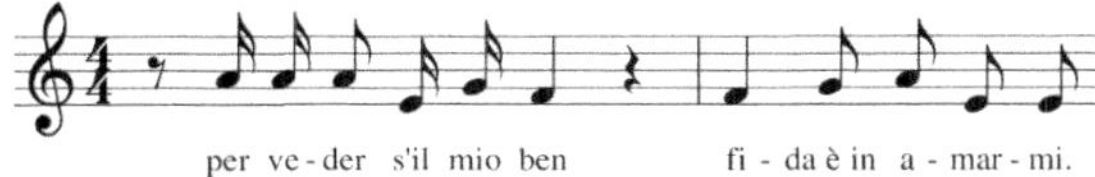

Da dieser Brunnen von Melissas Zauber belegt ist, muss Amadigi mit ansehen, wie sich Oriana mit seinem Rivalen Dardano vergnügt. Melissas Absicht, Misstrauen in die Liebe von Oriana und Amadigi zu streuen, gelingt an dieser Stelle vortrefflich. Zum Ende des II. Akts muss Melissa erkennen, dass sie Amadigi nicht für sich gewinnen kann und spricht sich in ihrem Unglück nochmals Mut zu. Der Rezitativ-Monolog in der 10. Szene beginnt mit folgendem Vers:

Mi deride l'amante
Der Geliebte verlacht mich

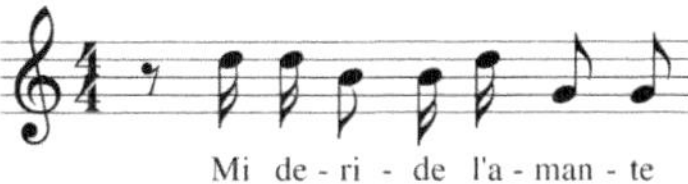

Denselben Rhythmus findet man bei Melissas Befehl, Amadigi und Oriana mögen vor sie treten, in der 2. Szene des III. Aktes in T. 12:

Melissa:

Amadigi qui venga	Amadigi soll herkommen,
e seco Oriana cagion del mio tormento	und mit ihm Oriana, die Ursache meiner Qual

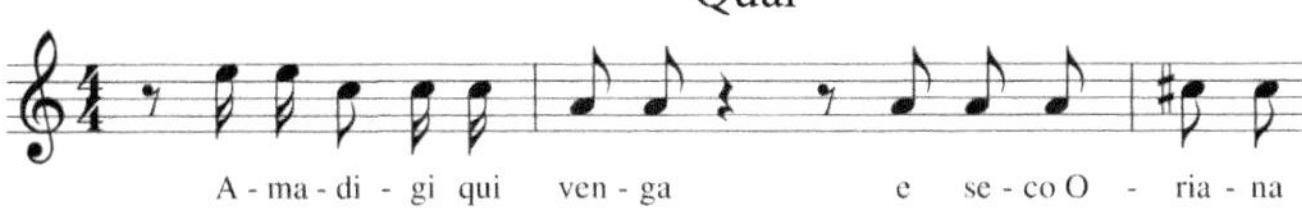

In der dritten Szene verdichtet sich die Rhythmik zu einem Höhepunkt:

Oriana:

Se t'offese Oriana	Wenn dich Oriana beleidigt hat
ella sol si punisca	bestrafe nur sie

Amadigi:

Se ti sprezza Amadigi egli sol merta pene	Wenn dich Amadigi verachtet hat, verdient er allein die Schmerzen.

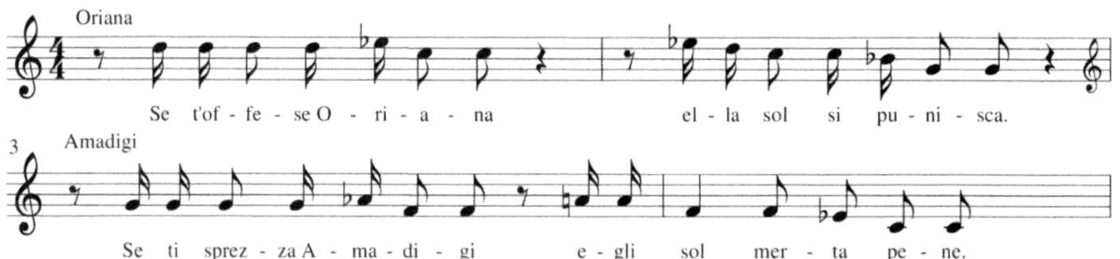

Nun wird von Amadigi und Oriana das Anapästmodell aufgegriffen. Dadurch entsteht eine musikalisch-rhythmische Einheitlichkeit des Paares Oriana-Amadigi, andererseits kulminiert in dieser Szene bereits zu Beginn der rhetorische Zweikampf zwischen Gut und Böse. Wie ein Gewitter scheint sich nun die von Melissa geschürte Intrige über ihr selbst zu entladen. Letztlich ist es vom ersten Auftritt Melissas eben dieses Gefühl aus Schmach und Rachsucht, das die Tragödie heraufbeschwört. Ein letztes Mal taucht dies in der Frage Orianas in der 4. Szene in T. 4 auf,

A che mai si risolve?
Was wird sie tun?

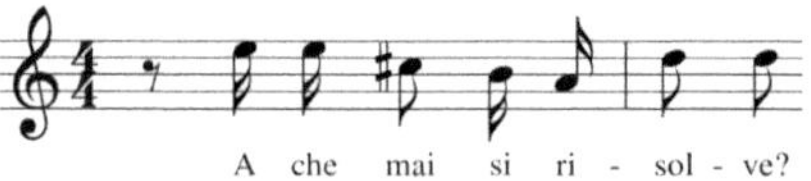

bevor Melissa in der nachfolgenden Szene ihrem Leben ein Ende setzt.

In *Amadigi* war es Händels Intention, den tragischen Kern der Handlung auf die Erniedrigung und Rachsucht Melissas zu legen. Ihre schicksalhafte Liebe schürt einerseits ihren Hass auf Amadigi und Oriana, wodurch die Schlüsselszenen der Handlung entstehen. Durch die verdichtete Rhythmik der Siebensilber hebt Händel deutlich die zentralen Verse hervor, in denen der Fortgang der Handlung heraufbeschworen wird. So wirkt das Erklingen dieser hämmernden Rhythmusfolge wie ein subtiler Wegweiser durch die Handlung. Diese Figuren, die Erniedrigung und Rachsucht ausdrücken, lassen sich jedoch nicht verallgemeinern. Vielmehr zeigt sich, dass in diesen Situationen die Protagonisten oft durch Zufall und Schicksal getrieben werden. In *Amadigi* hat Händel dies in einer besonderen Form und einer überraschenden Häufigkeit verwendet. Seine Kompositionsweise verrät uns, dass Händel in seinen Londoner Jahren auch um neue Ausdrucksformen innerhalb des Rezitativs gerungen hat, um diese, wie im Falle *Amadigis*, in abgeschwächter Form auch zu späterem Zeitpunkt wieder zu verwenden.

In der acht Jahre nach *Amadigi* komponierten Oper *Flavio* (1723) taucht folgende Figur zum ersten Mal bei Ugone in der 3. Szene des I. Akts, T. 9 auf:

Ugone:
Tempo è omai di riposo — Es ist Zeit zu ruhen

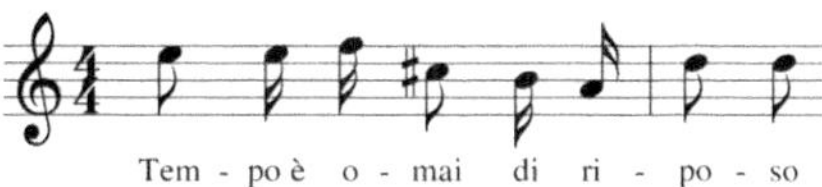

Ist doch Ugone derjenige, der für Lotario zu einem späteren Zeitpunkt der Handlung als Statthalter nach Britannien geschickt wird und seinen Sohn Guido auffordert, als Rache für eine Ohrfeige, Lotario zum Duell zu fordern. Es ist also durchaus ein zweideutiger Hinweis, wenn Händel einem der Hauptintriganten zu Beginn der Oper diesen Rhythmus unterlegt. Auch in der 5. Szene steht wieder Ugone am Beginn des Rezitativs. Ugone stellt hier seine Tochter Teodata dem Herrscher vor, der sich sofort in sie verliebt, wodurch in dieser Szene einer der Hauptkonflikte der Handlung entsteht:

Ugone:
O dell'italo soglio eccelso Nume — O Herrscher der italischen Erde

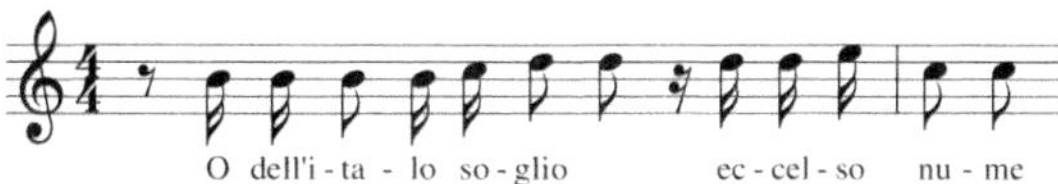

Die Szene spielt im Empfangsraum des Königs Flavio. In diesen Begrüßungsworten Ugones ist eine rhythmische Unruhe vorhanden, die sich vor allem in der Betonung von »dell'italo« zeigt. Die bewusste Fehlbetonung von »ìtalo« statt »itàlo« stellt die korrekte Artikulation hinter den rezitatorischen Ausdruck des Verses.[22]

Eine zentrale Aussage Ugones fällt in der 10. Szene, nachdem er von Lotario besagte Ohrfeige erhalten hat:

Ugone:
è questi colpo d'infame destra — Dies ist die Tat einer ruchlosen Hand

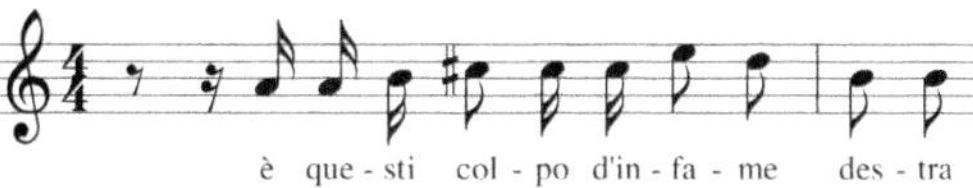

22 Auch hier zeigt sich die Freiheit, die sich Händel gegenüber seinem Londoner Publikum herausnahm, um eine eigene musikalische Sprache zu entwickeln.

Der Rhythmus erweitert sich um eine zusätzliche Sechzehntel zu Beginn, was die innere Erregung Ugones noch steigert. Zudem verstärkt die zehnsilbige Phrase den Ausbruch aus der Versstruktur. Auch Guido schreckt vor einem erregten Rhythmus in seinen Mordgedanken nicht zurück, wiederum leicht modifiziert:

Guido:
Qualsiasi, egli sicuro
non sarà in braccio a Giove

Wer es auch immer ist,
er wird in Jupiters Arm nicht sicher sein.

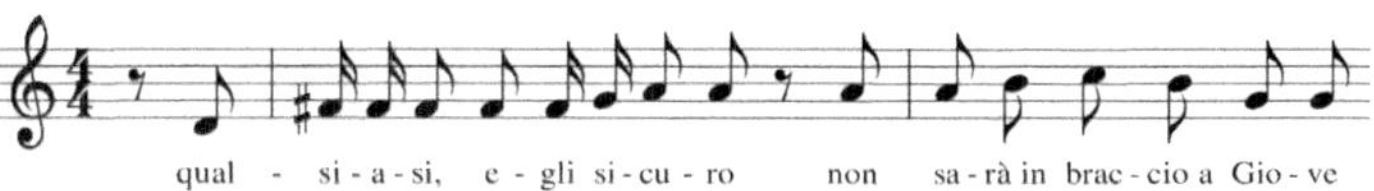

Nach einem Achtelauftakt erklingt eine rhythmische Folge von sich abwechselnden Sechzehntel- und Achtelgruppen. Auch kommt durch die Sechzehntelverdichtung die rhythmisch erregte Grundhaltung zum Ausdruck. Auch der zweite Handlungsstrang in *Flavio*, das Werben des Kaisers Flavio um Teodata, die Vitiges Geliebte ist, bleibt von dieser rhythmischen Verdichtung nicht ausgeschlossen. Zu Beginn des zweiten Aktes tritt Teodata vor Flavio, nachdem sie Vitige versprochen hat, nur so zu tun als ob – letztlich entsteht diese Situation erst aus Vitiges Unaufrichtigkeit gegenüber Flavio, Teodata nicht zu kennen. Der zweite Akt beginnt mit derselben Figur, die bereits bei der ersten Begegnung zwischen Teodata und Flavio zu hören war.

Teodata:
Al tuo cenno reale ubbidiente
alto signore io vengo

Auf deinen königlichen Wink gehorsam,
mein Herr, erscheine ich

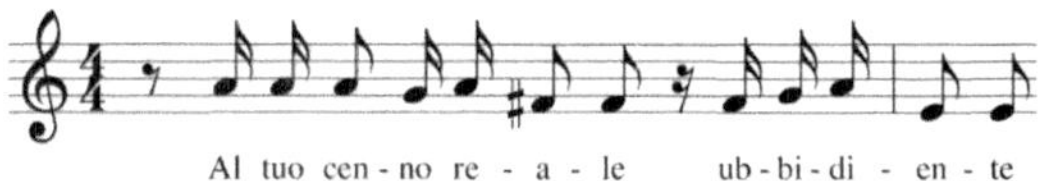

Durch Teodatas Vorsatz, Vitige nicht untreu zu werden, wird der zweite rote Faden der Handlung wieder aufgegriffen. In der folgenden 2. Szene tritt Ugone vor den König und wird in T. 7 mit den Worten verabschiedet:

Ugone:
T'abbraccio e va della Britannia al regno.

Ich umarme dich und nun geh,
Britannien zu regieren.

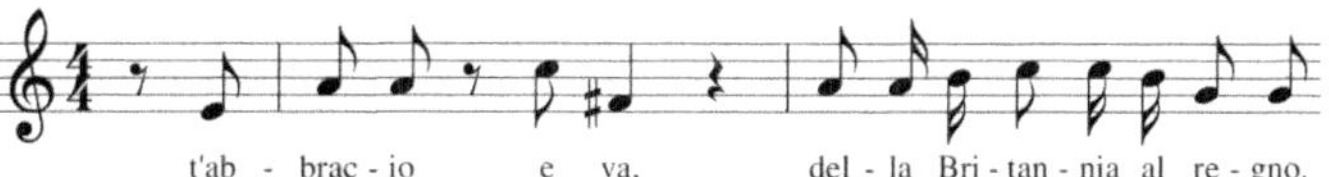

Es sind eben jene Wörter rhythmisch hervorgehoben, in denen die Fehde zwischen den beiden Vätern zur Sprache kommt. In der 3. Szene beichtet Teodata ihr Geheimnis um das Verhältnis zu Vitige, was Ugones Hoffnung auf eine Vermählung mit Flavio vereitelt. Dies kleidet Teodata in T. 7 in die Worte:

nelle braccia a Vitige
in Vitiges Armen

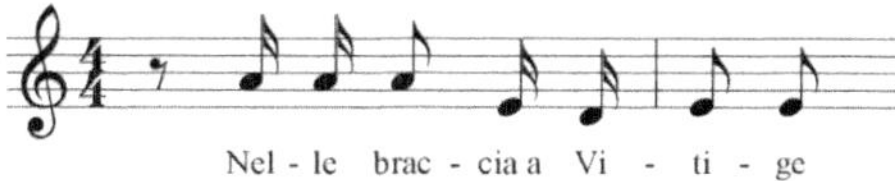

Ugone ist verzweifelt und weiß nicht, wohin er sich wenden soll. Er fühlt sich vom Schicksal hin- und hergeworfen, so schlussfolgert er am Ende der Szene seine Verzweiflung in dem Ausruf:

un ludibrio del mondo
Ein Spielball der Welt

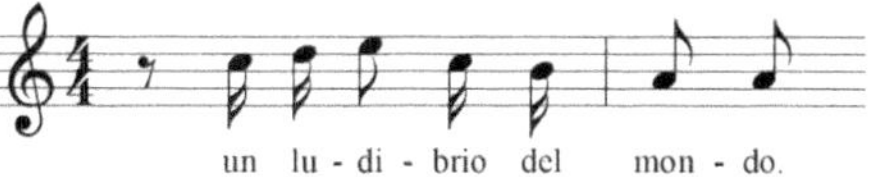

Teodata wirft Vitige im zweiten Rezitativ der 2. Szene des III. Aktes in T. 4 vor, dass die Liebesintrige gegenüber Flavio seine Schuld gewesen sei und er ihr deswegen keinerlei Vorwürfe machen dürfe:

ma sol del tuo folle voler
nur durch dein wahnwitziges Handeln

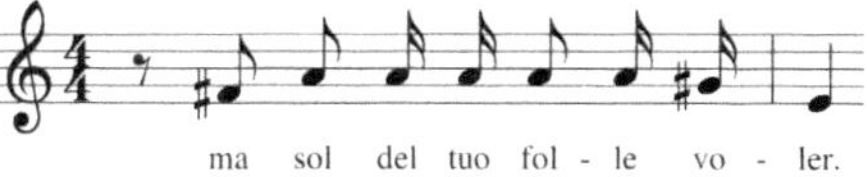

Auch Teodata wird als Spielball des Schicksals durch die Handlung getrieben. Ebenso Emilia, deren Vater durch die Hand ihres Verlobten Guido ums Leben kam, erscheint in der 7. Szene in T. 7 als eine vom Schicksal Getriebene. Dort lässt Flavio verlautbaren, dass auch Guido als Strafe für den Mord an Lotario das Leben habe lassen müssen. Hierauf erwidert Emilia, dass auch sie sterben wolle, wenn ihr Geliebter sein Leben lassen müsse.

se spirò la mia vita, il mio consorte
wenn mein Leben, mein Geliebter sterben musste

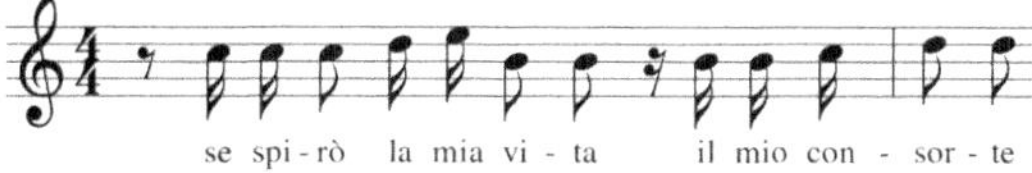

In *Flavio* symbolisiert der verdichtete Anapäst- und Daktylusrhythmus in vielen Fällen die Unbeständigkeit des Schicksals, die innerhalb der Handlung ein wichtiger Bestandteil der Dramatik ist. Vor allem die beiden Szenen zwischen Teodata und Flavio konfrontieren den Zuschauer bereits zu Beginn der Szene direkt mit dem Handlungsgeschehen.

Fazit

Die Rhythmisierung von Rezitativversen über die Standardmodelle hinaus ist vielseitig. *Amadigi* ist ein Sonderfall, weil sich die Intrige auf einen einzigen roten Faden, die Schmach der Zauberin Melissa, konzentriert. In *Flavio* werden die Protagonisten zum Spielball des Schicksals. Im Vergleich der beiden Opern erkennt man, wie Händel auf sein Experiment von 1715 in abgeschwächter Form rekurriert. Die rhythmischen Elemente sind weitflächiger auf die verschiedenen Szenen verteilt und mit größerer Behutsamkeit eingesetzt worden.

Verwendung größerer Sechzehntelgruppen

Fand in den bisherigen Beispielen die rhythmische Verdichtung noch in einer klar strukturierten Form (Anapäst, Daktylus) statt, so tauchen an vielen Stellen häufig Sechzehntelgruppen auf, die den sanft pulsierenden Rhythmus empfindlich stören. In den bisherigen Beispielen wurde die Versstruktur vor allem durch überlange Phrasen und Zäsuren aus dem Gleichgewicht gebracht. Doch oftmals nutzt Händel Sechzehntelgruppen in freier Verdichtung.

In *Giulio Cesare* (1723) treffen in der 2. Szene des III. Akts Cleopatra und Tolomeo in einem Streitgespräch aufeinander. Tolomeo hat soeben Cesares Gemächer durch seine Schergen stürmen lassen, um ihn zu ermorden. Cesare ist die Flucht gelungen, nun sieht sich Tolomeo seiner verhassten Schwester gegenüber und will sie in den Kerker werfen lassen:

Cleopatra:
Tolomeo non mi vinse;
mi tradì quella cieca,
che, tiran, ti protegge,
senz'onor, senza fede, e senza legge.

Tolomeo hat mich nicht besiegt;
jene Blindheit hat mich verraten,
die, Tyrann, dich beschützt.
Ohne Ehre, ohne Treue und ohne Gesetz.

Tolomeo:
Olà! sì baldanzosa
del vincitor al riverito aspetto?
(alle guardie)
S'incateni costei.

So anmaßend bist du,
wenn du dem Sieger gegenüber stehst?
(zu den Wachen)
Legt sie in Ketten.

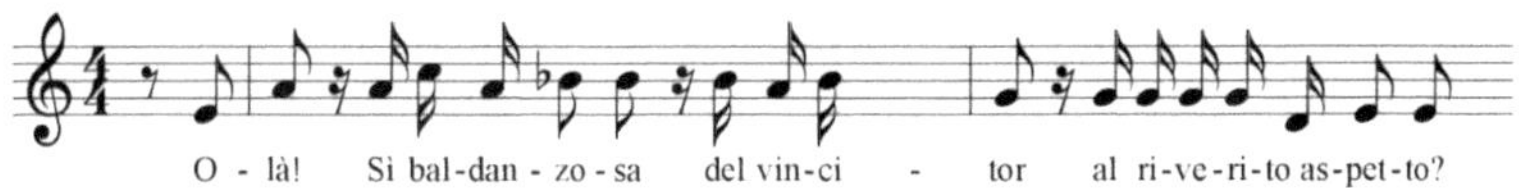

Auch in dieser Szene zeigt sich wieder das ungezogene Verhalten Tolomeos, das er an dieser Stelle auch nicht mehr zu verschleiern versucht. Zwei auftaktige Dreiergruppen in T. 8 weisen bereits eine durchbrochene Versstrukur auf, bevor in T. 9 fünf Sechzehntelwerte in Folge rezitiert werden. Auch in dieser Szene zeigt sich deutlich, wie Händel gezielt aus dem federnden Rezitationston ein aufgewühltes Notenbild entstehen lässt.

Ähnlich verhält es sich in der 2. Szene des III. Akts von *Alcina*. Dort trifft die Zauberin auf ihren ehemaligen Geliebten Ruggiero. Es entwickelt sich ein Streitgespräch, in dem Alcina versucht, ihren Geliebten zur Vernunft zu bringen. Ruggiero hingegen beharrt auf seiner Verbindung mit Bradamante und denkt in T. 8 mit Schrecken an die Zeit mit Alcina zurück:

Ruggiero:

Il passato suo inganno	Ihre vergangenen Fehler
rimira con orrore un' alma grande.	betrachtet eine große Seele mit Schrecken.

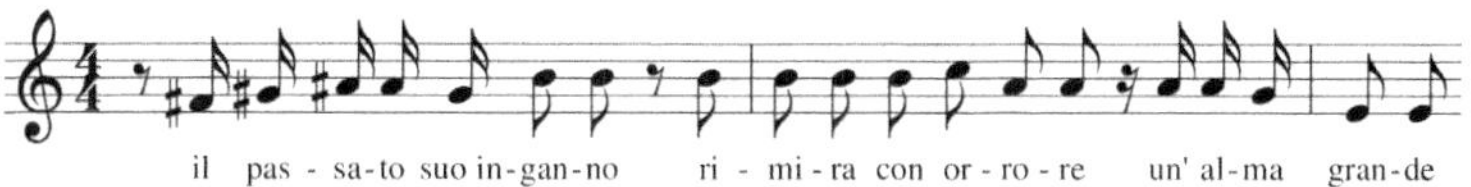

Hier reihen sich zu Beginn sogar fünf Sechzehntelwerte aneinander. So drückt sich Ruggieros Schrecken und die böse Erinnerung seiner Liebe zu Alcina deutlich in der rhythmischen Struktur aus.

Ein ähnlicher Konflikt zeigt sich in der 16. Szene des I. Akts von *Faramondo* (1738). Gustavo versucht, auf einem einsamen Waldstück Faramondo zu ermorden. Im letzten Moment wird er jedoch von seinem eigenen Sohn Adolfo und einem Gefolge von Soldaten daran gehindert. In dieser Situation beschimpft Gustavo seinen Sohn als Verräter, Gustavos vermeintlicher Sieg entpuppt sich als großer Irrtum:

Gustavo:

[...] Figlio traditore!	Verräterischer Sohn!
Ahimè! Già d'ogni intorno	Ach! Von allen Seiten
lo circondono i suoi. Fatto è periglio	umgeben ihn seine Leute. Zur Gefahr wurde,
ciò ch'era il mio trionfo. O iniquo figlio!	was mein Triumph war. O ungerechter Sohn!

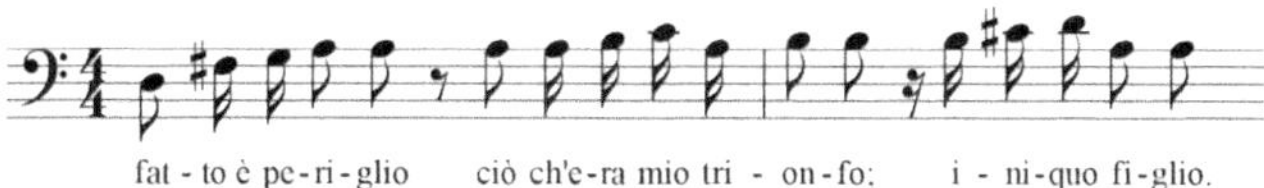

Faramondo hingegen versucht, die Situation sowie den Vater-Sohn-Konflikt zu befrieden, indem er Gustavo die Krone und die Tochter Rosimonda zurückgeben will. Beim empörten Gustavo jedoch stößt er damit auf Widerstand:

Gustavo:

voglio tronco il tuo capo e Rosimonda	Ich will deinen abgetrennten Kopf
ne sarà il prezzo. [...]	und Rosimonda wird der Preis dafür sein. [...]

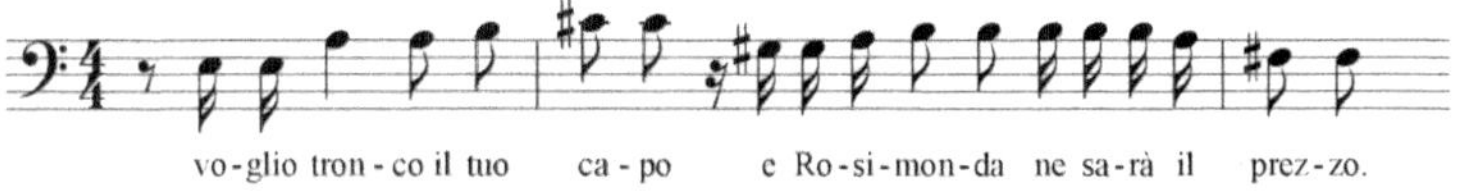

Der Zorn Gustavos drückt sich in einer Aneinanderreihung von drei Sechzehnteln aus, gefolgt von einer Vierergruppe. Die inhaltliche Ebene bestätigt dies: Gustavo droht, Faramondo zu enthaupten und sich auf diese Weise seine Tochter zurückzuholen.

In *Imeneo* (1740) spitzt sich die Situation zu, als Rosmene im zweiten Rezitativ der *scena ultima* im III. Akt endgültig ihre Wahl zwischen dem Geliebten Tirinto und ihrem Retter Imeneo treffen muss. Ihr Vater Argenio besteht auf einer Verbindung mit Imeneo und nicht auf einer Liebesheirat mit Tirinto. Rosmenes Unmut drückt sich in den vielen Sechzehntelketten dieser Szene aus:

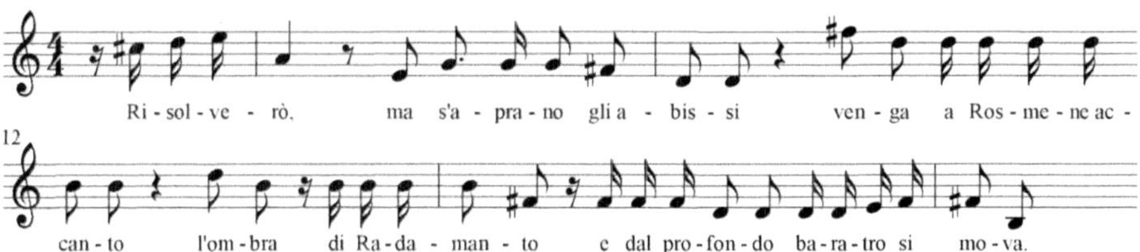

Neben den auftaktigen Sechzehntelgruppen in T. 10 und T. 12 sieht man in T. 11 und T. 13 vier Sechzehntelwerte in Folge, was innerhalb der regulären Versrezitation nur selten vorkommt. Rosmene ruft den Herrscher der Unterwelt Radamanthys an, sich an ihre Seite zu gesellen, wenn sie Imeneo heiraten sollte. Rosmenes innere Erregung ist in diesen Takten offensichtlich, da die häufigen Sechzehntelwerte die federnde Rezitationsstruktur stark erschüttern.

Fazit

Sechzehntelgruppen verdichten sich bei Affekten wie Zorn sowie in hitzigen Streitgesprächen. Die fließende Rezitation wird dadurch erschüttert. Die Affekte sind in ihrem Ausdruck sehr ähnlich. Wie sich an voriger Stelle durch Versenjambements die geordnete Versrezitation in einen Redeschwall verwandeln konnte, wird hier ein erregt-erschütterter Rezitationston durch die dichte Aufeinanderfolge von vier oder fünf Sechzehntelwerten erzeugt.

Steigerung und Gradation: Wachsende Versglieder

Unterteilt man einen Vers in Sinnabschnitte, so sind diese meist von ungleicher Länge. Während als Sinnbild der Sprachlosigkeit vom Komponisten Pausenzäsuren gesetzt werden können, kann auch der Librettist eine Abfolge von Ausrufen oder Fragen im Librettovers festschreiben. Diese Ausrufe und Sinngliederungen sind keineswegs wahllos aneinander gekettet, sondern unterliegen in vielen Fällen einer dramatischen Steigerung. Solche wachsende Versglieder sind ein wichtiger Bestandteil der Rhetorik des Rezitativs. Dabei handelt es sich um eine stufenweise Steigerung der Längen der Teilverse, die man auch als Gradation bezeichnen kann, bei der die Verslängen bis zu einem Höhepunkt hin anschwellen. Oft findet man sie auch in Zusammenhang mit einer rhythmischen Verdichtung und der Zuspitzung auf eine bestimmte Aussage.

Teofane äußert in der 10. Szene des II. Akts von *Ottone (*1723) ab T. 47 einen Vers, der eine klare rhythmische Steigerung in sich trägt. In dieser Situation hält Teofane Ottones Cousine Matilda für dessen Geliebte und äußert sich dementsprechend fassungslos: »Ah! Che intendo? E non grido? E non mi scopro?« (»Was höre ich? Und ich schreie nicht? Und ich gebe mich nicht zu erkennen?«).

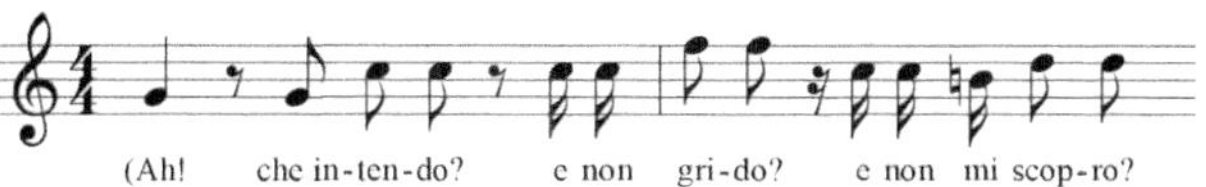

Diese Steigerung verdeutlicht, wie sich Teofane immer mehr ihrer Ohnmacht hingibt. Während ihr »che intendo« noch in Achtelwerten notiert ist, wächst der Rhythmus auf das folgende Versfragment um zwei Sechzehntel, im dritten Teilvers dann auf drei Sechzehntel.

In der 1. Szene des I. Akts von *Tamerlano* (1724) erfährt der Gefangene Bajazet, dass sein Rivale Tamerlano als Friedenspfand seine Tochter heiraten will. In T. 17 Andronico verweigert Bajazet das Schwert, als dieser damit Selbstmord begehen will, worauf Bajazet erwidert:

Bajazet:

Tu 'l nieghi a me?	Du verweigerst es mir?
Per me pietà non hai.	Du hast keine Gnade für mich.
Non me 'l nieghi il mio ardir:	Doch mein Mut verweigert es mir nicht:

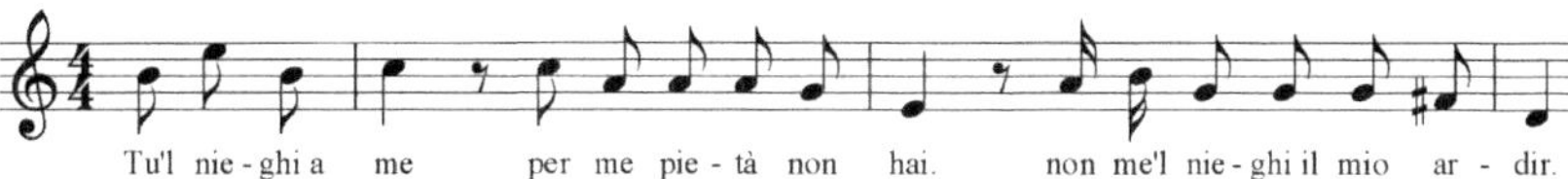

Stück für Stück redet sich Bajazet in Rage. Die Struktur läuft über einen viersilbigen Teilvers, gefolgt von einem sechsilbigen Teilvers und einem Siebensilber. Die Silbenlänge wächst innerhalb der Dreigliederung stufenweise an. Dadurch wird eine Steigerung von Bajazets Aussage erreicht, die im Siebensilber ihren Höhepunkt findet.

In der 3. Szene des III. Akts eskaliert die Situation zwischen Bajazet und Tamerlano, der nun Vater und Tochter in gleichem Maße bestrafen will. Dies fasst er ab T. 20 in folgende Worte:

Tamerlano:

Ora con un sol colpo	Mit einem einzigen Streich
voglio veder puniti	will ich bestraft sehen
un rival, un'ingrata, e un superbo.	einen Rivalen, eine Undankbare und einen Hochmütigen.

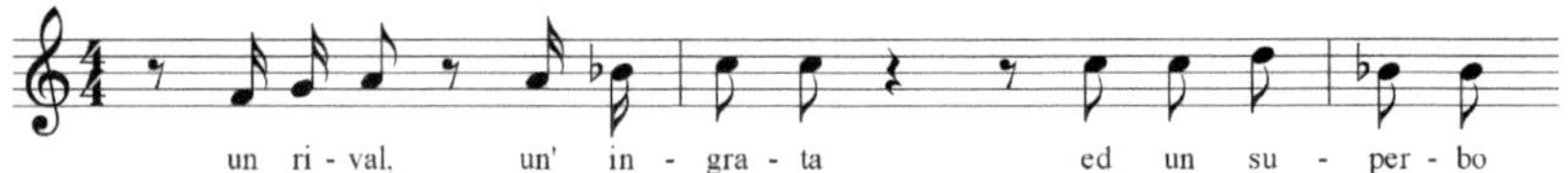

Der Elfsilber wird in drei Teilverse untergliedert, die sich in ihrer Silbenzahl allmählich erhöhen. Die Glieder wachsen von drei über vier auf fünf Silben an, während auch die aufsteigende Melodielinie von *f*' – *a*' sowie *a*' – *c*'' ansteigt, bevor sie auf »ed un superbo« in einer kleinen Kadenzfloskel endet. In diesen Takten steigt die Tonhöhe bei »un rival« im Ambitus einer großen Terz, bei »un'ingrata« im Ambitus einer kleinen Terz und bei »ed un superbo« kadenziert die Melodie zum Grundton *b*. Es ist also einerseits eine aufsteigende Tonskala, während die Silbenzahl der Versglieder ebenfalls zunimmt. Händel komponiert also an vielen Stellen die Aussagen der Protagonisten in stufenweise ansteigenden Teilversen. Hierbei kann der Höhepunkt der Steigerung u. a. wie bei *Ottone* auf »e non mi scopro« in einer Fragekadenz, oder wie in *Tamerlano* auf »ed un superbo« auf einer Schlusskadenz enden.

In der 5. Szene des II. Akts von *Riccardo Primo* (1727) beginnt Costanza mit einer Anrede, in der sich der Rhythmus innerhalb der Versglieder stufenweise verdichtet. Zuvor hatte ihr Oronte einige Komplimente gemacht, die von dessen Verlobter Pulcheria mit Eifersucht und Zynismus aufgefasst worden waren:

Costanza:

Prencipe, ognor compagna	Prinz, immer ist die Begleiterin
È d'amor gelosia.	der Liebe die Eifersucht

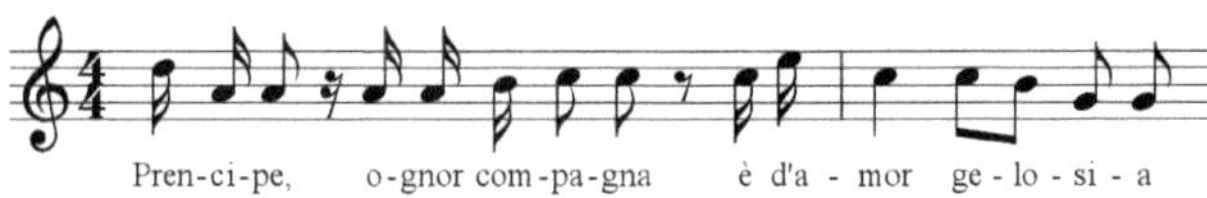

Im ersten Vers steigert sich der Rhythmus von »Prencipe« zu »ognor compagna« von drei auf fünf Silben, gefolgt von einem Siebensilber. In den ersten beiden Teilversen erweitern sich die beiden Sechzehntel zu einer auftaktigen Dreiergruppe. Auch hier ist ein Dreischritt zu erkennen. So verfolgt Händel eine Vertonung mit drei auftaktigen Satzgliedern, die in ihren Sechzehntelgruppen einen ähnlichen Aufbau besitzen. Costanza versucht an dieser Stelle, Oronte mit höflichen Floskeln zu beruhigen. Pulcheria wurde von ihrem Vater Isacio angewiesen, in Riccardos Gegenwart Costanza zu spielen und sich so die Hochzeit zu erschleichen.

In *Tolomeo* (1728) beginnt Araspe die 2. Szene des II. Akts ebenfalls mit einer stufenweisen Anrede. Die Erweiterung des Teilverses entsteht durch das Hinzufügen der o-Endung beim zweifachen Ausruf des Namens Osmin/Osmino.

Araspe:

Osmin, Osmino! E come hai tanto ardire di venire ove io son, quando lontano ...	Osmin, Osmin! Und warum wagst du es dort hin zu kommen, wo ich bin, wenn in der Ferne ...

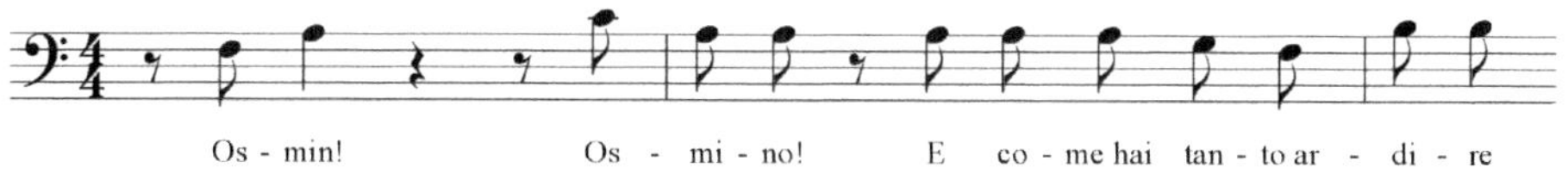

Araspe benötigt also einen ersten Ausruf von zwei Silben, gefolgt von einer dreisilbigen Wiederholung, bevor der eigentliche Inhalt ihrer Anrede in einem siebensilbigen Teilvers Ausdruck findet. Gemäß der Betonung des Namens »Osmin« sind beide Anreden auftaktig. Dazwischen findet sich noch eine deutliche Pausenzäsur von einer Viertel und einer Achtel, die ihn zwischen den beiden Anreden nochmals kräftig Luft holen lassen.

In der 12. Szene des II. Akts von *Ezio* (1732) ruft Kaiser Valentiniano in T. 62 den Gefangenen Ezio zu sich, der sich des Verrats an Valentiniano schuldig bekennen soll. An Valentinianos Seite sitzt Fulvia, Ezios Geliebte, die von Ezios Unschuld überzeugt ist. Als Ezio seine Geliebte an der Seite des Kaisers sitzen sieht, drückt er dies folgendermaßen aus:

Ezio:

Ah perfida! Ah spergiura! A questo colpo manca la mia costanza! [...]	Ah, Verwegene! Ah, Treulose! Bei diesem Schicksalschlag schwindet meine Standhaftigkeit! [...]

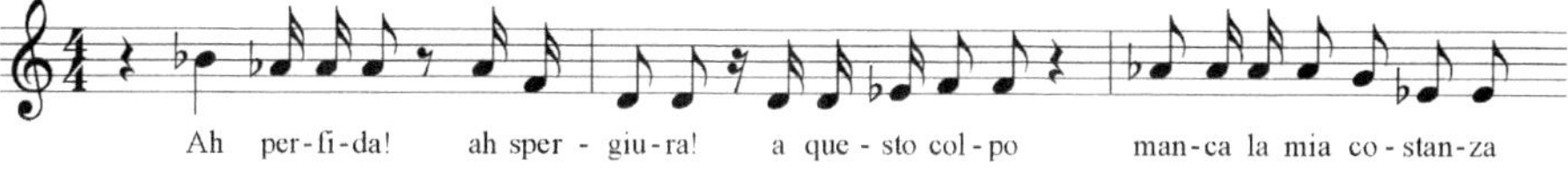

Der Elfsilber ist in einzelne Ausrufe und in drei Teile untergliedert. Verstärkt wird der Ausdruck durch die wachsenden Versglieder. Der Anapäst bei »Ah, perfida« wird durch eine weitere Länge am Schluss erweitert: »Ah, spergiura« und bei »A questo colpo« zu einem drei-Sechzehntel-Auftakt auf »a questo colpo« erweitert. Auf »manca la mia costanza« folgt ein Siebensilber, der durch die drei Ausrufe stufenweise vorbereitet wird. Die ersten beiden bestehen aus vier Notenwerten mit zwei Sechzehnteln, der dritte aus drei Sechzehnteln. So steigern sich vor allem durch rhythmische Verdichtung die Teilverse, bis die flüssige Rezitation wieder einsetzt. Auch bei Fulvia findet sich in T. 77 eine steigernde Rhythmusfigur.

Fulvia:

Cesare, per placarti	Cesare, um dich zu besänftigen, habe ich
finsi sinora. Ezio è il mio caro amore;	gelogen. Ezio ist meine wahre Liebe
e sappi fuor di questo	und wisse, außer dieser Liebe
di tutto il mondo ogni altro amor detesto.	verachte ich jede andere auf der Welt.

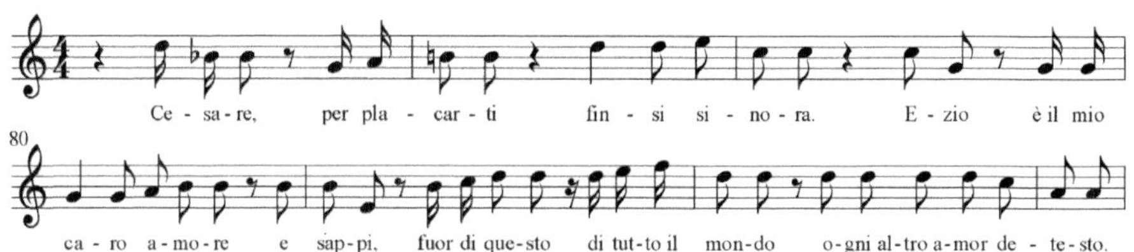

In der Phrase »Cesare / per placarti / finsi sinora!« deutet sich eine Steigerung an, die in der folgenden Aussage erweitert wird. Etappenweise tastet sich Fulvia an ihr Geständnis heran. Im folgenden Abschnitt ab »Ezio è il mio caro amore« stellt man in ihrer weiteren Ausführung nochmals eine Steigerung der Versglieder fest. Eine weitere findet man von »e sappi« über »fuor di questo« und »di tutto il mondo«. Fulvias Geständnis wird also in zwei Anläufen stufenweise eingeleitet und mündet erst am Ende in die eigentliche zentrale Aussage des zweiten bzw. des vierten Verses.

In der 10. Szene des I. Akts von *Serse* (1738) äußert dessen verschmähte Verlobte Amastre, die sich in Verkleidung am Hof ihres künftigen Gatten Serse einschleicht, ihre Bewunderung über diesen im *a parte*, tut dies aber mithilfe eines unmissverständlichen Ansteigens der Rhythmik: »Ecco Serse, o che volto, o che splendore« (»Da ist Serse, o welch Antlitz, o welcher Glanz«). Dieser Ausruf ist im Libretto als Elfsilber notiert, in der Komposition dann rhetorisch ausdrucksstark komponiert.

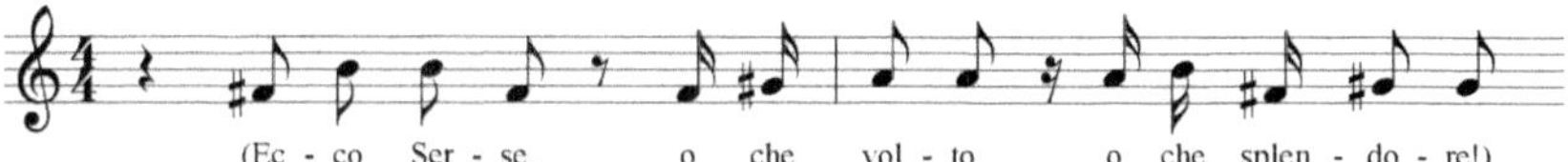

Der Vers ist in drei Ausrufe gegliedert: »Ecco Serse / o che volto / o che splendore«. Betrachtet man im Weiteren den rhythmischen Aufbau, so fällt ein deutlicher Anstieg ins Auge: »Ecco Serse« – »o che volto« – »o che splendore«. Von sanften Beginn mit vier Achtelsilben hebt sich das zweite Versglied durch seine zweifache Sechzehntel-Rhythmisierung ab, während das dritte Glied mit seinen drei Sechzehntel-Silben den Höhepunkt bildet, auch wegen seiner Länge von insgesamt fünf Silben.

Fazit

Sinnabschnitte im Vers können sich stufenweise steigern. Dabei fallen vor allem die drei- und vierfachen Steigerungen ins Gewicht. Entweder es erhöht sich von Stufe zu Stufe die Silbenzahl oder der Rhythmus wird durch eine Beschleunigung verschärft. So entsteht ein Wechselspiel aus Veränderung der Silbenzahl und Sprachtempo. In den Anreden entsteht so eine Art rhetorisches Herantasten, wodurch sich die Annäherung an eine andere Person in mehreren Schritten und damit distanziert vollzieht.

Emphasen durch Punktierungen

Punktierungen dienen im Rezitativ einer starken Betonung innerhalb der Rede. So verwendet Händel Punktierungen in manchen Fällen für Anreden, Ausrufe als auch dazu, bestimmte wichtige Wörter aus dem Kontext hervorzuheben. Die punktierte Note fällt dabei stets auf eine schwere Zählzeit und erhält dadurch entsprechendes Gewicht.[23]

Als in der 8. Szene des I. Akts in *Amadigi* (1715) dessen Geliebte Oriana auf Melissas Befehl von Dämonen entführt wird, will Amadigi ihr zu Hilfe kommen. Dies weiß Melissa zu verhindern, indem sie ihren Dämonen in T. 10 befiehlt, Amadigi mit den Worten »ritenetelo, oh furie« zurückzuhalten. An dieser Stelle wird das »ritenetelo« mit einer markanten Punktierung versehen:

Oriana:	
[...] Melissa, oh Dio!	Melissa, Oh Gott!
Amadigi:	
Io ti soccorro!	Ich eile dir zu Hilfe!
Melissa:	
Ritenetelo, oh furie!	Haltet ihn zurück, Furien!

[23] Vergleichend zu den folgenden Beispielen sei hier auch auf das Kapitel *Rodrigo – Händels erste italienische Oper,* S. 61–66 verwiesen.

Amadigi:
Oh Numi! [...] Oh Götter!

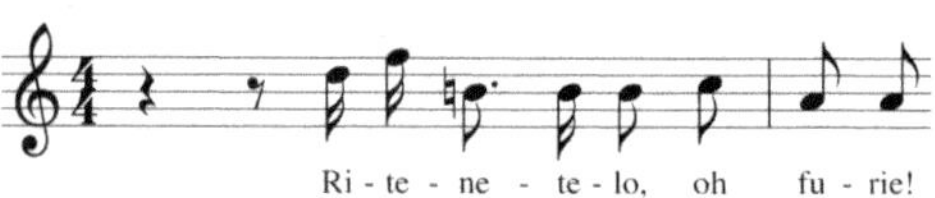

Auf »ritenetelo«, einem Imperativ, komponiert Händel eine Punktierung. Die Punktierung bezieht sich nicht auf ein einzelnes Wort, das damit den Charakter eines Ausrufs erhält. Inhaltlich ist der gesamte Vers ein Befehl an die Geister der Unterwelt, weshalb die Punktierung auch nicht durch Pausen isoliert wird. Als sich Amadigi in der 4. Szene des II. Akts aus Verzweiflung das Leben nehmen will, wird er von Melissa zurückgehalten. In T. 10 ruft sie in Form eines Imperativs »fermati e vivi« (»Halt ein und lebe!«) und tut dies auf eine Punktierung.

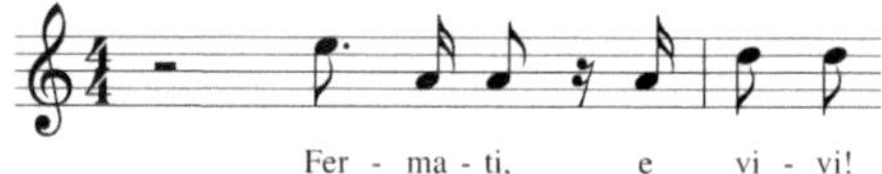

Diese steht als isolierter Ausruf und ist durch eine Sechzehntelpause vom »e vivi« abgetrennt. Dieser Ausruf hat die Funktion einer Aufforderung und ist vom Komponisten mit großem Nachdruck versehen worden.

In *Giulio Cesare* (1723) erklingen Punktierungen häufig in Zusammenhang mit der ehrerbietigen Nennung von Cesares Namen. So in der 2. Szene in T. 22 bei Cornelia: »Giove regoli il Ciel, Cesare il mondo« (»Jupiter beherrsche den Himmel, Cesare die Welt«).

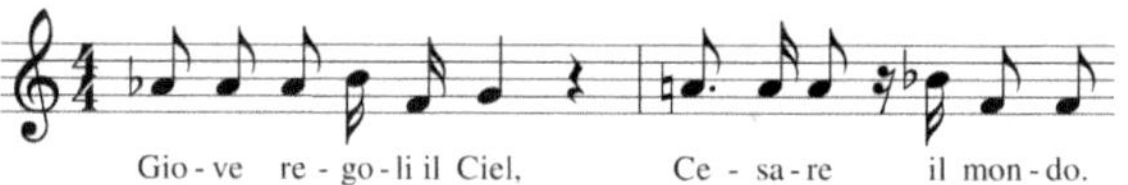

Der Ausruf »Cesare« ist nicht nur durch eine Punktierung hervorgehoben, er wird auch durch die Pausen markiert. Es zeigt sich deutlich, mit welchem Bedacht Cornelia den Titel des römischen Herrschers in den Mund nimmt.

Ähnlich verhält es sich in der 3. Szene mit Achilla, als er Cesare das Haupt von Pompeo präsentiert. In T. 78 auf die Worte »Cesare, frena l'ire« (»Cesare, zügle deinen Zorn«), hier in Zusammenhang mit einem Imperativ.

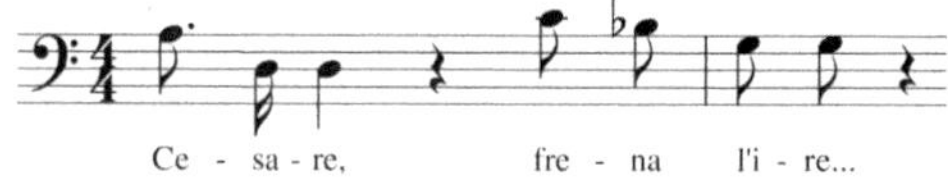

An dieser Stelle ist »Cesare« als fallende Quinte notiert, es folgt wiederum eine Viertelzäsur, bevor Achilla seine Rezitation fortsetzt. Doch nicht an jeder Stelle wird der Name bzw. der Titel Cesares auf diese ehrerbietige Art ausgesprochen. In der 7. Szene des II. Akts hat Cleopatra als Dienerin verkleidet Cesare in ihren Gemächern empfangen. Aus ihrem Rezitationsstil spricht das Selbstbewusstsein, mit dem sie dem römischen Herrscher gegenübertritt. Noch als Dienerin verkleidet macht sie Cesare einen Heiratsantrag, worauf dieser aufgrund des Standesunterschieds empört reagiert. Daraufhin will Cleopatra ihn beruhigen und wählt dafür ebenfalls die Worte »Cesare, frena l'ire« (»Cesare, zügle deinen Zorn«).

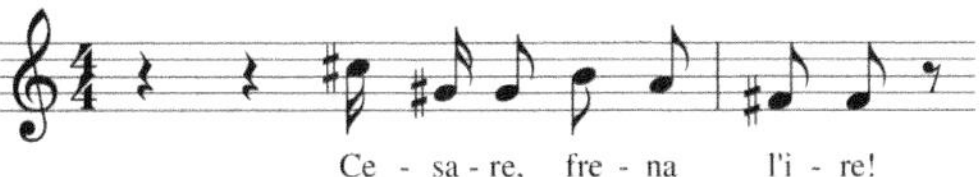

Diesmal findet sich keine Punktierung auf »Cesare«, ebenso keine Pausenzäsur. Cleopatra/Lidia hat in dieser Situation ebenfalls großes Selbstbewusstsein und zeigt in ihrer Artikulation wenig Unterwürfigkeit. Auch fehlt in dieser Situation der offizielle Charakter, den die Cesare-Anreden in den vorigen Beispielen hatten. Doch weshalb ist »Cesare« auf einen Anapäst-Rhythmus mit zwei Sechzehnteln und einer Achtelnote komponiert? Man würde vielleicht erwarten, dass im Falle einer fehlenden Punktierung der Rhythmus daktylisch mit einer Achtel und zwei Sechzehntel notiert werden müsse. Bei genauer Betrachtung kommt man zu folgendem Ergebnis: Händels Rezitative kennen keine abschließenden Sechzehntelwerte am Wortende. Die Endvokale im Italienischen sind stets mit einem Viertelwert bei betonten Vokalen und einem Achtelwert bei unbetonten Vokalen vertont. So erklärt sich auch die Vertonung bei Worten wie »Cesare« auf einen Anapästrhythmus.

In der 11. Szene ruft Cornelia in T. 42 »barbaro« aus, als Achilla ihr vergeblich Avancen macht: »Barbaro, una Romana sposa ad un vil Egizio?« (»Grausamer, eine Römerin als Braut eines widerlichen Ägypters?«). In der Melodielinie ist deutlich die Empörung Cornelias herauszulesen:

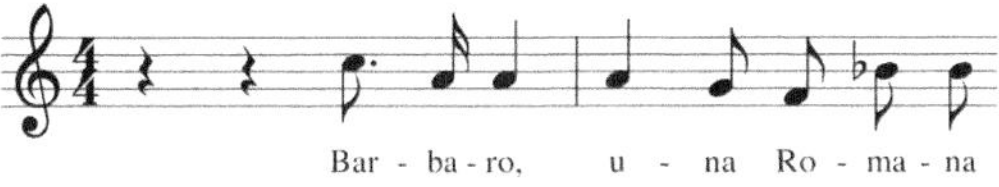

Auf »Barbaro« erklingt eine fallende Terz, worauf sich der folgende Teilvers direkt und ohne Pausenzäsur anfügt. Wie bereits in *Imeneo* ist zu erkennen, dass sich bestimmte Wörter besonders für eine punktierte Artikulation eignen. Allerdings ist in diesem Fall »Barbaro« eine deutliche Anrede, ähnlich wie dies bei »Cesare« geschieht. Curio warnt in der 8. Szene des II. Aktes Cesare vor dem Mordanschlag Tolomeos mit den Worten »Cesare, sei tradito« (»Cesare, du bist verraten!«).

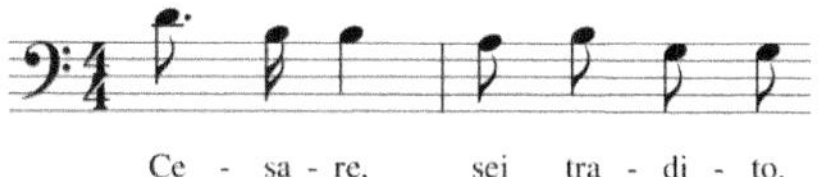

In dieser Situation drückt sich die Eile aus, in der Curio in die Gemächer gestürmt kommt. So ist zwar das »Cesare« adäquat punktiert, jedoch vermisst man in diesem Fall die Pausenzäsur. Jedoch ist die Punktierung durch die folgende regelmäßige Achtelbewegung sehr markant. So werden Curios Worte zu einem geschlossenen Ausruf.

Zwei Jahre später, in *Rodelinda* (1725), finden sich in der 8. Szene des I. Akts zwei Punktierungen. Rodelinda trauert vor dem Grab ihres vermeintlich verstorbenen Gatten Bertarido, als Grimoaldos Vertrauter Garibaldo ihr nahelegt, Grimoaldo, den Feind ihres Gatten, zu heiraten. Falls sie sich verweigern sollte, müsste ihr Sohn sein Leben lassen.

Garibaldo:
[...]

pensa ed in breve eleggi	Bedenke das und wähle in Kürze
o'l trono pe'l tuo figlio, o pur la morte.	den Thron für deinen Sohn oder den Tod.

Rodelinda:

Perfido, sì t'intendo:	Verwegener, ja ich verstehe dich:
questo è sol tuo consiglio;	das ist dein einziger Ratschlag.

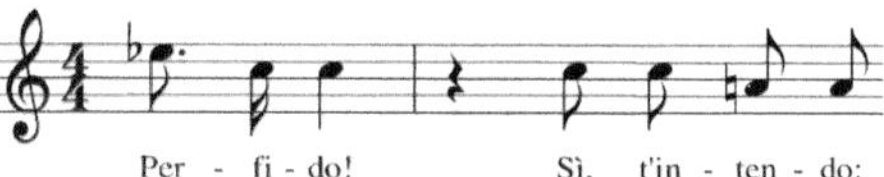

Rodelindas Antwort beginnt mit dem punktierten Ausruf »perfido« in T. 29 auf eine fallende Terz. Der Ausruf ist durch eine Viertelpause vom folgenden »sì t'intendo« abgetrennt, die Punktierung wird als Anrede verwendet und hat in ihrer Intervallhaftigkeit deutliche Signalwirkung. Die Viertelzäsur ist als Pause sehr lang und lässt Rodelinda um Atem ringen. Die folgenden Achtelwerte stehen in klarem Kontrast zur vorigen Punktierung. Als Rodelinda dem Leben ihres Sohnes zuliebe zustimmt, folgt in T. 37 ein weiterer punktierter Ausruf von Bertarido, der das ganze Gespräch im Verborgenen belauscht hat:

Bertarido:

(Misero, ohimè! Son morto.)	(Ach, ich Ärmster! Ich sterbe.)

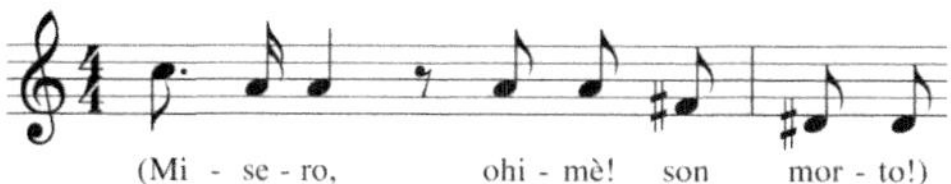

Hier ist der Ausruf, den man auch als Anrede an sich selbst verstehen kann, durch eine Achtelpause vom folgenden Teilvers isoliert. Charakteristisch für den Signalcharakter ist vor allem das Intervall der fallenden Terz, die stufenweise bis zum Versende fortgeführt wird. Der Ausruf »misero« bildet mit seiner Punktierung den Kern von Bertarídos Aussage, fortgeführt wird der Rhythmus durch eine ruhige Achtelbewegung, die neben der Zäsur die markante Rhythmik der Punktierung unterstützt.

Man mag meinen, dass ausschließlich die natürliche Akzentstruktur von »Cesare« die häufigen Punktierungen in *Giulio Cesare* rechtfertigen, jedoch zeigt sich, dass Händel mit der Verwendung von Punktierungen sehr sorgfältig umgeht und diese nur einsetzt, um den Nachdruck einer Anrede oder eines Ausrufs zu betonen. In *Ezio* hingegen ist die Akzentuierung des Anrufs »Cesare« weit weniger konsequent gehalten. Hier handelt es sich um den römischen Kaiser Valentiniano, der jedoch aufgrund seines sechssilbigen Namens im Rezitativ stets »Cesare« oder »Augusto« genannt wird. Es ist der Intrigant Massimo, der in T. 25 der 2. Szene des I. Akts im Gespräch mit Ezio das Wort »Cesare« mit einer Punktierung rezitiert.

Ezio:

Massimo, non tacer!	Massimo, schweige nicht!

Massimo:

Si vive, amico, sotto un giogo crudel: or che vincesti, Cesare a nostro danno fia più ingiusto, più fiero e più tiranno.	Man lebt, Freund, unter einem grausamen Joch: jetzt wo du gewonnen hast, ist der Kaiser zu unserem Schaden ungerechter, stolzer und tyrannischer.

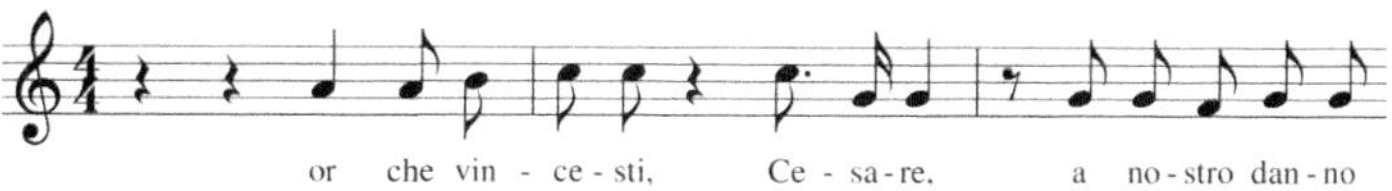

An dieser Stelle wird »Cesare« aus dem Vers herausgelöst und steht als isolierte Punktierung in T. 25 hervorgehoben da. Die Punktierung erklingt in Form einer fallenden Quarte, eingerahmt von Pausenzäsuren. Der Name steht mitten in der Rede Massimos und ist in der Unterhaltung mit Ezio keine Anrede, sondern lediglich eine Titelbezeichnung. Als Massimo jedoch in der 6. Szene in T. 4 das Wort direkt an Valentiniano richtet, liest sich der Notentext folgendermaßen:

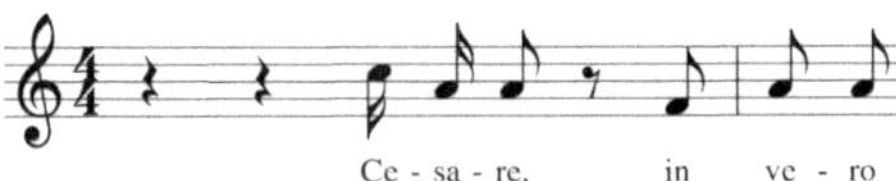

Auf eine fallende kleine Terz sind zwei Sechzehntel und eine Achtel notiert, gefolgt von einer Achtelpause. Die Anrede erhält durch die fehlende Punktierung deutlich weniger Gewicht und hebt sich nicht mehr vom übrigen Dialog ab. Auch Varo redet seinen Herren in der 3. Szene des II. Akts auf diese Weise an: »Cesare, invano il traditor cercai« (»Kaiser, vergeblich suchte ich den Verräter«):

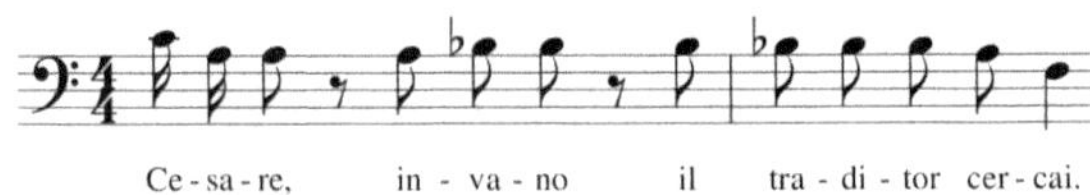

Varo beginnt seine Anrede mit einer fallenden Terz, die ebenfalls auf zwei Sechzehntel und eine Achtelnote komponiert ist. In *Ezio* wird das Wort »Cesare« weitaus weniger konsequent mit Punktierungen vertont, wie dies in *Giulio Cesare* der Fall ist. Die Anreden wirken dadurch unverbindlicher und weniger deutlich hervorgehoben. Die Beispiele zeigen außerdem, dass nicht überall eine musikalische Ausdeutung stattfindet, sondern die Notation lediglich der Versstruktur des Librettos folgt.

In *Imeneo* (1740) findet man in der 1. Szene des I. Akts zwei punktierte Wortbetonungen. Zu Beginn klagt Tirinto über den Verlust seiner Geliebten Rosmene, die von Piraten auf der Überfahrt nach Athen zusammen mit Clomiri, der Tochter Argenes, geraubt wurde. Da bislang keine Nachricht über den Verbleib der beiden eingetroffen ist, findet in der 1. Szene ein Dialog Tirintos und Argenios statt, in dem an zwei Stellen das Wort »barbaro/i« (grausam) auftaucht:

Argenio (T. 2):

O barbara fortuna	O grausames Schicksal

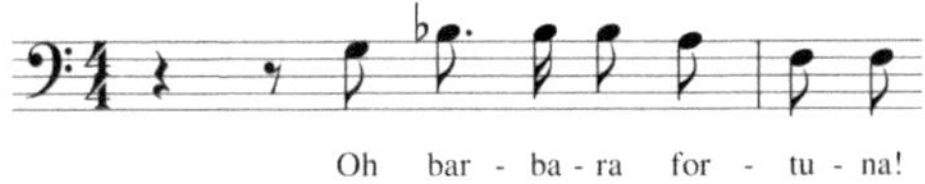

Tirinto (T. 9 f.):

O barbari pirati — O grausame Piraten

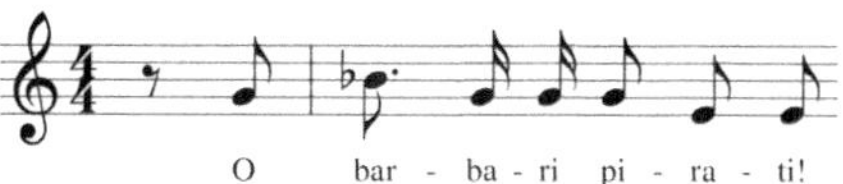

Die beiden zurückgelassenen Männer klagen hier sowohl das eigene Schicksal an als auch die Grausamkeit der Piraten. Beide Male handelt es sich um siebensilbige Ausrufe,[24] auf die eine Punktierung auf das Wort »barbaro/barbari« komponiert ist. Dieses zentrale Adjektiv erhält dadurch ein besonderes Gewicht und kann durch seine zweifache Wiederholung als zentraler Begriff dieses Dialogs gelten. Der punktierte Notenwert fällt dabei zwangsweise auf einen Schwerpunkt und erhält dadurch einen zusätzlichen Akzent auf der ersten Silbe »bà«.

Fazit

Punktierungen dienen einer zusätzlichen Wortbetonung, die im Rezitativ nur selten vorkommt. Sie fallen auf eine betonte Zählzeit, wodurch sie Gewicht erhalten. In ihrer Struktur nimmt die Punktierung im Takt einen halben Notenwert ein und hat so eine bedeutende Position, da der längste Notenwert im Regelfall die Viertelnote ist. Vor allem im häufigen Wechselspiel mit einer ruhigen Achtelbewegung fällt die Punktierung als ein Alleinstellungsmerkmal auf.

Fünfsilbige Teilverse: Sechzehntelrhythmen und Adonisvers

Sechzehntelrhythmisierung

In den Rezitativen gibt es in in sich geschlossene fünfsilbige Phrasen, die man neben ihrer eigentlichen Form (Piano-Endung) auch in ihrer Tronco-Endung auf der vierten Silbe findet. Indem Händel die Versrhythmisierung moduliert, wird die Rezitation lebendiger. Die eine Figur besteht aus drei auftaktigen Sechzehntelnoten, gefolgt von zwei Achteln. In ihrer Troncoform mit einem Viertelwert auf die betonte Zählzeit erinnert die Figur an den antiken Paion-Rhythmus, der im Rezitativ nur selten für den antiken Ausdruck von Freude oder Trauer verwendet wird. Die andere Figur ist der Adonisvers, der bereits in der Antike den Charakter eines Ausrufs besitzt. Diese rhythmische Struktur hat sich bis in die italienische Sprache hinein gehalten und findet

[24] Bei Argenio in T. 2 handelt es sich um den hinteren Teilvers eines Elfsilbers.

sich im Rezitativ bei Ausrufen wieder. Als häufigstes Element in Händels Rezitativen findet man den Vers mit Paioncharakter in seiner ursprünglichen Form oder in der Aufteilung der Viertelnote in zwei Achtelsilben (also oft einer Piano- anstelle einer Tronco-Endung) wieder.

Ursprünglicher antiker Rhythmus:	𝅘𝅥𝅯 𝅘𝅥𝅯 𝅘𝅥𝅯 | 𝅘𝅥𝅮
Paionrhythmus mit Piano-Endung:	𝅘𝅥𝅯 𝅘𝅥𝅯 𝅘𝅥𝅯 | 𝅘𝅥𝅮 𝅘𝅥𝅮

Der Rhythmus vermittelt ein erregtes Beben in der Stimme und tritt oft im Zusammenhang mit Angst, Wut, Schrecken, aber auch bei Freude oder unerwarteter Erregung auf. Allerdings dient die Rhythmisierung in erster Linie dem lebendigen Rezitativvortrag. Die Verbindung mit einem Affekt oder ein direkter Bezug zur Antike liegt nicht vor.

In der 7. Szene des I. Akts von *Floridante* (1721) will der Titelheld von König Oronte die Gründe für seine plötzliche Verbannung wissen. Als er ihn zur Rede stellt, richtet er folgende Worte an Oronte:

Floridante:

Dì, qual sognato delitto inventò mai	Sag, welche ersonnnene Untat hat jemals den Neid anderer geweckt?
l'invidia altrui? Oronte, in che mancai?	erfunden? Oronte, was habe ich falsch gemacht?

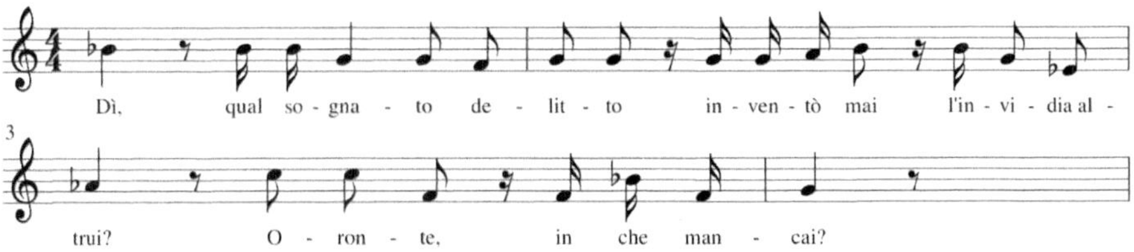

In diesem Fall wäre es Spekulation, die Sechzehntelrhythmisierungen einem eindeutigen Affekt wie Wut oder Angst zuzuordnen. Durch die Figuren erhält Floridantes Frage eine zusätzliche Betonung auf »inventò mai« und »che mancai?«. Außerdem entsteht eine zusätzliche Betonung der Wortendungen »mai« und »mancai«.

In der 5. Szene des II. Akts eröffnet Oronte seinen Plan, Elmira selbst heiraten zu wollen. Auf diese erste Anspielung reagiert Elmira mit folgenden Worten:

Elmira:

Più degno amor per me non v'è di quello	Eine würdigere Liebe gibt es für mich nicht als jene
che già da te approvato io corrisposi.	die du mir bereits zugesichert hast.

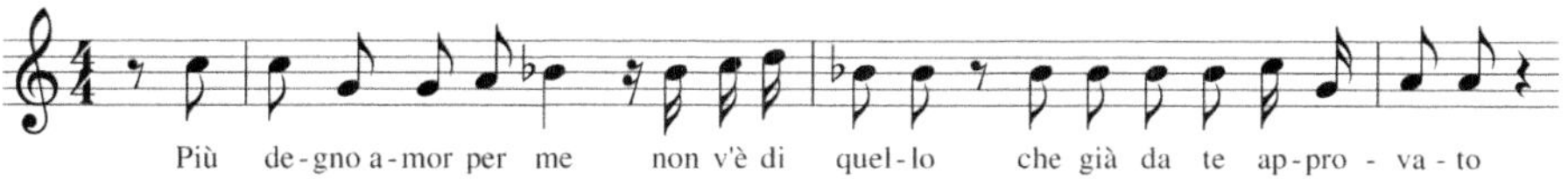

Es ist das Versfragment »non v'è di quello«, dem Händel durch eine Sechzehntelfigur eine zusätzliche Dynamik verleiht. Auch an dieser Stelle dient die Rhythmisierung in erster Linie einem lebendigen Redefluss und ist somit nicht einem eindeutigen Affekt zuzuordnen.

In *Tamerlano* (1724) zeigt sich Asteria in ihrem Monolog der 5. Szene des I. Akts erschüttert, da sie vermutet, dass ihr Geliebter Andronico sie als Dank für die griechische Herrschaft Tamerlano als Braut überlassen will. Ihre Erregung drückt sich in vier Sechzehntelgruppen aus, die an zentralen Stellen dem Vers unterlegt werden: »al Greco infido / dem untreuen Griechen« (T.1 f.), »per acquistar / um zu erobern« (T. 2), »è mediatore / er ist der Drahtzieher« (T. 6) und »d'infame nozze / einer schändlichen Hochzeit« (T. 6f.).

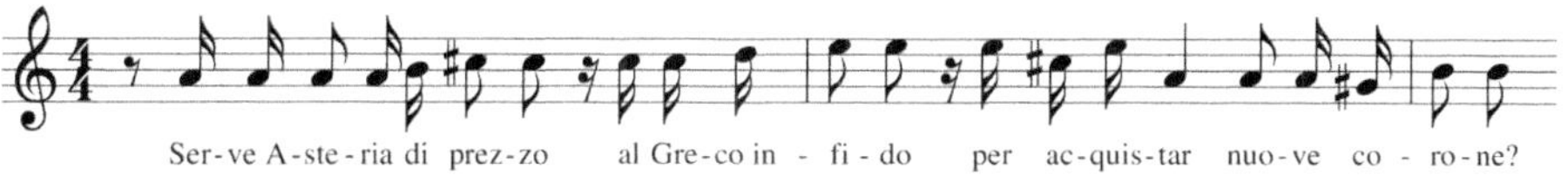

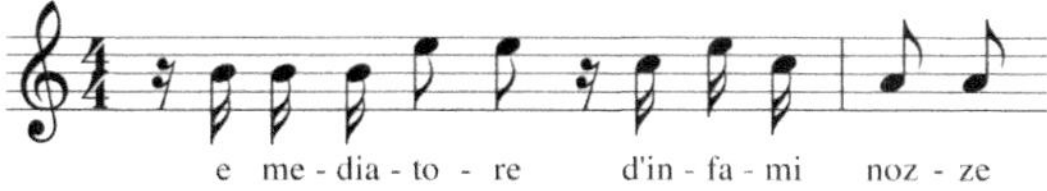

Beide Male tauchen die Rhythmen nacheinander auf und verschärfen durch ihre Dopplung Asterias Affekt. Man erkennt deutlich den Bezug zwischen der negativen Aussage und der entsprechenden Rhythmisierung.

In der 7. Szene des I. Akts des zehn Jahre später entstandenen *Orlando* (1734) trifft Medoro auf Dorinda. Diese hat die Zärtlichkeiten zwischen Medoro und Angelica mit Argwohn beobachtet und stellt ihn deswegen nun zur Rede. In T. 7 wirft sie ihrem Geliebten vor:

Dorinda:

[...] ed ho timore	und ich befürchte,
Che più del sangue a lei t'unisca amore.	dass mehr als Blut, dich Liebe mit ihr verbindet.

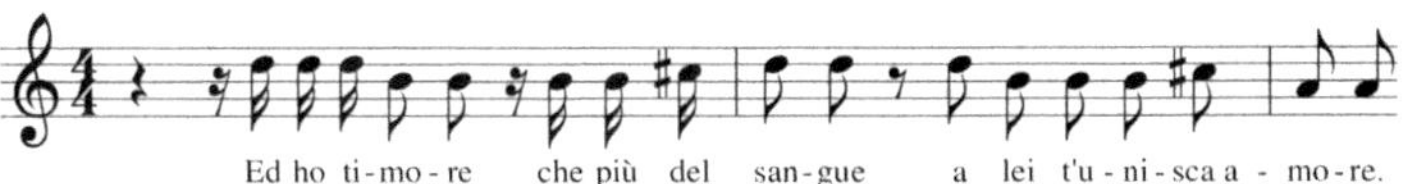

Auf die Worten »ed ho timore« wie auch auf »che più del sangue« erkennt man deutlich den sich wiederholenden Rhythmus mit drei auftaktigen Sechzehnteln. Händel hebt die Befürchtung Dorindas durch eine bebende Rhythmisierung hervor. Interessant ist vor allem die zweifache Wiederholung in direkter Folge, was den Ausdruck der Figur zusätzlich unterstreicht. In der 2. Szene des II. Akts entwickelt Händel das Spiel mit den Sechzehntelfiguren weiter. Es ist wiederum Dorinda, die als Beweis für Angelicas Untreue Orlando einen Armreif präsentiert, den dieser voller Schrecken als denjenigen erkennt, den er einst Angelica geschenkt hatte. Die Rhythmen tauchen in dieser Szene einmal bei Dorinda in T. 11 f. sowie einmal bei Orlando in T. 20 auf:

Dorinda:

E poi sen è partita	Und dann ist sie fortgegangen
col suo Medoro, da lei tanto amato	mit ihrem Medoro, den sie sehr liebt.

Orlando:

[...] Questo è il maniglio appunto	Das ist genau das Armband,
che già di Ziliante a me fu dono	das mir bereits von Ziliante geschenkt wurde.

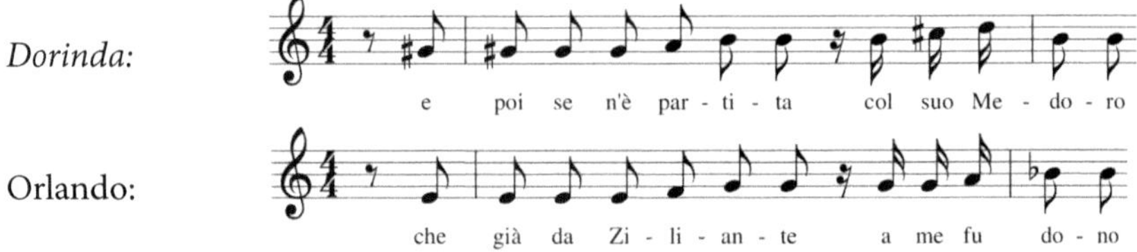

Auch in diesem Fall ist die Situation, in der die Rhythmen auftauchen, eng mit der vorigen verbunden. Während auf »e poi se n'è partita« eine fließende Achtelbewegung rezitiert wird, bricht Dorinda ruckartig auf »col suo Medoro« in eine Sechzehntelfigur aus, wohl auch, um bei Orlando die erhoffte Reaktion auszulösen. Dieser reagiert in T. 20 auf die Worte »a me fu dono« auf dieselbe Weise. Die Figur erklingt explosionsartig nach einer ruhigen Achtelrezitation, die er noch auf »che già da Ziliante« vollzogen hatte.

In der 4. Szene des I. Akts von *Alcina* (1735) tritt die als Ricciardo verkleidete Bradamante vor ihren Geliebten Ruggiero, der seine Liebe der Zauberin Alcina schenkt. Als Ruggiero ihr erklärt, er liebe nun Alcina, entwickelt sich zwischen dessen Diener Melisso und ihm folgender Wortwechsel:

Melisso:
Signor, tu senza brando e senza scudo? Herr, du ohne Schwert und Schild?

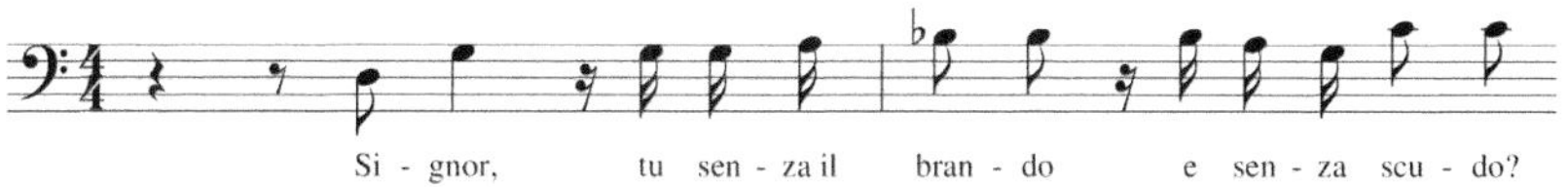

Der erregte Unterton in Melissos Stimme zeigt deutlich die Irritation und die Empörung, den eigenen Herrn nicht in Rüstung, sondern als verweichlichten Liebhaber zu ertappen. Die rhythmische Ausdeutung durch den Notentext spricht eine klare Sprache.

In *Imeneo* (1740) spitzt sich die Situation zu Beginn des III. Akts zu, als Rosmene zwischen ihrem Retter Imeneo und ihrem Geliebten Tirinto wählen muss. Bereits die ersten Takte der 1. Szene werden von zwei Paionrhythmen erschüttert:

Tirinto & Imeneo:
Alfin decidi! Entscheide dich endlich!

Rosmene:
Deciderò, […] Ich entscheide mich, [...]

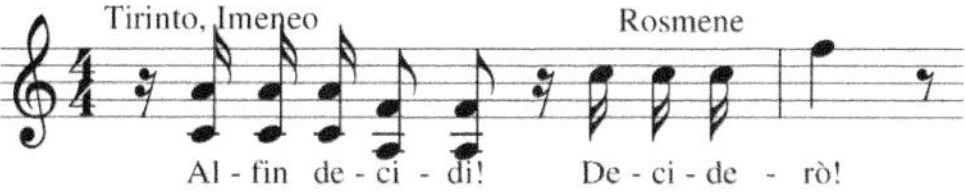

Hier wird der Zuhörer direkt in den ersten Takten mit dem Handlungsgeschehen konfrontiert, insbesondere durch die zweifache Verwendung der hämmernden Rhythmusfigur. Gesteigert wird dies noch durch den Duetteinwurf von Tirinto und Imeneo, die Rosmene geradezu drängen, endlich eine Entscheidung zu fällen. Eine weitere Rhythmusfigur findet sich in T. 7, als Rosmene ihr Schicksal und die Liebe als grausame Tyrannen bezeichnet:

Rosmene:

Gratitudine e amore son due tiranni che mi dan morte.	Dankbarkeit und Liebe sind zwei Tyrannen, die mir den Tod geben.

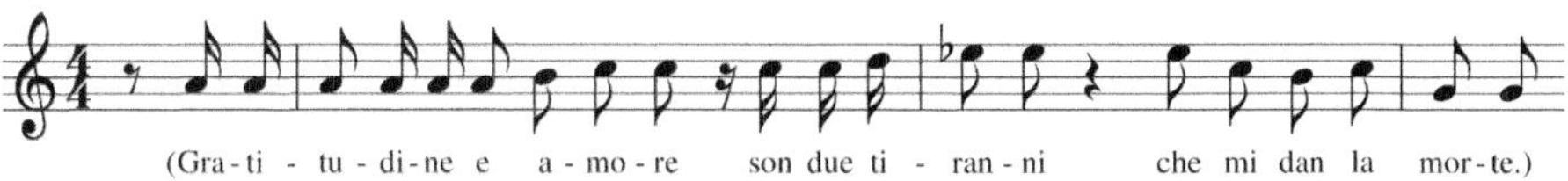

Auf den hinteren Teilvers »son due tiranni« erklingt die dritte und letzte hämmernde Figur dieser Szene, hier wird ebenfalls der Wortlaut durch die Rhythmisierung Händels ausgedeutet. Dankbarkeit und Liebe, die eigentlich dem tugendhaften Verhalten zugeschrieben werden, verkehren sich in ihr Gegenteil und werden schließlich durch das hartnäckige Werben Imeneos für Rosmene zum Fluch.

Fazit

Rhythmen mit Paioncharakter tauchen oft vereinzelt als rhythmisierter Teilvers eines Elfsilbers auf. An einer Häufung dieser Rhythmisierung lässt sich meist der in den obigen Beispielen geschilderte Kontext von Anspannung, Wut, Zorn oder einem Beben in der Stimme feststellen. Nicht alle rhythmischen Floskeln müssen mit Affektchiffren in Verbindung stehen, sie können auch schlichtweg einer lebhaften Gestaltung der Rede dienen.

Adonisverse

Der Adonisvers hat ebenfalls den Charakter eines Ausrufs, wenn nicht sogar in geschlossenerer Form als der Paion-Vers. Seinen Ursprung hat der Adonisvers im Griechischen. Der Klageruf findet sich auch in vielen rhythmisierten Ausrufen italienischer Rezitative wieder:

Werfen wir zuerst einen Blick auf den Beginn der 5. Szene des I. Akts von *Floridante* (1721). Rossane beschreibt das Ankommen Floridantes im Siegerkranz. In diesem Fall geht ebenfalls die inhaltliche Phrase über das Adonis-Modell hinaus:

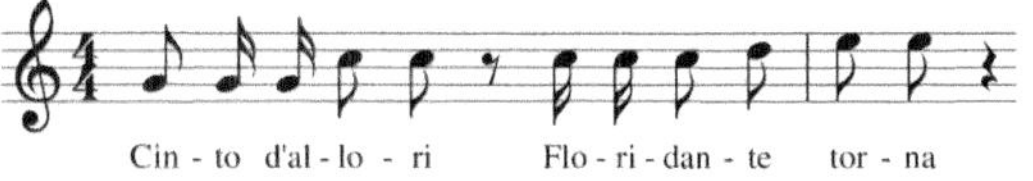

Der Ausrufcharakter auf »cinto d'allori« (»Mit Lorbeer gekrönt«) bleibt zwar erhalten, jedoch handelt es sich um keine geschlossene Aussage. Nach einer Achtelzäsur setzt Rossane ihren Satz mit »Floridante torna« (»... kehrt Floridante zurück«) fort. So ist in beiden Fällen zwar im Subtext der Charakter eines Ausrufes – in *Poro* ist dies eher ein Ins-Wort-fallen – vorhanden, jedoch nicht mit der Konsequenz wie in den vorigen Beispielen.

In *Riccardo Primo* (1727) lässt der Tyrann Isacio seine Zuneigung zu Riccardos Geliebter Costanza im *a parte* verlauten. Es scheint wie ein verwunderter Ausruf, wenn ihm in T. 17 im *a parte* die Worte »Quanto è gentile« (»Wie reizend sie ist«) entgleiten.

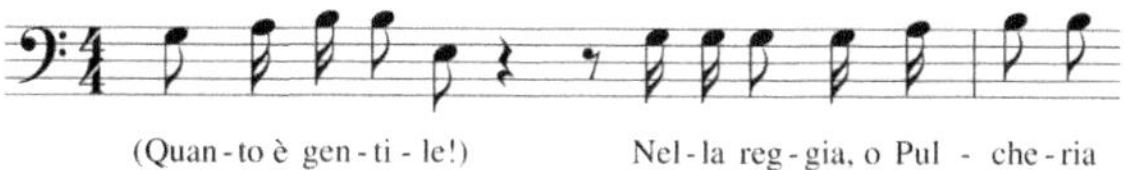

In diesem Fall handelt es sich durch das *a parte* um einen verborgenen Ausruf. Allein die Rhythmisierung und die isolierte Position im Notentext machen den Ausruf der Verwunderung unüberhörbar. Als Oronte in der 4. Szene Costanza schmeicheln will, wendet diese sich mit den Worten »Perfido, taci!« (»Verwegener, schweig!«) in T. 32 von ihm ab.

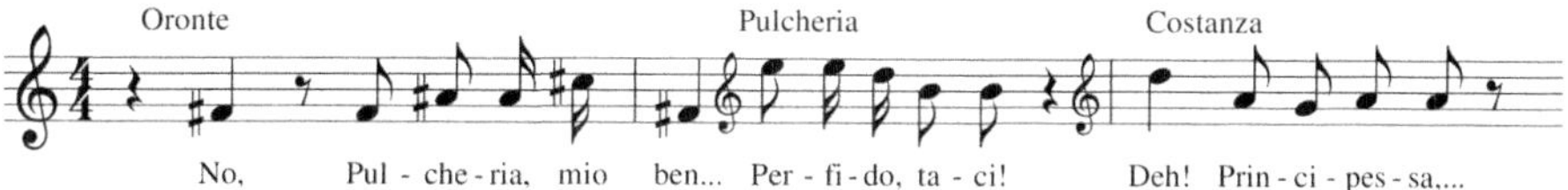

Auch hier zeigt sich der Adonisvers als geschlossener fünfsilbiger Teilvers. An diesem Beispiel zeigt sich, welche Aussagekraft dieser Rhythmus vermittelt. Händel hätte ebenso das Wort »perfido« in einer betonten Punktierung komponieren können. Dann wäre jedoch der Schwerpunkt des Wortes »perfido« hervorgehoben, das »taci« würde in den Hintergrund rücken. Die direkte Aufforderung zu schweigen zeigt sich hier jedoch durch eine flüssige Rezitation ohne Zäsur.

In der 6. Szene des II. Akts verrät Oronte, dass es sich bei der angeblichen Costanza in Wirklichkeit um Isacios Tochter Pulcheria handelt. Riccardo wirkt im ersten Moment verblüfft und tut dies in T. 20 mit einem erstaunten »Non è Costanza?« (»Es ist nicht Costanza?«) kund.

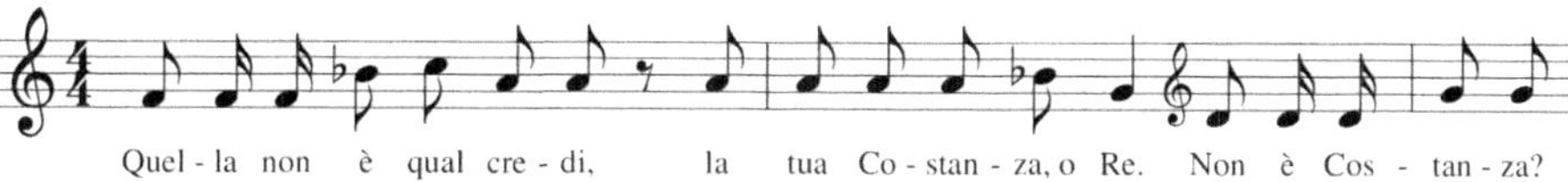

In der 7. Szene des III. Akts fliegt Isacios Intrige auf. Voller Entsetzen ruft dieser in T. 2 aus: »Ciel! Son tradito« (»Himmel, ich bin verraten«), als Oronte mit einer Schar Soldaten erscheint und ihn entwaffnet.

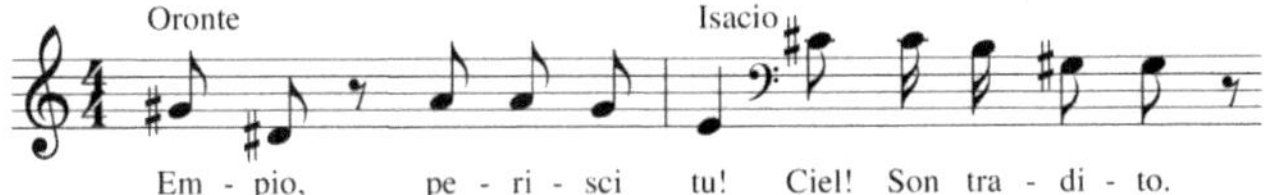

Isacios Entsetzen äußert sich in einem fünfsilbigen Ausruf. Das Wort »Ciel!« steht nicht, wie man annehmen könnte, als ein isolierter Ausruf, sondern als Teil der gesamten Phrase. In diesem Beispiel zeigt sich dies besonders gut. In Orontes Aussage liegt das Gewicht eindeutig auf »Empio«, während bei Isacio das »Ciel« in keiner Weise hervorgehoben ist.

Doch nicht in allen Fällen lässt sich bei diesen sogenannten Adonis-Rhythmen der Charakter eines Ausrufs nachweisen. Es gibt auch Fälle, in denen Händel der natürlichen Akzentstruktur des Verses folgt, ohne dass dieser den Charakter eines Ausrufs in sich trägt. Ein solches Beispiel findet sich u. a. in der 3. Szene des II. Akts von *Poro* (1731). Cleofide fällt in T. 7 Poro ins Wort, um zu vermeiden, dass dieser sich dem Feind verrät:

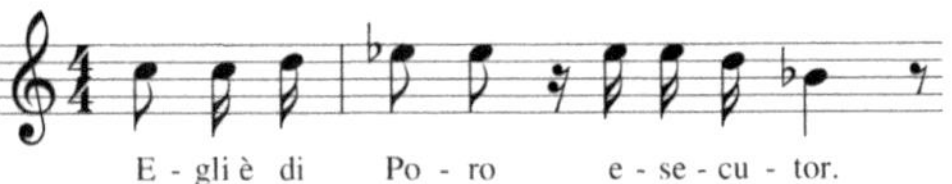

Hier ist der fünfsilbige Adonis-Rhythmus kein geschlossener Ausruf, sondern er setzt sich im abgespaltenen »esecutor« auf eine Sechzehntelrhythmisierung inhaltlich fort. Zwar wird Poro durch diese Worte von Cleofide abrupt unterbrochen, ein direkter Ausruf wie in den vorigen Beispielen liegt jedoch nicht vor. Ebensowenig trifft dies auf die Sechzehntelfigur von »esecutor« zu.

In *Alcina* (1735) finden sich an mehreren Stellen Adonisverse mit Ausrufcharakter. In T. 12 der 1. Szene des I. Akts reagiert Melisso mit »Oh noi felici«, als er erfährt, dass er auf der Zauberinsel Alcinas gelandet ist. Seine Begeisterung zeigt sich außerdem darin, dass sich der Ausruf direkt an die letzten Silben »è questo« von Morgana anschließen.

Morgana:	
Della possente Alcina, il regno è questo.	Dies ist das Reich der mächtigen Alcina.
Melisso:	
Oh! noi felici! [...]	Oh, wir Glücklichen!

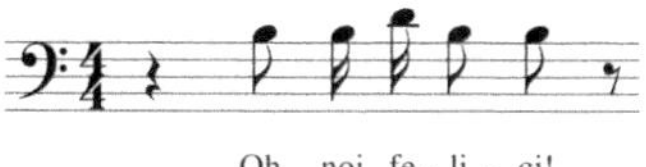

In der 8. Szene ruft der verärgerte Oronte »Va che sei stolto« aus, als er mit Ruggiero in Streit über die Liebe Alcinas gerät:

Ruggiero:

Me sol ama e desia.	Sie liebt und will nur mich.

Oronte:

Va, che sei stolto;	Geh, du bist dumm.
Ricciardo è l'idol suo	Ricciardo ist ihr Geliebter.

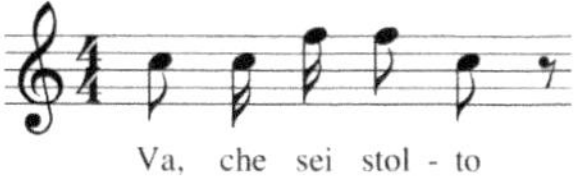

Auch in dieser Situation fällt Oronte direkt Ruggiero ins Wort. Hier kann man den Ausruf als Teilvers eines Elfsilbers deutlich erkennen. So erklärt sich auch der nahtlose Sprecherwechsel auf die Verszäsur als ein deutliches Dazwischenreden.

In *Serse* (1738) will Elviro zu Beginn des II. Akts die Flucht ergreifen, als er von Amastre erkannt wird. Sobald seine Tarnung auffliegt, stößt er in T. 15 die Worte »Ah! Ci fui colto« (»Ah, ich bin ertappt«) aus.

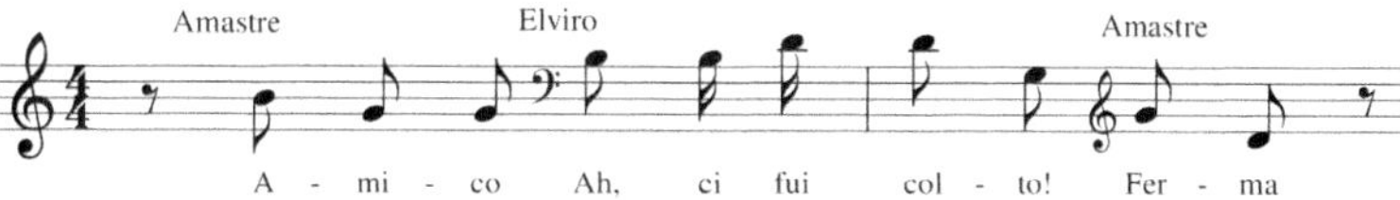

Als Atalanta in der 3. Szene ihre Intrige weiterspinnt, um Serse für sich zu gewinnen, ruft dieser in T. 20 »Strana avventura« (»Seltsame Geschichte«) aus, worauf Atalanta im selben Tonfall in T. 21 die Bitte verlauten lässt, diese Hochzeit zu der ihren zu machen: »Dunque vi prego« (»Ich bitte euch also«).

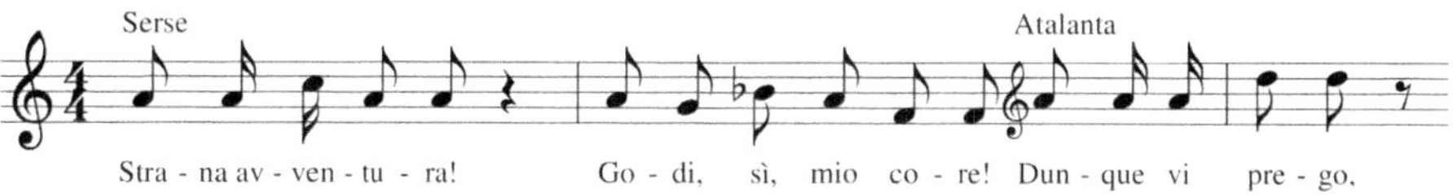

Auch der fünfsilbige Befehl im Rezitativ nach Atalantas Arie in T. 27 von Serse an Atalanta, eine Aufforderung, zu gehen und ihm den Brief zu überlassen, geschieht in Form eines Adonisverses: »Itene pure« (»Geht nur«).

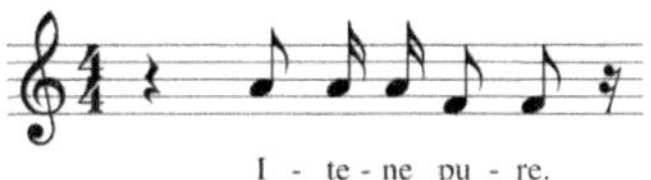

In der 9. Szene zieht sich der Adonisvers wie ein roter Faden durch den Dialog von Serse und Arsamene (Vgl. Beispiel 4 im Anhang). Man findet ihn u .a. bei Serse in T. 5 auf »Cessi lo sdegno« (»Lass ab von der Schmach«), in T. 6 auf »voglio sposarivi« (»Ich will euch verheiraten«). Bei Arsamene auf »Ah, che Romilda« (»Ach, dass Romilda«) in T. 11, »ora lasciate« (»Jetzt erlaubt mir«) in T. 16 und »Amo Romilda« (»Ich liebe Romilda«) in T. 26. Als Arsamene sich das Leben nehmen will, versichert Serse ihm, ihn bald mit Atalanta zu vermählen, worauf dieser ihm deutlich macht, dass sein Herz nur für Romilda schlägt.

Fazit

Bei den Adonis-Rhythmen lässt sich eine Verbindung mit Ausrufen erkennen. Durch die Verslängen von fünf Silben ermöglichen sie eine große Geschlossenheit in ihrer Aussage. Dies zeigt sich an Aufforderungen und Fragen, die über eine rein konventionelle Floskelrhetorik hinausgehen. Es wurden auch Gegenbeispiele angeführt, in denen Händel bei seiner Rhythmisierung lediglich dem natürlichen Versrhythmus folgt, ohne dass dies mit einem unmittelbar geschlossenen Ausruf in Verbindung steht.

Zusammenfassung

Im Mittelpunkt dieses Abschnittes stand die Gegenüberstellung der versgebundenen Vertonung auf der einen Seite und ihrer lebendigeren dramatischen Ausdeutung auf der anderen. Die fixe Struktur der italienischen Verse wie auch die Blockhaftigkeit der 4/4-Takte erscheinen wie ein höfisches Korsett, in dem sich die Protagonisten über weite Teile der Szenen einpassen müssen. Vers und Takt scheinen in ihrer mechanischen Bauweise geradezu die ungezwungene freie Entfaltung der gesprochenen Sprache zu blockieren. Umso spannender ist daher die Art und Weise des Ausbrechens aus dieser Struktur, das in seiner Vielzahl von Erscheinungen nachgewiesen werden konnte. Dieses Ausbrechen aus der engen Form der Sieben- und Elfsilbigkeit kann als Nachahmung der natürlichen Sprechweise gesehen werden. Durch ein ständiges Wechseln der Auftaktigkeit von Vers zu Vers ist die Gefahr einer allzu blockhaften Periodenbildung gebannt, die jedem flüssigen Dialog widerstreben würde. Die Polarität zwischen

Einhaltung der strengen Versform und dem Drang nach freier – durch die Notation vorgegebener – Deklamation erzeugt die eigentliche Spannung und Lebendigkeit der Rezitativszenen. Händel weist seinen Protagonisten ihren Weg sehr genau: vom Sprechtempo bis zur Zäsur des Innehaltens, vom hämmernden Redeschwall bis zur nachdrücklichen spondäischen Deklamation ist die Gestaltung der Worte detailliert vorgegeben. So besitzen wir dank der Fixierung durch den Notentext sehr deutliche Vorgaben, wo sich im Sprechgesang die Artikulation frei entwickeln darf oder wo Zurückhaltung erforderlich ist. Es ist, wie so oft in der Kultur des frühen 18. Jahrhunderts, in vielen Fällen ein Spiel der Gegensätze: Sprachlosigkeit trifft auf eine unkontrollierte Lawine von Worten, dem kontrollierten Skandieren der Verse steht eine rhythmisch erregte Redeweise gegenüber. Oft kann sich seine Rede auch stufenweise steigern oder beschleunigen. Dadurch bekommt manche Aussage ein besonderes Gewicht und haucht der Rezitation ihre Lebendigkeit ein. Dies ist ein großer Vorteil des Rezitativs: der Komponist kann unmittelbar auf den Versinhalt mit dem Gesagten durch das Notierte reagieren. Diese große Elastizität und Anpassungsfähigkeit je nach Situation und Wortlaut verleiht den Rezitativen einen besonderen Reiz. Das rhythmische Element der Rezitative bietet einen spannenden und unverfälschten Einblick in die Gepflogenheiten der Rhetorik jener Zeit.

Melodik und Harmonik

Allgemeine Grundlagen

Nach Vers und Rhythmus soll nun der Blick auf Melodik und Harmonik der Rezitative gerichtet werden. Erst durch deren Zusammenspiel erkennt man die musikalische wie auch dramatische Tiefe von Händels Rezitativkompositionen. Bevor die verschiedenen Aspekte der melodisch-harmonischen Gestaltung in einzelnen Kapiteln betrachtet werden, bietet es sich jedoch an, auch in diesem Abschnitt anhand einer gesamten Szene einen Vorgeschmack dessen zu liefern, was sich den Rezitativen auf melodisch-harmonischer Ebene abgewinnen lässt. Ausgewählt wurde ein Dialog aus Händels vorletzter Oper *Imeneo* (1741).

In der 2. Szene des I. Aktes wurde die jungfräuliche Rosmene durch den Hochzeitsgott Imeneo von Piraten, welche sie zusammen mit den anderen Jungfrauen entführen wollten, befreit. Durch Imeneos Hilfe gerettet, hofft sie jedoch weiterhin auf eine baldige Vereinigung mit ihrem Geliebten Tirinto. Ihre Gefährtin Clomiri dagegen hat sich in den Hochzeitsgott Imeneo verliebt und hofft, diesen bald für sich zu gewinnen. Imeneo dagegen bittet als Dank für seine Heldentat bei Argenio um die Hand Rosmenes. Die ganze Verwicklung dieser Personenkonstellation offenbart sich im letzten Rezitativ der 2. Szene des I. Akts (Vgl. Beispiel 5 im Anhang). Feierlich eröffnet Tirinto das Rezitativ mit dem Ausruf »Valoroso Imeneo« (»Würdiger Imeneo«) auf einem E-Dur-Sextakkord. Die gebrochene Dreiklangsmelodik vermittelt neben der Feierlichkeit einen fanfarenhaften Charakter, der Tirinto als vermeintlichen Titelhelden der Oper charakterisiert.[1] Als Imeneo nun von Argenio fordert, ihm seine Tochter zur Frau zu geben, antwortet dieser ab T. 6: »E solo questa è tua domanda?« (»Nur das forderst du?«). Die Frageformel auf »è tua domanda« ist eine fallende Quinte *a*' – *e*' mit einer großen Sekunde *e*' – *fis*', während der Generalbass von a-Moll nach H-Dur moduliert. Diese phrygische Kadenz, also eine kraftvolle Modulation von einem Moll-Akkord zu dessen Doppeldominante, drückt die Verwunderung Argenios aus, da dieser über die Bescheidenheit von Imeneos Forderung verblüfft zu sein scheint. Argenios Antwort folgt in den Versen ab T. 8: »Perchè ne sei ben degno / l'opra mia ti prometto«

[1] *Imeneo* stellt in Händels Œuvre insofern eine Besonderheit dar, da die Titelpartie des Imeneo als Bass konzipiert ist und wider Erwarten am Ende der Oper nicht die glückliche Vereinigung der Liebespaare Tirinto – Rosmene und Clomiri – Imeneo steht. Hier siegt nicht die Liebe, sondern die Vernunft. Im Kapitel über die *Finalszenen*, S. 229–237 wird dies ausführlich behandelt.

(»Da du ihrer würdig bist / verspreche ich sie dir«). Auf das finale »prometto« verläuft im Generalbass eine schließende Kadenz in Viertelnoten von A-Dur nach D-Dur. In der Singstimme ist eine Achtelpause notiert, bevor Tirinto im *a parte* »Ardito impegno« (»Welche Dreistigkeit«) ausstößt. Durch die Dominant-Tonika-Kadenz im Generalbass, die erste innerhalb dieses Rezitativs, bekommt die Aussage Argenios doppeltes Gewicht. Der Generalbass bestärkt damit die Worte Argenios durch ein akustisches Ausrufezeichen. Eine zweite Kadenz folgt nach Imeneos Worten ab T. 22:

Imeneo:

Pensa alla sorte andata	Bedenke das Schicksal, dem du entronnen bist
e scorgendo ove sei, pensa dove eri.	und bedenke, wo du bist und wo du warst,
E ti rendan più grata i tuoi pensieri.	und deine Gedanken werden dankbarere sein.

Nach dem Versprechen Argenios folgt also eine klare Aussage Imeneos. Der Generalbass kommentiert dies am Ende des Abschnitts mit einer Kadenz in Viertelnoten von A-Dur nach D-Dur. Es korrespondieren die Kadenzen also nicht nur in ihrer Tonart, auch sind diese den beiden tiefen Männerstimmen vorbehalten, die in dieser Szene mit ihrer Autorität eindeutig gegenüber den beiden Frauen sowie Tirinto dominieren. Doch nicht nur Rosmene fühlt sich von diesen Ereignissen vor den Kopf gestoßen. Clomiri wagt ab T. 26 nur im *a parte* auszusprechen, was sie denkt und fühlt:

Clomiri:

(Se un'altra adora? e che sperar degg'io	(Wenn er eine andere verehrt, was kann ich hoffen
da Imeneo, l'idol mio?)	von Imeneo, meinem Geliebten?)

Auch hier ist auf die Fragekadenz eine phrygische Wendung von e-Moll nach Fis-Dur komponiert. Die kraftvolle Modulation der phrygischen Kadenz, die durch das *a parte* noch verstärkt wird, zeigt deutlich, dass Clomiri nicht weiß, was sie von dieser Situation halten soll. Der harmonische Charakter scheint das Fragezeichen am Ende nochmals zu verstärken. Abschließend wird Tirinto von Argenio verwarnt, gegen seinen und Imeneos Willen weiterhin Rosmene zu begehren: »So ben che regna in te la gelosia« (»Ich weiß genau, dass in dir die Eifersucht regiert«). Hierauf folgt die finale Kadenz, mit der das Rezitativ schließt. Es finden sich in dieser Szene also zwei Kadenzen bzw. musikalische Ausrufungszeichen nach den Worten Argenios und nur eine nach den Worten Imeneos.

Auch die Verwendung entlegener Tonarten spielt in dieser Rezitativszene eine bedeutende Rolle. Dies ist ab T. 4 in der Ansprache Imeneos der Fall, als er bei Argenio um die Hand Rosmenes bittet:

Imeneo:

Dalla Patria non chiedo	Von meiner Heimat erbitte ich nichts
che di stringer la mano	als die Hand
all'amata Rosmene.	der geliebten Rosmene.

Diese Aussage ist für den Verlauf der Opernhandlung entscheidend. In dieser Situation führt Händel die Singstimme nach Fis-Dur, auch wenn der Generalbass ab T. 4 in die Septime *e* wandert. Ein weiteres Mal finden wir eine entlegene Tonart in Argenios Schlussworten »So ben che regna in te ...«. Hier geht die Singstimme nach H-Dur, gestützt vom Generalbass, der am Ende nach Fis-Dur kadenziert. Schon durch die Eröffnungsfanfare Tirintos liegt mit dem E-Dur-Akkord eine große Spannung in der Luft. Die eigentlichen Grenzsituationen werden jedoch durch die beiden hier aufgeführten Versabschnitte herbeigeführt. Die Forderung Imeneos nach Rosmenes Hand sowie die strikte Haltung Argenios gegenüber Tirinto befestigen das dramatische Kernproblem der gesamten Oper.

In dieser Szene von *Imeneo* hat Händel eine Vielzahl der ihm zur Verfügung stehenden melodisch-harmonischen Ausdrucksmittel eingesetzt und daraus eine klare Personendramaturgie entwickelt. Zentrale Elemente sind die Hervorhebung bestimmter Phrasen durch Intervallschritte, die unterschiedliche Gewichtung von Fragen, die Akzentuierung der Aussagen durch Schlusskadenzen sowie das Einfärben von Grenzsituationen durch entlegene Tonarten. Diese verschiedenen musikalischen Mittel, von denen Händel in dieser Szene Gebrauch macht, sollen nun in den folgenden Kapiteln im Detail beleuchtet werden.

Frage- und Schlusskadenzen

Einfache Fragen

Eine zentrale Funktion im Dialog nehmen Fragen und Antworten bzw. Aussagen ein. Dies gilt nicht nur für einen gesprochenen Text, sondern hat auch großen Einfluss auf die Art der Vertonung durch den Komponisten. In der Gestaltung der Singstimme ist es von großer Bedeutung, dass sich der Komponist zuallererst nach den natürlichen Gegebenheiten der Sprache richtet, da die gesprochene Botschaft auch in gesungener Form dem Zuhörer verständlich bleiben muss. Es erklärt sich von selbst, dass im Italienischen bei einer Frage die Stimme am Ende der Phrase eine Bewegung nach oben beschreibt und dies in der Notation seinen Niederschlag findet. Zudem kann durch die Harmonik noch zwischen einfachen Fragen und kräftigen Fragen unterschieden werden: sogenannte einfache *Interrogatio*-Fragen zeichnen sich im Generalbass durch einen Dominant-Tonika oder auch Tonika-Dominant-Schritt aus, es werden also keine größeren harmonischen Experimente gewagt. Die Melodielinie des Protagonisten kann somit durch die Harmonisierung der Generalbassstimme gegebenenfalls verstärkt werden.

Zum Einstieg zurück ins Jahr 1715: Als die Zauberin Melissa in *Amadigi* selbigen erwischt, als dieser gerade aus ihrem Zaubergarten entfliehen will, stößt sie in T. 1 ein »E tu cerchi fuggir« (»du versuchst zu fliehen?«) aus:

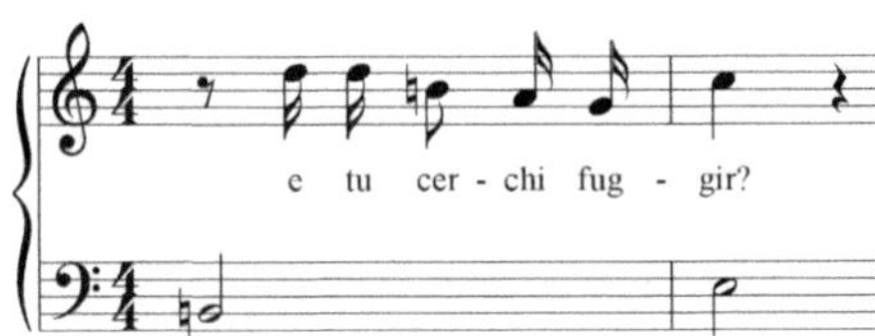

Die Singstimme füllt einen abfallenden g-Moll-Akkord aus und steigt auf die letzte Silbe, die sogenannte Fragesilbe, wieder um eine Quarte nach oben. Das akustische Fragezeichen ist durch diesen Quartsprung somit deutlich notiert. Blickt man auf die Generalbassstimme, so vollzieht sich dort ein simpler Schritt von G-Dur nach C-Dur. Beide Akkorde erklingen in Sextstellung, haben also die Terz im Bass. Doch es muss nicht immer eine Dominant-Tonika-Abfolge sein, mit der eine einfache Dialogfrage unterlegt wird. In derselben Szene finden wir in T. 13 Amadigis Frage »Dunque perchè mi segui?« (»Warum also verfolgst du mich?«):

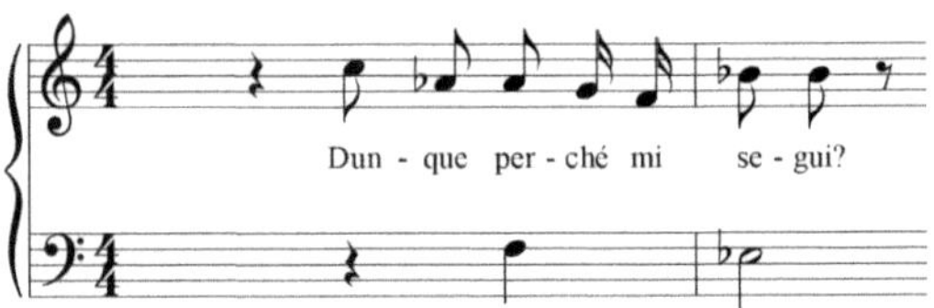

Hier sehen wir die Singstimme ein weiteres Mal einen abfallenden Dreiklang umschreiben, diesmal in f-Moll. Auf die letzten beiden Silben steigt die Fragefloskel auch hier um eine Quarte von *f'* nach *b'*. Harmonisch wird der f-Moll-Akkord durch eine Viertelnote im Bass gestützt, auf den letzten Akzent wechselt die Harmonik dann nach Es-Dur. Hier haben wir also einen Schritt von der Subdominantparallelen zur Tonika. Zentrales Merkmal für den Fragecharakter bleibt also die Melodieführung in der Singstimme.

Ein weiteres Beispiel aus dem Jahr 1738 veranschaulicht die Funktion der Frage dadurch, dass ihr eine Antwort gegenübergestellt ist. Gewählt wurde eine Dialogstelle aus *Serse*. Serse lauscht in der 3. Szene des I. Akts mit seinem Bruder Arsamene dem Gesang Romildas und verliebt sich in diese, die allerdings bereits Arsamene versprochen ist. Dieser reißt sich zusammen und wagt lediglich, im *a parte* seiner Eifersucht freien Lauf zu lassen.

Serse:	
Conoscete chi sia?	Wisst Ihr wer dies ist?
Arsamene:	
Io? No, Signore	Ich? Nein, Herr.
Serse:	
Io sì.	Ich schon.
Arsamene:	
(Ahimè, che gelosia m'accora!)	(Ach je, mich überfällt die Eifersucht!)

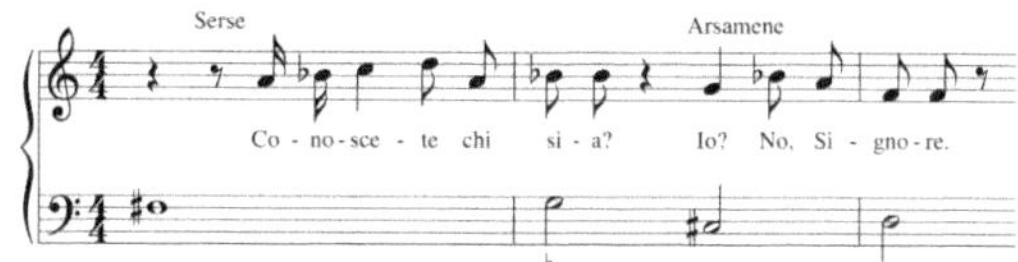

Dieser kurze Wortwechsel zwischen Arsamene und Serse zeigt ein Frage-Antwort-Modell, schlichtes Frage-Antwort-Modell: »chi sia?« schreitet um einen Halbton aufwärts von *a*' nach *b*' (T. 3 f.). Im Bass schreitet die Harmonik von D-Dur nach g-Moll. Kontrastierend dazu fällt die Antwort Arsamenes mit einer Terz nach unten von *a*' nach *f*' (T. 4 f.) aus. Die Frage wird hier in der Singstimme also nur mit einem Halbtonschritt aufwärts vertont, die Antwort erklingt mit einer fallenden großen Terz. Somit lässt sich allein anhand der Singstimme eine Frage auch musikalisch klar von einer Aussage unterscheiden. Anders verhält sich dies dagegen in der Bassstimme. Der Halbtonschritt *fis* zum Grundton *g* machen umschreibt einen Dominant-Tonika-Schritt, wobei die Dominante als Sextakkord notiert ist, also die Terz im Bass hat. Wirft man einen Blick auf die Antwort Arsamenes, so lässt sich im Bass dasselbe Modell feststellen: ein verminderter Dominantakkord auf *cis* führt über einen Halbtonschritt zur Tonika d-moll. Entscheidend ist also nicht die Größe des Continuo-Intervalls für den Charakter einer Frage, sondern die Aufwärtsbewegung der Singstimme.

Ein weiteres Beispiel ist der Dialog zwischen Romilda und Arsamene, in dem Arsamene seiner Geliebten offenbart, dass Serse ihr ebenfalls zugeneigt sei. Er leitet in der 4. Szene des I. Akts das Gespräch mit der Erklärung ein, Romilda möge die ihm versprochene Liebe nicht vergessen:

Arsamene:	
[...] Romilda, oh Dei, pavento,	Romilda, o Götter, ich fürchte
che il tuo più volte a me giurato amore	dass du deine mir mehrfach geschworene Liebe
tu non sparga d'oblio.	nicht mit Vergessen bedeckst.
Romilda:	
Perchè parli così?	Warum redest du so?
Arsamene:	
Lo so ben io.	Das weiß ich ganz genau.

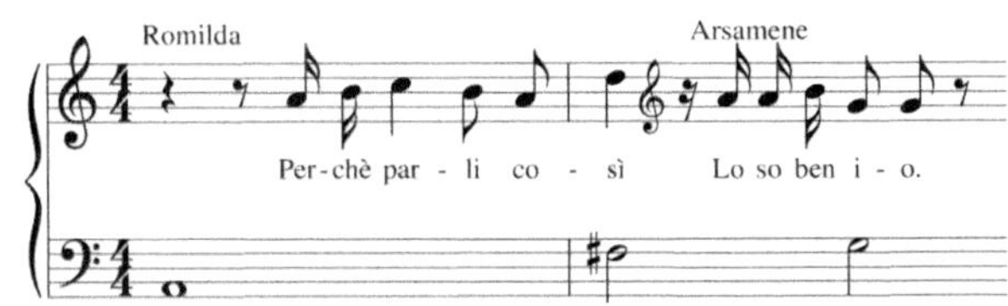

Die musikalische Notation dieser Passage legt nahe, dass Romilda noch nichts von ihrem neuen Liebhaber ahnt. Vor allem ist ein gewisser Schrecken in ihrer Frage »Perchè parli così?« (»Weshalb fragst du so?«) zu erkennen: Die Fragefloskel endet mit einem Quartsprung aufwärts von *a*' nach *d*', während im Bass ein Sextsprung von *a* nach *fis* notiert ist, eine Kadenz von a-Moll nach D-Dur. Die harmonische Ordnung der Dur-Dominante steht hier also Kopf, die Tronco-Endung auf »così« verschärft dies zusätzlich. In der 6. Szene versucht Serse die Liebe Romildas zu gewinnen. Im ersten Moment könnte man meinen, es handle sich um einen Monolog Serses. Allerdings sagt die Szenenanweisung, dass Romilda »unbeweglich, ohne den König anzuschauen« dasteht. Als diese sich von ihm abwendet, stellt er ihr die Frage »e pur tacete ancora?« (»Ihr schweigt noch immer?«).

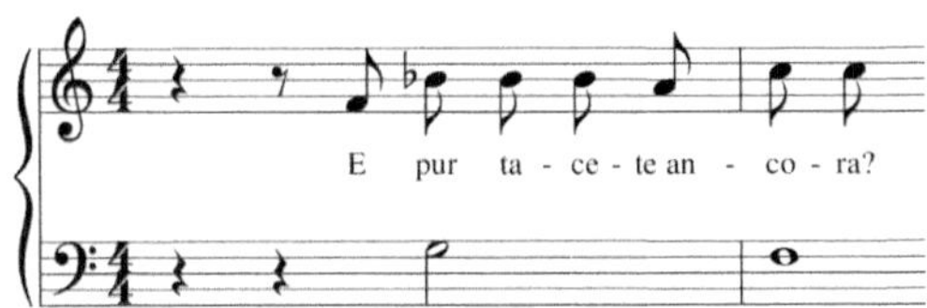

Die Melodiestimme folgt einer aufsteigenden Linie von *f*' – *b*' – (*a*') – *c*'' auf einen Siebensilber in Achtelbewegung. Das musikalische Fragezeichen drückt sich also in einer aufsteigenden Quarte aus, gefolgt von einer kleinen Sekunde abwärts und abschließend einer kleinen Terz aufwärts. Der Generalbass dagegen liegt auf einem g-Moll-Akkord und wechselt auf die letzten beiden Silben nach F-Dur. Die Harmonik wandert von der Subdominantparallelen zur Tonika. Für Händel besteht die Möglichkeit, je nach Affektgehalt der Frage die Intensität in der Generalbassstimme wiederzugeben, wie sich vor allem im folgenden Kapitel über die Dubitatio-Fragen zeigen wird.

Fazit

Wichtig bei einer Fragekadenz ist das Aufwärtsstreben der Singstimme auf die letzte Silbe. Die Harmonik bewegt sich dabei in den meisten Fällen innerhalb der Kadenzstufen, z. B. von der Dominante oder der Subdominantparallelen her. Zielpunkt dieser Kadenzen ist meistens die Tonika.

Dubitatio-Fragen

Die Verwendung der phrygischen Kadenz hingegen ist stärker affektlastig als ein simpler Dominant-Tonika-Schritt und sticht durch ihre kräftige Modulation dem Hörer unmissverständlich ins Ohr. In Händels Rezitativen wird mit der phrygischen Kadenz bzw. einer Dubitatio-Frage (zweifelhafte Frage) dem Fragenden ein markanter Unterton in die Stimme gemischt. Oft erkennt man auch einen Beigeschmack von Skepsis oder Ungläubigkeit in diesen Fragen.

Ein Beispiel für eine solche Dubitatio-Frage, bei dem sich die Verwunderung des Protagonisten bereits beim Lesen der Verse ergibt, führt uns in das Jahr 1713 und befindet sich in der 4. Szene des I. Aktes von *Teseo.* Soeben hat Agilea ihre h-Moll-Arie »Deh, serbate oh giusti Dei« (»Rettet, oh gerechte Götter«) geendigt, als Clizia den kurzen Dialog mit Arcane in der Paralleltonart G-Dur beginnt.

Clizia:	
[...]	
Or da te bramo, Arcane,	Von dir wünsche ich mir, Arcane,
saper quanto per me tu senta amore;	zu wissen, wie viel Liebe du für mich fühlst;
Arcane:	
Puoi dubitar, d'un così fido core?	Kannst du an einem solch treuen Herz zweifeln?

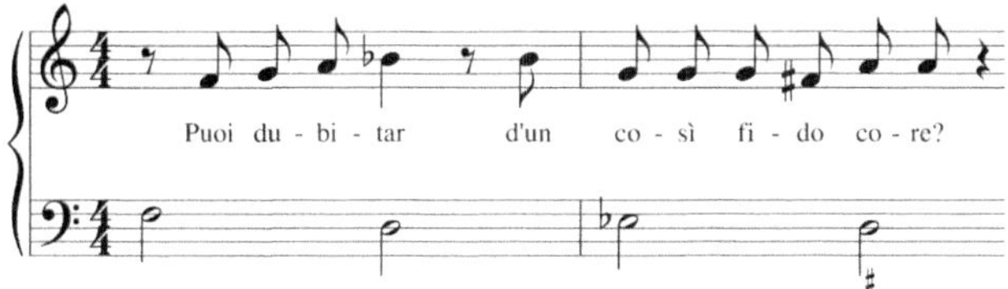

Arcane ist von Clizias Wunsch überrascht, da er selbst seine Treue zu ihr nicht in Frage stellt. So äußert sich seine große Verwunderung an Clizias Zweifeln in einer Frage, in der die Phrase »puoi dubitar?« deutlich ausgesprochen wird. Arcane artikuliert seine Frage in einem Elfsilber, dessen erster Teil eine aufsteigende Quarte von *f'* nach *b'* umfasst, im hinteren Teilvers »d'un così fido core?« intoniert er eine Fragekadenz über die Tonfolge *b'* – *g'* – *fis'* – *a'*. Die Harmonik folgt dieser Figur mit einer Modulation von Es-Dur nach D-Dur. Die Verwunderung Arcanes wird durch die harmonische Einfärbung der Ausweichtonart Es-Dur noch verstärkt. Statt dem zu erwartenden c-Moll-Akkord ist eine Kadenz von Es-Dur nach D-Dur zu hören, was in seiner harmonischen Entfremdung letztlich jedoch den erwünschten Effekt erzielt. Wichtig ist in Bezug auf die Singstimme folgendes: die Fragefloskel repetiert auf der Terz des Es-Dur-Akkordes, schreitet dann einen Halbton abwärts und landet dann auf der Quinte des Zielakkords. Vor allem die Tonwiederholungen auf *g'* und *a'* verleihen der unterlegten Harmonik einen starken Nachdruck. Durch die phrygische Kadenz, die das Rezitativ abschließt, entsteht auf D-Dur ein schwebender Charakter, der erst durch die folgende B-Dur Arie »Ti credo, sì, ben mio« (»Ich glaube dir, mein Geliebter«) wieder gefestigt wird. Die Kadenz ist ein harmonisch kraftvoller Zwischenschritt zwischen dem vorigen g-Moll, Es-Dur und dem B-Dur der anschließenden Arie.

Zehn Jahre später, 1723 in *Ottone, Re di Germania*, zeigt sich Händels vielschichtiger Umgang mit den Dubitatio-Fragen, die erst im Wechselspiel mit den einfachen Dialogfragen Effekt machen. Bevor wir die Wirkung und Steigerung von einfachen Fragen zur Dubitatio näher betrachten, soll eine Szene Teofanes verdeutlichen, wie intensiv der Umgang mit phrygischen Kadenzen bei Affektsituationen in Musik gesetzt werden kann.

Ein zentraler Moment in Teofanes musikalischer Charakterzeichnung ist ihr Monolog der 3. Szene. Nachdem Adelberto abgegangen ist, traut sie sich, dem Zuhörer ihre Zweifel offenzulegen. Dies geschieht in folgenden verzweifelten Fragen, von denen vier zu Beginn ihres Monologs erklingen und zwei am Ende:

È tale Otton?	Das ist Ottone?	d-Moll - E-Dur
Tale il mio sposo?	Das ist mein Bräutigam?	a-Moll - H-Dur
ha mentito il pennello?	hat der Pinsel gelogen?	e-Moll - Fis-Dur
Ove son le sembianze	Wo ist das Antlitz,	
che a vagheggiar mi preparava in lui?	das ich so schön an ihm fand?	h-Moll – Cis-Dur

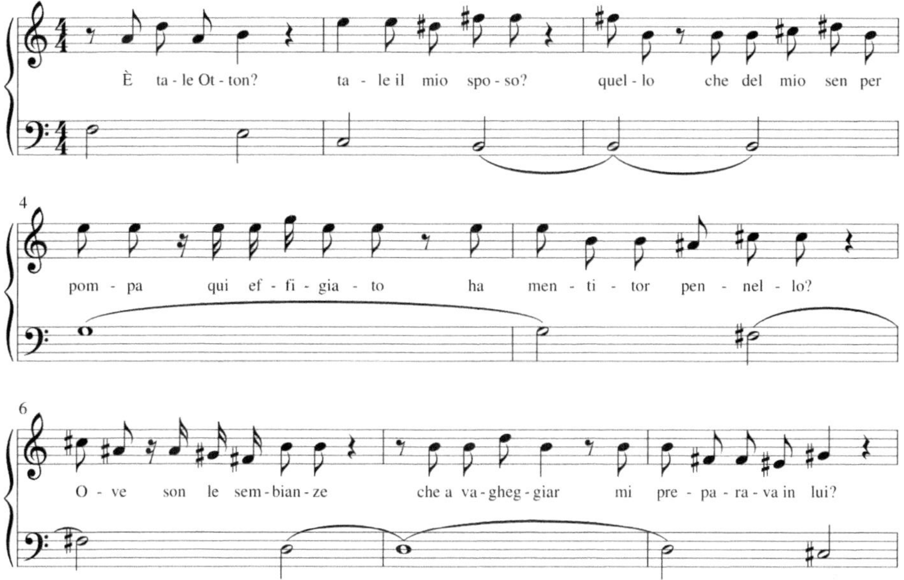

Dieses verdichtete Erscheinen der Dubitatio-Fragen charakterisiert den von Zweifeln geplagten Charakter Teofanes in dieser Situation. Zu Beginn fällt bereits der erregte Duktus auf, in dem die Gesangsstimme geführt wird. Die Stimme springt um eine Quarte von *a'* nach *d''* und wieder zurück. Erst bei der zweiten Dubitatio im Folgetakt erklingt die oft verwendete Fragefloskel, in der die Kardinaltöne *e''* und *fis''* in der Singstimme jeweils die Quinte der Akkord darstellt (a-Moll und H-Dur). Dass Händel die Szene mit zwei phrygischen Kadenzen in Folge beginnen lässt, spricht bereits für sich. Die nächste phrygische Kadenz erklingt bei »ha mentitor pennello?«. Auch hier ist es in der Singstimme wieder dasselbe Phänomen: die Singstimme springt nun vom Grundton *e''* nach der Quinte *h''* und schreitet über den Leitton zur Quinte der Tonika Fis-Dur. In T. 16 dagegen steigert sich die Frage von einer einfachen zur folgenden Dubitatio.

Ma tal'è Otton? Tale il mio sposo? Das ist Ottone? Das ist mein Bräutigam?

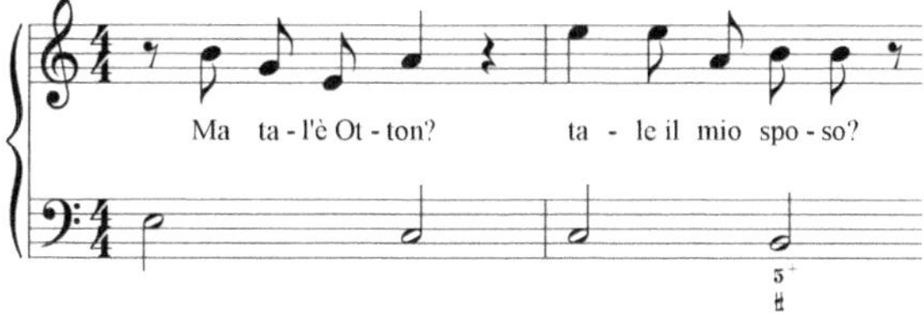

Zu Beginn hören wir einen gebrochenen e-Moll-Dreiklang, der auf die letzte Silbe nach a-Moll moduliert. Die Frage wird in der Singstimme hier durch eine aufsteigende Quart kenntlich gemacht. Die zweite Frage beginnt in a-Moll und moduliert dann in die Doppeldominante. Diese Gradation gibt den beiden Fragen ein besonderes Gewicht. Dabei fällt auf, dass die Fragefloskel der Singstimme nicht mehr den ruhigen Duktus der Tonrepetition folgt. Hier fällt die Singstimme um eine Quinte von *e*" nach *a*" und landet auf dem Grundton *h*' statt auf der Quinte *fis*".

Doch eine solche Szene kann ihre Wirkung nur im Wechselspiel mit den einfachen Fragen entfalten. Daher nun nochmals ein Sprung zurück zum Beginn des Werkes. Nach Gismondas Arie »Purchè regni il figlio amato« (»Damit der geliebte Sohn regiere«) beginnt die erste Szene mit einem Dialog zwischen Adalberto und dessen Mutter Gismonda. Die beiden planen, dass Adelberto als vermeintlicher Ottone dessen Verlobte Teofane ehelichen soll, um so die byzantinische Prinzessin aus Liebes- und Machtkalkül in Rom zu haben. Während in vielen Fällen die Dubitatio-Fragen dramatisches Gewicht bekommen, soll vorweg an zwei Beispielen mit einfachen Fragen deutlich werden, wie Händel diese von den Dubitatio-Fragen abgrenzt. Vor allem die byzantinische Prinzessin Teofane ist im Laufe der Handlung stets von Sorgen und Zweifeln geplagt, die sich in Dubitatio-Fragen ausdrücken. Adalberto hingegen eröffnet die erste Szene mit einem sorglosen »Chi più lieto di me?« (»Wer ist heiterer als ich?«). Die Heiterkeit und Unwissenheit der heraufdämmernden Intrige erhält in Adalbertos Rezitativbeginn eine eindeutige Gegenposition und somit einen unbeschwerten, fast kindlich-naiven Einstieg in die Handlung.

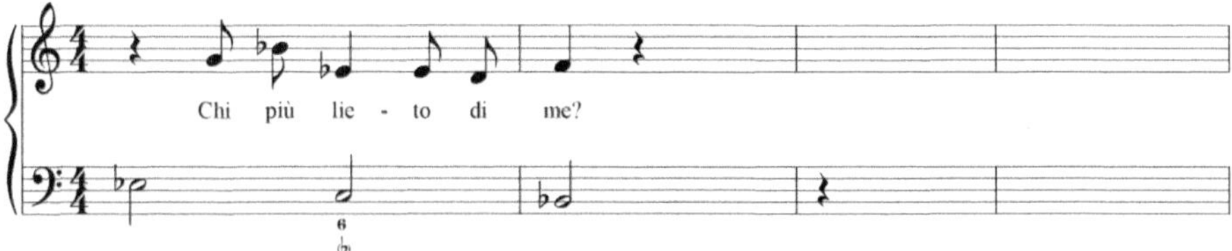

Adelberto intoniert seine Frage in einer simplen Melodielinie, die auf »chi più« eine kleine Terz von *g*' nach *b*' hat und zum Ende hin auf die letzte Silbe von *d*' nach *f*' ebenfalls um eine kleine Terz nach oben steigt. So drückt sich durch die beiden Terzen nicht nur der Fragecharakter am Ende aus, auch der erste Sprung ist ein Ausdruck der Heiterkeit (»lieto«). Nur Gismonda hat aufgrund von Adelbertos leichtfertigem Charakter Zweifel, ob dieses Gemisch aus Machtpolitik und Liebe reibungslos vonstattengehen kann. In T. 25 stellt sie die Frage: »Ella ti vide, quand'eri del suo padre ignoto al corte?« (»Hat sie dich gesehen, als du unerkannt am Hofe ihres Vaters warst?«). Allerdings vermeidet es Händel, bereits in dieser Situation eine Dubitatio-Frage zu komponieren. Lediglich die Führung der Melodiestimme in T. 26f. beinhaltet bereits große Anspannung mit der entsprechenden Kadenzformel *a – gis – h*, was eigentlich eine Harmonik von d-Moll nach E-Dur erwarten ließe:

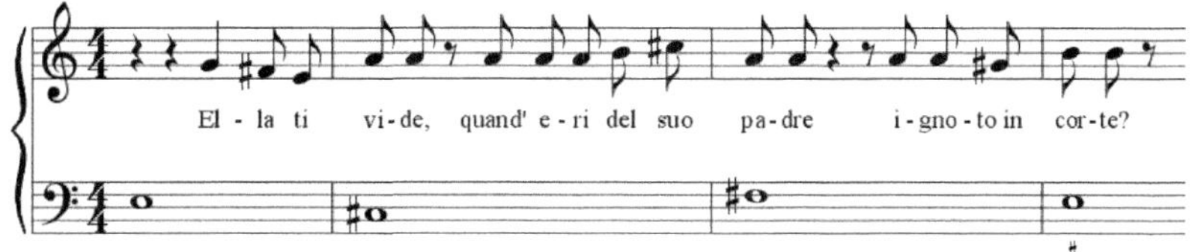

Spannung entsteht außerdem dadurch, dass vor der Schlusskadenz eine große Zäsur von einer Viertel- und einer Achtelpause verzeichnet ist. Die Harmonik moduliert von fis-Moll (nicht in einer phrygischen Kadenz von d-Moll aus) nach E-Dur. Durch die harmonische Verschiebung von d-Moll nach fis-Moll werden die Zweifel Gismondas entschärft: statt der Doppeldominante schreitet die Harmonik von der Subdominantparallelen zur Tonika. Jedoch wird bereits deutlich, dass die angedeutete Dubitatio-Frage bei Gismonda und ihre damit einhergehenden Zweifel keineswegs unbegründet sind. Denn auch hier haben wir die Tonrepetitionen auf *a'* und landen am Ende auf der Quinte des E-Dur-Akkordes.

Am Ende des I. Aktes spannt Händel dann den Bogen zurück zum Anfang der 1. Szene. Ottone eröffnet seinen Schlussmonolog im I. Akt analog zu den Szenen Teofanes und zum ersten Auftritt Adelbertos mit einer Frage. »È di più mio rival?« (»Das soll mein Gegner sein?«).

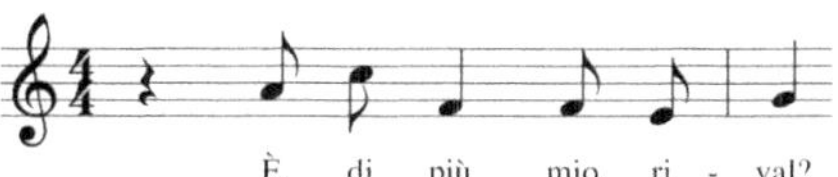

Es handelt sich um dieselbe Fragefigur, mit der Adelberto »Chi più lieto di me?« die erste Szene eröffnet hatte, nur um einen Ton von *g'* nach *a'* versetzt. Die Frage endet mit einer Dominant-Tonika-Kadenz, Ottone erscheint also keineswegs verwirrt oder ratlos. Allerdings herrscht bei ihm sichtlich Verwunderung darüber, dass ihm ein unreifer Knabe wie Adelberto als Rivale gegenübertritt. An diesem Beispiel zeigt sich, wie Händel auch auf Ebene des Rezitativs einen Zusammenhang vom Anfang zum Ende eines Akts herzustellen weiß.

Die 1. Szene des II. Akts von *Serse* setzt Händel eine Steigerung von einer einfachen Dialog-Frage zur Dubitatio-Frage. Der als Blumenverkäufer verkleidete Elviro stellt sich zu Beginn zwei Fragen:

Elviro:

E chi direbbe mai ch'io sono Elviro?	Wer käme darauf, dass ich Elviro bin?
Ma se del foglio poi sapesse il re?	Was, wenn der König von diesem Brief erführe?

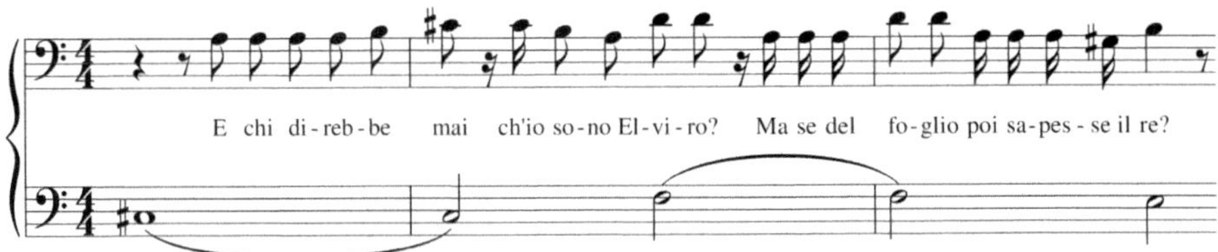

Die erste Frage ist eine einfache Frage mit Dominant-Tonika-Verhältnis (A-Dur – d-Moll). Der Fragecharakter definiert sich also auch hier nur durch die aufsteigende Quinte nach *d'* auf den letzten beiden Silben. Es folgt nun eine Steigerung auf die zweite Frage, bei der das Continuo von d-Moll zu E-Dur kadenziert. Diese kraftvolle Dubitatio lässt erste Zweifel daran aufkommen, was passieren würde, wenn Arsamenes Brief in die falschen Hände käme: im Bass ist auf d-Moll die Terz *f* zu hören, dann schreitet die Stimme einen Halbton abwärts nach *e*. Die Singstimme dagegen repetiert auf der Quinte von d-Moll und endet auf der letzten Silbe auf der Quinte von E-Dur. Der Verlauf dieser Szene zeigt, dass die Zweifel Elviros aufgrund seines Verhaltens durchaus gerechtfertigt waren. Hier erkennt man eine zweite Ebene, mit der beide Fragen in Musik gesetzt werden. Von der ersten zur zweiten Frage ist eine klare Steigerung zu erkennen, bei der die zweite Frage den Höhepunkt bildet, auf den die Komposition das Gewicht legt.

In der 4. Szene des III. Aktes von *Serse* ist die Verzweiflung Romildas und Arsamenes auf dem Höhepunkt. Serse wirbt ein drittes Mal um Romilda, und diese willigt ein, wenn ihr Vater damit einverstanden sei. Arsamene, der dies belauscht hat, ist fassungslos und will in der Ferne sein Glück suchen, Romilda sucht den Tod. Diese gegenseitige Flucht gipfelt in Romildas Frage »E dove andate, idolo mio?« (»Und wohin geht Ihr, mein Geliebter?«), dem Höhepunkt der wechselseitigen Verunsicherung.

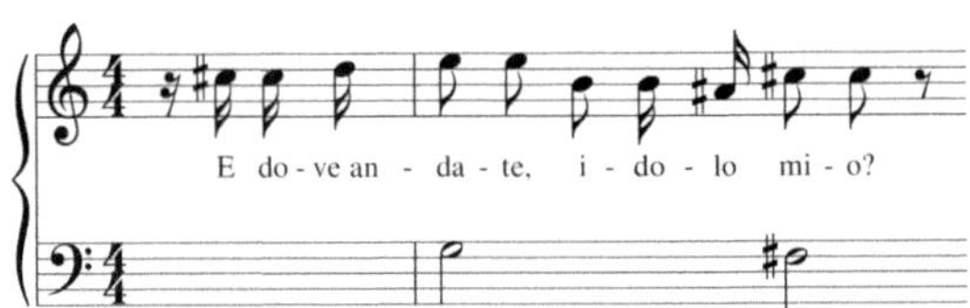

Es handelt sich um eine Situation, in der Arsamene bereit ist, aus Verzweiflung und Ausweglosigkeit in den Tod zu gehen. Romilda ahnt, was ihr Geliebter tun will und stellt ihre Frage aus einer tiefen Verunsicherung heraus. Hier erkennt man in der Modulation von e-Moll nach Fis-Dur den harmonischen Schritt einer Doppeldominante und somit die phrygische Kadenz. Die Singstimme umschreibt den Akkord wieder auf den Quinttönen *h‘* bei e-Moll und *cis“* bei Fis-Dur. Dabei schreitet die Bassstimme von *g* nach *fis* einen Halbtonschritt abwärts, wobei das *g* die Terz des e-Moll-Akkords bildet.

Fazit

Zweifelnde Dubitatio-Fragen drücken sich durch die kraftvolle harmonische Wendung einer phrygischen Kadenz aus. Oftmals finden wir dabei in der Melodiestimme die charakteristische Wendung mit Tonrepetitionen über den Leitton zur Doppeldominante. Ihre Wirkung entfalten die Dubitatio-Fragen z. B. als Steigerung nach einer einfachen Frage oder in einer dichten Aufeinanderfolge einer Affektsituation. Durch die Harmonik entsteht ein markanter und oft zweifelhafter Unterton in der Frageformel, was aber auch schlicht der harmonischen Färbung dienen kann.

Affirmative Schlusskadenzen

Die Dominant-Tonika-Kadenzen werden dazu verwendet, um im Dialog deutliche Akzente und Zäsuren zu schaffen. Im Gegensatz zum rein harmonischen Schritt in den Fragefloskeln beschreibt der Generalbass in den affirmativen Schlusskadenzen eine Bewegung in Viertelnoten, meist mit einem Quint- oder Quartintervall. Parallel dazu beschreibt die Singstimme eine finale Abwärtsbewegung. Ein Satzende, eine deutliche Aussage oder das Ende einer Rezitativszene werden dem Zuhörer durch einen akustischen Impuls nochmals deutlich hervorgehoben. In den Dialogen werden häufig Aussagen mit solchen instrumentalen Ausrufungszeichen untermauert, auch in den Monologen können sie mitunter zäsurbildend wirken, spätestens erklingen sie am Ende einer Rezitativszene.

Beginnen wir im Jahr 1713. Die 8. Szene des IV. Akts von *Teseo* weist eine Häufung an Kadenzen auf, die eng an die Dramaturgie des Handlungsablaufs gebunden sind. Agilea hat der rachsüchtigen Zauberin Medea versprochen, Teseo nicht mehr zu lieben. An ihren Tränen erkennt Teseo jedoch Agileas wahre Gefühle für ihn. Als Medea dies aus der Ferne beobachtet, eskaliert die Situation. In dieser Szene ist nahezu jede Aussage durch eine bekräftigende Generalbasskadenz verstärkt. So bei Medea in T. 4 »Finger non è più tempo« (»die Zeit ist vorbei, etwas vorzutäuschen«) von G-Dur nach c-Moll,

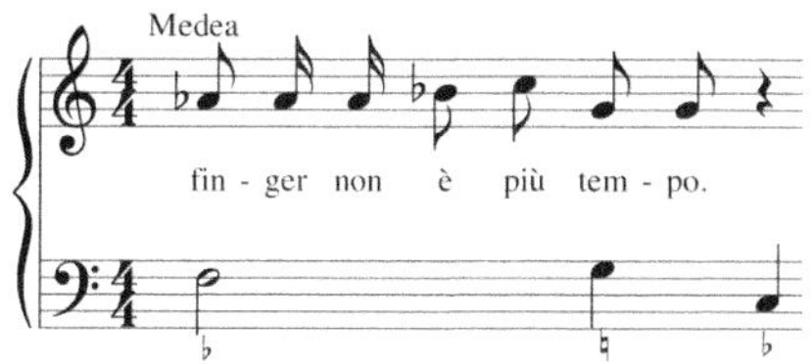

bei Agilea in T. 8 auf die Worte »Medea perdona ad un amor sincero / ch'osservar non potè quanto promise« (Medea, verzeihe einer aufrechten Liebe / die nicht halten konnte, was sie versprach) von A-Dur nach d-Moll, bei Teseo in T. 9 auf »Sopra di me sol cada il vostro sdegno« (»Nur mich treffe deine Schmach«) von E-Dur nach a-Moll, bei Agilea in T. 11 auf »Disunirai col mio morir due cori« (»Mit meinem Tod wirst du zwei Herzen voneinander scheiden«) von H-Dur nach e-Moll, bei Teseo in T. 13 auf »altro che il viver suo non ti dimando« (»ich bitte dich um nichts anderes als ihr Leben«) von Fis-Dur nach H-Dur,

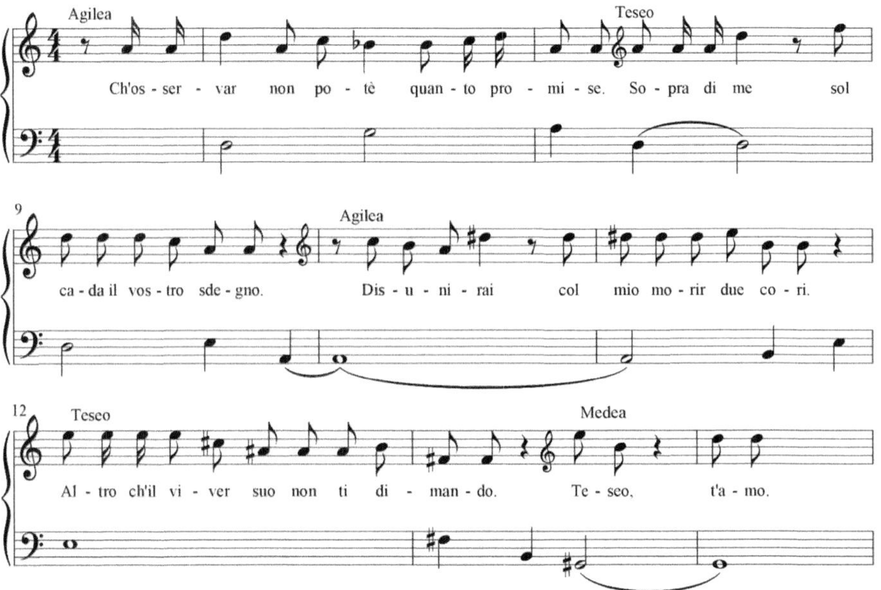

bei Medea in T. 23 auf »giacchè felice non mi vuole Amore« (»wenn mich Amor schon nicht glücklich sehen will«) von D-Dur nach G-Dur

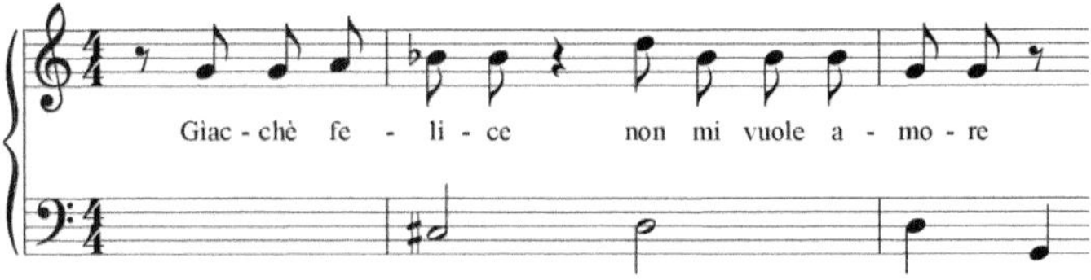

und die finale Kadenz am Rezitativende nach Medeas Aussage »le destre unite a vostri cori avete« (»eure Hände seien mit euren Herzen vereint«) von H-Dur nach E-Dur.

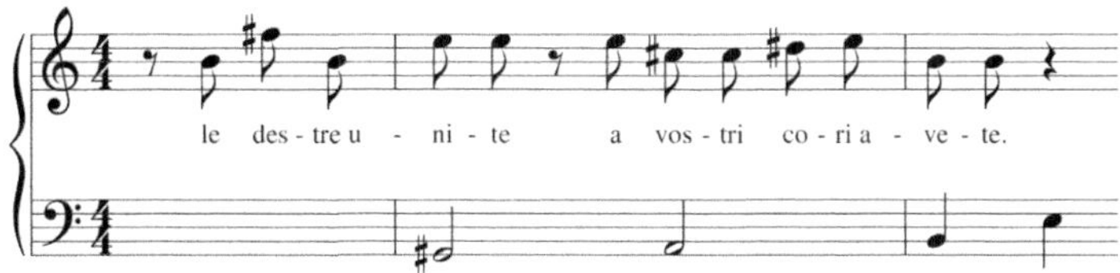

Händel erhöht die Spannung stufenweise von T. 8 bis T. 13, da von Vers zu Vers der Dialog durch Kadenzeinwürfe unterbrochen wird. Zwischen den drei Dialogpartnern trifft Aussage auf Aussage und das Wortgefecht erreicht seinen Höhepunkt. Agilea bittet um Verzeihung, da sie ihr Wort gebrochen hat. Teseo wünscht, dass Medeas Rache ihn allein treffe. Agilea hingegen bekräftigt Medea gegenüber, dass der Tod einer Person ausreichende Genugtuung wäre und Teseo bittet darum, Agilea am Leben zu lassen. Es verwundert kaum, dass sich genau in diesem Wortgefecht die Dominant-Tonika-Einwürfe im Generalbass verdichten und die Funktion instrumentaler Ausrufungszeichen übernehmen. Es findet ein verbaler Zweikampf statt, der über weite Strecken des Dialogs unentschieden zu sein scheint.

Zwei Jahre später in *Amadigi* (1715) will der Titelheld in der 1. Szene des I. Akts Melissas Zaubergarten verlassen, um zu seiner Geliebten Oriana zu gelangen (Vgl. Beispiel 6 im Anhang): »chè gìa troppo contrarie furo alla gloria mia, ed al mio amore« (»die schon zu widerspenstig für meinen Ruhm und meine Geliebte waren«). Darauf folgt eine Kadenz auf D-Dur – g-Moll in T. 11, wodurch die Absicht Amadigis deutlich hervorgehoben wird. Amadigi fasst einen festen Entschluss, den der Generalbass entsprechend bestätigt. Da sein heimlicher Rivale Dardano der Ansicht ist, Amadigi habe es auf Melissa abgesehen, die den Zaubergarten für ihn hat entstehen lassen, folgt hier das erste Missverständnis. Denn auch Dardano hat es auf Oriana abgesehen. So folgt auf die eigentliche affirmative Kadenz eine Rückung nach Es-Dur, wodurch Dardanos Worte in eine völlig andere Gedankenwelt gerückt werden. Auch Dardano bekommt eine affirmative Kadenz von A-Dur nach d-Moll in T. 28: »che sia sua vita« (»um seine Geliebte zu sein«). Interessant sind vor allem die Kadenzen am Rezitativende, die sich im Vergleich zur üblichen Finalkadenz in dieser Szene stark verdichten. In T. 52 bittet Dardano, Amadigi solle warten, bis er einen Ausweg gefunden habe: »che celi agli occhi altrui il nostro scampo« (»dass die anderen nichts von unserer Flucht bemerken«). Hier erklingt eine D-Dur – g-Moll-Kadenz auf den vorletzten Vers, gefolgt von Amadigis Antwort »Quivi t'attendo« (»Ich warte hier auf dich«) von F-Dur nach B-Dur nach dem vorderen Teilvers des Elfsilbers. Dann erfolgt nach Dardanos *a parte* »Ed io di sdegno avvampo« (»Und ich platze vor Wut«) die finale Schlusskadenz. Bemerkenswert sind hier die drei Anläufe zu einer finalen Kadenz, die nötig sind, um das Rezitativ zu beenden.

In der 3. Szene des II. Akts von *Amadigi* verwendet Händel zwei Kadenzen, um die Qualen Orianas zu beschreiben, als sie den ohnmächtigen Amadigi vor sich liegen sieht. Die erste Kadenz folgt nach den Worten »che Melissa ha dato a lui la morte« (Melissa hat ihm den Tod gegeben) auf F-Dur – b-Moll. Eine weitere Kadenz erklingt nach »vuole che estinto io miri il mio contento« (»sie will, dass ich meinen Geliebten leblos vor mir sehe«) auf G-Dur – c-Moll. Oriana benötigt zwei Anläufe, um ihren Monolog zu beenden. Oriana ist in solch einer tiefen Trauer, dass der zu erwartende Rezitativschluss erst an späterer Stelle folgt.

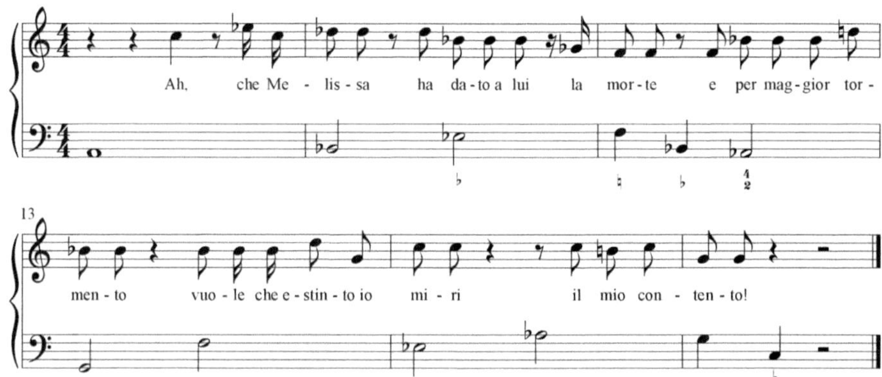

Während das Continuo die Aussage Orianas bereits bei »la morte« als abgeschlossen markiert, setzt Oriana nochmals an und bringt ihren Satz erst danach zu Ende. An dieser Stelle erklingt die Kadenz nicht an einem Satzende, sondern mitten in Orianas Rede, die nur durch eine Achtelzäsur unterbrochen ist. Allerdings ist durch Orianas abfallende Melodielinie von *es*“ nach *f*‘ auch in der Singstimme der abschließende Charakter vorgeprägt. So reagiert der Generalbass auch auf den gesanglichen Ausdruck und auf die Ohnmachtssituation Orianas.

Neun Jahre später, 1724, in der 7. Szene des I. Akts von *Giulio Cesare in Egitto* spielt Händel ebenfalls mit der vorgetäuschten finalen Wirkung der Schlusskadenz. Da der Ausdruck »Trugschluss« aufgrund seiner harmonischen Bedeutung irreführend ist, sollen diese Kadenzen als »vermeintliche Schlusskadenzen« bezeichnet werden. In den drei letzten Versen ab T. 28 beteuern sich Cesare und Cleopatra ihre Liebe.

Cleopatra:

Signor, i tuoi favori	Herr, deine Güte
legan quest'alma ...	bindet diese Seele ...

Cesare:

… e la tua chioma i cori.	... und dein gelocktes Haar die Herzen.

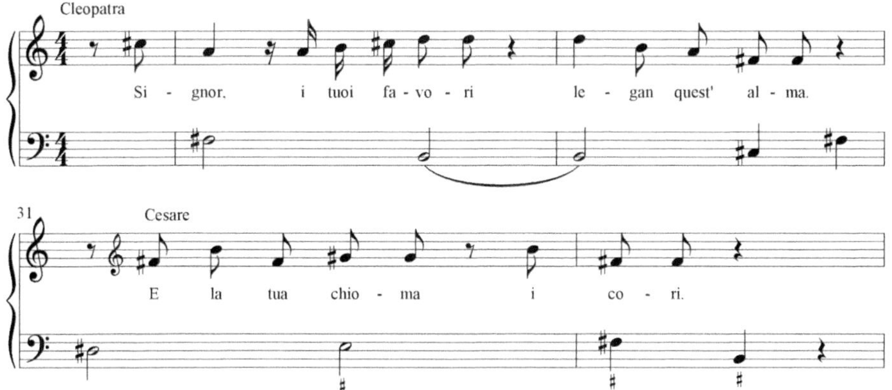

An dieser Stelle findet man eine Antilabe, eine Aufteilung des Verses auf zwei Dialogpartner. Im Regelfall gilt dieses Aufbrechen der Versstruktur einer Dramatisierung und Verdichtung des Dialogs. An dieser Stelle jedoch dient die Antilabe weniger dem gegenseitigen Sich-ins-Wort-fallen. Händel setzt bereits zur Versmitte nach »legan quest'alma« eine Kadenz, allerdings nicht wie zu erwarten als D-T, sondern als d-T. Beinahe könnte man meinen, bereits durch ihr erstes Erscheinen vor Cesare stehe dessen Welt Kopf. Denn erst bei Cesare erfolgt die Kadenzierung im erwarteten Fis-Dur-H-Dur. Diese Kadenz Cleopatras überrascht vor allem, weil in den seltensten Fällen eine Kadenzierung innerhalb der Verse zu finden ist, sie wiederholt nochmals das Selbstbewusstsein, welches bereits bei ihrem ersten Auftreten gegenüber Cesare zum Ausdruck kommt. Die emotionale Verwirrung und die erotische Dominanz Cleopatras mögen Händel veranlasst haben, diesen Überraschungseffekt zu komponieren und die Emotionalität der Szene auf diese Weise zu verdeutlichen. Denn nicht nur auf der Bühne, sondern ebenso für den Zuhörer, müssen diese musikalisch-rhetorischen Kunstgriffe überraschend gewirkt haben.

Die affirmativen Kadenzen erklingen jedoch nicht allein als instrumentale Ausrufungszeichen. An vielen Stellen zeigt sich durch die Kadenz im Generalbass auch die rhetorische Überlegenheit im Dialog. In *Ezio* aus dem Jahr 1732 gewinnt Fulvia im Streitgespräch mit Onoria in der 10. Szene des I. Akts die Oberhand. Mit ihrer Aussage in T. 16 f. äußert Fulvia den Verdacht, dass Onoria ein Auge auf Ezio geworfen habe. Die Deutlichkeit ihrer Aussage erklingt wie ein Totschlagargument, weshalb Onoria daraufhin die Szene verlässt.

Fulvia:

Anch'io dai sdegni tuoi	Auch ich erkenne gut an deiner Schmach,
come soffri un rifiuto or ben m'avvedo.	wie du die Zurückweisung erduldest.
Potrei crederti amante e pur nol credo.	Ich könnte dich für eine Liebende halten und glaube es doch nicht.

Onoria:

Quando m'oltraggi con sospetto insano,	Wenn du mir krankes Misstrauen unterstellst,
per non dirti arrogante, io m'allontano.	um dich nicht arrogant zu nennen, entferne ich mich.

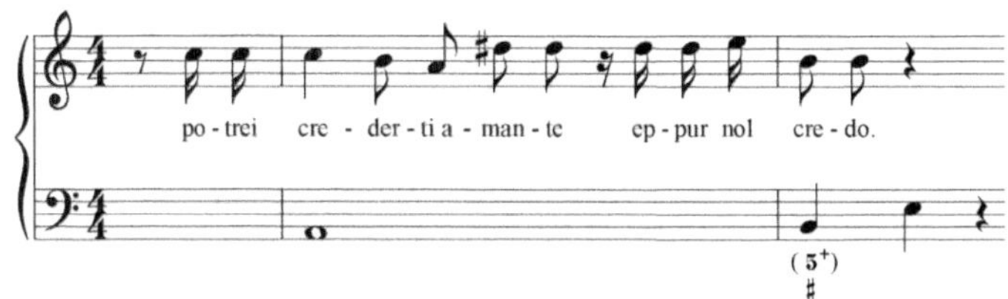

Nach Fulvias »e pur nol credo« erklingt innerhalb des Dialogs die erste Schlusskadenz von H-Dur nach e-Moll. Die Aussage Fulvias wird vom Generalbass bestätigt und durch die Kadenz mit einem musikalischen Ausrufezeichen versehen. Die Worte Fulvias müssen auf Onoria, die Schwester des Kaisers, wie eine verbale Ohrfeige wirken. Schließlich verlässt sie auf diese Worte Fulvias hin auch die Szene. Es zeigt sich deutlich, wie die Kraft von Fulvias Aussage durch die Kadenz im Generalbass noch verstärkt wird. An dieser Stelle steuert die Unterhaltung der beiden Frauen auf ihren Höhepunkt zu. Während die Anspannung zwar bereits von Beginn der Szene an in der Luft liegt, entlädt sie sich in T. 17f. deutlich und endet wenige Takte später damit, dass Onoria empört die Szene verlässt.

Nicht jedes Rezitativ schließt übrigens mit einer finalen Kadenz. Es finden sich auch fließende Übergänge vom Rezitativ in eine Arie. So wird am Ende der 2. Szene des I. Akts von *Ezio* der Übergang zur Arie verschleiert, indem die finale Kadenz fehlt. So erklingt auf Ezios letzte Worte »sai che t'adoro e piangi?« auf die Silbe »-oro« ein Fis-Dur-Akkord und auf die Silbe »pian-« H-Dur, beides in halben Notenwerten und nicht mit einer affirmativen Kadenz in Viertelwerten.

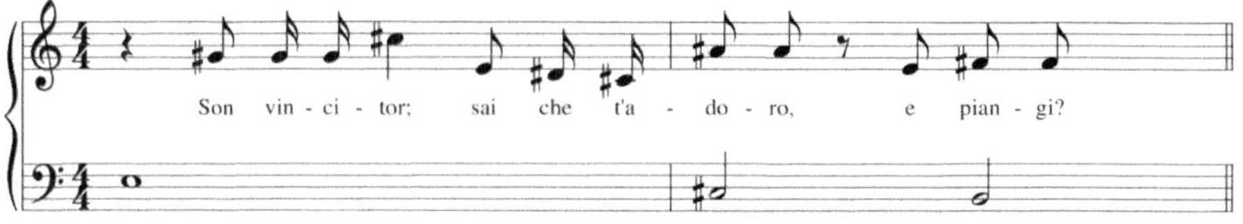

Es erklingt keine finale Kadenz, auch die Form der Frage steht einem affirmativen Dominant-Tonika-Nachschlag entgegen. Die Singstimme schließt mit einer Frage, während der Generalbass statt einem Quint- oder Quartschritt einen Ganztonschritt von *cis* nach *h* beschreibt, was harmonisch eine Kadenz von Fis-Dur nach H-Dur bedeutet. Es schließt sich unmittelbar Ezios E-Dur-Arie »Pensa a serbarmi ancora« (»Denk daran, mir zu bewahren«) an, die ersten Noten sind *a capella* und festigen durch ihren Melodiebogen bereits die Tonart, erst in der zweiten Takthälfte setzt das Continuo mit einer Imitation der Anfangsmelodie ein.

Aus Händels letzter Oper von 1741 lassen sich ähnliche Schlüsse ziehen. Kurz vor dem trojanischen Krieg machen sich in *Deidamia* Ulisse (unter dem Namen Antiloco), Fenice (der König von Argos) und Nestore auf den Weg nach Skyros, um dort nach dem untergetauchten Achille zu suchen. Dieser hält sich als Frau verkleidet auf der Insel auf und trägt den Namen Pirra. Der König Licomede hat Achilles Vater versprochen, seinem Sohn Schutz zu gewähren. König Licomede bekräftigt in seinem Monlog »O d'amicizia sante leggi« (»O heilige Gesetze der Freundschaft«) der 1. Szene des I. Akts von *Deidamia* seine Absicht, weder mit Ulisse gegen Troja zu ziehen, noch Achille auszuliefern, da durch eine Prophezeiung Achilles sicherer Tod bereits vorausgesagt wurde. Licomedes Monolog schließt an Fenices F-Dur-Arie »Al tardar della vendetta« (»Beim Verzögern der Rache«) an und beginnt abrupt in g-Moll und wird weder durch eine Binnenkadenz unterbrochen, noch lassen sich Zweifel durch unerwartete Akkordrückungen herausholen. Erst nach seinen letzten Worten »il voglion salvo i Numi / se gli minaccian morte / quand'ei tenti espugnar d'Ilio le porte« (»Die Götter werden ihn schützen, falls ihn der Tod bedroht, wenn er gegen Ilion ziehen sollte«) erklingt eine finale Kadenz mit fallendem Bass von F-Dur nach B-Dur.

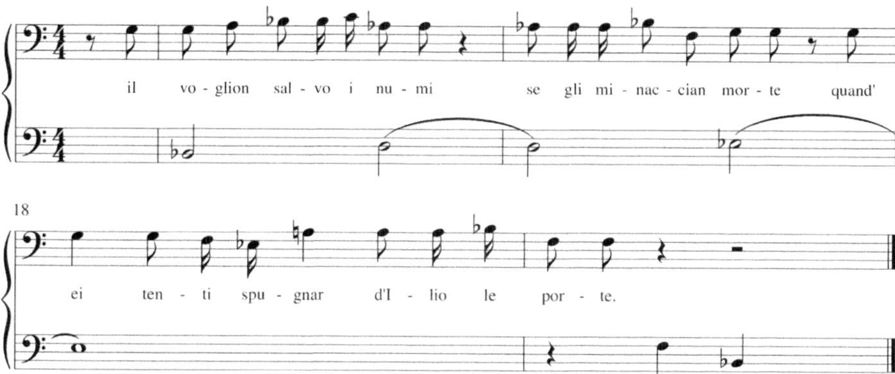

Diese einzige Generalbass-Kadenz im Monolog bildet außerdem den harmonischen Übergang zu Licomedes anschließender Arie »Nelle nubi intorno al fato« (»In den

Wolken rund um das Schicksal«). Licomedes' Szene bildet also auch bezüglich der Tonart eine geschlossene Einheit zur folgenden Arie. So zeigt sich, dass die Schlusskadenz nach B-Dur vielmehr eine Bekräftigung der Tonalität ist als dass sie einen Wendepunkt der Modulation von Beginn der Szene an markieren würde, möglicherweise auch ein Zeichen für die Standhaftigkeit von Licomede.

Im letzten Rezitativ der 1. Szene des I. Akts gewährt Licomede Fenice, die Insel nach Achille abzusuchen. Fenice ist empört über die Unaufrichtigkeit Licomedes, willigt aus Gründen der Ehre aber ein. Bereits am Ende der Rede von Licomede drückt sich dessen Verwunderung über Fenices Reaktion aus:

Licomede:

Cerchisi in ogni lato; io vel permetto che vuolsi più?	Man suche ihn in allen Ecken; ich erlaube es. Was wollt ihr mehr?

[...]

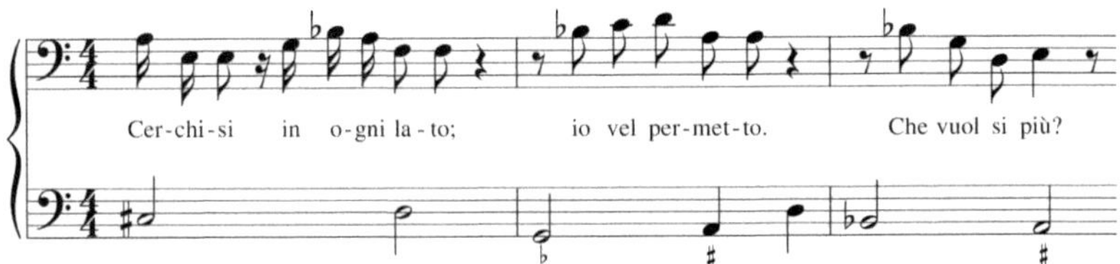

In T. 7, dem ersten Takt des Notenbeispiels erklingt ein Dominant-Tonika-Schritt von A-Dur nach d-Moll. Auf »io vel permetto« folgt dann eine affirmative Kadenz in Viertelwerten, ebenfalls von A-Dur nach d-Moll. Der harmonische Schritt wird also am Ende der Rede bereits vorbereitet und einen Takt später als Nachschlagkadenz nochmals wiederholt. Nachdem Fenice ihm gegenüber nicht augenblicklich seine Freude und Dankbarkeit äußert, gerät Licomede ins Zögern. So hört man in T. 9 einen unvorbereiteten g-Moll-Akkord, der in einer Dubitatio-Frage nach A-Dur moduliert. Mit der vorigen Kadenz wird dem Zuhörer suggeriert, dass Licomede mit seiner Rede abgeschlossen hat. Doch Licomede ergreift noch einmal das Wort, um in einer Frage seiner Verwunderung über die ausbleibende Reaktion Ausdruck zu verleihen. Fenices zögernde Antwort offenbart sich in der Behandlung der Generalbassstimme, die in diesem Fall das Stocken des Dialogs ausdrucksstark nachzeichnet.

Am Ende führt uns der Weg noch einmal zurück zur Sterbeszene aus *Flavio*. Es gibt in Ausnahmesituationen kein Gesetz, nach welchem jede Rede oder Aussage mit einer affirmativen Kadenz abgeschlossen werden muss. Ein solches Beispiel ist der Tod Lotarios in T. 16f. der 11. Szene des II. Aktes: während Lotario sein Leben aushaucht, umschreibt nach den letzten Worten der Generalbass nicht die zu erwartende abschließende Kadenz in Viertelwerten, sondern Händel verzögert durch harmonische Umspielung die Kadenzformel in vier harmonischen Schritten in Viertelbewegung.

Lotario:	*Lotario:*
Oh Guido, oh Emilia; io mor …	Oh Guido, oh Emilia; ich ster ...

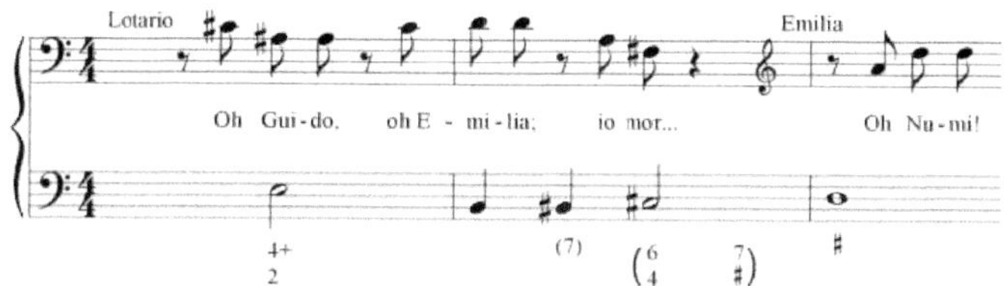

Einem verminderten Akkord auf »Oh Guido« folgt nun eine im Viertelrhythmus voranschreitender Akkordfolge, die von h-Moll über dessen Septakkord zur Dominante A-Dur im Quart-Sext-Akkord und einem A-Dur-Septakkord wandert. Es erklingt also ein akkordisches Sich-Herantasten, bevor im Folgetakt der erlösende D-Dur-Akkord erklingt, auf den dann Emilia ihr »oh numi!« intoniert. Interessant ist, dass statt dem Quart- oder Quintintervall im Generalbass die Terz der Dominante liegenbleibt, dann mit der Septime bereichert wird, um dann erst zur Tonika zu finden. Darüber hinaus fällt natürlich der chromatisch ansteigende Bass ins Gewicht, der von *h – his – cis* nach *d* wandert. Entsprechend der tragischen Situation gelingt es Händel in bestimmten Fällen, mit so fixen Formeln wie einer affirmativen Kadenz meisterhaft zu spielen.

Fazit

Finale Dominant-Tonika-Kadenzen können mit ihren Viertelschlägen entweder ein Rezitativ abschließen oder am Schluss einer Binnenrede einen musikalisch hörbaren Punkt bzw. ein Ausrufezeichen setzen. Der Kadenzschritt ist markant, symbolisiert Entschlusskraft und setzt bei gewichtigen Aussagen den musikalischen Schlusspunkt. In Ausnahmesituationen können die finalen Kadenzen auch ausbleiben, wie im Falle einer Sterbeszene oder eines fließenden Übergangs zur Arie.

Verteilung der Kadenzen im Dialog

Affirmative Kadenzen setzen nicht nur Schlusspunkte innerhalb einer Szene, sondern geben auch einen musikalischen Hinweis auf die Argumentationskraft der Dialogpartner. Die Akzentsetzung verdeutlicht auch in diesen Fällen dem Zuhörer das Gewicht einer Aussage. So kommt es vor, dass bei manchen Charakteren gehäuft Kadenzen erklingen, während andere im Wortgefecht unterlegen sind und ihnen keine Kadenzen gesetzt sind. An einigen Beispielen soll dies nun erläutert werden.

Beginnen wir im Jahr 1721. Oronte hat im I. Akt von *Floridante* den Titelhelden aus seinem eigenen Land verbannt, um dessen Geliebte Elmira selbst zu heiraten, die er als Stieftochter großgezogen hat. In der 5. Szene berichtet seine leibliche Tochter Rossane von der ruhmreichen Rückkehr Floridantes aus der Schlacht, und davon, dass dieser auf Orontes Befehl hin bereits außer Landes gehen wollte, jedoch von ihr und Elmira zurückgehalten wurde. In den ersten 16 Takten dieses Dialogs findet sich keine Kadenz, erst in T. 18 auf Orontes »Ciò si conceda« (»Es sei gestattet«) nach D-Dur. Rossane bittet darum, dass Floridante vor seiner Verbannung mit den Siegestrophäen vor Oronte treten kann, auch um selbst nach den Hintergründen für Orontes plötzlichen Sinneswandel zu fragen:

Oronte:	
Qual'è il vostro desir?	Was wollt Ihr?
Rossane	
Padre, l'ascolta!	Vater, höre ihn an!
Oronte:	
Ciò si conceda.	Es sei genehmigt.

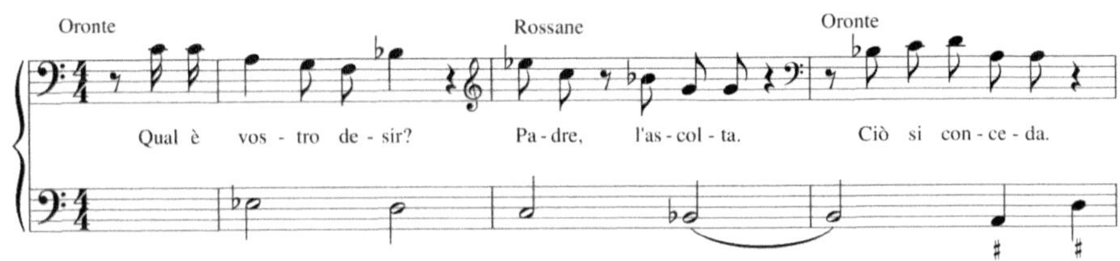

Die affirmative Kadenz hat an dieser Stelle eine stark autoritäre Wirkung und unterstreicht das Gewähren der Bitte. Durch diesen kompositorischen Handgriff gelingt es Händel, Orontes Befehlsgewalt und Autorität in den Vordergrund zu stellen, während Rossane zurücksteht. Ein weiteres Mal wird dies durch Orontes Schlussworte bekräftigt, als dieser erklärt, dass die Staatsräson seinen Sinneswandel verlangt habe, Floridante nicht mit Elmira zu verheiraten:

Oronte:	
[…] La diedi, è vero; ma ragione di stato or cangia il mio pensiero.	[…] Ich gab mein Wort, ja; aber die Staatsräson hat meine Gedanken jetzt geändert.

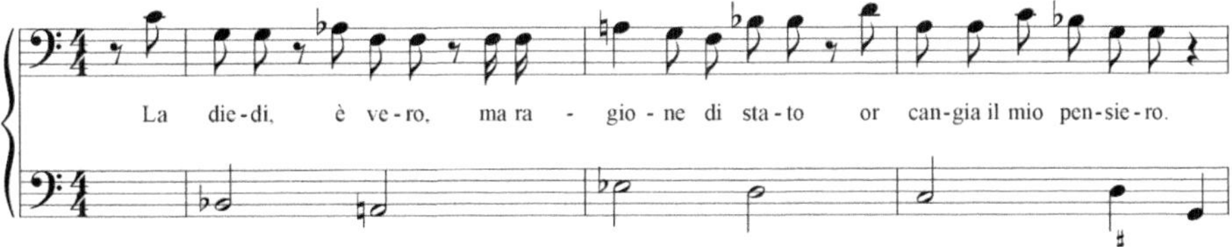

Die abschließende Kadenz von D-Dur nach g-Moll verstärkt die Endgültigkeit von Orontes Beschluss, mit dem das Rezitativ auch schließt.

Auch drei Jahre später in *Tamerlano (*1724) spielt das Verhältnis Vater – Tochter eine entscheidende Rolle. In der 1. Szene des III. Akts wird Asteria zu ihrem Vater Bajazet in den Kerker geworfen, da sie die Heirat mit Tamerlano ausgeschlagen und dieser sich erbost in seiner Brautwahl umentschieden hat. Vater und Tochter fürchten nun die Rache Tamerlanos. Bajazet trägt allerdings einen Becher voller Gift bei sich, den er nun seiner Tochter anvertraut, da diese seiner Meinung nach eher sterben soll, anstatt ihre Ehre an den Feind zu verlieren. Auch in diesem Fall sind die Kadenzen klar verteilt. In T. 17 f. folgt die Bekräftigung auf Bajazets Aussage, dass im Ernstfall beide ihr Leben lassen müssten:

Asteria:

S'è morte sia la mia, non la vostra	Wenn der Tod, dann meiner, nicht Eurer

Bajazet:

La tua, e la mia. Vedi: quest'è veleno	Deiner und meiner. Sieh, hier ist Gift

Bajazets Worte klingen wie ein Befehl, dem sich die Tochter zu fügen hat. Auch in dieser Szene zeigt sich die väterliche Autorität und Durchsetzungskraft. Es überrascht, dass die affirmative Kadenz direkt zu Beginn von Bajazets Antwort erklingt. Er bezieht seinen Beschluss auf die letzten Worte Asterias, bevor er das Gespräch auf das Gift lenkt und nach der Kadenz im Generalbass ab T. 21 ein inhaltlich neuer Abschnitt beginnt. Eine weitere Kadenz erklingt in T. 27. An dieser Stelle redet noch immer Bajazet und schließt seine Worte mit einer zweiten Kadenz. Hier fällt Asteria ihrem Vater direkt ins Wort.

Bajazet:

[...]

il mio intrepido cor teco divido.	Mein unerschütterliches Herz teile ich mit dir.

Asteria:

Dono caro e gradito	Ein wertvolles und gütiges Geschenk.

Nun zeigt sich ein weiteres Mal Bajazets unbeirrbare Haltung, lieber die eigene Tochter und sich selbst in den Tod zu schicken, als dem Feind Tamerlano einen einzigen weiteren Triumph zu gönnen. Auf »teco divido« erklingt eine Kadenz von A-Dur nach D-Dur. Bajazet beansprucht innerhalb seiner Phrase von T. 20 bis T. 27 ganze zwei Kadenzen für sich. So scheint Asteria im Verlauf des Dialogs immer mehr von der hartnäckigen Haltung ihres Vaters mitgerissen zu werden, so dass am Ende ihr Beschluss, notfalls in den Tod zu gehen, auch ihr eigener zu sein scheint. So finden sich am Ende zwei Reimpaare mit folgender affirmativer Kadenz:

Bajazet:	
[...]	
e me vedrai al primo infausto avviso	du wirst sehen, dass ich beim ersten Unglück
preceder o seguir il tuo destino.	deinem Schicksal vorausgehe oder folge.
Asteria:	
Padre, al tuo gran voler la fronte inchino.	Vater, vor deinem eisernen Willen verneige ich mich.
Bajazet:	
In vano; invan si crede	Vergeblich glaub das grausame Schicksal
Tenerci un fier destino i lacci al piede.	unsere Füße in Fesseln zu halten.

(Vgl. Beispiel 7 im Anhang)

Die erste Kadenz folgt auf Asterias Einwurf »Padre, al tuo gran voler la fronte inchino«. Asterias gibt ihrem Vater ihr Wort, seinem Willen Folge zu leisten. So erklingt in T. 49 eine affirmative Kadenz von G-Dur nach C-Dur. Auch die Verschränkung des Reimes »destino – inchino« zeigt, dass sich Asteria den Worten Bajazets anschließt. Das abschließende Verspaar gehört Bajazet, der Reim springt von einem Siebensilber in den finalen Elfsilber. Hier findet der Dialog seinen Abschluss und so erklingt bei Bajazet eine letzte affirmative Kadenz von C-Dur nach F-Dur.

Acht Jahre später, in der 3. Szene des I. Aktes von *Ezio* (1732) steht der Konflikt zwischen Fulvia und Massimo im Mittelpunkt. Massimo hat soeben sein Versprechen rückgängig gemacht, Ezio mit seiner Tochter zu vermählen. Stattdessen will er diese mit dem Kaiser Valentiniano verheiraten und Ezio zum Mord gegen diesen anstiften. Fulvia eröffnet das Gespräch mit folgenden Worten:

Fulvia:	
E' tempo, oh genitor,	Es ist Zeit, Vater,
che uno sfogo conceda al mio rispetto.	dass ich meinem Ärger Luft mache.
Tu pria d'Ezio all'affetto	Erst versprichst du Ezio
Prometti la mia destra; indi mi imponi	meine rechte Hand; dann befiehlst du mir
il lusingar di Cesare l'amore,	dem Kaiser zu schmeicheln
e m'assicuri poi,	und versprichst,
che di lui non sarò; ma quando spero	dass ich nicht die seine werde; wenn ich hoffe,
stringer d'Ezio la mano,	Ezio in die Arme zu schließen,
ti sento dir che lo sperarlo è vano.	höre ich dich sagen, dass die Hoffnung vergebens ist.

Man könnte meinen, diese lange Rede Fulvias würde mit einer zu erwartenden Dominant-Tonika-Kadenz abgeschlossen, bevor Massimo seine beruhigenden Antwort »T'accheta, o figlia« (»Meine Tochter, beruhige dich«) formuliert. Doch ihr Vater Massimo fährt ihr sofort über den Mund, ohne dass sich auf die ersten Worte die Harmonik ändern würde – eine eindrucksvolle Art und Weise, das »Ins-Wort-fallen« in Musik zu setzen. Erst auf »figlia« in T. 13 moduliert der musikalische Satz nach e-Moll. Im Continuo lässt sich zwar eine Kadenz von H-Dur nach e-Moll ab T. 13 erkennen, jedoch moduliert der harmonische Satz hier taktweise. Eine markante Kadenz in Viertelnoten gibt es nicht. Massimo offenbart in T. 25 seiner Tochter die wahren Pläne gegen Ezio und den Kaiser:

Massimo:	
Sposa al tiran tu puoi svenarlo, o almeno	Als Gattin des Tyrannen kannst du ihn töten
agio puoi darmi a trapassargli il seno.	oder es mir wenigstens erleichtern, ihm einen Dolch in die Brust zu stoßen.

Diese klaren Worte Massimos schließen in T. 29 mit einer G-Dur – C-Dur-Kadenz, auch wenn Fulvia nach nur einer Achtelpause mit »Che sento, oh Dei!« (»Götter, was höre ich?«) dazwischenfährt. In T. 40 f. lässt Massimo seine Tochter ihren Satz nicht zu Ende bringen. Als Fulvia ihn zur Vernunft bringen will, verbietet er ihr das Wort:

Fulvia:	
Sì; ma un vil tradimento? Ah! Caro padre,	Ein schändlicher Verrat? Ach lieber Vater,
pensa alla gloria tua, pensa che vai ...	denk an deinen Ruhm, denke daran, dass du …

Massimo:

Taci, importuna; io t'ho sofferto assai.	Schweig, du Lästige ich habe genug gehört.
Le tue pari consiglia,	Besprich dich mit deinesgleichen,
rammenta ch'io son padre, e tu sei figlia.	denk daran, ich bin der Vater, du die Tochter.

(Vgl. Beispiel 8 im Anhang)

An dieser Stelle kann Fulvia ihren Satz nicht mehr vollenden, da der Vater in T. 41 ihr das Wort abschneidet. Dieser dagegen beendet die Szene mit den Worten »e tu sei figlia«, es folgt eine Schlusskadenz nach H-Dur. Dieses Beispiel zeigt deutlich die Dominanz des Vaters gegenüber seiner Tochter. Massimo bekommt in dieser Rezitativszene zwei Kadenzen, während Fulvia leer ausgeht. Auch der Text der nachfolgenden Arie »Caro padre tu non dei / rammentar che padre sei« (»Vater, du musst mich nicht daran erinnern / dass du der Vater bist) zeigt, dass Fulvia die Zurechtweisung ihres Vaters verstanden hat.

Es sind selbstverständlich nicht nur Töchter, die in den Opern ihren königlichen Vätern ergeben sind. Ein letztes Beispiel soll aufzeigen, dass auch Söhne sich dem Gehorsam ihrer Väter beugen müssen und dies an einigen Stellen durch affirmative Kadenzen klar hervorgehoben wird. Das Beispiel stammt aus dem Jahr 1720 und befindet sich in der 6. Szene des I. Aktes von *Radamisto* (Vgl. Beispiel 9 im Anhang) König Farasmane ist von Tiridate gefangengenommen worden. Nun fordert er seinen Sohn Radamisto auf, seiner Geliebten Zenobia in den Tod zu folgen und ihn allein zurückzulassen. Dies tut er mit großem Nachdruck an zwei Stellen: in T. 3 auf »Nulla pensar. Vanne, ubbidisci e muori« (»Denk nicht nach, geh und stirb«) und in T. 9 bei »Son padre e Re, così commando, parti!« (»Ich bin Vater und König, so befehl ich's, geh!«). Auch wenn im ersten Fall die Kadenz im Bass durch einen großen Sextsprung markiert ist, springt die Hamonik in einer Dominant-Tonika-Kadenz von A-Dur nach d-Moll. In T. 9 dann auf »e parti« von E-Dur nach A-Dur. Die beiden sehr drastischen Befehle »muori« und »parti« zeigen die Entschlussfestigkeit und werden durch die affirmativen Kadenzen noch verschärft. Die einzige affirmative Kadenz Radamistos dagegen findet sich am Ende der Rezitativszene auf »padre, addio!« (»Vater, leb wohl«). Die Kadenz bezeichnet somit einerseits das Ende des Rezitativs sowie Radamistos Ausruf des Abschieds.

Fazit

Mit affirmativer Kadenz kann bestimmten Aussagen ein größeres Gewicht beigemessen werden als anderen. Wenn jedoch ein Dialogpartner dem anderen das Wort abschneidet, fällt diese ebenfalls weg. Die Tendenz tyrannischer Väter gegenüber ihren Töchtern verdeutlicht dies an vielen Stellen, doch auch Söhne haben in diesen Fällen Folge zu leisten.

Halbtonschritte im Generalbass

In vielen Situationen ist ein Dialog durch Halbtonschritte im Generalbass gekennzeichnet. Diese Halbtonschritte können sowohl harmonische Brüche markieren oder es handelt sich um Dominant-Tonika-Kadenzen, wobei der erste Akkord in Sext-Stellung steht. Während es sich bei Fragen und affirmativen Kadenzen um eindeutige Kadenzformeln handelt, so nutzt Händel an diesen Stellen den Effekt der Überraschung bzw. den Moment der Peripetie, um durch einen musikalischen Kommentar im Generalbass die Handlung in eine völlig andere Richtung verlaufen zu lassen, als es konsequenterweise zu erwarten wäre.

In *Giulio Cesare* (1724) will sich Sesto in der 11. Szene des II. Aktes das Leben nehmen. Zu Beginn hatte Tolomeo veranlasst, seinen Vater Pompeo zu enthaupten, nun hört er das Gerücht, sein Vertrauter Cesare sei ums Leben gekommen. Da er sich und seine Mutter Cornelia nicht aus der ägyptischen Gefangenschaft befreien kann, hat er beschlossen, den Freitod zu wählen. Doch gerade in jenem Moment, als sich Sesto in sein Schwert stürzen will, wird er von seiner Mutter zurückgehalten.

Sesto:	*Sesto:*
[…]	[…]
Ferro, inerme ti vedo;	Schwert, ich sehe dich blitzen.
io per non più soffrir morte a te chiedo.	Um nicht mehr zu leiden, erbitte ich den Tod
(tira la spada per uccidersi)	*(er zieht das Schwert, um sich zu töten)*
Cornelia:	*Cornelia:*
Ferma: che fai?	Halt! Was tust du?

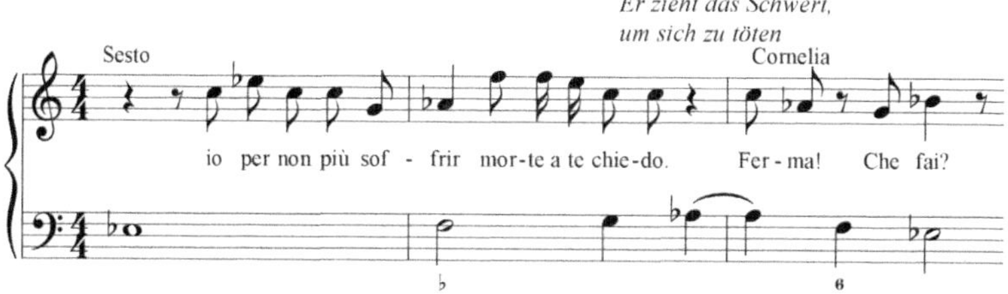

Sestos »io per non più soffrir« ist ein gebrochener c-Moll-Akkord, im Bass erklingt dessen Terz. Auf »-frir«, der ersten Zählzeit des neuen Taktes, erklingt ein f-Moll-Akkord in Grundstellung (*f* im Bass), umrahmt von der Sexte *as*‘ – *f*“ in der Singstimme. Die nun folgenden Viertelnoten im Generalbass sind als Kadenz gedacht und so wird das *g* im Bass nicht als Stützakkord auf »chiedo« sondern als Nachschlag intoniert. In T. 5 (hier der mittlere Takt des Beispiels) erklingt für die Dominant-Mediant-Kadenz G-Dur – As-Dur im Generalbass ein Sekundschritt von *g* nach *as*. Hier folgt also in beiden Kadenzakkorden Grundton auf Grundton, allerdings bleibt hier der erwartete c-Moll-Akkord aus und Händel verwendet den durch Großterzverwandtschaft naheliegenden As-Dur-Akkord. Diese Einfärbung wird überraschend und trifft den Zuhörer unvorbereitet. Die sekundweise Steigerung von *es* nach *as* führt zu diesem Höhepunkt hin und vor allem der Halbtonschritt in der Außenstimme dieser Binnenkadenz unterstreicht die Dramatik der Handlung. So ist Cornelias Eingreifen die letzte Rettung und lässt Sestos Selbstmordversuch unvollendet.

In der 3. Szene des II. Akts von *Ezio* (1732) macht Massimo eine für den Zuhörer heuchlerische Falschaussage, als er den Kaiser seiner Hilfe versichert »assicurarti puoi« (»Du kannst dir sicher sein«). Massimo spinnt seine Intrige, um Ezio auszuspielen und will daher das Vertrauen des Kaisers erschleichen:

Massimo:	*Massimo:*
Io cercherò d'Emilio	Ich werde nach Emilio suchen
io veglierò per te. Per tua salvezza	und über dich wachen. Für deine Rettung
d'alcuno intanto assicurarti puoi.	kannst du dir bei allen sicher sein.

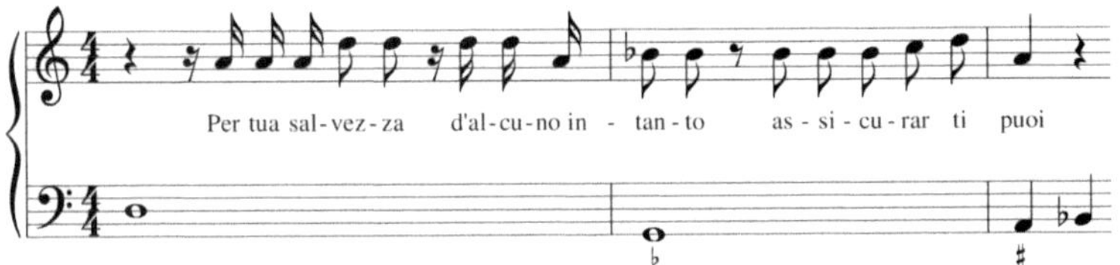

Massimo verspricht dem Kaiser Hilfe bei der Aufklärung jenes Mordkomplotts, das er selbst angestiftet hat. Das Beispiel beginnt in d-Moll und moduliert im folgenden Takt nach g-Moll. Auch hier schließt die Aussage mit einer nachgeschlagenen Binnenkadenz, erkennbar an den Viertelwerten. Es erklingt eine Rückung von A-Dur nach B-Dur, also eine Sequenz um einen Halbton, was daher rührt, dass beide notierten Töne im Generalbass die Grundtöne den Akkord bilden. An dieser Stelle handelt es sich also um keine ehrliche, offene Aussage mit einer klaren Dominant-Tonika-Kadenz, weswegen auch die Harmonik ebenso brüchig erscheint wie die Aufrichtigkeit Massimos. Nach dieser Kadenz ergreift Valentiniano das Wort und die Harmonik spinnt sich nach Es-Dur fort, um am Ende der Szene in B-Dur zu schließen. Auch hier ist also das A-Dur die Doppeldominante zum vorigen g-Moll, während auf den Kadenzschlag der Bruch bereits vollzogen wird: der zweite Akkord der Kadenz gehört auch hier harmonisch bereits dem antwortenden Gesprächspartner.

In *Arianna* (1734) verdeutlichen Kadenzrückungen an einigen Stellen aufeinanderprallende Gedanken oder Widersprüche. In der 3. Szene des I. Akts werden die sieben

Jungfrauen ausgelost, die als Friedenspfand zu Minos nach Kreta geschickt werden. Unter ihnen ist auch Carilda, die Teseo liebt. Teseo liebt jedoch Arianna, welche versucht, Carilda Hoffnung auf ihr Überleben zu machen. Carilda hingegen scheint die Liebe zu Teseo wichtiger zu sein als die Angst vor dem Tod. In T. 9 sagt sie:

Carilda: (Ah! M'intendesse almeno)	*Carilda:* (Wenn sie mich doch nur verstünde.)
Arianna: Forse così vicino il tuo rischio non è, di chi ti lagni?	*Arianna:* Vielleicht ist deine Gefahr gar nicht so groß, über wen klagst du?

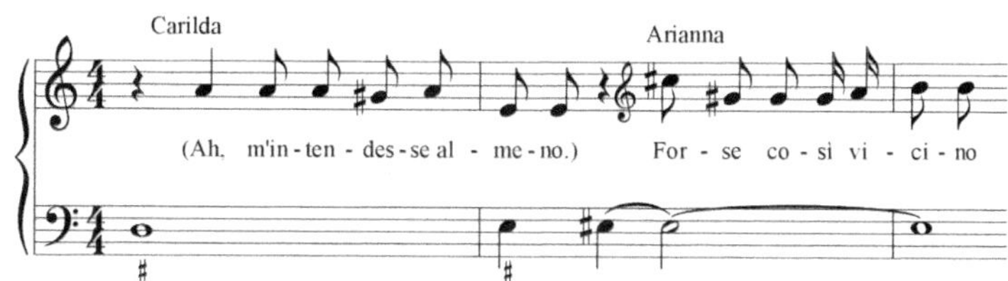

Das Missverständnis zwischen Carilda und Arianna wird durch den harmonischen Schritt im Generalbass verdeutlicht. In T. 10 moduliert dieser von E-Dur zu einem Cis-Dur-Sextakkord (Terz im Bass), was in der Bassstimme eine Halbtonrückung von *e* nach *eis* ausmacht. In Ariannas folgender Antwort entpuppt sich das Cis-Dur als Dominante zu fis-Moll. Der Bruch von E-Dur zur Zwischendominante Cis-Dur wirkt dadurch sehr stark, vor allem weil man eben auf den Schlag dieser beiden Viertelwerte einen zusammenhängenden harmonischen Schritt erwarten würde. Verstärkend kommt der sekundweise ansteigende Bass hinzu, der auch in diesem Fall einen deutlichen Spannungsbogen vom *h* bis zum *fis* (T. 7 bis T. 12) beschreibt. Ebenso geschieht dies in der 8. Szene, als Alceste das Los zieht, das Carilda zum ersten Opfer für Minotaurus auswählt. Bereits ab T. 25 liegt ein *g* im Generalbass, welcher der Grundton des g-Moll-Akkordes ist. In T. 27 schreitet der Generalbass kadenzartig auf Carildas Worte »io quella sono« (»Ich bin es«) in Viertelwerten um einen Halbton von *a* nach *b*.

Teseo: Infelice Carilda	*Teseo:* Unglückliche Carilda
Carilda: Io quella sono.	*Carilda:* Ich bin es.

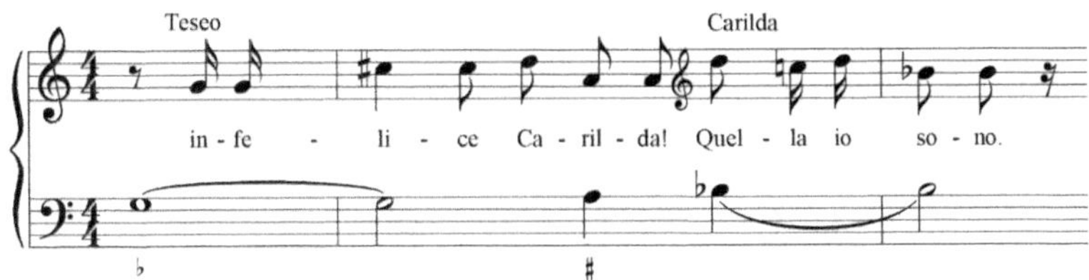

In diesem Fall ist es Teseos »infelice Carilda«, das für ein weiteres Missverständnis sorgt. Während Carilda nur um ihre unglückliche Liebe zu Teseo besorgt ist, beklagt dieser das Unglück über ihren Tod. Dem Grundton *g* des g-Moll folgt also eine Kadenz von A-Dur (Grundstellung) nach B-Dur (Grundstellung). Das sekundweise Fortschreiten im Bass schreibt durch die Bezifferung die entsprechenden harmonischen Brüche vor. Doch auch der Tritonussprung *g – cis'* bei Teseo weist auf die angespannte Situation hin. In dem lamentohaften Stil drückt sich so der Schmerz und die Verzweiflung über das Todesurteil aus.

Zum Abschluss ein Blick auf die letzte Phase von Händels Opernschaffen ins Jahr 1738. In *Faramondo* findet zu Beginn ein Opferritual statt. Gustavo will den Tod seines vermeintlichen Sohnes Sveno rächen, indem er Clotilde, die Tochter seines Rivalen, ermordet. Ab T. 18 nimmt die 2. Szene folgenden Verlauf:

Gustavo: […] Clotilde mora!	*Gustavo:* […] Clotilde soll sterben!
Clotilde: Mora Clotilde pur, forte è il mio core, che il piacer non avrai del mio timore.	*Clotilde:* Soll Clotilde nur sterben, mein Herz ist stark, du wirst dich nicht über meine Angst freuen.

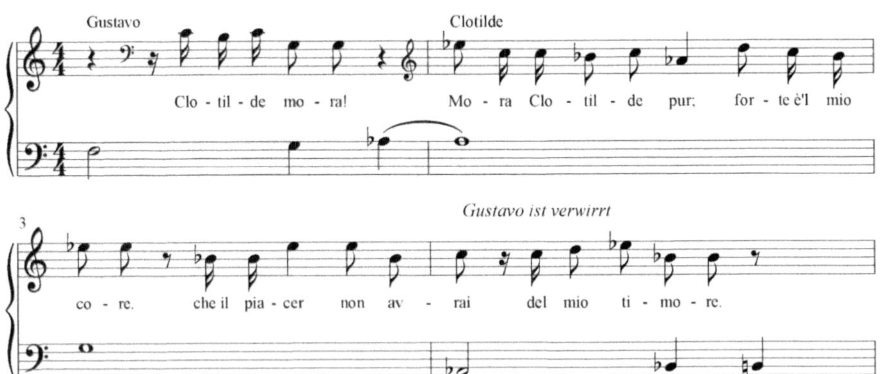

Einen Takt zuvor lag der Bass noch auf einem *e*, das zu einem verminderten Akkord auf *c* gehörte. Darauf folgt eine Modulation nach F-Dur, deren Bassnote die erste Zählzeit von T. 18 bildet. Während in T. 18 der Beschluss Gustavos »Clotilde mora!« mit einer affirmativen Kadenz enden könnte, macht Clotilde ihrem Feind einen Strich durch die Rechnung.[2] Statt einer Kadenz G-Dur – c-Moll moduliert der Generalbass in die Mediante As-Dur, beide Grundtöne liegen in der Generalbass-Stimme. Auch hier ist wieder der große Bogen an Sekundschritten der Basslinie zu erkennen. Statt einer wirklichen Kadenz ist dies eine Halbtonsequenz, auf die Clotilde ihre Antwort formuliert. Die Partitur weist nach »che il piacer non avrai del mio timore« die Szenenanweisung »Gustavo resta sospeso« (»Gustavo bleibt verwirrt zurück«) auf. Doch wie schlägt sich dies in der Notation nieder? Auch hier sehen wir wieder einen Halbtonschritt im Generalbass. Zu Beginn des Taktes erklingt As-Dur, man würde eine Kadenzierung über B-Dur nach Es-Dur erwarten. Stattdessen bricht auch hier nach B-Dur die Stufenfolge ab und es erklingt G-Dur. Vom Grundton des B-Dur-Akkordes gelangen wir also unmittelbar mit dem *h* zur Terz von G-Dur.

In Rosimondas Palast tobt in der 5. Szene ein Kampf gegen die eindringenden Soldaten Faramondos. Rosimonda bleibt im ersten Moment verängstigt zurück (»cieli, che fia di me?« – »Himmel, was wird aus mir?«), bis Faramondo sich als ihr Feind zu erkennen gibt. Allerdings scheinen beide vom ersten Augenblick an voneinander angetan zu sein, was sich auch im Generalbass zeigt:

Faramondo: [...] per man d'un tuo nemico Non ai la vita, ei te la lascia in dono Un re ti salva, e Faramondo io sono.	*Faramondo:* [...] Dein Leben ist nicht in der Hand des Feindes, er lässt es dir als Geschenk. Ein König rettet dich, ich bin Faramondo.
Rosimonda: (Che udii! Quest'è 'l nemico? Oh bel sembiante!)	*Rosimonda:* (Was höre ich? Das ist der Feind? Wie gutaussehend!)

[2] Der alternative Vorschlag einer Dominant-Tonika-Kadenz der Chrysander-Ausgabe muss hier vernachlässigt werden: die Kadenz schließt das Rezitativ vorzeitig ab und nimmt keine Rücksicht auf die letzten Worte Teobaldos.

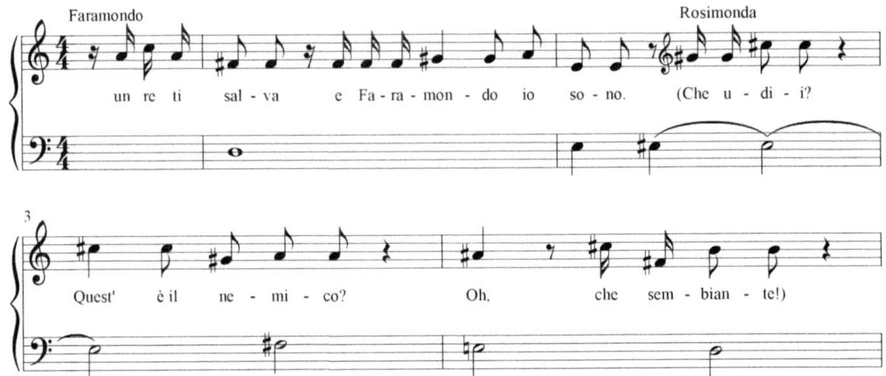

Nach dem Endreim »dono« - »sono« würde der Hörer in T. 11 eine affirmative Schlusskadenz zur Tonika erwarten: Die Melodiestimme in D-Dur gibt durch ihre Alteration zu erkennen, dass die Harmonik nach A-Dur drängt. Doch statt der zu erwartenden Kadenz E-Dur – A-Dur erklingt im Generalbass mit dem Halbtonschritt *e* – *eis* eine Modulation ins entfernte Cis-Dur, die wiederum eine überraschende Wendung ankündigt. Auch hier ist Cis-Dur wieder die Zwischendominante zu fis-Moll, das auf das Wort »nemico« erklingt. Direkt im Folgetakt erkennt man im Bass wieder den stufenweisen Anstieg, weshalb auch das *eis* die Terz des neuen Akkordes bildet. Die Verwunderung wird in Rosimondas *a parte* deutlich. Sie ist von der Attraktivität des Feindes Faramondo überrascht, traut sich jedoch nur, dies im *a parte* zu äußern. Deutlich wird dies dem Zuhörer wiederum durch die überraschende harmonische Wendung. Im letzten Takt des Beispiels erklingt auf »oh, che sembiante« ein Fis-Dur-Septakkord, der infolge zu einem Fis-Dur-Akkord wird. Ein weiteres unvorhersehbares Ereignis vollzieht sich wenig später in T. 25:

Rosimonda:	*Rosimonda:*
[…]	
Alma crudel, so che non hai rossore.	Grausamer, du errötest nicht einmal.
Faramondo:	*Faramondo:*
(A fronte di quegli occhi io perdo il core)	(Bei diesem schönen Anblick verliere ich mein Herz)

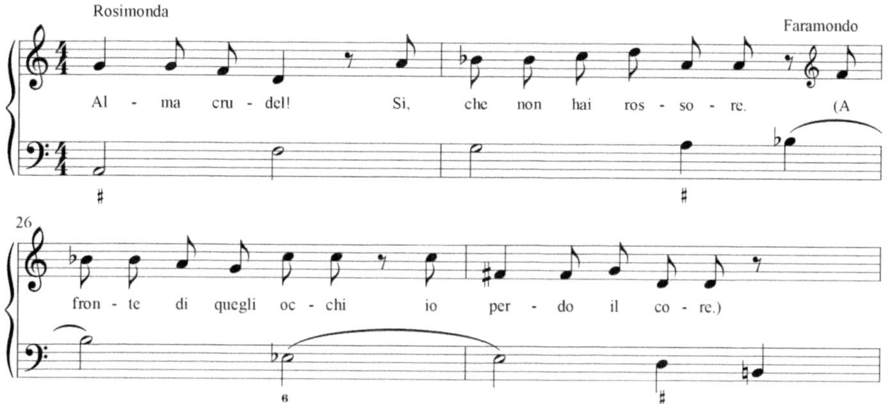

Auch erkennt man deutlich das Reimpaar »rossore« - »core«. Die Verlegenheit der beiden spitzt sich zu, denn hier liegt das Reimpaar nicht mehr wie vorher bei einem der Dialogpartner, sondern wird auf beide Partien verteilt. Die Elfsilber sind durch ihre Reimbindung eng verbunden, jedoch auf zwei Personen verteilt und zusätzlich durch die Sekundschritte der Binnenkadenzen im Bass unterbrochen, was die Verlegenheit der Situation weiter verstärkt. Nach Rosimondas Worten folgt im Generalbass ein Schritt von *a* nach *b*, harmonisch gesehen erklingt auf Faramonods Reaktion eine Rückung von A-Dur nach B-Dur. Erst nach Faramondos *a parte* folgt eine Kadenz von D-Dur nach G-Dur. Doch scheint auch ihm der Boden unter den Füßen zu fehlen, da die Kadenz nicht auf dem Grundton *g* landet, sondern auf der Terz. Das Gefühl der Verwunderung wird vom Generalbass harmonisch zum Ausdruck gebracht, wodurch der Zuhörer den Affekt des Protagonisten nachvollziehen kann, noch bevor dieser im Rezitativvers formuliert wird.

Fazit

Harmonische Rückungen vollziehen sich oft in Halbtonschritten und folgen nicht immer der harmonischen Erwartung des Zuhörers. In einigen Fällen kann der erste Akkord eine Zwischendominante zur folgenden Tonart sein, in vielen Fällen vollzieht sich aber auch ein nicht zusammenhängender harmonischer Bruch wie z. B. von A-Dur nach B-Dur oder von B-Dur nach G-Dur. Auf eine sanfte Modulation wird verzichtet, auch vollzieht sich der Umbruch nicht auf die langen ganzen oder halben Noten des Rezitativs – man nutzt dafür gezielt die Viertel-Akkordschläge, um die gewünschte Wirkung zu verstärken.

Akkordbrechungen, Tonleitern und Intervalle

Akkordfanfaren in der Singstimme

Akkordfanfaren finden sich in der gebrochenen Dreiklangsmelodik der Melodiestimme und treten vor allem in Quart-Sext- oder in Sext-Stellung auf. Wichtig für den Fanfarencharakter ist der Quartsprung des Dreiklangs. Durch die Intervallfolge innerhalb des Dreiklangs wird vor allem der Charakter eines Ausrufs verdeutlicht. Dies gilt für beide Umkehrungen des Akkords, wie die folgenden Beispiele zeigen.

In *Ottone* (1723) verwendet Händel die Quart-Sext-Fanfaren in einer differenzierten Form. Mit einem Sextakkord in der 2. Szene des I. Aktes eröffnet Adelberto in T. 1 den Dialog mit Teofane. Dieser Auftritt zu Szenenbeginn schildert Adelberto als vermeintliche Titelfigur Ottone: »Vien, di Romano inclita figlia« (»Komm, demütige Tochter Roms«).

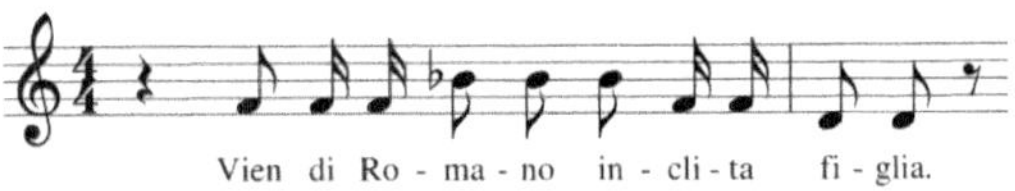

Dadurch gewinnt Adelberto die Autorität eines Herrschers, was ihm durch die standesgemäße Rezitativeröffnung auch gelingt. Jedenfalls fehlt es ihm in dieser Situation nicht an Selbstvertrauen.

In der 5. Szene rückt Matilda in den Mittelpunkt. Sie ist die Verlobte Adelbertos und die Schwester Ottones, also keine unmittelbare Hauptfigur. Matilda greift Ottones »A Roma, a Roma« (»Auf, nach Rom!«) in T. 12 auf und verwandelt die Aufforderung ihres Bruders in einen martialischen Schlachtruf: Matilda formt Ottones »a Roma« zu einer kriegerischen Quart-Sext-Fanfare in F-Dur um, die in drei Achtelgruppen mit Pausenzäsuren gegliedert ist. Als Matilda den Ausruf aufgreift, wird dieser durch die Akkordstellung zu einer charakteristischen Fanfare, die zum Kampf bläst. Matilda will sich bei Adelberto für dessen unaufrichtiges Verhalten rächen. In T. 29 folgt Matildas nächste F-Dur-Fanfare auf die Worte »I titoli e l'insegne d'augusto usurpa« (»Er [Adelberto] greift nach der Kaiserkrone«).

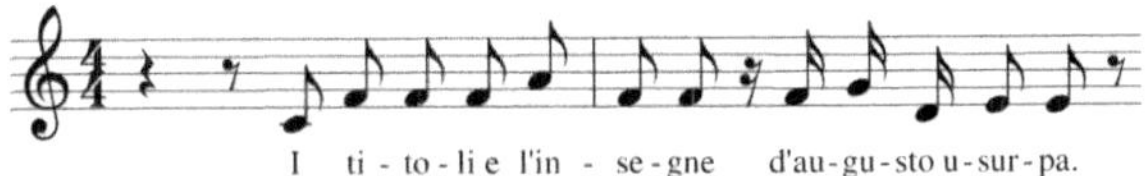

Doch warum versieht Händel Matilda mit zwei Quart-Sext-Fanfaren? Es liegt die Vermutung nahe, der Komponist habe Matildas Charakter mit amazonenhaften Zügen versehen wollen. Hier greift nicht nur eine Frau notfalls selbst zu den Waffen, sie übernimmt auch das Kommando. Dass es sich bei Matilda um weit mehr als eine betrogene Verlobte handelt, ist Ottones Vers in T. 54 f. zu entnehmen: »Amazone germana!«. Dies erklingt zwar nicht in einem Fanfarenakkord, doch allein die Anrede Ottones an seine Schwester macht deutlich, an welche musikalische Charakterisierung Händel bei Matilda dachte.

In der 11. Szene zeigt sich ein weiteres Mal Adelbertos vergebliches Machtstreben in einer verfälschten Quart-Sext-Fanfare (T. 14 f.): »Oh! tardato anche avessi una sol notte« (»Hättest du doch nur eine Nacht gezögert«).

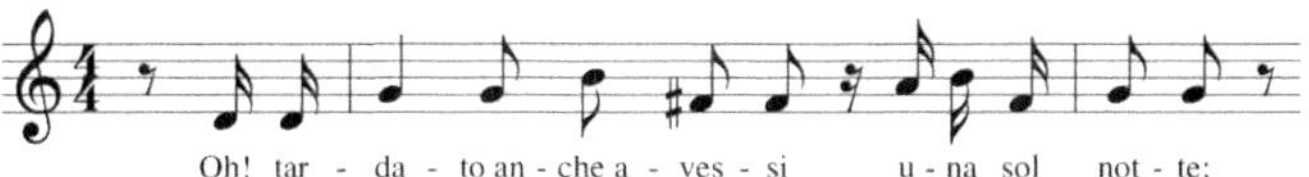

Soeben wurde Adelberto von Ottone in der Schlacht geschlagen und wird mit Emireno zusammen in den Kerker gesteckt. Die verfälschte Quart-Sext-Fanfare intoniert Adelberto dementsprechend mit *d‘* – *g‘* – *h‘* – *fis‘*, sein Traum von einem Weltreich, Macht und Liebe war eine Illusion und liegt in Trümmern.

Der II. Akt beginnt mit einer Ansprache Matildas an ihre Soldaten: »Per breve spazio a me colui, soldati« (»Lasst ihn näher zu mir treten, Soldaten«).

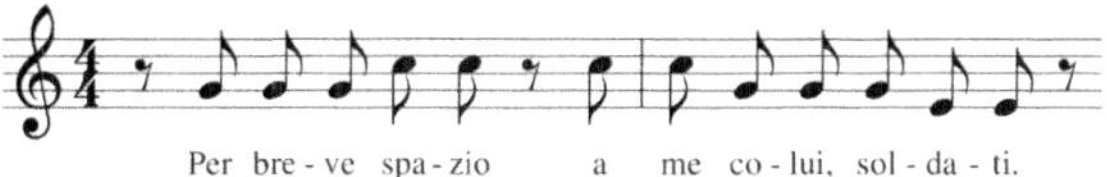

Matilda intoniert wiederum in einem gebrochenen Dreiklang, allerdings einem Sextakkord der mit einem Quintsprung beginnt: *g‘* – *c“* – *g‘* - *e‘*. Matilda hat in der Schlacht Adelberto besiegt und befiehlt ihren Soldaten, ihn näher treten zu lassen. Ihr Selbstbewusstsein äußert sich darin, dass auch sie ihren majestätischen Befehl zu Beginn der Rezitativszene ähnlich dem eines Titelhelden verlauten lässt. Außerdem ist es dieselbe Akkordstellung, in der Adelberto sich im I. Akt gegenüber Teofane als Ottone ausgab. In der 7. Szene des III. Akts nimmt Matilda das Szepter erneut in die Hand. Adelberto hat Teofane entführt, worauf Matilda nun gemeinsam mit Ottone und einer Schar Soldaten die Verfolgung aufnimmt. Erkennbar ist dies an ihrem Aufruf zum Kampf in T. 18 »Meco al Tebro soldati« (»Auf Soldaten, mit mir zum Tiber«). Hier erklingt eine weitere Quart-Sext-Fanfare in B-Dur.

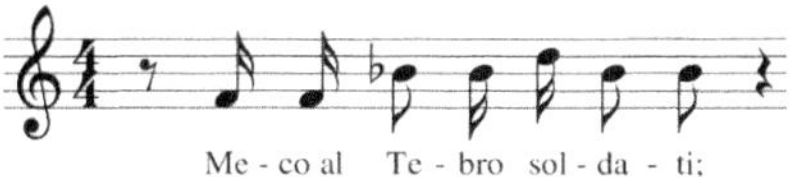

Mit dieser Fanfare ruft Matilda ein letztes Mal zur Schlacht. Gerade Matilda als Frauenfigur und Kriegerin ist ein aussagekräftiges Beispiel für die Verwendung der Akkordfanfaren über die Herrscher- und Titelfigurensymbolik hinaus.

Ein Jahr darauf in *Tamerlano* (1724) setzt Händel seine Quart-Sext-Fanfaren u. a. an drei Stellen bei Tamerlano und Bajazet ein. Auch an dieser Stelle zeigt sich die Funktion der Akkorde als Erkennungszeichen für Herrscher und Titelhelden. In einer Schlacht hat Tamerlano seinen Gegner Bajazet geschlagen und hält diesen nun in seinem Palast als Gefangenen. Nun hat Tamerlano ein Auge auf Bajazets Tochter Asteria geworfen. Bajazet hingegen will seine Tochter nicht als Gemahlin seines Feindes sehen. So besteht die Handlungsintrige in Tamerlano unter anderem in einer Art Hahnenkampf zwischen Tamerlano und Bajazet. Als Tamerlano in der 4. Szene des I. Akts vor Asteria tritt, tut er dies in T. 14 mit einem Quart-Sext-Akkord auf die Worte »Non è più tempo Asteria« (»Es ist nicht mehr die Zeit, Asteria«)

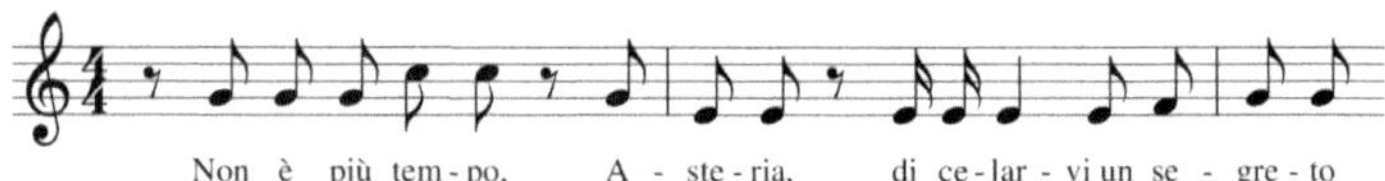

Dies sind Tamerlanos erste Worte während seines Auftretens. Tamerlano will mit Bajazet Frieden schließen und im Gegenzug als Friedenspfand heiraten. Doch Bajazet bleibt in Tamerlanos Augen ein Besiegter. Der Fanfarenakkord wird bei »Asteria« gemäß einer höflichen Anrede durch eine Achtelzäsur unterbrochen. In der 7. Szene des II. Akts eröffnet Bajazet den Dialog mit den Worten an Andronico: »Dov' è mia figlia, Andronico?« (»Wo ist meine Tochter, Andronico?«), er verwendet hier dasselbe Akkordgerüst wie sein Rivale Tamerlano.

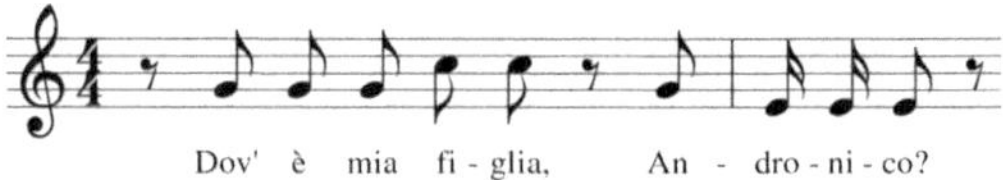

Es ist nicht zu überhören, dass Bajazets Stolz ungebrochen ist und er seine Niederlage nicht akzeptiert. Auch will Bajazet über das Schicksal seiner Tochter das letzte Wort haben und diese um keinen Preis in die Händel Tamerlanos geben. In diesem Beispiel ist ebenfalls die Anrede »Andronico« durch eine Achtelzäsur abgespalten. Der Schwerpunkt liegt trotz dieser Zäsur auf dem gebrochenen Dreiklang. Der Anruf »Andronico« hätte unter Berücksichtigung der emphatischen Betonung auch als Punktierung komponiert werden können. Um jedoch das Gewicht wohl nicht zu stark auf die Anrede »Andronico« zu verlagern und den Autoritätsanspruch hervorzuheben, wird diese Anrede auf dem Taktschwerpunkt mit zwei Sechzehnteln vertont. In der 9. Szene des

II. Akts stürmt Bajazet herein, um die Thronbesteigung seiner Tochter an der Seite Tamerlanos zu verhindern. Tamerlano reagiert daraufhin in T. 26 mit »Infelice superbo« (»Unglücklicher Hochmütiger«), um ihn danach mit Gewalt zu erniedrigen, indem er ihn zwingt, sich als Schemel zur Thronbesteigung auf den Boden zu legen.

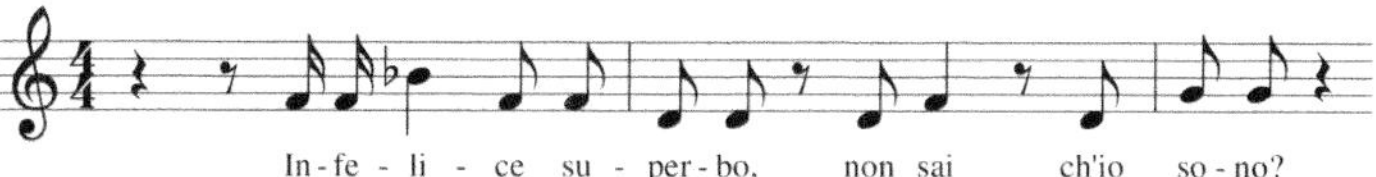

Hier zeigt sich ein erstes Mal die Dominanz Tamerlanos gegenüber Bajazet. Doch diese Zurechtweisung ist nicht die einzige in diesem Dialog. Die nächste ist in T. 50 auf die Worte »ti vuò avvilito almen« (»wenigstens will ich dich erniedrigt sehen«), einem gebrochenen Des-Dur-Akkord, einer tief unten im Quintenzirkel angesiedelten Tonart, die im Gegensatz zu den entfernten Kreuztonarten im *recitativo semplice* eher selten Verwendung findet.

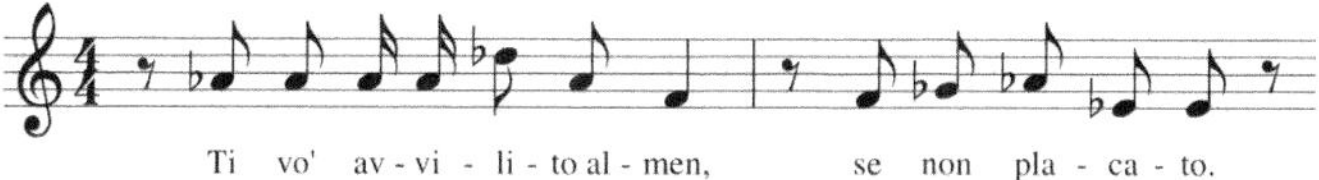

In T. 52 folgt sofort die nächste Akkordfanfare auf »Olà, pieghisi a terra« (»Auf, beugt ihn zur Erde«), auf *f*' – *b*' – *f*' – *d*', also einem B-Dur-Akkord.

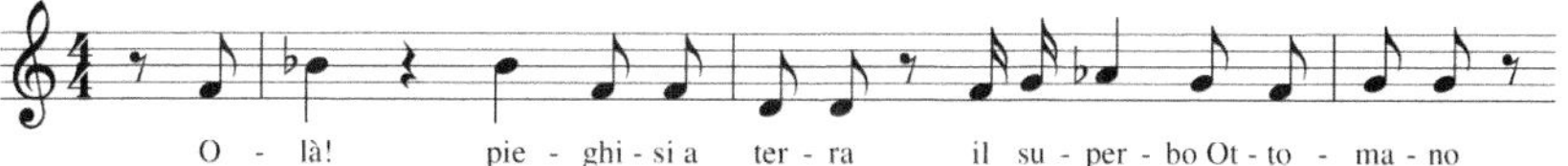

An dieser Stelle ist der Befehlsausruf »Olà« an die Soldaten durch eine Viertelpause vom zweiten Teil des Akkords getrennt, der Fanfarencharakter wird dadurch jedoch nicht beeinträchtigt. Diese dreifache Folge der Akkordfanfaren bei Tamerlano zeigt, welche Dominanz und Macht er über den Besiegten Bajazet in dieser Szene ausübt. In Tamerlano dominieren vor allem Sextakkorde mit einem anfänglichen Quartsprung. Krieg und militärische Handlungen spielen in dieser Oper keine besondere Rolle mehr. Die Autorität und Dominanz hingegen ist ein zentraler Dreh- und Angelpunkt, bei dem sich die beiden Rivalen auf Augenhöhe begegnen.

In *Riccardo Primo* (1727) erklingt ein Quart-Sext-Akkord in der 3. Szene des I. Akts beim ersten Auftritt des Titelhelden Riccardo. Wiederum ist die Fanfare am Anfang der Szene zu finden. Seine Worte »Torni la gioia al nostro cor« (»Die Freude kehre in unsere Herzen zurück«) sind ein F-Dur-Dreiklang in Sextstellung.

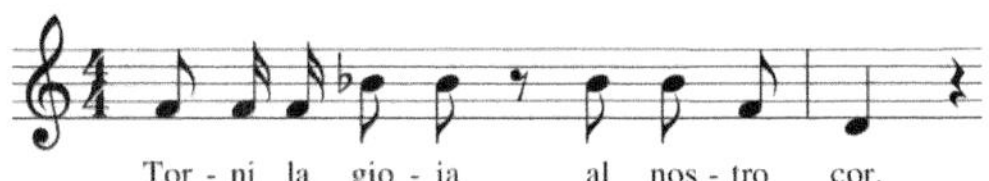

Riccardo hat soeben erfahren, dass seine Verlobte Costanza, die er noch nie gesehen hat, dem Seesturm entkommen ist und in Isacios Palast Zuflucht gefunden hat. Zwar hat der Ausruf eine Achtelzäsur zwischen »gioia« und »al«, jedoch wird der majestätische und selbstbewusste Charakter von Riccardos ersten Worten dadurch nicht getrübt. In der 7. Szene ruft Isacio in T. 11 f. im *a parte* »Ah, Doride è Costanza« (»Ach, Doride ist Costanza«) aus, ein C-Dur-Quart-Sext-Akkord, durch den sich Isacio dem Publikum als Widersacher, aber auch als verschmähte Titelfigur präsentiert.[3]

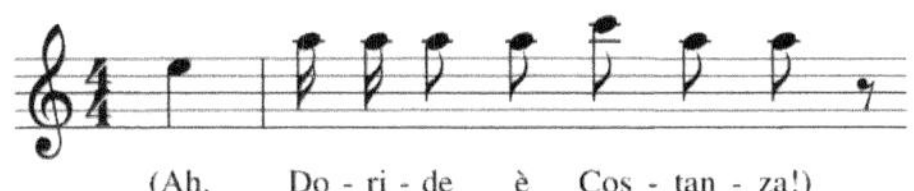

In dieser Szene hat sich der verkleidete Riccardo zu Isacios Palast begeben und erklärt diesem, dass es sich bei Doride in Wirklichkeit um Costanza handelt. Isacio spinnt daraufhin seine Intrige weiter und befiehlt seiner Tochter Pulcheria, sich gegenüber Riccardo als Costanza auszugeben. Auch bei Riccardo ist eine Quart-Sext-Fanfare im *a parte* zu hören. In der 5. Szene des II. Akts in T. 9 wundert er sich, da ihm Costanzas Aussehen völlig anders geschildert wurde und er ruft dem Publikum zu »ma bella è pur« (»jedenfalls ist sie schön«).

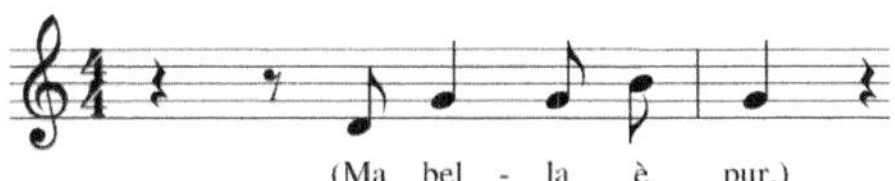

In dieser Szene liegt eine doppelte Täuschung vor. Nicht nur gibt sich Isacios Tochter Pulcheria als Riccardos Geliebte Costanza aus, sondern auch Riccardo selbst präsentiert sich als sein eigener Gesandter. So ist es mehr als verständlich, dass er seine Fanfare nur gegenüber dem Publikum äußert, um sich nicht vorzeitig als Titelheld erkennen zu lassen. Als Riccardo in der 6. Szene von Oronte erfährt, dass es sich nicht um Costanza, sondern um Pulcheria handelt, reagiert er in T. 23 mit einem zornigen »Iniquo Isacio« (»Verwegener Isacio«) auf einen F-Dur-Sextakkord.

3 Das Libretto von Francesco Briani hieß ursprünglich nicht »Riccardo Primo«, sondern »Isacio tiranno«, vgl. das Vorwort von Terence Best, HHA II/20, S. VII. Hier wird deutlich, dass Isacio in Händels Fassung einen doppelten Verlust erleidet.

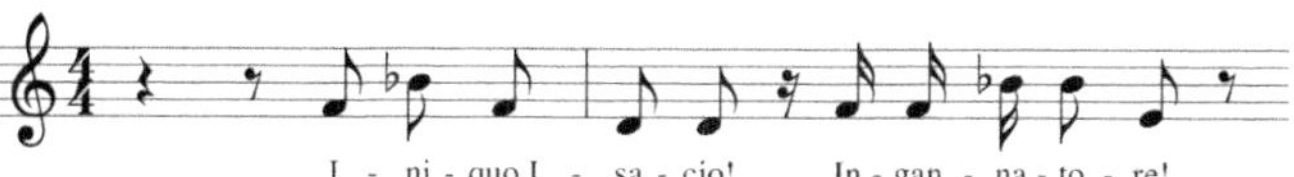

In der 7. Szene eskaliert die Situation zwischen den beiden Herrschern. Als Isacio von Riccardo vor die Entscheidung Krieg oder Frieden gestellt wird, entscheidet sich dieser für den Krieg und hält seine Gastfreundschaft in T. 48 für missbraucht: »dal tuo sovrano l'ostilitate ebbe principio« (»Die Gastfreundschaft deines Herrn hatte einen Grund«).

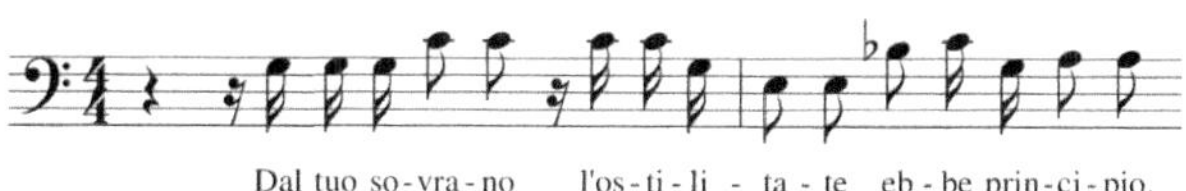

Ein letztes Mal vor der entscheidenden Schlacht versucht sich Isacio der Herausforderung zu stellen und präsentiert sich als ebenbürtiger Gegner. Noch einmal greift Riccardo in der *scena ultima* zur Quart-Sext-Fanfare in C-Dur, als er Costanza und Pulcheria in T. 19 auffordert, ihm den Siegerkranz aufzusetzen: »Voi coronate, o belle, e di mirto e d'allor la mia vittoria« (»Krönt, ihr Schönen, meinen Sieg mit Myrthen und Lorbeer«).

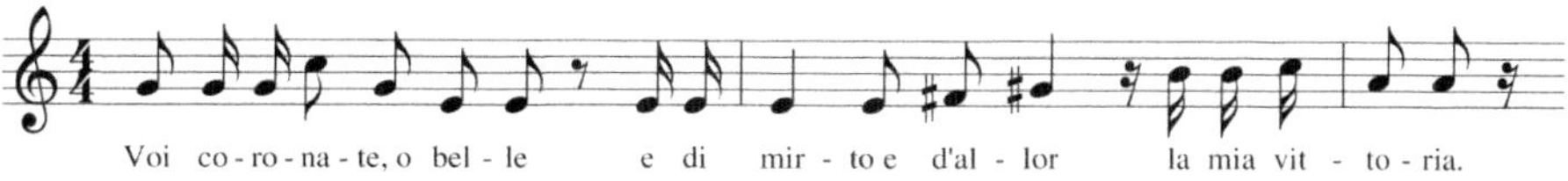

Der endgültige Sieger dieses Dramas ist also Riccardo. Vor allem die Verbindung der Krönung mit der Quart-Sext-Fanfare macht dies deutlich. Der erste wie auch der letzte Auftritt Riccardos wird von Händel mit der Fanfaren-Melodik charakterisiert und setzt dem englischen Herrscher somit ein würdiges musikalisches Denkmal.

In *Arianna* (1734) ist im II. Akt Alceste, der eine Quart-Sext-Fanfare intoniert. Sein Rezitativ in den 3. Szene beginnt mit den Worten:

Alceste:

Per Carilda e per me dunque in periglio sarà Teseo? […]	Für Carilda und mich stürzt sich Teseo in Gefahr?

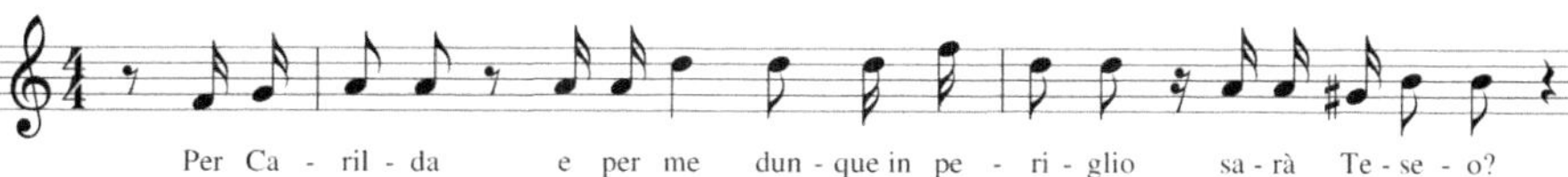

Alceste hat erfahren, dass Teseo in den Kampf ziehen will, um Carilda zu befreien und so den Ruhm in seiner Heimat zu vermehren. Er hat den Verdacht, Teseo tue dies außerdem, um Carilda für sich zu gewinnen. Schließlich will Alceste unbedingt selbst als Retter Carildas in Erscheinung treten. Sein Mut und sein Heldentum drücken sich in T. 2 des Rezitativs durch die Quart-Sext-Fanfare *a*‘ – *d*“ – *f*“ – *d*“ aus. Zwar besiegt Alceste nicht den Minotaurus, doch verhilft er Carilda im II. Akt zur Flucht und am Ende finden die beiden auch als Liebespaar zueinander.

Ein letztes Beispiel aus *Arianna* soll nochmals auf den Ausrufcharakter der Akkordfanfaren hinweisen. Im zweiten Akt fragt Minos in der 14. Szene nach dem Verbleib von Carilda, die bereits entkommen ist. Der Verdacht fällt auf Arianna, die mit den Worten »innocente son io!« (»ich bin unschuldig«) antwortet:

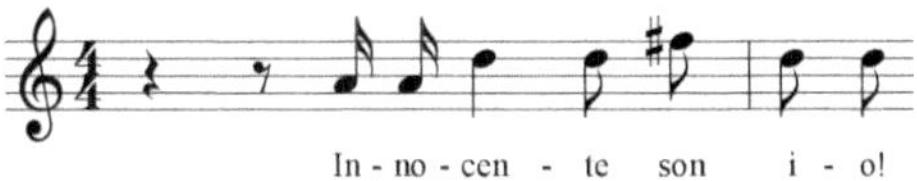

Auch hier erkennt man deutlich die Fanfarenmelodik, die die Nachdrücklichkeit von Ariannas Aussage unterstreicht. Sie verschafft sich deutlich Gehör und will durch den Ausrufcharakter der Melodielinie ihre Unschuld und Empörung unmissverständlich zum Ausdruck bringen. Letztlich rettet dies Arianna jedoch nicht vor dem von Minos befohlenen Gang zum Opferaltar.

Eine letzte Beispielreihe führt uns zu einer der späten Opern, *Serse* (1738). In der 4. Szene des I. Akts teilt Arsamene seiner Geliebten Romilda das Vorhaben Serses mit und versucht damit, das Schlimmste abzuwenden. Der zentrale Satz in T. 8 f. »Tenterà la tua fede« (»Er wird sich an deiner Treue versuchen«) ist ein gebrochener C-Dur-Akkord in Quart-Sext-Stellung.

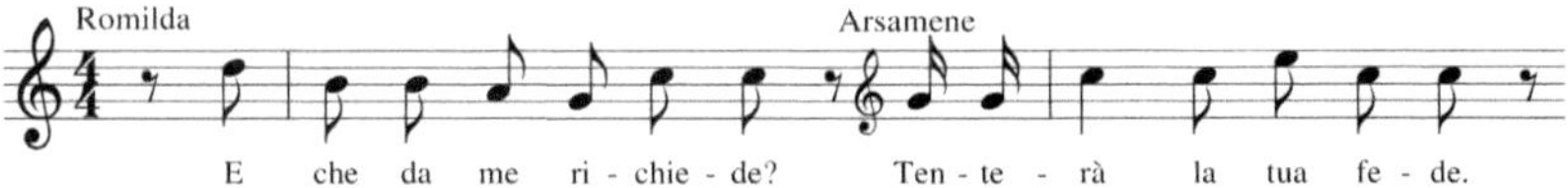

Diese Quart-Sext-Fanfaren erklingen oft bei Herrschern und Titelfiguren, und da Arsamene der Bruder Serses ist, hat diese Figur ihre Berechtigung. Auch hier haben wir wieder einen unverkennbaren Ausruf vor uns, der Arsamenes Angst um die Reinheit und Unschuld Romildas zum Ausdruck bringt. In der 10. Szene des I. Akts eröffnet Serse die Rezitativszene nach einem *a parte* mit dem Ausruf »Ariodate, v’abbraccio« (»Ariodate, ich umarme Euch«) in T. 3, einer ausdrucksstarken Dreiklangsfanfare in Quart-Sext-Lage.

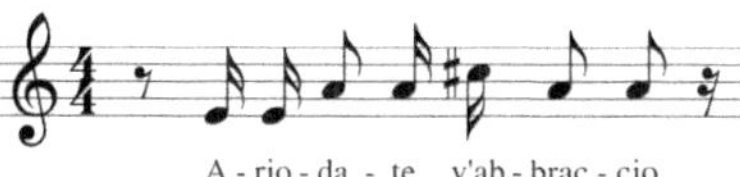

Dieser A-Dur-Akkord zeichnet Serse einerseits als Herrscher, aber ebenso als Titelfigur der Oper aus. Über zwei Takte wird dieses A-Dur gehalten. Vor allem die Verwendung zu Beginn seines öffentlichen Auftritts, in dem er seinen Feldherrn Ariodate für den errungenen Sieg dankt, wirkt dadurch sehr repräsentativ. In der 3. Szene des III. Akts tritt Serse ein weiteres Mal als Titelfigur auf. Diesmal in einer Es-Dur-Sextakkord-Brechung in T. 7: »Che vi mosse Romilda« (»Was hat euch dazu getrieben, Romilda«). Nun findet man die Fanfare nach dem Quartsprung nicht in einer aufsteigenden, sondern eher in einer fallenden Bewegung. Auch hier ist dieser Akkord der Anfang von Serses Auftritt innerhalb der Szene, der mit einem Ausruf einhergeht.

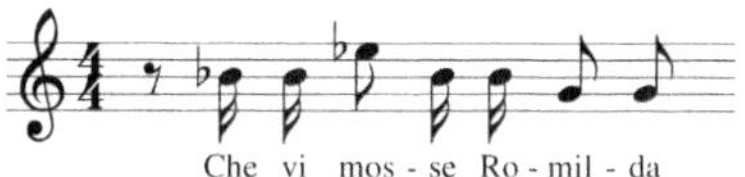

Romilda hatte Arsamene freigelassen, da Serse im Sinn hatte, ihn zu töten. Nachdem Romilda in einem Monolog die Verbindung mit Serse nochmals deutlich ablehnt, tritt ihr dieser überraschend in den Weg, So eröffnet Serse in der 7. Szene den Dialog mit einem gebrochenen D-Dur-Sextakkord auf die Worte »Fermatevi, mia sposa e mia regina« (»Haltet ein, meine Braut und meine Königin«).

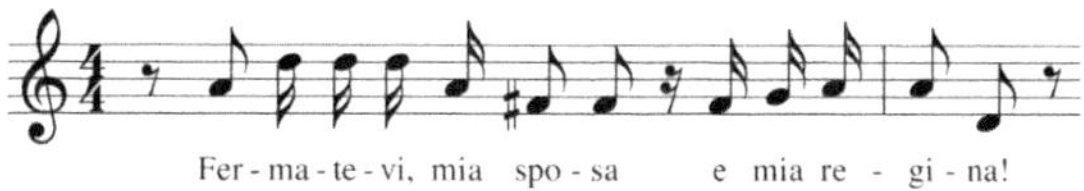

Hier wird der Ausruf des Herrschers zum Befehl. Überraschend ist, dass dieser gebrochene Dreiklang zudem von vier Sechzehntelnoten erschüttert wird, die zur selben Zeit seine Ungehaltenheit und innere Erregung vermitteln. Hier zeigt sich wieder einmal, wie die Stilmittel von Harmonik und Rhythmik miteinander verschmelzen können.

Eine andere Verwendung der Fanfarenmelodik findet sich in der 10. und 11. Szene des III. Akts bei Romildas Vater Ariodate. In verwirrender und doppeldeutiger Art und Weise hat Serse dem Ariodate aufgetragen, er solle Romilda bei nächster Gelegenheit mit jemandem vermählen, der vom selben Blut sei wie er selbst (»Persona eguale a noi, del nostro sangue«, III/5). Als in der 10. Szene dessen Bruder Arsamene erscheint, ist sich Ariodate seiner Sache sicher. Voller Selbstbewusstsein ruft er in T. 9 aus: »Romilda, non partite« (»Romilda, bleib hier«).

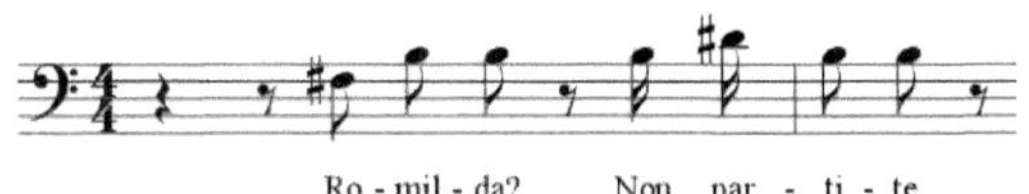

Die Intervalle *fis – h* und *h – dis* bilden einen Quart-Sext-Akkord und sind nur nach »Romilda« durch eine Achtelpause unterbrochen, was den Charakter des Ausrufs jedoch nicht mindert. Vielmehr hebt die Zäsur die Namensnennung Romildas noch deutlicher hervor. Der majestätische Befehlscharakter, der in diesem Moment Ariodate beseelt, ist nicht zu überhören. Kurz darauf in der 11. Szene will nun Serse seine Hochzeit mit Romilda einfordern. Allerdings ist diese bereits durch dessen eigenen irrtümlichen Befehl von Ariodate mit Arsamene vermählt worden. Aus Verlegenheit beider Seiten kommt zunächst das Gespräch nicht in Gang.

Serse:[4]

Ma perchè mai non viene? Dov'è?	Aber warum kommt sie nicht? Wo ist sie?

Ariodate:

Collo sposo.	Beim Bräutigam.

Serse:

Come?	Wie?

Ariodate:

Collo sposo, Signor.	Beim Bräutigam, Herr.

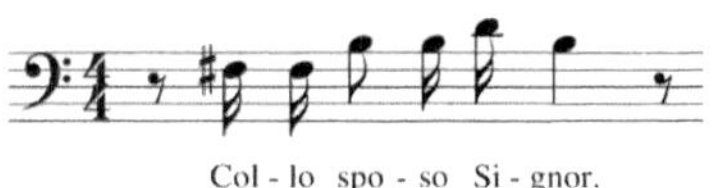

An dieser Stelle greift Ariodate in T. 12 zum zweiten Mal zu einer Fanfarenmelodik. Nach der Vermählung seiner Tochter mit Ariodate handelt es sich nicht mehr nur um einen Heerführer im Dienst des Königs, sondern um den Schwiegervater von dessen Bruder Arsamene. Der Standesunterschied und das Selbstbewusstsein Ariodates haben sich geändert. Dieser soziale Aufstieg zeigt sich in Ariodates Verwendung einer Akkord-Figur, die seine neue Rolle deutlich macht, auch wenn er sich Serse gegenüber

4 Hier wurden von Händel nach einige Passagen in der Vertonung ausgelassen: »Dov'è? – Con Arsamene – Che?«, vgl. *The librettos of Handel's Operas*, Bd. 8., S. 278.

bescheiden in h-Moll ausdrückt und nicht in einer Herrschertonart. Dass Ariodate jedoch gerade Serse gegenüber solche Töne anstimmt, darf nicht unterschätzt werden. Schließlich handelt es sich dabei um den Titelhelden und nicht um eine beliebige Dienerfigur.

Fazit

Akkordfanfaren verleihen einer Aussage eine markante Signalwirkung. Zentral ist der Quartsprung als martialisches und majestätisches Attribut. Der majestätische Glanz wird hier vom Protagonisten unmittelbar mit eigenen Worten verdeutlicht. Die Siebensilbigkeit ermöglicht eine geschlossene Form und eine zusammenhängende Botschaft, was bei Phrasen von zwei bis drei Silben nicht möglich wäre.

Zwei- und dreisilbige Intervalle: Begrüßungen, Anreden und Befehle

Bei Anreden und Ausrufen treffen zwei Charakteristika aufeinander: einerseits die Aufspaltung in kurzsilbige Versfragmente als auch die Verwendung markanter Intervalle. Anreden und Begrüßungen stehen entweder am Beginn einer Szene oder im Verlauf einer Szene bei nachfolgenden Auftritten. Dabei handelt es sich um Gepflogenheiten anständigen Verhaltens, die sich in kurzen ehrerbietigen Bekundungen ausdrücken. Anreden verdeutlichen dem Publikum, wer angesprochen wird. Sie bestehen aus Teilversen wie »Signor« oder »Cesare« bzw. Namen wie »Ezio« oder »Vitige«. Die Teilverse bestehen aus zwei bis drei Silben (in wenigen Fällen wie Teodata in *Ottone* auch aus vier Silben), die Singstimmen sind in Intervallen geführt, meist Terz-, Quart- oder Quintsprünge.

Der Beginn von Händels Opernschaffen im Jahr 1711: Almirena in *Rinaldo* verzichtet im zweiten Rezitativ der 1. Szene des I. Aktes (T. 28) auf eine Zäsur, hier ist die Anrede »Rinaldo, amato sposo« (»Rinaldo, mein Geliebter«) mit der fallenden Terz *c*" – *a*' in den in Achteln rezitierten Siebensilber integriert:

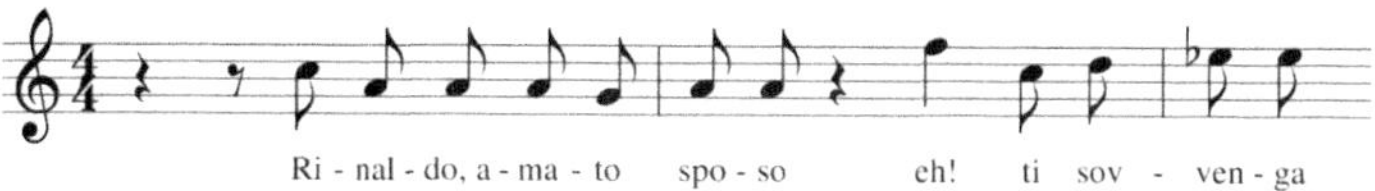

Man kann diese Worte als in sich geschlossene Anrede in einem Siebensilber betrachten, in der »Rinaldo« und »amato sposo« untrennbar zusammengehören. Dies bestätigt auch die fehlende Zäsur. Letztlich werden hier zwei Anreden in einem Atemzug ausgesprochen.

Anrufungen können auch magischer Natur sein, wie dies in der 4. Szene der Fall ist. Es handelt sich dabei um eine Beschwörung, in der Dämonen herbeigerufen werden. Im folgenden Beispiel beschwört die Zauberin Armida die Höllengeister, um Eustazio und Goffredo zu besiegen: »Furie, pronte accorrete e da sotterra« (»Furien, kommt rasch herbei ...«).

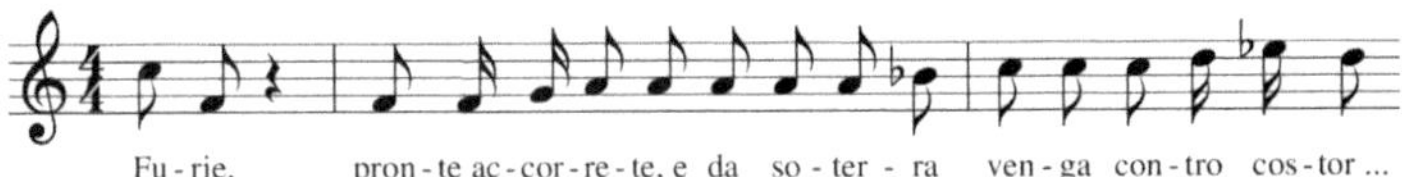

Der Anruf »furie« ist eine fallende Quint auf zwei Achtelwerten, durch Viertelpausen isoliert. Erst nach dieser Viertelzäsur folgt der Rest des Teilverses, »pronte accorrete e da sotterra ...« (»eilt schnell herbei und aus der Unterwelt ...«).

In der 6. Szene des III. Akts findet die Versöhnung zwischen Armida und Argante statt, der sich auf eine Schwärmerei mit Almirena eingelassen hatte. Hier findet sich mitten im Dialog eine durch zwei Viertelnoten deutlich isolierte Anrede an Armida: »cara / perdon ti chiedo« (»Geliebte, ich bitte dich um Verzeihung«).

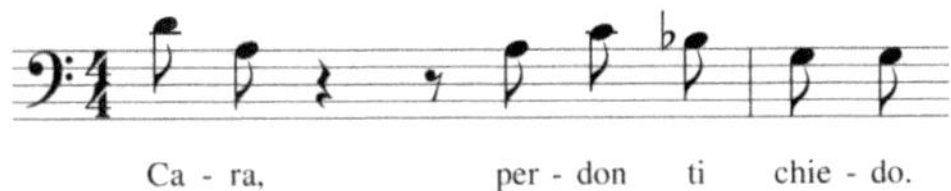

Händel hebt durch Abspaltung und Pausenzäsur das Wort »cara« vom folgenden Teilvers ab, wodurch Argante in seiner Anrede mit einer fallenden Quarte die Zuneigung zu Armida in aller Deutlichkeit zum Ausdruck bringt. Dies verleiht der Rede größeren Nachdruck und Glaubhaftigkeit, als wenn die Worte in einem geschlossenen Siebensilber ohne Zäsur und in reiner Achtelbewegung rezitiert würden. In der 8. Szene folgt in Eustazios Finalvers eine Untergliederung in die Anreden »German / Rinaldo / i tuoi comandi adoro« (»Bruder, Rinaldo, deinen Befehlen folge ich«).

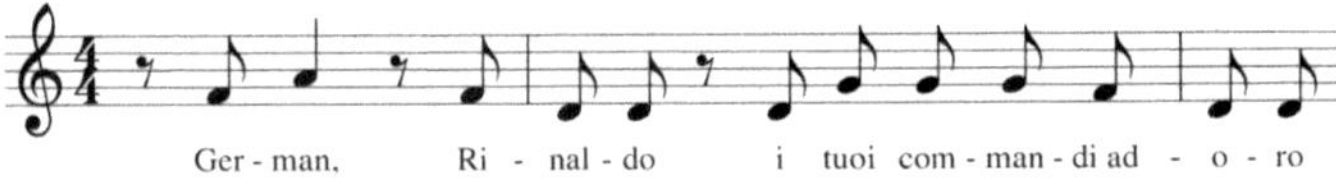

Die Anreden sind deutlich isoliert, ein Dreiklang entsteht bei »German« mit einer aufsteigenden Terz, bei »Rinaldo« in einer fallenden Terz. Eustazio lässt also zwei Anreden aufeinanderfolgen, bevor er zur eigentlichen Aussage gelangt.

Ein weiteres Beispiel findet sich bei Silvio des ein Jahr darauf entstandenen *Il pastor fido* (1712), als er in der 3. Szene des III. Aktes vor seiner Geliebten Dorinda in T. 16 auf die Knie fällt:

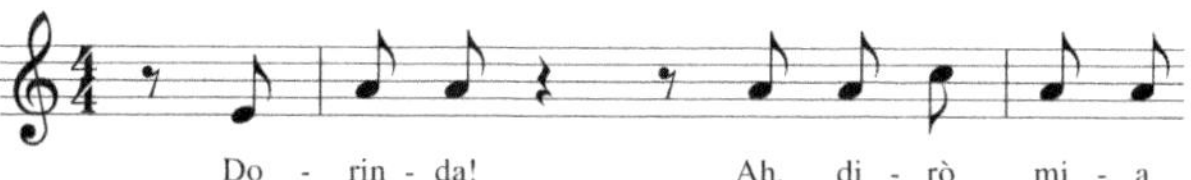

Zu hören ist eine auftaktige Vertonung von »Dorinda« auf drei Achtelwerte in einer aufsteigenden Quarte, was sich in Folge zu einem gebrochenen Dreiklang weiterentwickelt. Hier ist es auch wieder die lange Zäsur, die der Rede ihren Nachdruck verleiht. Die Akkordstruktur gibt der ganzen Phrase dann den Charakter eines Ausrufes. Vielleicht ist die lange Zäsur ja auch dem Kniefall vor der Geliebten vorbehalten?

Vier Jahre später in *Amadigi* (1715) spricht in T. 45 der 1. Szene Dardano folgende Worte: »Signor, più non m'oppongo alle tue brame« (»Herr, ich widersetze mich nicht mehr deinen Wünschen«). Dabei erklingt eine Quart aufwärts *cis‘* - *fis‘* auf »Signor« von Dardano:

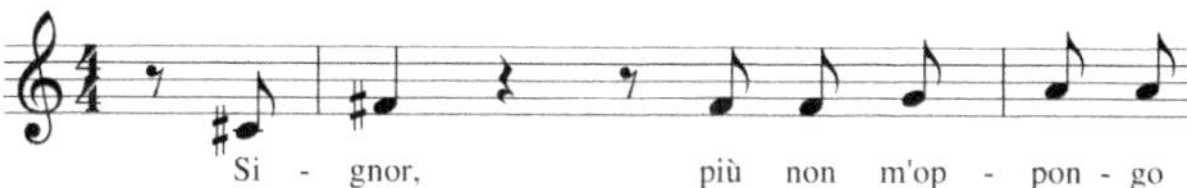

Auch hier wird die Anrede von der eigentlichen Aussage durch eine deutliche Zäsur getrennt. Das »signor« wird somit isoliert und deutlich von den folgenden Worten hervorgehoben. Nachdem Dardano in der 5. Szene die Worte einer Tafel vorliest, die besagen, dass nur dem stärksten Helde die Flucht aus dem Zaubergarten erlaubt sei, reagiert Amadigi mit einem erregten »Prencipe«.

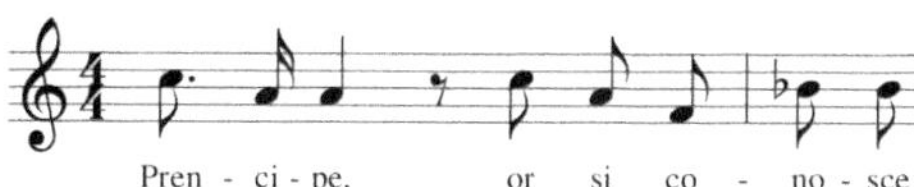

Dieser Anruf ist mit einer punktierten Figur und einer fallenden Terz notiert, was den Nachdruck dieser Anrede unterstreicht und den Affektgehalt steigert. Es folgt eine Achtelzäsur, bevor der Redefluss in ruhigen Achteln weitergeführt wird.

In der 7. Szene verabschiedet sich Oriana von ihrem Geliebten Amadigi. Dies tut sie mit der indirekten Aufforderung »Vanne, ma tosto riedi« (»Geh, aber komm bald wieder«).

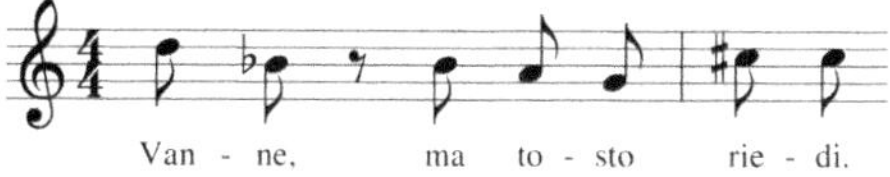

Die Aufforderung »vanne« ist mit einer fallenden Terz vertont, es folgt eine Achtelzäsur. Hier wird also der Titel oder Name des Angesprochenen durch die Aufforderung ersetzt. In rhythmisch-harmonischer Sicht ist der Notentext in diesem Fall jedoch identisch. Ähnlich verhält es sich in der 9. Szene im Monolog Amadigis. Der Held klagt dem Publikum sein Elend und beginnt sein Rezitativ mit einem Anruf an Gott »Ferma, deh ferma, oh Dio!« (»Oh Gott, halt ein!«).

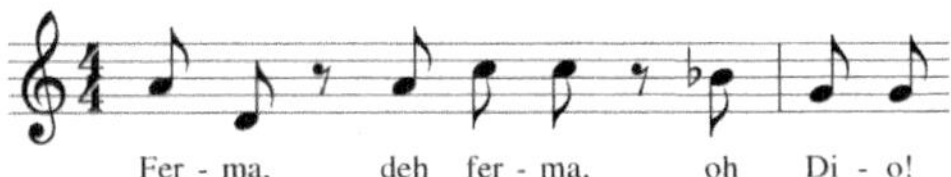

Der doppelte Ausruf »ferma, deh ferma« besteht aus einer fallenden Quinte und einer aufsteigenden kleinen Terz. Zwischen den Teilversen stehen Achtelzäsuren. Der letzte Anruf »oh Dio« ist ebenfalls eine kleine Terz. Auch an diesem Beispiel sieht man, wie nah diese Ausrufe und Aufforderungen musikalisch neben den offiziellen Anreden stehen.

Ein kleiner Zeitsprung von fünf Jahren führt uns in die Zeit von 1720. Eine ganze Folge von Anreden findet man bei Polissena in der 2. Szene des I. Akts von *Radamisto.* Tiridate zeigt hier seinen Hass auf Farasmane, den er so bald wie möglich ermordet wissen will. Polissena hingegen versucht den Hass Tiridates zu mindern und bietet ihm statt Farasmane ihr eigenes Blut zur Vergeltung. Um ihrem Anliegen Nachdruck zu verleihen, reiht Polissena in T. 13 alle nur möglichen Anreden aneinander.

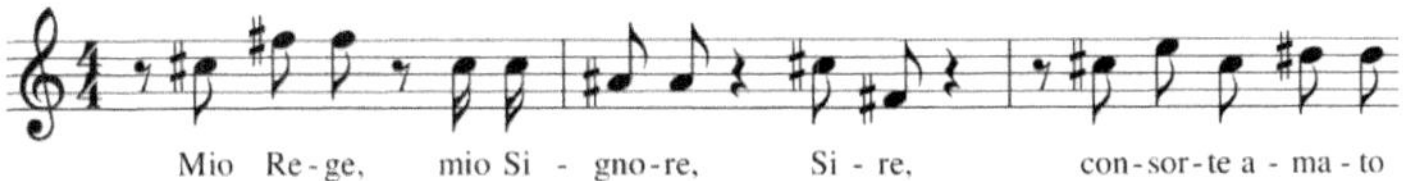

Diese vierfache Anrede ist eine Aneinanderreihung verschiedener Intervalle und von unterschiedlicher Akzentsstruktur. Bei »mio rege« ist eine aufsteigende Quarte notiert, »mio Signore« besteht aus einer fallenden Terz. Getrennt werden die beiden Ausrufe durch eine Achtelpause. »Sire« ist eine fallende Quarte, gefolgt von einer Viertelpause, bevor der fünfsilbige Anruf »consorte amato« in einer Achtelbewegung erklingt.

Ein letztes Beispiel für eine Verkettung von Anreden stammt aus der 1. Szene des I. Akts von *Faramondo.* Gustavo spricht vor einem Opferaltar eine Verkündung an das Volk und seinen Sohn aus:

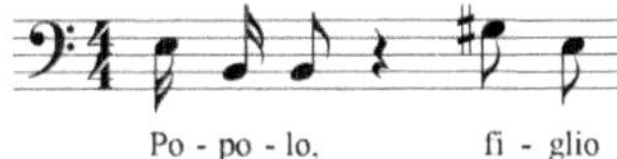

Die Anrede besteht aus einem dreisilbigen »Popolo« an das Volk und einer zwei-Achtel-Terz auf »figlio«. Die beiden Ausrufe zusammen bilden einen gebrochenen E-Dur-Akkord. Die Form der offiziellen Ansprache führt dazu, dass hier einerseits das Volk im Allgemeinen und zugleich der Sohn im Speziellen genannt werden.

Fazit

Auch in abgespaltener, kürzerer Form haben Ausrufe ihre signalhafte Wirkung. Es sind vor allem Quarten und Quinten, die in isolierten zwei- oder dreisilbigen Floskeln – nicht mehr in zusammenhängenden Phrasen wie bei den Akkordfanfaren – herausgelösten Wörtern den Charakter eines Ausrufs verleihen. Auch Terzen tauchen dabei in sanfterer und abgeschwächter Form auf. Charakteristisch ist die Hervorhebung durch Pausenzäsuren, welche die Ausrufe somit markant aus der fließenden Rezitation abspalten.

Aufsteigende Skalen

Auf Anreden, Ausrufe und Begrüßungen folgen oft längere Phrasen mit einem ansteigenden Spannungsbogen. Dies dient an vielen Stellen dazu, ein bestimmtes Anliegen in einem fließenden Rededuktus auszuführen. Die aufsteigenden Tonleitern erstrecken sich in einem längeren Bereich von einer Quarte oder bis zur Septime und festigen somit über mehrere Takte eine bestimmte Tonart.

In *Floridante* (1721) beginnt der erste Auftritt des Titelhelden in der 2. Szene mit einer aufsteigenden Tonleiter. Zuvor erklang ein Triumphmarsch in D-Dur, der dem aus der gewonnenen Schlacht zurückkehrenden Helden einen würdigen Rahmen schafft. Ein Blick in den Notentext zeigt unverkennbar den harmonischen Bruch, der sich hier vollzieht:

Floridante:

Questo de' miei trionfi	Dieser Tag des Triumphes
il dì premier non è:	ist nicht mein erster:

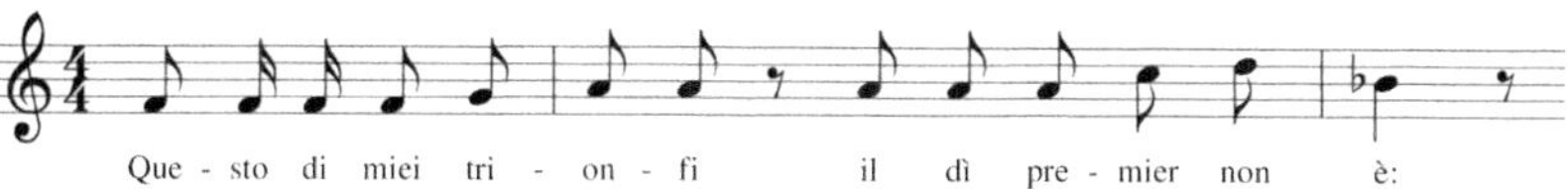

Floridante intoniert eine aufsteigende F-Dur-Skala die bis zur Sexte *d*" steigt (sieht man von dem übersprungenen *b*' bei »premier« ab) und dann in einer fallenden Terz auf *b*' schließt. In diesem Rezitativ fehlt die Anrede. Bis zum Auftreten Elmiras in T. 8 handelt es sich um eine ans Publikum gerichtete Rede. Da eine aufsteigende Tonleiter in erster Linie dafür geeignet ist, eine Tonart zu etablieren, hat dieser erste Auftritt Floridantes ein doppeltes Gewicht: während der Triumphmarsch mit Hörnern und Trompeten in D-Dur notiert ist, setzt Floridantes Rezitativ unerwartet mit einer F-Dur-Skala ein, was für den Zuhörer einen radikalen harmonischen Bruch ohne vorbereitende Modulation bedeutet. Erst im Verlauf des Rezitativs ab Elmiras Erscheinen statt ihrem Vater Oronte »m'è grato il cambio« (»der Tausch gefällt mir«) moduliert der Satz wieder nach D-Dur und somit zu Floridantes anschließender Arie »Alma mia«. Floridante hatte erwartet, dass der Perserkönig ihm bei seiner siegreichen Rückkehr einen angemessenen Empfang bereiten würde. Bis zum Auftreten Elmiras scheint niemand den Triumphmarsch Floridantes zu würdigen. Im plötzlichen Umbruch der Tonarten drückt sich diese fehlende Anerkennung von König Oreste aus, die noch im Triumphmarsch angekündigt worden war. Händel nutzt das plötzliche F-Dur durch die aufsteigende Skala, um diesen unvorbereiteten Tonartenwechsel deutlich zu untermauern, um dann im Laufe des Rezitativs wieder den Weg nach D-Dur zu finden.

Ein weiteres Beispiel stammt aus der Eröffnung der 5. Szene des I. Aktes von *Giulio Cesare* (1724): »Regni Cleopatra; ed al mio seggio intorno« («Es regiere Cleopatra. Und um meinen Thron herum steht anmutig das Volk« etc.). Nach einer Zäsur folgt, beginnend mit einer Anrede an sich selbst auf einen fallenden Dreiklang, die Fortspinnung ihres Gedankens.

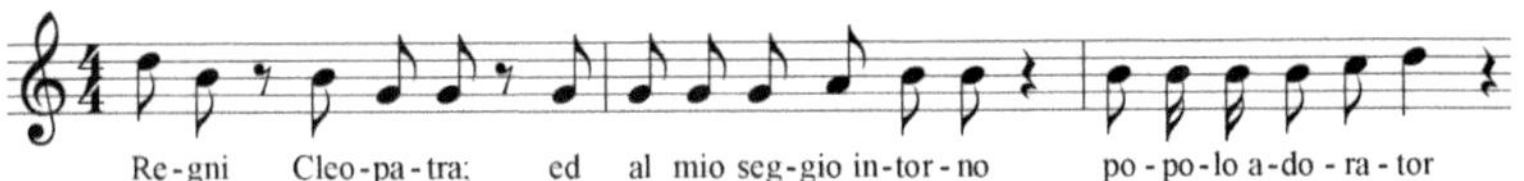

Die beiden abgespaltenen Worte »regni« und »Cleopatra« sind die fallenden Terzen eines G-Dur-Dreiklangs. Ab »ed al mio seggio« steigt eine Tonleiter stufenweise aufwärts und füllt den fallenden G-Dur-Akkord wieder auf. Wir sehen hier also eine fest etablierte Tonart, die zu Beginn durch fallende Intervalle eingeführt wird und sich dann in Form einer aufsteigenden Skala wieder den Weg nach oben sucht. Der abstürzende Akkord wird sozusagen wieder aufgefüllt. In Bezug auf den inhaltlichen Kontext kann man das »regni, Cleopatra« als Wunsch sehen, der durch die aufsteigende Skala quasi »erfüllt« wird.

In der 4. Szene kehrt das Bewusstsein der ohnmächtig gewordenen Cornelia zurück, die infolge der Ermordung ihres Mannes Pompeo in Ohnmacht gefallen war. Als ihr bewusst wird, dass sie noch lebt, will sie sich mit Curios Schwert das Leben nehmen. Curio hält sie in T. 7 zurück und bringt sie mit deutlichen Worten wieder zur Vernunft.

Curio:[5]

Ferma! Invan tenti tinger di sangue in quelle nevi il ferro.	Halt! Vergeblich versuchst du das Schwert mit Blut zu färben.

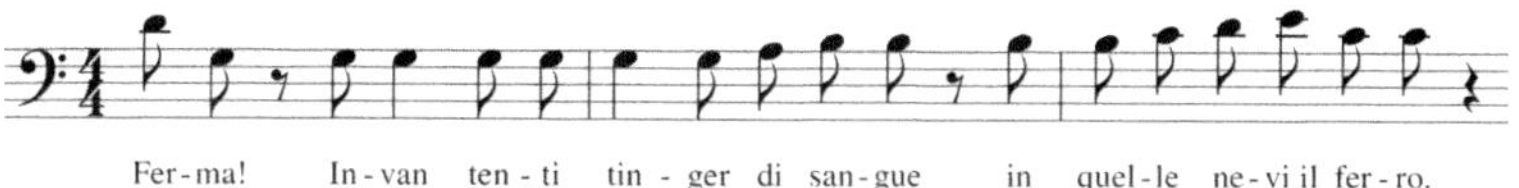

Curio beginnt mit einem kurzen Ausruf. Das Intervall »ferma« ist auf eine fallende Quinte *d* – *g* komponiert. Nach einer Achtelpause wird dann vom Grundton *g* aus der Dreiklang stufenweise wieder aufgefüllt. Die Skala umfasst in diesem Fall den Ambitus einer Sexte und fällt erst auf dem Ton *e* wieder abwärts. Curio macht hiermit deutlich, dass Cornelias Selbstmordversuch ein vergebliches Unterfangen ist. Auch hier wird im Ausruf die Grundtonart umrissen, die durch die sich anschließende Skala aufgefüllt wird. Auch hier entsteht innerhalb der Phrase somit eine große tonale Stabilität.

Hinter aufsteigenden Skalen kann sich aber auch eine rhetorische Steigerung verbergen. In der 5. Szene offenbart Cleopatra dem Diener Nireno ihre Pläne, Cesare als Dienerin verkleidet für sich zu gewinnen. Sie benötigt dafür Nirenos Unterstützung.

Cleopatra:

alle cesaree tende son risolta portarmi, e tu, Nireno, mi servirai di scorta.	Ich bin entschlossen, zu Caesars Zelten zu gehen, und du, Nireno, wirst mich begleiten.

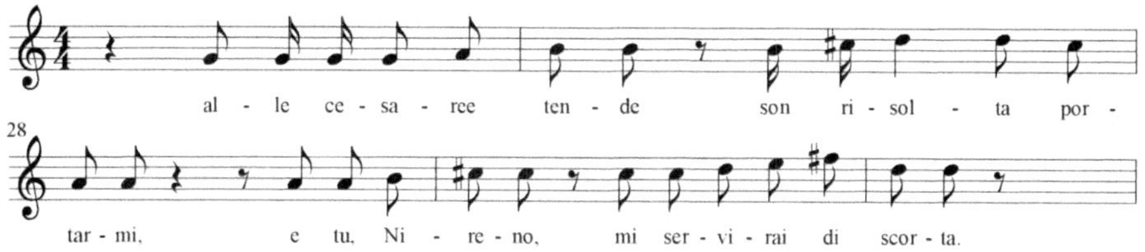

Cleopatra offenbart ihre Pläne in zwei aufsteigenden Skalen. In T. 27 entsteht durch das hochalterierte *cis*“ ein Tritonusschritt mit großer Spannung. Eine weitere Steigerungsstufe entsteht durch die Sequenz ab T. 28. Bei »e tu, Nireno« beginnt die Skala einen Ton höher in A-Dur. Zwei aufsteigende Tonleitern in Folge werden von Händel als

5 Hier wurde vom Autor die Versstruktur in eine 11/7-Struktur korrigiert, die im Libretto der Uraufführung irreführend ist, vgl. *The librettos of Handel's Operas*, Bd. 4, S. 18 .

musikalisches Mittel zur Erläuterung von Cleopatras weiterem Vorgehen eingesetzt. Es folgt ab T. 32 in derselben Szene noch eine weitere Ausführung, in der Cleopatra ihren Diener vor dem Zorn ihres Bruders Tolomeo beruhigt.

Cleopatra:

Non paventar; col guardo meglio ch'egli non fece col capo di Pompeo, Cesare obligherò.	Hab keine Angst; mit besserem Blick, wie er ihn nicht machte mit Pompeos Kopf werde ich Cesare verpflichten.

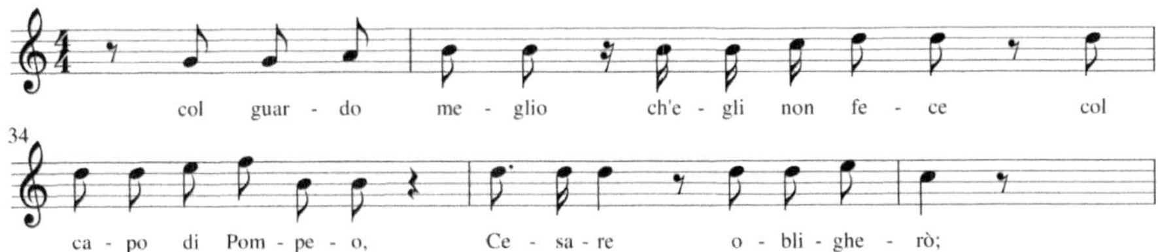

Mit einer aufsteigenden G-Dur-Skala erklärt Cleopatra, dass sie mit ihren Verführungskünsten Cesare auf ihre Seite ziehen wird. Hier erweitert sich der Ambitus bis zur Septime *f*" in T. 34, gefolgt von einem Tritonus auf *h*'. Also auch die erzeugte Spannung durch den Umfang einer Septime kann die gesteigerte Aufmerksamkeit des Hörers auf diese Phrase Cleopatras lenken.

Nun folgt ein Sprung ins Jahr 1727. In der 9. Szene des II. Akts von *Riccardo Primo* findet ein Dialog zwischen Costanza und Pulcheria statt. Costanza ist mittlerweile verzweifelt, da sie ihren Geliebten Riccardo und den Thron an Pulcheria verloren glaubt. Diese versichert ihr jedoch ihre freundschaftliche Unterstützung. Dass in *Riccardo Primo* nicht zwei Rivalinnen aufeinander treffen, sondern beide Frauen Opfer derselben Intrige sind, lässt sich u. a. in diesem Rezitativ ablesen:

Costanza:

Tua bellezza aiutar dovea la frode.	Deine Schönheit hat den Verrat unterstützt

Pulcheria:

Obbedienza m'indusse, ma onor me fé poco abile all'inganno.	Mein Gehorsam hat mich geführt, aber die Ehre macht mich für den Betrug kaum nützlich.

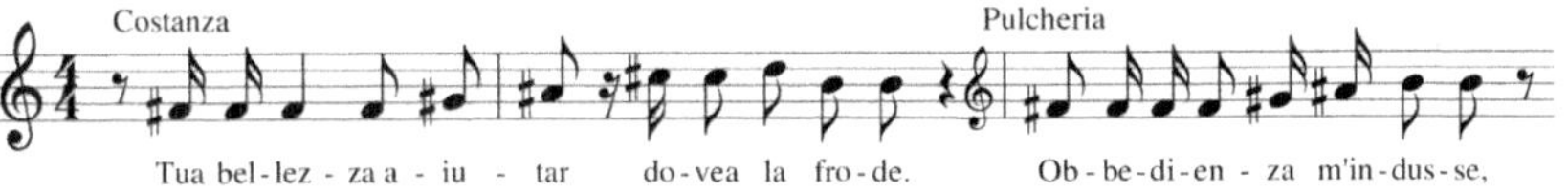

Vergleicht man diesen Abschnitt der beiden Dialogpartnerinnen, so fällt die Übereinstimmung der ansteigenden Fis-Dur-Skalen ins Auge. Es treten uns zwei Frauen entgegen, die sich in derselben ausweglosen Situation befinden. Costanza leidet am Verlust ihres Geliebten, Pulcheria kann aus ihrem menschlichen Mitgefühl heraus den Betrug ihres Vaters nicht weiter unterstützen. Trotz der unterschiedlichen emotionalen Beweggründe sind sich die beiden Frauen in dieser Szene auf musikalischer Ebene einig, was sich in der übereinstimmenden Tonart sowie in den vom selben Grundton beginnenden Skalen ausdrückt. Für den Zuhörer wird durch die wiederholten Fis-Dur-Tonleitern deutlich, dass sich Costanza und Pulcheria in diesem Augenblick sehr nahe stehen und sich das gegenseitig bekräftigen.

Zwei Jahre später, in *Poro*, finden sich aufsteigende Skalen u. a. im Dialog zwischen Erissena und Timagene in der 4. Szene des I. Akts. Erissena wurde beim Sieg Alessandros über Poro gefangen genommen. Alessandros Vertrauter Timagene hingegen hätte Erissena gerne für sich selbst und betrachtet die gegenseitige Zuneigung der beiden mit Argwohn. Als Timagene und Erissena auf das griechische Aussehen Alessandros zu sprechen kommen, äußert sich Erissena in T. 2 folgendermaßen:

Erissena:[6]

[...] Io mi credea	Ich dachte,
che avessero li Greci	die Griechen hätten
più rigido l'aspetto	einen strengeren Anblick,
più fiero il core [...]	ein wilderes Herz [...]

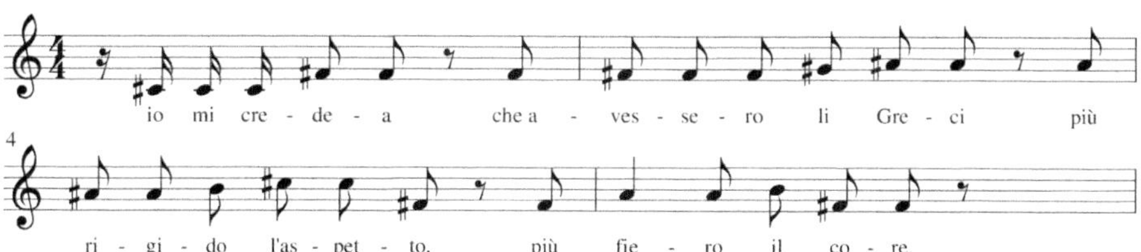

In Erissenas Fall ist das »io mi credea« durch eine Quarte aufwärts gekennzeichnet und mit einer Achtelpause versehen. Ab »che avessero« führt Erissena ihre Gedanken in einer aufsteigenden Fis-Dur-Tonleiter aus. Der erste Abschnitt umfasst eine große Terz, nach einer weiteren Achtelzäsur wird der Ambitus bis zur Quinte aufgefüllt. In diesen zwei Takten schildert Erissena, wie sie sich die griechischen Männer bislang in ihrer

6 Im Libretto ist statt »core« der Troncovers »cor« abgedruckt, vgl. *The librettos of Handel's Operas*, Bd. 6, S. 181.

Phantasie vorgestellt habe. Auch Timagene lässt seinen Gedanken freien Lauf, jedoch nur in einem ans Publikum gerichteten *a parte* ab T 11.

Timagene:	
(Alessandro m'offende	(Alessandro beleidigt mich
sino nell'amor mio. Mio padre uccise	sogar in meiner Liebe. Meinen Vater hat er getötet,
farò vendetta, e Poro, Poro istesso.)	ich werde mich rächen. Und Poro, Poro selbst.)

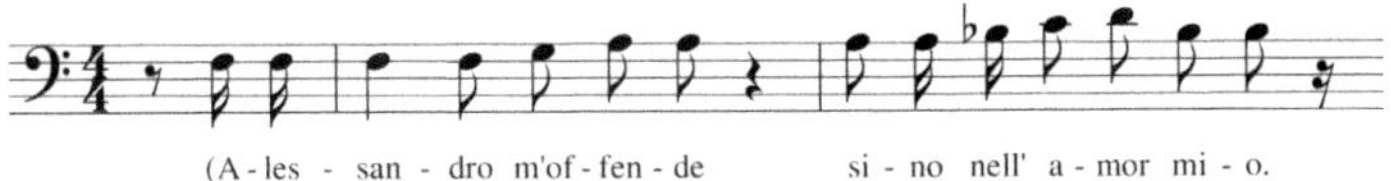

Die Skala steigt vom Grundton *f* aus an und umfasst den Ambitus einer großen Sexte bis zum *d'*. In diesen Takten offenbart Timagene dem Publikum seine wahren Gedanken: Timagenes Plan sieht vor, sich an Alessandro zu rächen. Zwischen dem Fis-Dur Erissenas und dem F-Dur Timagenes liegen Welten, wodurch deutlich wird, wie weit die beiden sowohl in tonaler Hinsicht als auch in Wirklichkeit voneinander entfernt sind. Während Erissena von dem attraktiven Griechen schwärmt, sinnt Timagene heimlich auf Rache.

Im III. Akt trifft in der 3. Szene Alessandro auf die verzweifelte Cleofide. Diese erklärt ihm, dass ihr Geliebter Poro sie verlassen habe. Um nun den Frieden zwischen den beiden Völkern wiederherzustellen, fordert sie Alessandros Eheversprechen ein.

Alessandro:	
Che far poss'io?	Was kann ich tun?

Cleofide:	
Della tua destra il dono	Deine Hand als Geschenk
de' Greci placherà l'ira funesta	wird den tödlichen Zorn der Griechen besänftigen

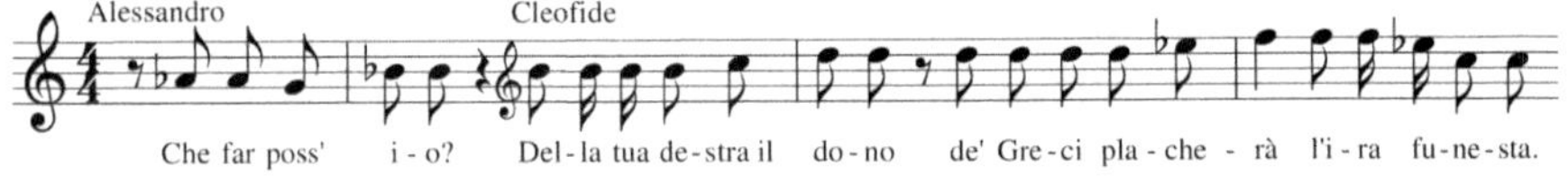

Auf die Frage Alessandros in T. 9, was er für sie tun könne, stellt Cleofide in einer aufsteigenden B-Dur-Skala ihre Forderung. Der Ambitus füllt eine Quinte aus und stabilisiert dadurch die Tonart. Hinter dieser Erläuterung steht der feste Plan, für sich selbst und ihr Heer den Frieden zu sichern. In diesem Fall folgt auf eine Frage unverzüglich die inhaltliche Ausführung. Während die Frage durch ihre unverkennbare Kadenz erkennbar ist, bildet die aufsteigende Tonleiter das Charakteristikum einer ausführlichen Antwort, die durch ihre Skala Bestimmtheit und Standhaftigkeit ausdrückt.

Gehen wir nun noch in die letzte Phase von Händels Opernschaffen. In *Serse* (1738) intoniert Atalanta in T. 11 f. der 4. Szene im I. Akt eine aufsteigende Tonleiter, die durch ihre Ganztonschritte leicht erkennbar ist. Auf die Worte »Vien acceso ogni cor dal tuo bel sguardo« (»Jedes Herz entflammt bei deinem schönen Blick«) erklingt eine Folge von vier Ganztönen, die den Tritonus noch um eine Stufe überschreitet. In dieser Szene warnt Arsamene seine Geliebte Romilda vor Serse, der ein Auge auf sie geworfen hat. Insgeheim hofft Atalanta darauf, dass Romilda sich auf Serse einlasse, um so Arsamene für sich erobern zu können.

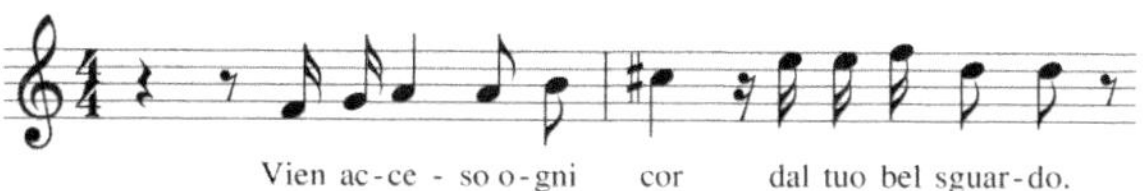

Atalantas Aussage wird zu einem zweideutigen Kompliment. Der Neid, auf den ihre Worte schließen lassen, ist der spannungsreichen Tonalität anzuhören. Diese Ganztonschritte von *f'* bis *cis''* findet man nicht allein bei Atalanta. In der 5. Szene erklingt dieses Gift der Eifersucht ebenso bei Serse. In T. 16 richtet er die Worte »E voi veloce lunge da questa corte qual torrente volgete il piede« (»Setzt Euren Fuß schnell wie der Wind weit weg von diesem Hof«) an Arsamene auf dieselbe Skala mit der Tonfolge *f' - g' - a' - h' - cis''*.

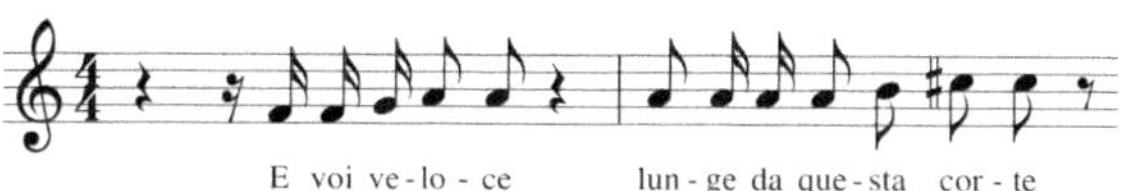

Der Inhalt von Serses Worten bedeutet nichts weniger als die Verbannung Arsamenes von seinem Hof, damit dem Glück mit Romilda nichts mehr im Weg stehe. In der 11. Szene in T. 5 äußert Serse offen seine Pläne, während diese von seiner versprochenen Gattin Amastre im *a parte* kommentiert werden. Serse ist sich sicher, dass dieser militärische Sieg ihm auch das Glück in der Liebe bringen werde. Die Sündhaftigkeit seiner Gedanken offenbart sich wiederum in einer aufsteigenden Skala *f' - g' - a' - h' - cis''* auf die Worte »Impaziente io vivo d'abbracciar quell'amato mio tesoro« (»Ungeduldig bin ich, meinen geliebten Schatz zu umarmen«).

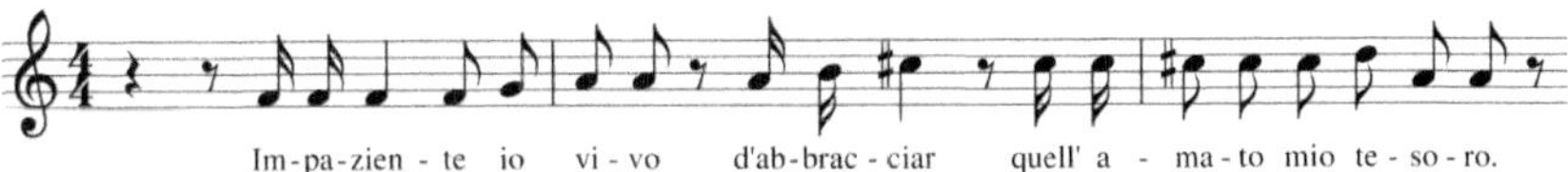

Auffallend ist bei diesen drei spannungsreichen Skalen, dass diese sowohl bei Atalanta als auch bei Serse auf demselben *f*' beginnen und somit starken Wiedererkennungswert besitzen. Nachdem Serse seine Zuneigung zu Romilda geäußert hat, befallen ihn Zweifel: »Ma pur che dirà Amastre e l'offeso suo padre del mio imeneo [...]« (»doch was werden Amastre und ihr gekränkter Vater zu meiner Hochzeit sagen?«).

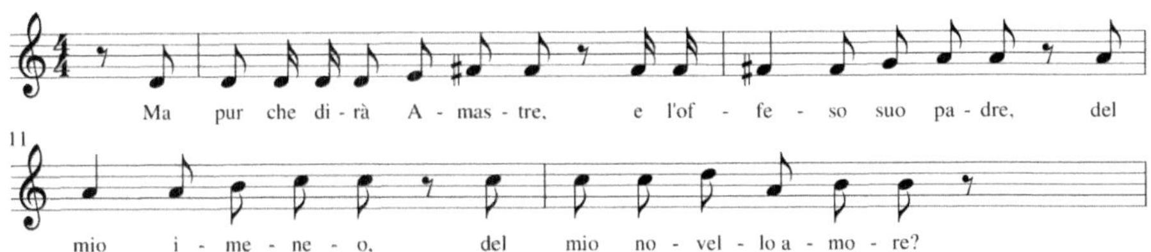

Man erkennt eine aufsteigende D-Dur-Skala vom Grundton bis zur Septime *c*''. Serse äußert seine Gedanken in einer über drei Takte ansteigenden Skala in der Herrschertonart. Es scheint, dass an dieser Stelle die Liebesinteressen der Staatsräson für einen Moment weichen. Anders verhält es sich in der 7. Szene des II. Akts. Im Gespräch mit Arsamene erklärt diesem Elviro, Atalanta habe den Brief entgegengenommen und Romilda schriebe soeben dem König einen Brief. Dies äußert er zwei Mal in Folge in einer F-Dur Skala ab T. 4:

Arsamene: [...] ad Atalanta diedi il foglio, e mi disse, che la vostra Romilda amava il re:	 Ich gab den Brief Atalanta und sie sagte mir dass Eure Romilda den König liebe:

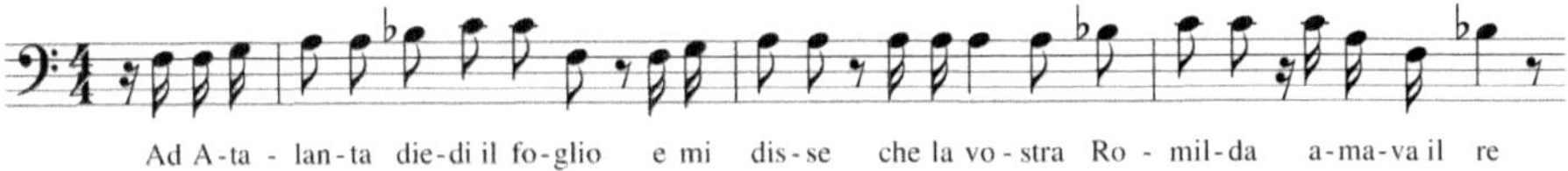

Zweimal nimmt Elviro Anlauf und beginnt jeweils auf *f*' bei »Ad Atalanta« sowie bei »e mi disse«. Für das erneute Ansetzen auf dem Grundton gibt es in Händels Rezitativen nur wenige Beispiele. Zudem setzt Elviro ab T. 12 nochmals mit einer F-Dur Skala an und bekräftigt pflichtbewusst seine Aussage: »V'ho detto gìa, ch'ama, e che scrive al re. Che volete di più?« (»Ich sagte bereits, sie liebt den König und schreibt ihm. Was wollt ihr noch?«).

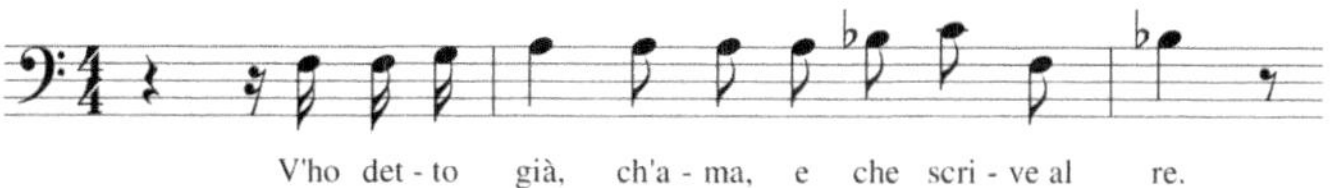

Dieses immer erneute Ansetzen auf dem Grundton hat einen starken Wiederholungscharakter. Elviro spult getreu die ihm aufgetragene Botschaft ab, was wohl in erster Linie auf seine Erklärungsnot in dieser Situation hinweisen soll.

Was geschieht jedoch, wenn Händel auf die formale Begrüßungszeremonie verzichtet und im Dialog die Protagonisten unverzüglich zu Wort kommen lässt? Insbesondere bei Personen von Rang und Namen haben diese Höflichkeitsformeln eine wichtige Bedeutung. In diesen Situationen lässt sich die gegenseitige Anerkennung herauslesen, mit der viele Protagonisten in den wechselseitigen Dialog treten. Diese Höflichkeitsetikette wird bei genauer Betrachtung allerdings nicht in jedem Fall streng eingehalten.

Dies zeigt sich z. B. in *Giulio Cesare* in der 7. Szene des I. Akts, als Cleopatra zum ersten Mal Cesare vor Augen tritt. Dies tut sie jedoch nicht in ihrer wahren Identität, sondern verkleidet als ihre eigene Dienerin Lidia. Cesare ahnt nichts von diesem Verkleidungsspiel, doch Libretto und Notentext sprechen eine deutliche Sprache. Von Cesares Diener Curio wird Lidia angekündigt und von Cesare mit den Worten »Sen venga pur« hereingebeten. Im Continuo erklingt in dieser Redepause eine Kadenz von A-Dur nach D-Dur, also ein Subdominant – Tonika – Verhältnis. Cleopatra/Lidia denkt jedoch nicht an höfliche Umgangsformen und benimmt sich in dieser Situation keineswegs so, wie es einer Dienerin gebührt:

Curio:

Qui nobile donzella	Hier bittet eine edle Dame
chiede chinarsi al Cesare di Roma.	Sich vor dem Kaiser Roms verbeugen zu dürfen.

Cesare:

Se n' venga pur.	Sie soll nur kommen.

Cleopatra:

Tra stuol di damigelle	Mit anderen Hofdamen
io servo a Cleopatra, ...	diene ich Cleopatra, ...

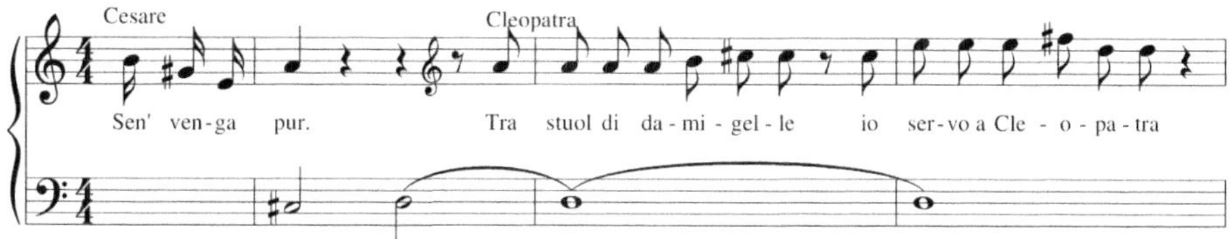

Bereits die Antilabe im Elfsilber »Sen venga pur. – Tra stuol di damigelle ...« (»Sie soll nur kommen« – »In der Schar der Hofdamen«) deutet einen raschen Dialogwechsel an, der wenig Zeit für szenische Begrüßungsformalitäten lässt. Händel bindet in seinem Rezitativ die Phrase »Sen venga pur« an Curios voriges »al Cesare di Roma« an. Nach »Sen venga pur« sind außerdem zwei Viertelpausen gesetzt. Nach einer weiteren Achtelpause setzt Cleopatra/Lidia mit ihrer Rede ein. Es überrascht, dass Cleopatra/Lidia ihre Rede weder mit »Signor«, »Sire«, »Cesare« oder einer ähnlichen Eröffnungsklausel beginnt, wie es sich für eine Dienerin Cleopatras bei ihrer ersten Begegnung mit dem römischen Imperator gehören würde. Cleopatra/Lidia beginnt direkt mit einer aufsteigenden Skala, die sekundweise (sieht man vom *cis*"–*e*"-Sprung ab) bis zur großen Sexte *fis*" aufsteigt. Cleopatra/Lidia macht keine rhetorischen Umwege, ihr Anliegen vorzutragen, dies unterscheidet sie deutlich von den anderen Dialogpartnern. Auch wird deutlich, wie unpassend sie ihre Dienerrolle spielt, auch wenn die beiden siebensilbigen Phrasen sauber rezitiert sind. Die fehlende Demut und die direkte Schilderung ihres Anliegens, die sie an diesen Stellen charakterisieren, unterscheidet sie von Figuren wie Nireno, Achille oder Curio und zeichnet damit auf musikalischer Ebene ihren Stolz und ihr selbstbewusstes Auftreten wieder.

In *Floridante* ist es der verkleidete Timante, der sich auf ähnliche Weise dem Publikum zu erkennen gibt wie Cleopatra. Timante ist der Prinz von Tyros und wurde Rossane, der leiblichen Tochter des Königs Oronte von Persien versprochen. Da Oronte sich allerdings im Krieg mit den Tyrern befindet, zieht dieser sein Versprechen gegenüber Timante zurück. Als die Tyrer von den Persern geschlagen werden, verkleidet sich Timante als Gefangener und nimmt den Namen Glicone an. In dieser Verkleidung tritt er in der 6. Szene vor seine Geliebte Rossane. Diese begrüßt in T. 4 den vermeintlichen Glicone mit den Worten

Rossane:

Ma viene il prigionier. Glicon, t'apressa.	Der Gefangene kommt, Glicone, komm näher.

Timante/Glicone:

Eccelsa Principessa, più non mi lagno dell'avversa sorte ...	Edle Prinzessin, ich klage nicht mehr über mein widerwärtiges Schicksal ...

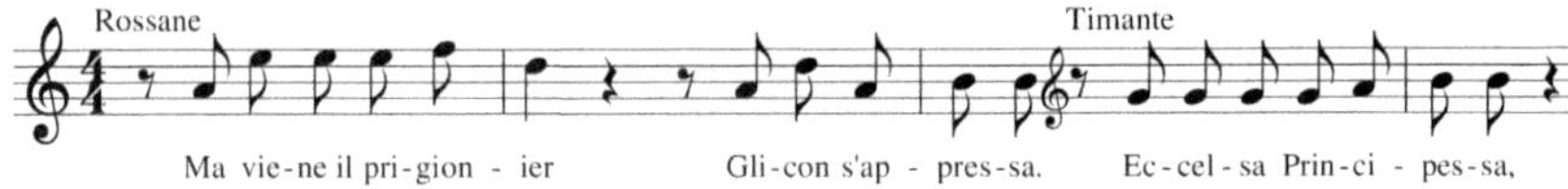

Zwar ist im Vers die förmliche Anrede »Eccelsa Principessa« vorhanden – ganz im Gegensatz zu Cleopatras »Tra stuol di damigelle« – allerdings verrät die melodische Gestaltung das Selbstbewusstsein, mit dem dieser Gefangene vor seine Geliebte tritt. Bei »Eccelsa Principessa« beginnt ebenfalls ein aufsteigende Skala von *g*' bis *h*' und in T. 7 von *fis*' bis *c*''. Zweimal nimmt Timante Anlauf und erklärt Rossane sein Schicksal, das ihn in diese freiwillige Sklaverei geführt hat (»se a volontaria servitù mi porta«). Hier folgen also zwei aufsteigende Skalen wie bereits in der Szene mit Cleopatra/Lidia. Die fehlenden Intervalle in der Anrede der Melodielinie verraten die Zielstrebigkeit von Timantes Handeln. Er kommt ohne die sonstigen Begrüßungsfloskeln aus und bringt sein Anliegen umgehend auf den Punkt.

Fazit

Aufsteigende Skalen können eine Tonart etablieren oder im Aufeinanderprallen zwei Tonarten schroff gegeneinanderstellen. Das Auffüllen eines Intervalls oder das Bilden eines spannungsreichen Akkordes (z. B. durch eine Septime) verleiht einer Aussage ihren Charakter. Auch fünf Ganztonschritte in einer Folge erzeugen eine effektvolle Textausdeutung und zeigen, mit welcher Vielfalt eine Skala in der wörtlichen Rede verwendet werden kann.

»Ah« und »Oh« - Ausrufe in Affektsituationen

Neben Anreden und Anrufungen findet man in den Rezitativen auch Ausrufe, die im Affekt geschehen und durch die Laute »Ah« und »Oh« leicht erkennbar sind. Hierbei handelt es sich oft um ein angesprochenes Gegenüber, wodurch die Ausrufe einen vokativen Charakter bekommen, aber auch um isolierte Ausrufe der Freude, der Verwunderung, des Schmerzes oder der Verzweiflung.

Wir beginnen im Jahr 1711. In der 4. Szene des II. Akts von *Rinaldo* buhlt Argante um die Zuneigung Almirenas, was in T. 26 ihrerseits zu dem Ausruf »Ah, non è vero« (»Ach, das ist nicht wahr«) führt. Almirena wurde von Armida entführt und hofft nun verzweifelt auf ihre Rettung.

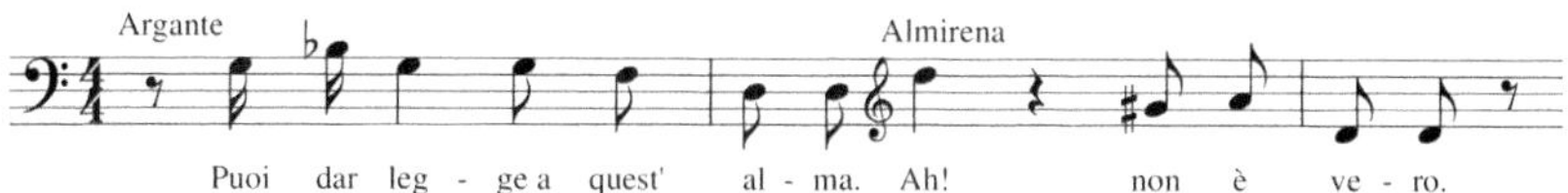

Almirena fällt Argante mit ihrem »Ah« direkt ins Wort, bevor nach einer Viertelpause das Versende »non è vero« (»es ist nicht wahr«) vertont ist. So wird dieser einsilbige Ausruf durch eine Viertelzäsur isoliert, erst dann kann Almirena den Schmerz ihrer Seele in Worte fassen. Im folgenden Beispiel ist es Argante, der sich die unerreichbaren Zärtlichkeiten Almirenas wünscht.

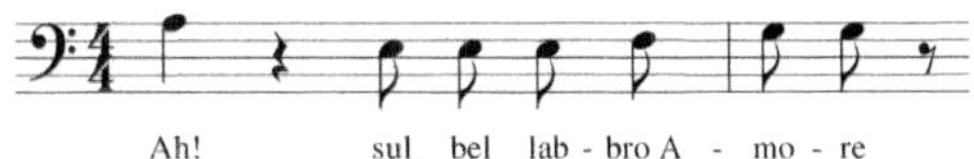

Der Monolog beginnt mit einem isolierten Ausruf »Ah« auf einer Viertelnote, gefolgt von einer Viertelpause, erst dann beginnt Argante seinen Schmerz näher zu erläutern. Gedehnte »Ah«-Ausrufe werden stets durch Viertelnoten markiert und bekommen, durch eine darauffolgende Pause isoliert, eine markante Position.

In einigen Fällen findet man das Phänomen innerhalb eines geschlossenen Ausrufes. Beispiele dafür findet man u. a. bei Polissena in *Radamisto* (1720). In der 12. Szene des I. Akts bedankt diese sich bei Tigrane dafür, ihr den Geliebten und den Vater geretten zu haben und nennt ihn in diesem Atemzug in T. 4 »Ah, generoso!« (»Ach, Großzügiger«).

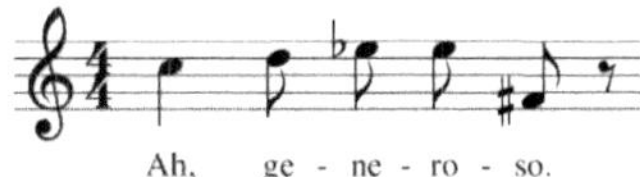

Der Ausruf »Ah, generoso« bildet eine Einheit, die keine Zäsur benötigt. Ähnlich verhält es sich im zweiten Rezitativ der 1. Szene des II. Akts. Hier ist es Radamisto, der mit seiner Geliebten Zenobia auf der Flucht ist und die Verfolger bereits herannahen sieht. Das zweite Rezitativ der Szene beginnt mit den Worten »Oh, crudo ciel!« (»Oh, grausamer Himmel!«):

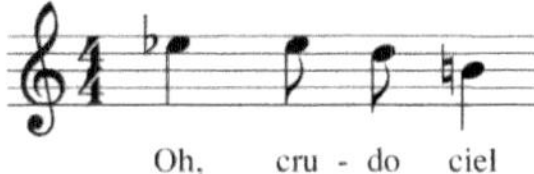

Man erkennt den Zusammenhang des »Oh«-Ausrufs mit der anschließenden Aussage. Eine geschlossene Wortgruppe entsteht und es gibt keine Zäsur, was den Ausruf musikalisch wie inhaltlich zu einer geschlossenen Einheit werden lässt.

Acht Jahre später, in *Tolomeo*, verhält es sich in der 6. Szene des I. Akts ähnlich, als Seleuce im Streitgespräch mit Araspe bei den Worten ab T. 27 f. »Ah! Signor, s'io giàmai« (»Ach, Herr! Wenn ich jemals« …) einen Erklärungsversuch für ihre fehlende Zuneigung zu finden sucht.

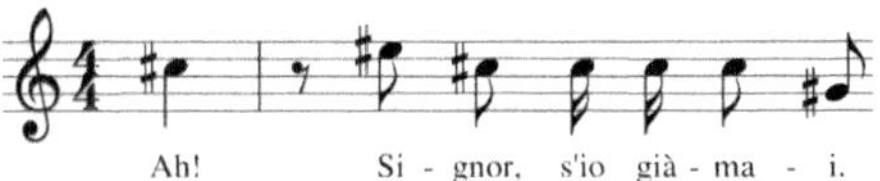

Auf die Viertelnote mit dem Ausruf »Ah« folgt eine Achtelzäsur, bevor Seleuce versucht, Worte für eine Rechtfertigung zu finden. Die Ausrufe haben also innerhalb des Dialoges die Funktion eines überraschten Einwurfes, dem dann der Versuch folgt, wieder die innere Fassung zu bewahren. In einigen Fällen findet man auch Ausrufe auf »Oh«, wie u. a. bei Seleuce in der 7. Szene des II. Akts. Araspe stellt noch immer der als Delia verkleideten Seleuce nach, die in dieser Situation ihre Hilflosigkeit in T. 9 in einem *a parte* äußert »oh che inciampo funesto a' passi miei« (»Oh was für ein grausames Hindernis vor meinen Schritten«), bevor sie im letzten Moment von Tolomeo gerettet wird.

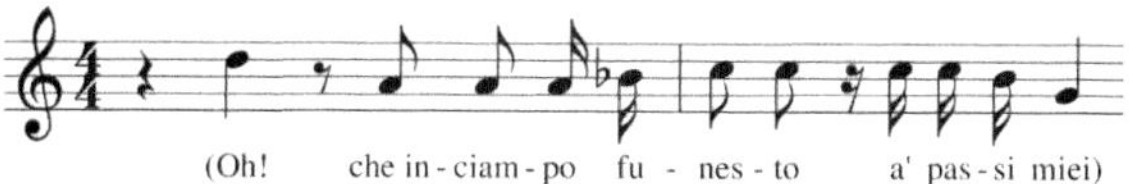

Hier ist der »Oh«-Ausruf ebenfalls durch eine Achtelpause vom folgenden Teilvers getrennt und durch einen Viertelwert deutlich hervorgehoben. In vielen Fällen verbinden sich auch in dieser Oper Ausrufe ohne Zäsur direkt mit der folgenden Aussage. Dies geschieht u. a. bei Seleuce in der 2. Szene des III. Akts. Seleuce wird von Elisa aufgesucht, die ihr verkündet, ihr Leben sowie das Leben Tolomeos retten zu wollen. In ungläubiger Verwunderung reagiert Seleuce in T. 6 f. mit den Worten »Ah! Se ciò fosse ver« (»Ach wenn das wahr wäre«).

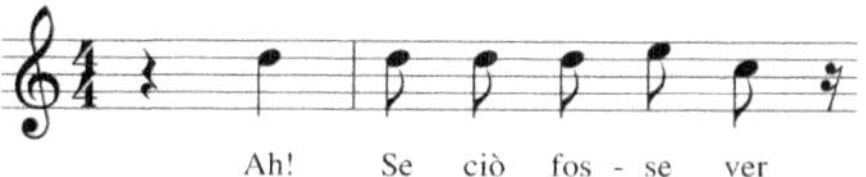

Auch hier erklingt wieder eine geschlossene Wortgruppe. Auffällig ist zudem die Tonwiederholung auf *d*'. So entsteht ein ruhiger und besonnener, vielleicht sogar sehnsuchtsvoller Tonfall.

In Händels letzter Oper *Deidamia* (1741) bewundert Achille in der 1. Szene des II. Akts einen mit seiner Geliebten Deidamia herannahenden unbekannten Krieger, dessen prachtvolles Auftreten und Rüstung ihm gefällt. Voller Bewunderung äußert er im Monolog in T. 4 f.: »Oh quanto vago è quel bianco e tremulo cimiero« (»Wie schön ist dieser weiße und zitternde Krieger«).

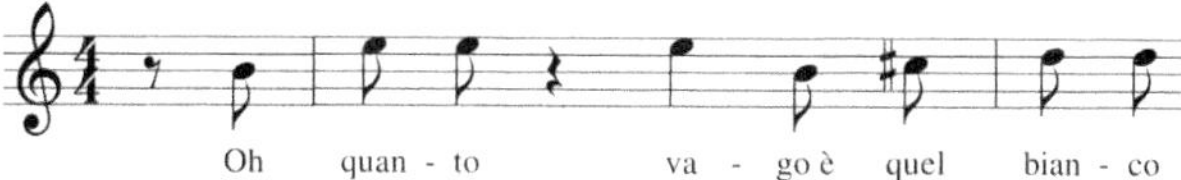

Auch in diesem Fall ist der Ausruf »oh quanto« in einer Wortgruppe von drei Achtelnoten komponiert. Es ist eine aufsteigende Quarte zu hören, gefolgt von einer Viertelzäsur. Ein Vokalausruf muss also nicht immer auf einen gedehnten Viertelwert erklingen. Die Kombination der Ausrufe ist in solchen Fällen also fließend.

Fazit

Die Ausrufe »Ah« und »Oh« sind Ausdruck der Verwunderung oder des Schmerzes. Sie sind einsilbig und können isoliert erscheinen oder Teil eines größeren Ausrufs sein, wo sie Vokativ-Charakter haben. Teils erklingen sie durch eine Pausenzäsur abgetrennt oder auch ohne Zäsur in die Phrase eingebunden. Eine genaue inhaltliche Differenzierung eines affektiven Unterschiedes zwischen »Ah« und »Oh« ist schwer festzustellen. Es handelt sich mehr um einen Lautausstoß als um eine inhaltliche Botschaft.

»Ahimé« und »Ohimé« – Ausrufe von Schmerz und Verzweiflung

»Ahimé« und »Ohimé« sind Ausrufe, die stets erklingen, wenn ein Protagonist seinen Schmerz oder seiner Verzweiflung Ausdruck verleihen will. Im deutschen kann man dies am besten mit »Oh weh« oder »Ach je« übertragen. Die beiden Ausrufe sind zweisilbig und haben einen Akzent auf der letzten Silbe, was die Rhythmisierung einer Viertelnote auf die schwere Zählzeit mit sich bringt. Die Intervalle sind auf der ersten Silbe auftaktig und stehen meist isoliert.

Als in der 5. Szene des I. Akts von *Giulio Cesare* (1724) Nireno die Nachricht von der Enthauptung Pompeos an Cleopatra überbringen will, stößt diese ein wehmütiges »Ohimè! Di chi?« («Oh weh! Von wem?«) aus.

Nireno: Troncar fe' Tolomeo il capo …	*Nireno:* Tolomeo ließ den Kopf abschlagen ...
Cleopatra: Ohimè! di chi?	*Cleopatra:* Ohje! Von wem?
Nireno: ... del gran Pompeo.	*Nireno:* … des großen Pompeo.

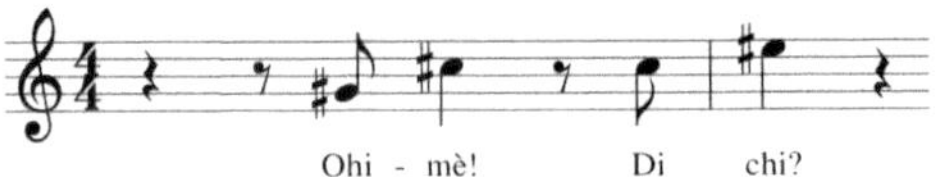

In Cleopatras Reaktion sind zwei aufsteigende Intervalle zu hören. »Ohimè« erklingt als eine aufsteigende Quarte, gefolgt von einer Achtelzäsur. Die betonte Silbe »-mè« ist mit einem Viertelwert auf die schwere Zählzeit versehen. Der zweite Teil des Ausrufs »di chi?« ist eine große Terz, die ebenfalls mit einer Viertelnote endet. Hier folgen also zwei Intervalle, die durch eine Zäsur getrennt sind und mit markanten Viertelwerten auf betonten Zählzeiten liegen. So gelingt es Händel, an dieser Stelle durch ein theatralisches Atemholen einen Spannungsbogen zu erzeugen. Die beiden Versfragmente sind bereits von ihrer textlichen Struktur her – das erste als Ausruf, das zweite als Frage – isolierte Bausteine, werden daher aus der fließenden Rezitation herausgelöst und bekommen durch die Pausenzäsuren eine exponierte Stellung.

Vier Jahre später, in *Siroe*, taucht ein »Ahimé« in der 6. Szene des II. Aktes auf. Die Intrige ist an diesem Punkt bereits stark verworren: Emira lebt unter dem Namen Idaspe als Mann verkleidet an Cosroes Hof. Dieser hat Emiras gesamte Familie ausgerottet, wofür diese sich nun rächen will. Allerdings liebt sie Cosroes Sohn Siroe, der sich jedoch nicht an der Intrige beteiligen will. Siroe rivalisiert nicht nur mit seinem Bruder Medarse um die Thronfolge, er muss sich auch mit allen Mitteln gegen die Attacken Emiras und gegen die Zutraulichkeiten der Mätresse Laodice wehren. Als Cosroe seinem Sohn verspricht, ihn unbeschadet zu lassen, wenn dieser ihm die Wahrheit über die Geschehnisse am Hof offenbart, stößt Emira – die zentrale Figur der Verschwörung – ein »Ahimé« im *a parte* aus.

Cosroe:	*Cosroe:*
Odi, Siroe.	Höre, Siroe.
Se temi per la vita del reo,	Wenn du um das Leben des Angeklagten fürchtest,
paventi in vano. Se quel tu sei,	fürchtest du vergebens. Wenn du derjenige bist,
nel confessarlo al padre	sprichst du dich durch ein Geständnis beim Vater
te stesso assolvi, e ti fai strada al trono.	frei und ebnest dir den Weg zum Thron.
Se tu non sei,	Wenn du's nicht bist,
ti dono, pur che noto mi sia, salvo l'indegno.	übergebe ich dir den Verbrecher unversehrt, wenn
Ecco, se vuoi, la real destra in pegno.	ich ihn finde. Hier hast du meine Hand darauf, wenn du willst
Emira:	*Emira:*
(Ahime!)	(Achje!)

Siroe:	*Siroe:*
Quando sicuri siano dal tuo castigo	Wenn diese vor deiner Bestrafung sicher sind,
i tradimenti dirò …	nenne ich dir den Betrug …

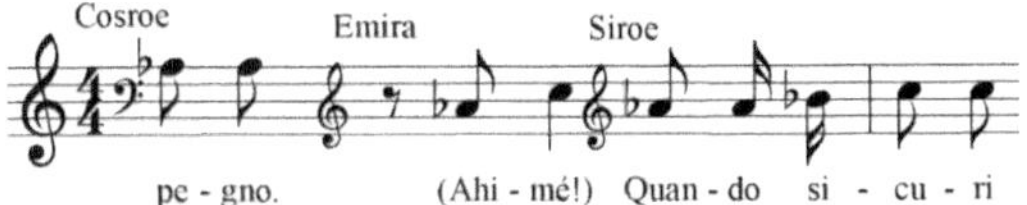

Das »Ahimé« erklingt in einer großen Terz aufwärts von *as*‘ nach *c*“. In diesem Fall spricht Emira für sich, der Laut soll also von den Umstehenden nicht gehört werden. Als in der 2. Szene des III. Akts Laodice von der bevorstehenden Hinrichtung Siroes erfährt, stößt diese ebenfalls ein »Ahimé« der Verzweiflung aus. Zuvor schildert Cosroe in wenigen Worten die bereits vollzogene Verurteilung.

Cosroe:	*Cosroe:*
La sua morte è commessa; e forse adesso per le aperte ferite fugge l'anima rea.	Sein Tod ist beschlossen; vielleicht entflieht Bereits seine verbrecherische Seele durch die offenen Wunden.
Laodice:	*Laodice:*
Ahimé, che intendo! Ah che ingannato sei!	Achje, was höre ich! Ach, du bist betrogen!

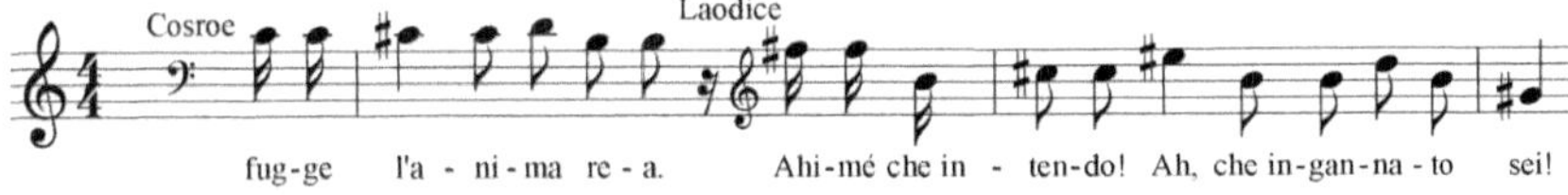

Hier ist das »Ahimé« nicht in einen zweisilbigen Ausruf vertont, sondern in einen größeren Affektzusammenhang gebracht. Die gesamte Phrase ist »Ahimé, che intendo!«, die mit drei auftaktigen Sechzehnteln bereits den erregten Zustand Laodices ausdrückt. In der sich ohne Zäsur anschließenden Phrase zeigt sich, wie sehr sich ihre Worte in diesem Augenblick zu überschlagen scheinen. So bleibt in diesem angespannten Moment nicht das innige Aufseufzen bei »ahimé« mit einem Viertelwert auf der zweiten Silbe, Händel gliedert die Worte in einen größeren dramatischen Zusammenhang. Dabei wird »ahimé« außerdem nicht in einem Intervall vertont, sondern in einer Tonwiederholung auf *fis*‘ wiedergegeben. Erst auf »che« fällt die Stimme um eine Quinte auf *h*‘.

Fünf Jahre später, in *Orlando* (1733) sieht Medoro in der 9. Szene des I. Akts, wie Orlando und Angelica in den Wäldern verschwinden. Sein Schmerz und seine Verwunderung drücken sich in T. 1 im Ausruf »Ohimè! Che miro?« (»Ohje, was sehe ich?«) aus:

Medoro:	*Medoro:*
Ohimè! Che miro!	Ohje! Was sehe ich!
Angelica seguita da un cavalier	Angelica flieht, von einem Ritter verfolgt,
Fuggendo va nel bosco.	in den Wald.
Volo a correr sull'orme.	Ich eile ihrer Spur nach.
(Va nel bosco)	*(Geht in den Wald)*

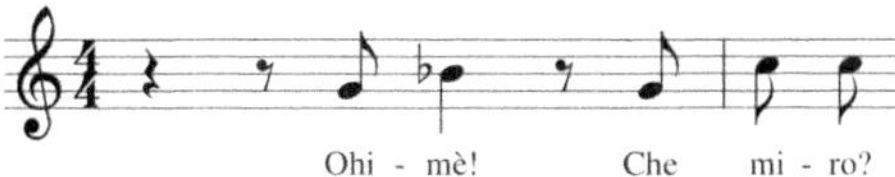

Der Ausruf »ohimè« steht zu Beginn von Meodoros Monolog, folgt also nicht auf eine Aussage eines Dialogpartners, sondern ist die Reaktion auf Medoros Beobachtungen in diesem Moment auf der Szene. Der Ausruf besteht aus einer kleinen aufsteigenden Terz, gefolgt von einer Achtelzäsur. Die Frage »che miro« drückt sich schließlich in einer aufsteigenden Quarte in drei Achtelwerten aus. Durch die Zäsur wird das theatralische Geschehen nochmals hervorgehoben. Hier lässt Händel seinem Protagonisten Zeit, das Gesehene auch dramatisch verarbeiten zu können.

In der letzten Phase von Händels Opernschaffen, in *Faramondo* (1738), stößt Gustavo in der 16. Szene des 1. Aktes ein schmerzhaftes »Ahimé« aus, als er sich von seinem Sohn hintergangen sieht.

Gustavo:	*Gustavo:*
Figlio traditore! Ahimè! Già d'ogni	Verräterischer Sohn! Achje! Schon
intorno lo circondono i suoi.	umzingeln in seine Leute von allen Seiten.
Fato è periglio ciò ch'	Zur Gefahr wurde, was mein Triumph war.
era il mio trionfo. O iniquo figlio!	Oh ungerechter Sohn!

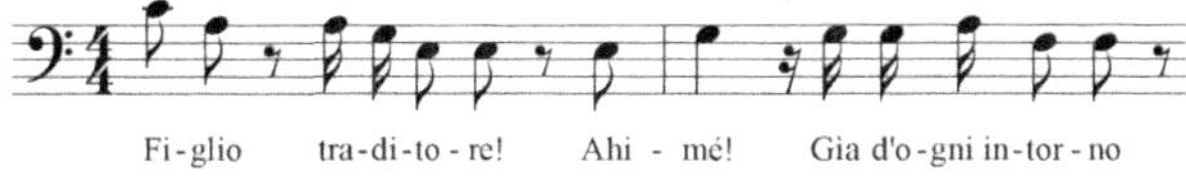

Hier erscheint das »Ahimé« wieder isoliert in seiner auftaktigen Form als kleine Terz *e – g*. Dabei reiht es sich in eine Aneinanderkettung von Ausrufen ein und bildet das dritte und letzte Glied, bevor Gustavo wieder eine fließende Rezitation beginnt.

Fazit

Die Ausrufe »Ahimé« und »Ohimè« wirken lautmalerisch, haben im Deutschen dieselbe Bedeutung und unterscheiden sich nur in den Vokalen a und o. Die Endbetonung verleiht ihnen auftaktigen Charakter und erfordert meist eine Viertelnote auf der zweiten Silbe. Oft erklingen sie durch Pausenzäsuren isoliert, können aber auch Teil einer längeren Aussage sein. Sie können in auf- oder absteigenden Intervallen erklingen, einen Ausruf eröffnen oder als Zwischenruf vorkommen. Den Charakter des Ausrufs erhalten sie durch die Intervalle zwischen Terz und Quarte.

»Olà«: Befehl und Ausruf

Als Befehlsfloskeln tauchen in den Rezitativen häufig Ausrufe auf die Silben »Olà« auf. In den meisten Fällen werden damit Diener gerufen oder fortgeschickt, um Befehle auszuführen oder jemanden festzunehmen. Das »Olà« besteht aus zwei Silben mit betontem Endvokal. So muss im Rezitativ die letzte Silbe auf eine Viertelnote vertont werden und stets auf eine schwere Zählzeit fallen.

In der 10. Szene des I. Akts von *Giulio Cesare* (1721) ruft Tolomeo seine Diener herbei, um Cornelia und Sesto in den Kerker zu werfen: »Olà! Da vigil stuol sian custoditi« («He da! Diese Römer müssen jetzt bewacht werden«).

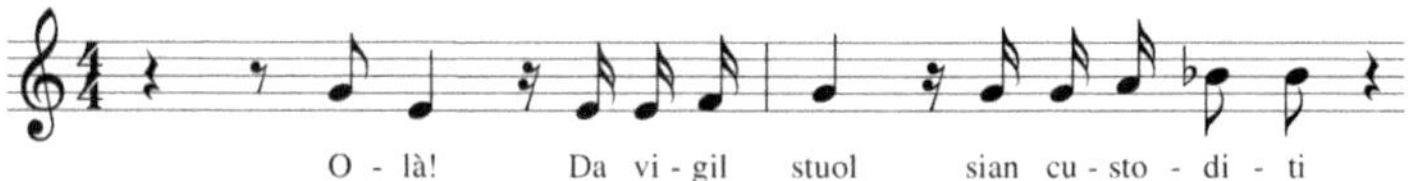

Der Befehlsausruf ist durch eine kleine fallende Terz *g*' – *e*' notiert. Darauf folgt eine Sechzehntelzäsur, bevor Tolomeo seine genauen Anweisungen verkündet. Ähnlich verhält sich auch Tolomeos Diener Achilla, als er sich in der 11. Szene Sesto vom Hals schaffen will, um sich der widerspenstigen Cornelia ungestört annähern zu können. In T. 46f. gibt Achilla einigen Bediensteten den Befehl, Sesto abzuführen: »Olà! Per regal legge omai si guidi prigionier nella reggia« («He da! Auf königlichen Befehl führe man den Gefangenen in den Palast«).

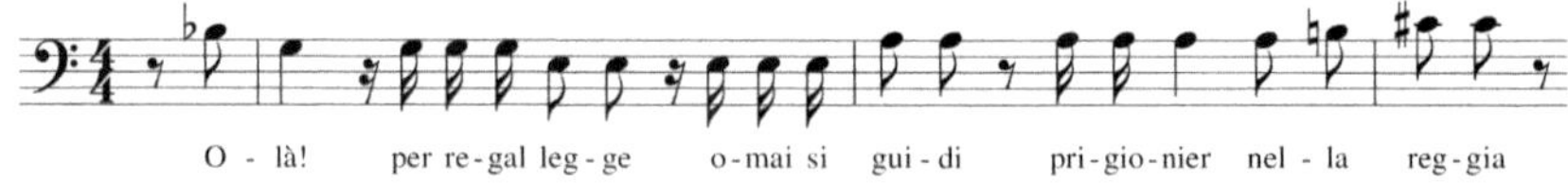

Auch in diesem Fall ist die Befehlsfloskel mit einer fallenden kleinen Terz *b* – *g* kombiniert. Nach einer Sechzehntelzäsur taucht ebenso wie bei Tolomeo ein erregter Rhythmus aus auftaktigen Sechzehntelgruppen auf. Der Befehlston, der in diesem Fall auf Tolomeos Ungehaltenheit zurückzuführen ist, schlägt sich auch im Rhythmus der sich anschließenden Rede wieder.

In *Ezio* (1732) ruft der Kaiser Valentiniano in der 6. Szene des I. Akts Ezio mit dem Befehl »Olà, Ezio qui venga!« (»He da, Ezio soll herkommen«). Grund dafür ist, dass der Intrigant Massimo eine Intrige schürt und der Kaiser seinen Feldherrn Ezio beginnt, als Konkurrenten zu betrachten.

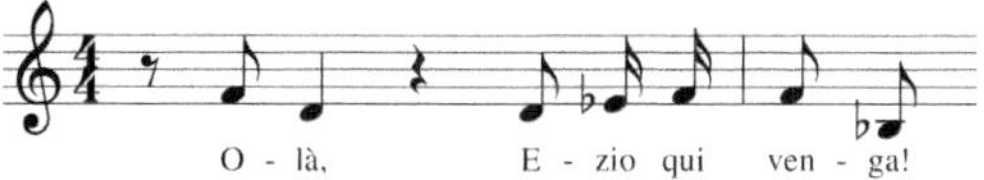

Das »Olà« ist als eine fallende kleine Terz *f*ʻ – *d*ʻ notiert, darauf folgt eine Viertelpause. Erst dann formuliert Valentiniano sein Anliegen. In der 11. Szene des II. Akts befiehlt Valentiniano ein weiteres Mal Ezio herbei, der mittlerweile in den Kerker geworfen wurde: »Olà! Qui si conduca il prigionier« (»Du da, man bringe mir den Gefangenen«).

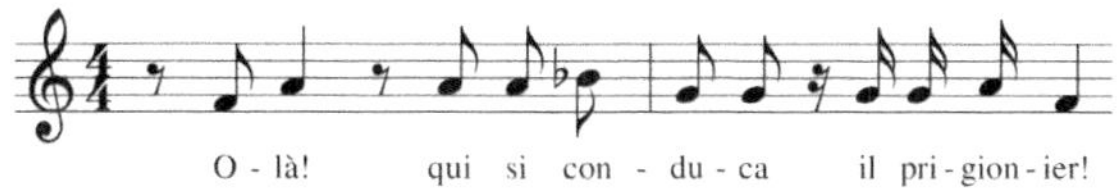

In diesem Fall ist das »Olà« als aufsteigende große Terz notiert. Es folgt eine Achtelpause, dann benennt Valentiniano den eigentlichen Befehl. Die »Olà«-Befehle sind Intervalle, die in den meisten Fällen isoliert erklingen, nach einer Pausenzäsur wird dann der eigentliche Befehl artikuliert. So ist der »Olà«-Ausruf in vielen Fällen direkt an eine Dienerfigur gerichtet. Alle dieser Ausrufe sind außerdem auf einen Achtel-Viertelrhythmus komponiert, da der betonte Endvokal *à* einen betonten Viertelwert benötigt. Gerade dieser schwere Akzent auf der zweiten Silbe macht diesen Ausruf so markant.

Fazit

»Olà«-Ausrufe sind auftaktig und haben einen Viertelwert auf der zweiten Silbe. Sie erklingen immer im Zusammenhang mit Befehlen und stehen meist isoliert. Die signalhafte Wirkung ist der natürlichen Sprachmelodie nachempfunden. Ob die Intervalle auf- oder abtaktig sind, hängt von der natürlichen Sprachmelodie der Phrase ab.

Verwendung entfernter Tonarten in Grenzsituationen

Allgemeines

Wenn Liebe, Tod und Verzweiflung Hand in Hand gehen, verwendet Händel entfernte Tonarten wie H-Dur, Fis-Dur und Cis-Dur. Da die Rezitative in weiten Teilen die Kerntonarten von Es-Dur über C-Dur bis A-Dur durchlaufen, hat dieser Tonartenbereich eine deutliche Sonderstellung. Die Grenztonarten verweisen auf Situationen, in denen sich ein Protagonist entweder in große Gefahr begibt, sein Leben riskiert oder für die

Liebe in den Tod gehen würde. Durch ihre Randposition im oberen Bereich des Quintenzirkels können sie in harmonischer Sicht als »grenzwertig« bezeichnet werden. Ihren Ausgangspunkt hat diese Tonartenkonstellation jedoch stets im Libretto und dem entsprechenden Szenenzusammenhang. Händel kennzeichnet dadurch genau, wann ein Ausweichen in Grenztonarten aus dramatischer Sicht notwendig ist.

Händels Sicherheit des musikalischen Ausdrucks zeigt sich bereits in seiner *Agrippina* von 1709. Zwar ist hier die Grenzsituation noch nicht so deutlich hervorgehoben wie in den späteren Werken, doch sind die Tonarten bereits deutlich aus dem Kontext herauszuhören. In den folgenden Beispielen ist es vor allem das falsche Spiel und die Dreistigkeit Agrippinas, die sich in ihrer Tonalität deutlich unterscheiden. Am Ende der 1. Szene im I. Akt stachelt sie ihren Sohn Nerone zum Putsch gegen den tot geglaubten Kaiser Claudio auf. Als sie ihm die ersten Anweisungen erteilt, antwortet Nerone in T. 55 folgendermaßen:

Nerone:

I tuoi saggi consigli	Deine weisen Ratschläge
ogn'ora mi saran, madre, di scorta.	werden stets mein Begleiter sein, Mutter.

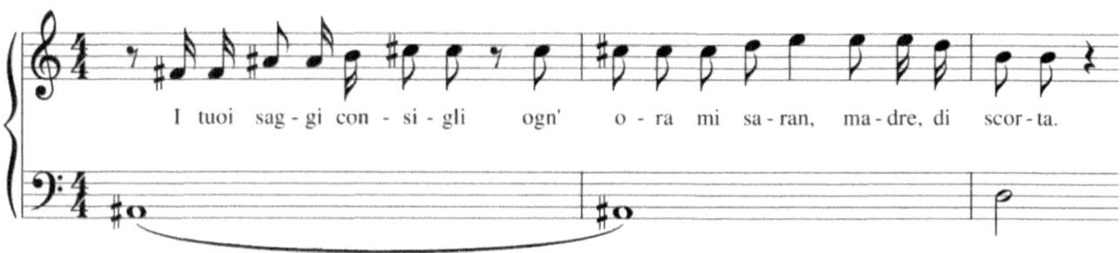

Als den Beginn der eigentlichen Handlungsintrige weist der Notentext eine Modulation nach Fis-Dur als den Beginn der eigentlichen Handlungsintrige auf. In der 2. Szene spinnt Agrippina ihre Intrige fort. Nun ruft sie in T. 11 Pallante zu sich, der in sie verliebt ist, um diesen ebenfalls für ihre Pläne einzuspannen. Bei ihrem Ausruf »Olà, venga Pallante« (»Pallante soll erscheinen«) moduliert die Tonart ebenfalls nach Fis-Dur.

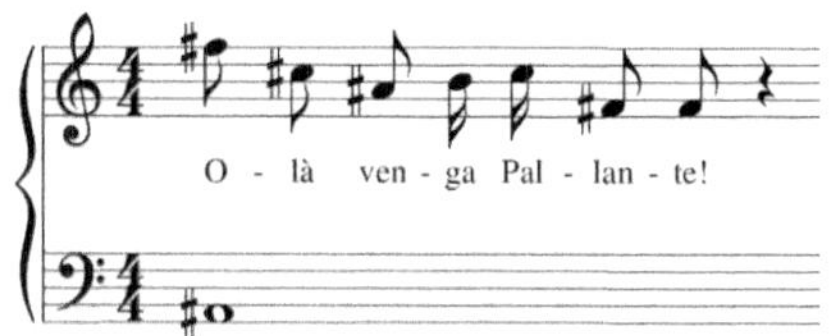

Auch hier offenbart sich dem Zuhörer im musikalischen Kommentar Agrippinas Vorhaben, bevor dieses von ihr ausgesprochen ist. Das folgende Kapitel soll nun zeigen, wie Händel diese Tonartenkonstellation an den dramaturgischen Knotenpunkten ganz bewusst verwendet und vor allem die grenzwertigen Situationen zu kennzeichnen weiß.

Grenzsituationen und ihre Tonarten

Im Quintenzirkel gilt C-Dur als Mittelpunkt. Im Regelfall bewegen sich die Grundtonarten der Händelzeit zwischen den vier Vorzeichen der B- und Kreuztonarten von As-Dur bis E-Dur bzw. f-Moll bis cis-Moll. Es gibt jedoch einige Sonderfälle, auf die in diesem Zusammenhang eingegangen werden soll. Händel neigt dazu, bei der Komposition von Szenen höchster Anspannung den Tonartenkreis zu durchbrechen und den Affekt zwischen Verzweiflung, Todessehnsucht und Ausweglosigkeit in den Bereich zwischen H-Dur und Gis-Dur zu legen.

Beginnen wir im Jahr 1712 mit Händels *Pastor Fido*. Ein erstes Beispiel ist die Situation im III. Akt, als der Jäger Silvio versehentlich die ihn liebende Dorinda mit einem Pfeil verletzt, da er sie für ein wildes Tier gehalten hat. In dieser Situation handelt es sich um eine Schlüsselszene. Dorinda hat bislang vergebens versucht, bei Silvio auf Gegenliebe zu stoßen, da dieser nur an der Jagd interessiert ist. Als Dorinda vor Liebesschmerz sterben will, wird sie von Silvios Pfeil verwundet. Als er in der verwundeten Dorinda seine wahre »Jagdbeute« entdeckt, erwacht in ihm die Liebe. In der 3. Szene des III. Akts moduliert die Harmonik häufig nach H-Dur, was der Inhalt der Verse verstärkt:

Dorinda:

O ch'io viva, ch'io mora,	Ob ich lebe oder sterbe,
felice son mio cor, se mio tu sei.	ich bin glücklich, wenn du mein bist.

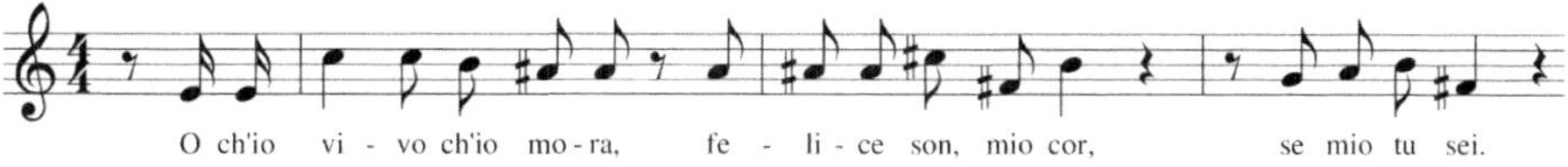

Entscheidend sind hierbei vor allem Dorindas letzte Verse, in denen die Harmonik nach Fis-Dur und H-Dur moduliert. Einerseits ist es die große Anspannung der chromatisch absteigenden Halbtonschritte *c*“ – *h*‘ – *ais*‘, die Dorindas Schmerz zum Ausdruck bringen. Zentral ist der gebrochene Fis-Dur-Akkord auf die Worte »felice son mio cor«, auch die Dominant-Tonika-Funktion von Fis-Dur und der H-Dur-Kadenz am Ende machen ihren Schwebezustand zwischen Leben und Tod deutlich.

Betrug und Illusion bilden den Dreh- und Angelpunkt in *Amadigi* (1715). In der 8. Szene des II. Akts hat die Zauberin Melissa Amadigis Rivalen Dardano in die Gestalt Amadigis verwandelt. Amadigis Geliebte Oriana fällt auf diesen Zauber herein und beteuert ihm, dass die beiden nun nichts mehr trennen könne.

Dardano:
Dunque, mio ben, sei mia? Nun, meine Geliebte, bist du mein?

Oriana:
Ostacol più non trovo ai nostri ardori. Ich sehe kein Hindernis mehr für unsere Glut

Dardano:
Or fian dunque beati i nostri amori. Dann wird unsere Liebe glücklich sein.

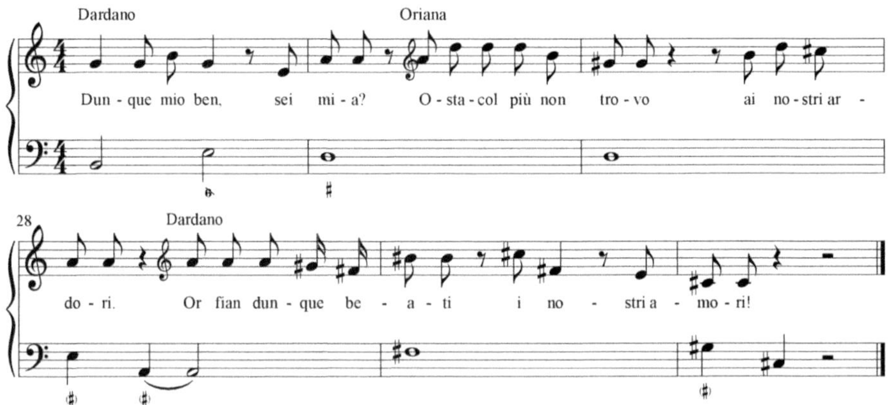

Diese Szene bringt deutlich zum Ausdruck, wie Händel mithilfe der Tonarten fis-Moll und Gis-Dur (T. 28 f.) den Aspekt der Täuschung musikalisch hervorhebt. Ob die Grenztonarten Dardanos auch eine Warnung an Oriana darstellen sollen, muss offen bleiben, für den Zuhörer zeigt sich die Rolle, die Dardano spielt, jedenfalls sehr deutlich. Hier widersprechen sich Text und Wirklichkeit diametral, vor allem wenn man die Stichworte »fian dunque beati« als Ausgangspunkt nimmt. In der folgenden Szene wird dann auch die scheinbar heile Welt durch den Auftritt des echten Amadigi ins Wanken gebracht, was durch Händels Tonartenarchitektur bereits hier vorbereitet ist.

Sieben Jahre später in *Flavio* (1723) kommt in der 2. Szene des II. Akts Ugone herbeigeeilt und ruft in einer Dubitatio-Frage »Qual abisso m'inghiotte?« (»Welcher Abgrund verschlingt mich?«). König Flavio hat Ugone mit der Thronfolge Britanniens ausgestattet, was jedoch von seinem Mitstreiter Lotario als Erniedrigung empfunden wird: so erhält Ugone von diesem eine schallende Ohrfeige – eine Schmach die Ugone aus Gründen der Ehre nicht auf sich sitzen lassen darf.

Ugone:
Dove, dove mi celo?

Ugone:
Wo soll ich mich verbergen?

Flavio:
Ugone!

Flavio:
Ugone!

Ugone:
Qual abisso m'inghiotte?

Ugone:
Welcher Abgrund verschlingt mich?

Teodata:
Padre!

Teodata:
Vater!

Ugone:
Misero Ugone!
(si copre il viso)

Ugone:
Armer Ugone!
(er bedeckt sich das Gesicht)

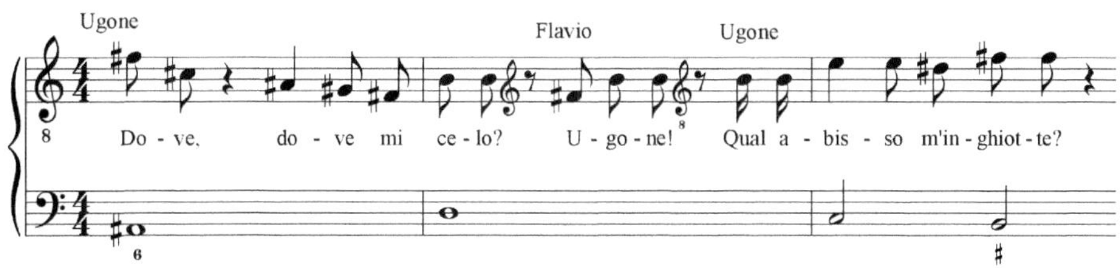

Die Tonarten schweben hier wieder zwischen Fis-Dur und H-Dur. Ugone wird nun seinen Sohn Guido auffordern, im Duell gegen Lotario für die Ohrfeige Gerechtigkeit walten zu lassen. Guido soll nun die Schmach seines Vaters rächen und tötet diesen im Duell. In diesem Zustand findet ihn seine Tochter Emilia in der 9. Szene des II. Akts wieder. Bei »pallido ti ritrovo« (»erblasst finde ich dich wieder?«) moduliert die Tonart nach H-Dur (Vgl. Beispiel 10 im Anhang). In der nun folgenden Sterbeszene Lotarios dominieren H-Dur und Fis-Dur. Lotario wurde von Guido im Duell erschlagen und ist nun im Begriff zu sterben. Bereits bei Emilias Worten »il genitor s'assista« (»Helft dem Vater«) drückt sich in Fis-Dur ihre Angst um den Tod des Vaters aus. Lotarios letzte Worte sind »O Guido / o Emilia / io mor …«, in T. 17 durch eine vierfache Kadenz nach H-Dur untermalt. Nach Lotarios Tod schwört Emilia Rache und bleibt dabei in den Tonarten Fis-Dur (T. 19), H-Dur (T. 23), Gis-Dur (T. 25). Insbesondere ab T. 29 pendelt sich die Tonart bei Gis-Dur ein, bevor das Rezitativ mit einer Kadenz nach Cis-Dur schließt.

In *Ottone*, ebenfalls aus dem Jahr 1723, schwört Matilda in der 5. Szene des I. Akts dem untreuen Adelberto Rache und tut dies ab T. 39 in den Tonarten H-Dur und Fis-Dur. In ihren Worten kommt die Schmach zur Geltung:

Matilda:

Io, che in virtù della giurata pace sposa all'infido esser dovea tra poco, vilipesa, e schernita, vendetta imploro, ed il tuo braccio invoco.	Ich sollte aufgrund des geschworenen Friedens in Kürze den Untreuen heiraten. Verhöhnt und verspottet verlange ich Rache und brauche deine Hilfe.

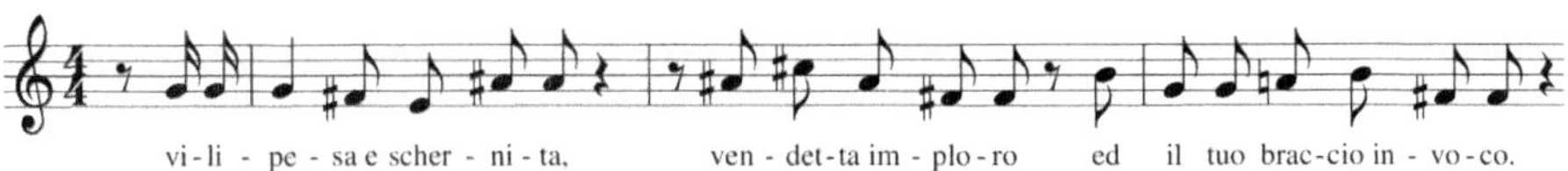

Die vorherrschende Tonart in diesem wütenden Ausbruch ist Fis-Dur. Der markante Dreiklang auf »vendetta imploro« drückt ihren tiefen Schmerz und die Rachegefühle aus. Auf die letzten Worte »tuo braccio invoco« moduliert der Satz dann nach H-Dur. Unverzüglich zieht sie mit Ottone nun mit einem Heer gegen Rom, um sich für Adelbertos Untreue mit Krieg zu rächen. Die Grenztonarten vermitteln vor allem die Schmach, die Matilda erleidet und wegen der sie ihren untreuen Verlobten Adelberto auch in den Tod schicken würde. In der 7. Szene werden Teofanes Zweifel bereits in ihrer eröffnenden Dubitatio-Frage an Gismonda deutlich: »Tu la madre d'Otton?« (»Du, die Mutter Ottones?«). Die Kadenz moduliert von e-Moll nach Fis-Dur. Dieser Fis-Dur-Teppich dient dann Gismonda dazu, ihr falsches Spiel weiter zu treiben: »Di lui che sposa ti stringerà fra poco, vedi la genitrice« (»Die Mutter dessen, der dich in Kürze zur Braut nehmen wird«).

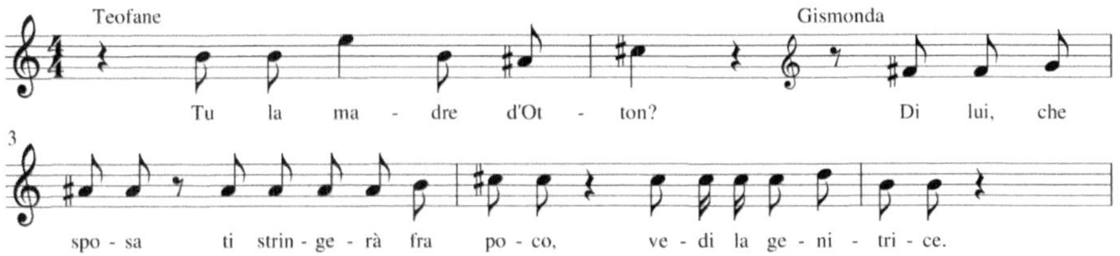

Durch die Verknüpfung der zweifelhaften Frage mit der Tonart Fis-Dur trifft Teofanes berechtigter Zweifel auf die infame Lüge Gismondas. Gismondas aufsteigende Skala umschreibt eine Fis-Dur-Tonleiter, die bis zur Quinte ansteigt. Auch hier wird die Grenztonart wieder deutlich etabliert. So scheint Teofane in der 8. Szene ganz in Gismondas Intrigenspiel gefangen zu sein, es dominieren in den ersten zehn Takten Tonarten wie Cis-Dur, fis-Moll, H-Dur. Auch folgen zwei weitere Dubitatio-Fragen in T. 4: »Adelaide ha così le maniere?« (»Adelaide hat solche Manieren?«).

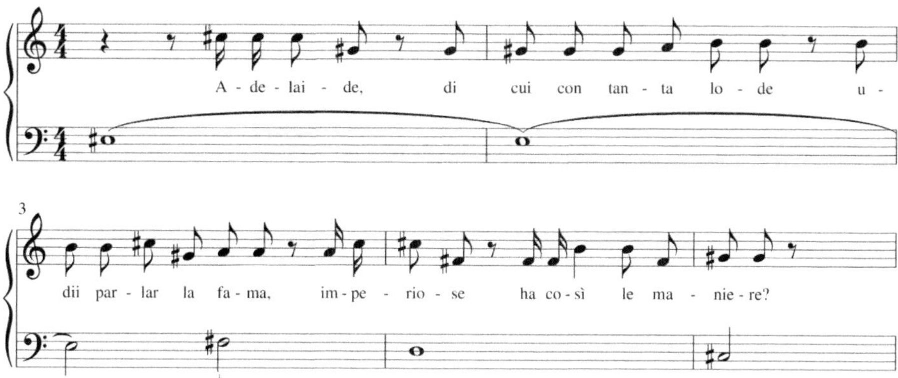

In diesem Beispiel zeigt sich Teofanes Ausweglosigkeit aus dieser Intrige, die sie bislang an vielen Stellen nur erahnen kann. Doch nicht nur Teofane selbst drückt ihre Verzweiflung durch die entsprechenden Tonarten aus. Adelberto intoniert eine Fis-Dur-Skala, als er überraschend in Teofanes Monolog hineinplatzt: »Con più serena fronte affida, o cara, di mie gioie il momento« (»Mit heiterer Miene vertraue dich meinen Freuden an«).

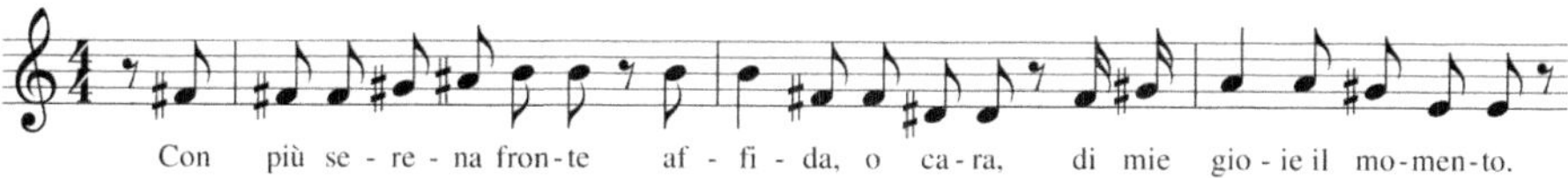

Stabilisiert wird die Tonart durch die Skala von *fis*' nach *h*' sowie durch den gebrochenen Dreiklang auf »affida, o cara«. Hier wird die Tonart mit allen Möglichkeiten etabliert, um Adelbertos seelische Verfassung nachzuzeichnen.

In *Rodelinda* (1725) kehrt der totgeglaubte Gemahl Rodelindas Bertarido aus dem Exil zurück und ahnt nicht, dass seine Frau und sein Kind ihn für tot halten. Er trifft in der 6. Szene des I. Akts auf seinen Vertrauten Unulfo, der ihm ab T. 24 f. die Situation seit seiner Verbannung schildert.

Unulfo:	
Ciò che sorte sdegnosa	Was das grausame Schicksal
non puotè mai, puotè del suo bel ciglio	nicht konnte, konnte aus ihrem Antlitz
trar due rivi di pianto	zwei Flüsse von Tränen entlocken,
il falso avviso di tua morte. […]	Bei der falschen Nachricht deines Todes. […]

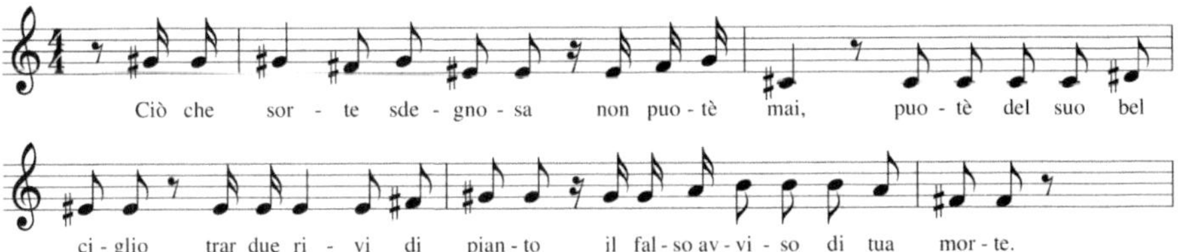

Unulfo erzählt, dass Rodelinda seit seiner Abwesenheit irrtümlicherweise von Bertarídos Tod überzeugt ist. Auch hier wird anhand der Tonart die illusionäre Ebene deutlich, auf der das Geschilderte stattfindet. In den ersten Takten dominiert die Tonart Cis-Dur, die dann in einer aufsteigenden Skala nochmals bekräftigt wird. Auf die letzten Worte »tua morte« fällt das Cis-Dur dann auf die neue Tonika fis-Moll zurück. Hier drückt sich die irrtümliche Trauer Rodelindas durch den Botenbericht Unulfos aus.

Im Monolog Elisas in der 2. Szene des I. Akts von *Tolomeo* – drei Jahre nach *Ottone* – offenbart diese dem Publikum, dass sie trotz der Annäherungsversuche von Tolomeos Bruder Alessandro in den als Osmino verkleideten Tolomeo verliebt sei. Dieser ist jedoch bereits mit der als Hirtin Delia verkleideten Seleuce verbunden. Trotz aller Intrigen Elisas werden Seleuce und Tolomeo am Ende wieder vereint und Tolomeo erhält die Herrschaft über Ägypten zurück. In Elisas Monolog zeigt sich bereits an den Tonarten ihr Spiel mit dem Feuer und dass sie die gesamte Handlung über die Intrige in Gang hält.

Elisa:

Veggio che m'ama il prence,	Ich sehe, dass der Prinz mich liebt
e forse amor potrei	und vielleicht könnte ich
destar per lui nel seno;	ihn auch lieben.
ma già il mio cor per altra fiamma abbrucia	Aber mein Herz brennt für einen anderen,
se d'Osmino il pastor gli affetti prova	wenn der Hirte Osmin sein Wort hält,
ei sol de' miei pensieri è porto e scoglio	ist allein er Hafen und Felsen meiner Gedanken,
se amar nol devo ed adorar lo voglio.	wenn ich ihn nicht lieben darf, will ich ihn bewundern.

(Vgl. Beispiel 11 im Anhang)

Der Monolog beginnt in Cis-Dur auf »veggio che m'ama«, moduliert in T. 3 auf »ma già il mio cor« nach Fis-Dur und am Ende auf »adorar lo voglio« nach Cis-Dur. Ein Blick auf den weiteren Verlauf der Handlung verdeutlicht nochmals die geschilderte Situation des Rezitativs: Elisa fordert im II. Akt aus Rache von Alessandro den Tod

Tolomeos, im III. Akt bietet sie Seleuce an, Tolomeo freizulassen, wenn sie ihn anstelle Seleuces heiraten könne. Als ihr dies nicht gelingt, lässt sie Tolomeo einen Becher mit Gift zukommen, das ihn umbringen soll, in Wirklichkeit aber nur ein Schlaftrunk ist. Im Monolog der 2. Szene ist es vor allem das Gift in Elisas Charakter, das Händel in seiner Tonartenkonstellation bereits zum Ausdruck bringt. Zu Recht spricht Tolomeo in der 4. Szene des I. Aktes von »fiamma insana già bolle« (»in ihr brennt bereits ein Feuer des Wahnsinns«).

Der König in *Ariodante* (1735) gerät in der 8. Szene des II. Akts ebenfalls in eine Grenzsituation. Lucarnio erscheint und bittet den König um Rache an seinem ermordeten Bruder Ariodante. Als der König verwundert fragt, wer an dessen Tod schuld sei, antwortet Lucarnio, er habe sich das Leben genommen, als er Ginevra und Polinesso in der vergangenen Nacht zusammen gesehen hat.

Lurcanio:	
No, Sire, ebbe un autore.	Nein, Herr, es hatte einen Verursacher.
Re:	
Chi fù?	Der war?
Lurcanio:	
L'impudicizia ...	Die Unkeuschheit ...
Re:	
Oh! Meraviglia!	Oh Wunder!
Ma chi fù l'impudica?	Aber wer war die Unkeusche?
Lurcanio:	
Ella è tua figlia.	Es war deine Tochter.
Re:	
Oh Dei, che sento!	Oh Götter, was höre ich?

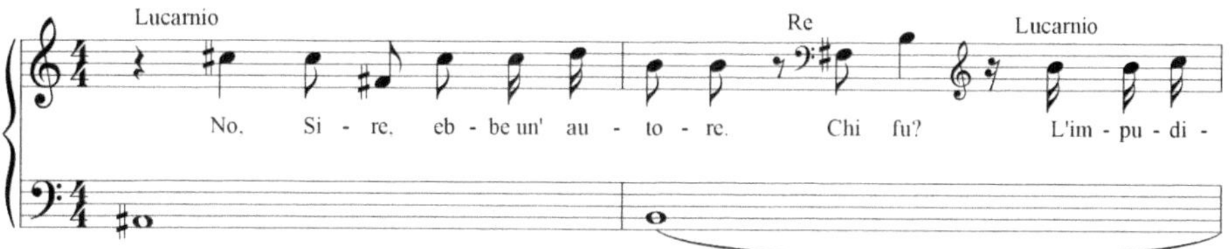

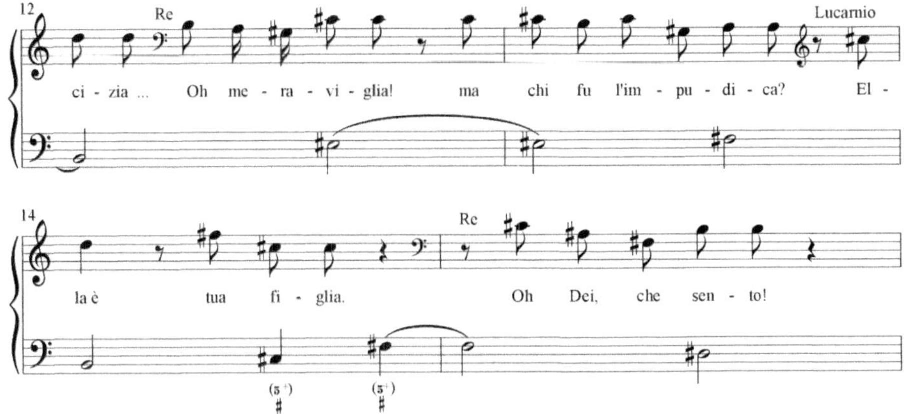

In diesem Dialog liegt das Gewicht wiederum auf den Tonarten H-Dur, Cis-Dur und Fis-Dur. Letztlich ist es der König, der im III. Akt seine Tochter hinrichten lassen will, um die begangene Schande wiedergutzumachen. So zeigt sich in dieser Situation, in welchen Zwiespalt der König gerät, als er auf jene Intrige hereinfällt, von der er in dieser Situation noch nichts ahnt. Denn eigentlich wollte er Ariodante durch die Heirat mit Ginevra zu seinem Nachfolger machen. Der Todeswunsch äußert sich auch bei Ginevra in der 5. Szene des III. Akts. Ginevra wurde gefangen genommen und wartet, bis ihr Schicksal im Duell entschieden wird. Da Ginevra jedoch Polinesso als ihren Fürsprecher ablehnt, sehnt sie sich nun den befreienden Tod herbei.

Ginevra:

Così mi lascia il padre? Oh cor, sta forte!	So verlässt mich der Vater? Herz, bleibe stark
Il minor de' miei mali è sol la morte.	Das kleinste meiner Übel ist nur der Tod.

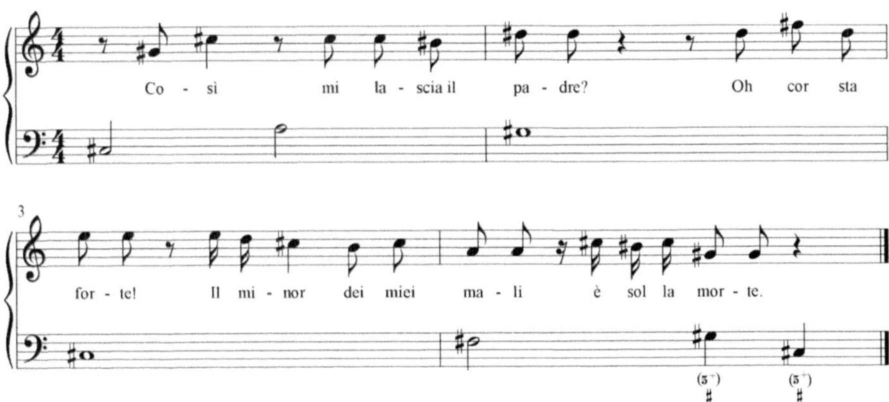

Es sind Tonarten wie Gis-Dur und Cis-Dur, die den großen Schmerz Ginevras ausdrücken und verdeutlichen, unter welch innerer Anspannung Ginevra in dieser Siutation steht.

In *Serse* (1738) findet sich ein deutlicher Todeswunsch bei Amastre, die sich durch Serses Zuneigung zu Romilda betrogen fühlt. Da sie den Liebensschmerz nicht mehr erträgt, will sie sich in der 6. Szene des II. Akts das Leben nehmen, wird jedoch vom Diener Elviro daran gehindert. Ihre letzten beiden Verse des Rezitativs ab T. 7 f. sind:

Amastre:

Via su, pria di morire	Auf, bevor ich sterbe
a quell'alma crudel corriamo a dire:	werde ich diesem Grausamen sagen:

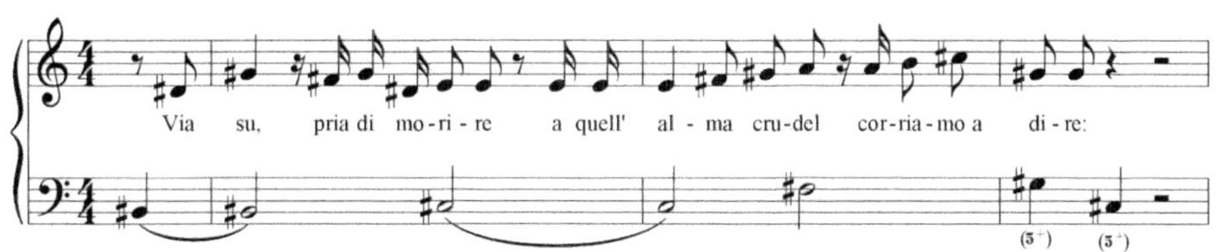

Amastres Appell beginnt in Gis-Dur und moduliert über cis-Moll und fis-Moll am Ende nach Cis-Dur. Auch Amastre will eher in den Tod gehen, als den Schmerz einer unerfüllten Liebe zu ertragen. In der *scena ultima* spitzt sich diese Situation nochmals zu. Amastre, die bisher in Männerkleidung in Diensten Serses stand, gibt sich nun zu erkennen. Sie stellt Serse vor die Entscheidung, ob er eine untreue Seele bestrafen würde (T. 17 f.), um dann ihm und sich selbst ab T. 21 das Leben zu nehmen:

Amastre:

Mori dunque, ingrato e traditore.	Stirb, Undankbarer und Verräter!
Ecco Amastre tradita, e ognor fedele:	Sieh Amastre, verraten und immer noch treu,
e tu, spietato e rio	und du, treulos und verbrecherisch
la disprezzi così?	Du verachtest sie so?

Serse:

Uccidetemi, sì.	Ja, tötet mich.

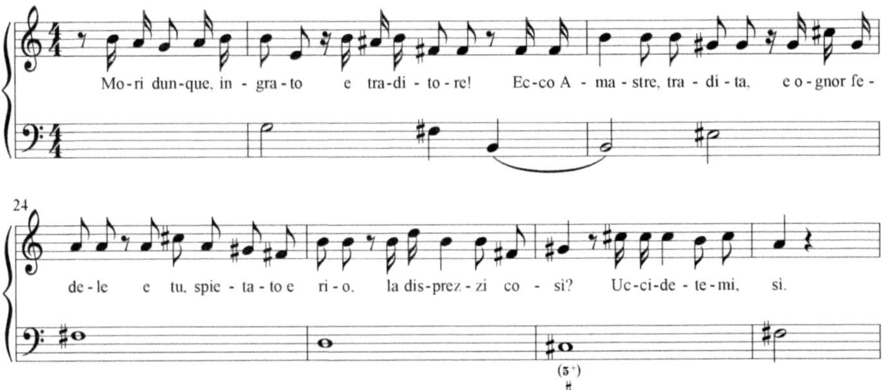

Todesgefahr und Auswegslosigkeit wenden sich blitzartig in ein aufrichtiges Liebesgeständnis. Erst als Amastre damit droht, sich das Leben zu nehmen, lenkt Serse ein und kehrt zu ihr zurück. Auch in dieser angespannten Situation, in der es um Leben und Tod geht, führt Händel die Tonarten von Fis-Dur (T. 22) über Cis-Dur (T. 23) und fis-Moll (T. 24). Zentral ist nochmals die Kadenz Cis-Dur – fis-Moll auf »Uccidetemi, sì«.

Fazit

Der Tonartenbereich von H-Dur bis Gis-Dur symbolisiert die Grenznähe von Situationen. Das Zusammenbrechen aller Hoffnungen, Verzweiflung bis zum Todeswunsch oder Blutrache an einer verhassten Person sind die Auslöser, die zu diesen Grenztonarten hinführen. Oft ist es bereits ein Delirieren, ein Schwanken zwischen Traum und Wirklichkeit oder zwischen Leben und Tod. Diese scheinbare Ausweglosigkeit der Protagonisten wird von Händel an vielen Stellen durch die entsprechenden Vorzeichen bzw. Klangfarben gekennzeichnet.

Zusammenfassung

An zahlreichen Beispielen konnte herausgestellt werden, dass die Nachbildung der natürlichen Sprachmelodie eine zentrale Rolle für die Rezitativkomposition spielt. Dabei geht es in erster Linie nicht um die Erzeugung doppelbödiger Aussagen oder eines versteckten musikalischen Kommentars, sondern um das Nachvollziehen der sprachlichen Grundprinzipien (in diesem Falle des Italienischen), ohne die der Sinn und die Botschaft der Verse überhaupt nicht zu verstehen wäre oder wenigstens irritierend wirken müsste: so bewegt sich die Singstimme bei Fragen auf der letzten Silbe aufwärts, während bei Aussagen eine Abwärtsbewegung verzeichnet sein muss. Diese Aussage wird ggf. durch eine Continuo-Kadenz bekräftigt. Begrüßungen und Anreden (»padre«, »figlia«), Befehle (»olà«) oder Ausrufe (z. B. »ahimè«) sind durch Intervalle gekennzeichnet, um die Signalhaftigkeit der Aussage hervorzuheben. Die natürlichen Gegebenheiten der italienischen Sprache werden durch diese Mittel wie unter einem Brennglas verschärft und in eine künstlerische Form gebracht.

Die symbolische Ebene der musikalischen Gestaltung findet sich u. a. im Gegensatz zur reinen Fragefloskel in der Harmonisierung durch den Generalbass. Ob eine einfache Fragekadenz stattfindet oder eine kräftige Dubitatio, lässt sich rein am Vers nicht erkennen und liegt im Ermessen des Komponisten. Weitere Bereiche für einen musikalischen Kommentar finden wir in der Fanfarenmelodik bzw. der Akkordbrechung sowie den aufsteigenden Skalen. Vor allem die Skalen können über mehrere Takte hinweg eine Tonart stabilisieren. Zentral ist auch hier das Spiel der Gegensätze. Das Rezitativ eignet sich dazu, in Kadenzschlägen des Continuo unmittelbar und ohne Modulation in einen anderen Tonartenbereich zu wechseln. Es können fremde Tonarten aufeinandertreffen und durch diese Kollision ein Dilemma in Handlung und Dialog aufzeigen. Dieses rasche Wechselspiel mit harmonisch-melodischen »Klangwelten« verleiht einem Rezitativ einen besonderen, im Sprechtheater nicht vorhandenen Reiz und erzeugt damit die genuin musikalische Qualität. Nicht zuletzt die Grenztonarten waren ein Beweis dafür, wie die musikalische Komponente für Grenzsituationen eine ihr ganz eigene, opernhafte Sphäre erzeugen kann, die weit über die Möglichkeiten von Sprache und Rhythmus hinausgeht.

Rezitativ und Szene im Kontext

Allgemeines

Bislang galt die Untersuchung den unterschiedlichen Bausteinen innerhalb *recitativo semplice*. Nach zahlreichen Detailanalysen bietet es sich an, einen Blick auf die Szenen im Ganzen zu werfen. Dafür wurden folgende Schwerpunkte gesetzt: die ersten beiden Abschnitte befassen sich mit den Anfangs- und Finalszenen (Verortung des Rezitativs innerhalb der Szene). Hier soll erörtert werden, ob ein Rezitativ zu Beginn bestimmten Prinzipien folgt, wie der Hörer anfangs mit der Handlung konfrontiert wird und wie sich die Szenen in die Gesamtstruktur einfügen. Dasselbe folgt anschließend unter dem Aspekt der Handlungsentwirrung und Überlegungen zum *lieto fine* für die Finalszenen. Zudem kann sich das Rezitativ in Monologen (Einzelgesprächen) oder Dialogen (zwei oder mehrere Personen) entwickeln. Wo an vielen Stellen die Thematik der Dialogstrukturen in ihren Einzelaspekten Erwähnung fand, soll nun der Blick auf den Gesamtzusammenhang gerichtet werden. Das abschließende Kapitel über das metrische Echo und Mottoverse mag auf den ersten Blick so gar nicht in diesen Abschnitt passen. Doch gerade diese Beispiele zeigen, dass an vielen Stellen die Rezitative szenenübergreifend aufeinander Bezug nehmen. Das verbindende Element sind hier über vereinzelte Szenen hinweg immer wieder verwendete Elemente, die sich in abgewandelter Form durch das ganze Stück ziehen. Händel schafft damit größere Zusammenhänge und verknüpft das Baukastenprinzip einzelner Szenen zu einem übergeordneten Ganzen.

Eröffnungsszenen

Das *recitativo semplice* als »Eröffnungsrezitativ« zu kategorisieren, wäre irreführend, denn nicht jede Oper beginnt direkt nach der Ouvertüre mit einem solchen. Es bietet sich an, die Anfangsszenen als ganze in den Blick zu nehmen, um herauszufinden, an welchen Stellen Händel das erste *recitativo semplice* in den einzelnen Fällen platziert. Die Anfänge der unterschiedlichen Opern sind u. a. von Silke Leopold untersucht worden, wo die Autorin auf den Unterschied zwischen Dialog und Monolog bei den Rezitativen in den Anfangsszenen hinweist.[1] Ariosi und Accompagnati findet man beispielsweise in Werken wie *Il Pastor Fido*, *Riccardo Primo*, *Giulio Cesare in Egitto* und *Imeneo*.

1 Leopold, *Händel. Die Opern*, S. 29–59.

In Eröffnungsszenen wie z. B. *Giulio Cesare* oder *Riccardo Primo* ist die Ouvertüre ins dramatische Geschehen einbezogen, die ersten Szenen leben von »Aktion anstelle von Reflexion und Dialog«.[2] In *Giulio Cesare* ist es das festliche Auftreten Cesares, der sich den Ägyptern als siegreicher römischer Herrscher präsentiert. In *Riccardo Primo* geraten Costanza und Berardo in einen Seesturm, der durch ein orchesterbegleitetes Rezitativ den Zuhörer unmittelbar mit der Unwetter-Szene konfrontiert. Dagegen zeichnen die Anfänge mit einem Arienbeginn wie in *Il Pastor Fido* und *Imeneo* den Seelenzustand der Protagonisten nach. Auch Francesco Algarotti erkannte das Problem des dramatischen Bruchs, das nach Aussetzen des Orchesters mit dem einfachen *recitativo semplice* entstand und schrieb in seinem *Saggio sopra l'opera in musica*:

> »Nach der Ouvertüre kommen die Rezitative. Und während jene der geräuschvollste Teil der Oper ist, so sind diese ihr stummster und am stärksten vernachlässigter.«[3]

Händel hat in seinen Opern die Anfangsszenen in vielen Fällen individuell und der Handlung des Dramas gemäß gestaltet, sodass auch im *recitatvo semplice* die Spannung nicht verloren geht. Folgend soll an einigen Beispielen verdeutlicht werden, wie Händel das Rezitativ am Beginn einer Oper einsetzt und welche dramatischen Motivationen dahinter stehen.

Rinaldo (1711) beginnt mit einem Monolog Goffredos, der zur letzten Schlacht gegen die Sarazenen aufruft. In diesem Beispiel steht die Anrede »o gran Rinaldo« entgegen der Erwartung am Beginn, sondern am Ende des zweiten Verses. Der Zuhörer stößt in jenem Moment hinzu, als Goffredo gerade das Wort ergreift.

Goffredo:	
Delle nostre fatiche	Wir sind mit unseren Mühen
Siam prossimi alla meta, o gran Rinaldo;	nahe am Ziel, großer Rinaldo;
Là in quel campo di palme	dort, in diesem Palmenhain
Omai solo ne resta	müssen wir nur noch
Coglier l'estrema messe;	die große Ernte einfahren.
E già da' lidi eoi	Und schon steigt von den Ufern
Spunta più chiaro il sole	die Sonne viel klarer auf,
Per illustrar co' rai d'eterna gloria	um mit ihren Strahlen
L'ultima di Sion nostra vittora.	den letzten Sieg Zions zu erleuchten.

(Vgl. Beispiel 12 im Anhang)

2 Ebd., S. 44.

3 «Dietro alla sinfonia vengono i recitativi. E come quella suol essere la parte la più strepitosa dell'Opera, così questi ne sono la più sorda, e la più negletta.» Zitiert nach ebd., S. 48.

Die Vertonung folgt einem klar strukturierten Schema aus Elf- und Siebensilbern. Die ersten beiden Verse sind eine direkte Anrede an den Titelhelden. Es folgt ein deiktisches »là«, mit dem Goffredo auf die umliegende Landschaft verweist, in der die Schlacht stattfinden soll. Es ist die einzige Stelle des Eröffnungsmonologes, in dem eine Silbe aus der eigentlichen Versstruktur abgespalten wird. Die markante Viertelzäsur in T. 4 macht die Sonderstellung dieses »là« nochmals deutlich. Fast könnte man meinen, dass es sich bei diesem Monolog aus inhaltlicher Sicht um eine *scena ultima* vor einem Finalchor handelt: Goffredo freut sich darauf, im letzten Gefecht endlich »die Ernte einzufahren«, der Sieg scheint beschlossene Sache und die Sonne strahlt zu ewigem Ruhm. Dies alles geschieht noch bevor die eigentliche Handlung in Gang kommt und die Protagonisten in Erscheinung treten. Auch die Tonarten atmen diese Idylle: Grundtonart dieses Rezitativs ist F-Dur, von T. 1 bis T. 5, bevor ab T. 7 C-Dur etabliert wird. Es folgt in T. 11 F-Dur und eine Schlusskadenz nach C-Dur. Goffredos Arie »Sovra balze scoscese« (»Zwischen schroffen Felsen«) steht ebenfalls in F-Dur. Vor allem wird im letzten Vers der Sieg über Zion proklamiert, der Sieg des Christentums über die Heiden.

Neun Jahre später, in *Radamisto*, erklingt das erste Rezitativ nach Polissenas Cavatina »Sommi Dei, che scorgete i mali miei« (»Höchste Götter, die ihr meine Leiden vergesst«). Dieses Arioso nimmt den Schmerz und die Verlassenheit Polissenas vorweg, wenn auch der Zuhörer in diesem Moment noch nicht so recht weiß, welche Problematik im Laufe der Handlung entwickelt wird. Das erste Rezitativ (Vgl. Beispiel 13 im Anhang) sorgt für eine Erklärung. Es handelt sich um einen Dialog zwischen Tigrane, dem Fürsten von Pontus, und Polissena, der Frau Tiridates. Von diesem erfährt sie, dass ihr Gatte nicht nur den Krieg gegen ihren Vater Farasmane gewonnen hat, sondern sich auch in die Gemahlin ihres Bruders verliebt hat. Nach diesen Schreckensbotschaften offenbart Tigrane dann auch noch der sichtlich bedrückten Polissena, dass er schon lange ein Auge auf sie geworfen hat und sie begehrt. Mit ihrer letzten Antwort wirft Polissena ihren Verehrer hinaus. Die Zusammenfassung des Dialoginhalts zeigt, wozu dieses erste Rezitativ dient: hier wird bereits ein großer Teil der Verwirrung und Handlungsproblematik offengelegt. Denn Polissena wird wohl kaum tatenlos ihre Schwägerin Zenobia als Nebenbuhlerin dulden, Tigrane wird den Kampf um seine Angebetete Polissena wohl kaum nach einer ersten Abfuhr aufgeben und Tiridate wohl nicht ohne Weiteres mit seinem Schwiegervater Frieden schließen.

Doch wie ist dieser Dialog strukturiert? Die Szene wird von Tigrane eröffnet, der seine Botschaft an Polissena verkündet. Er beginnt mit der offiziellen Anrede »Regina«, die auf eine aufsteigende Quarte *h*' – *e*'' komponiert ist. Der auftakigen Anrede folgt eine erste Achtelzäsur, der dann aber weitere Unterbrechungen im Redefluss folgen:

Tigrane:

Reina, infausto avviso	Königin, traurige Nachricht
Con mio grave dolore oggi ti reco.	bringe ich dir heute unter großen Schmerzen.

Diese Zeilen ließen sich eigentlich fließend und ohne größere Unterbrechung deklamieren. Doch Händel wählt hier einen anderen Weg: kennzeichnet man die Zäsuren im Text, so ergibt sich folgender stockender Rezitationston: »Reina / infausto avviso / con mio grave dolore / oggi ti reco.« Es ist nicht zu übersehen, wie hier Tigrane mit den Worten ringt – ob auf ehrliche Weise oder geheuchelt sei dahingestellt. Wie anders offenbart sich dagegen die standhafte Reaktion Polissenas: nach ihrer punktierten Anrede »Principe« folgt eine kurze Achtelzäsur, dann rezitiert sie ihr »io sono avvezza alle sventure« (»ich bin an Unglück gewöhnt«) zielsicher und ohne Unterbrechung. Die abschließende affirmative Kadenz in T. 6 gibt ihrer Aussage nochmals Substanz. Nun teilt Tigrane seiner Königin die Neuigkeiten mit. Auffallend ist die Steigerung am Ende seiner Rede, als er verkündet, dass Tiridate sich seiner Schwägerin bemächtigen will. Ab T. 10 steigt die Continuostimme stufenweise von *e* bis *a*, wobei dieses *a* die Quinte der affirmativen Schlusskadenz seiner Rede ist. Der Spannungsbogen am Ende der Unglücksnachricht ist also nicht zu überhören. Auch Polissena kann, auch wenn sie im *a parte* spricht, ihr Entsetzen nicht verbergen: »Oh, sposo infido!« (»Oh untreuer Gatte«). Nicht nur, dass ihr Ausruf eine gesamte Oktave von *fis*" nach *fis*' umfasst, auch die Grenztonart Fis-Dur unterstreicht ihren inneren Zustand. Die dramatische Verdichtung zeigt sich in den gedrängten affirmativen Kadenzen. Hatte Tigrane seinen Botenbericht mit einer solchen abgeschlossen, so folgt bereits einen Takt später in T. 12 die nächste auf Polissenas Ausruf. Nun offenbart Tigrane seiner Königin die Gefühle, die er seit langem für sie hegt. Die bereits seelisch geschwächte Polissena kann nun keine Bodenständigkeit mehr vortäuschen. Ab T. 19 wirft sie den Fürsten aus ihrem Pavillon in einer allerdings stark von Zäsuren durchsetzten Rede:

Polissena:

Parti! E più non vedermi,	Geh und tritt mir nicht mehr unter die Augen,
né più parlar di così folli amori.	Sprich mir nicht mehr von dieser wahnsinnigen
Parlami sol d'affanno e sol di morte	Liebschaft. Rede nur von Schmerz und Tod,
parla di mie sventure e di mia sorte.	von meinem Unglück und meinem Schicksal.

Unterteilt man diese Rede, die ja ebenso in einem empörten Wortschwall deklamiert werden könnte, in die entsprechenden Pausenzäsuren, so ergibt sich der folgende rhetorische Flickenteppich: »Parti / e più non vedermi / nè più parlar / di così folli amori / parlami sol d'affanno / e sol di morte / parla di mie sventure / e di mia sorte«. Sieben Mal muss Polissena Luft holen, um diese letzten Worte der ersten Szene zu artikulieren.

Das Sprechtempo wird vor allem durch Achtelwerte dominiert, von zwei Sechzehntelgruppen abgesehen. Auffallend sind zudem die langen Zäsuren durch Viertelpausen in T. 20, T. 22, T. 23, T. 24 und T. 25. Im Mittelpunkt der Szene steht das nahezu traumatische Erlebnis Polissenas durch die Worte Tigranes, allesamt im Secco-Dialog mit wenigen Mitteln von Händel in großer Ausdruckskraft festgehalten.

Die Eröffnungsszene des zwölf Jahre später entstandenen *Flavio* ist eine Abschiedsszene. Hier trennt sich Vitige heimlich von seiner Geliebten Teodata und muss dieser offenbaren, dass er aufgrund seiner Verpflichtungen bei Hofe auch bei der Hochzeit ihres Bruders Guido am folgenden Tag nicht anwesend sein wird.

Vitige:	
Fra i ciechi orror' notturni	Zwischen dem blinden Schrecken der Nacht
Partirò inosservato.	werde ich unerkannt verschwinden.
Teodata:	
Vitige!	Vitige!
Vitige:	
Amata sposa!	Geliebte Braut!
Teodata:	
Oh Dio, tu parti?	Oh Gott, du gehst?
Vitige:	
Parto; Ma l'alma mia tutta dal piè diversa, ella farà la via.	Ich gehe; aber meine Seele wird anders als mein Fuß ihren Weg gehen.

(Vgl. Beispiel 14 im Anhang)

Nach Vitiges Worten »partirò inosservato« (»Ich werde unbemerkt verschwinden«) schließt diese Aussage mit einer finalen Kadenz im Generalbass. Dieser vermeintliche Abschluss wird jedoch von Teodata gestört, die ihren Geliebten zurückhalten will. So verliert sich der bereits abgeschlossen geglaubte Monolog Vitiges ab T. 3 in ein rasches Wechselgespräch von An- und Ausrufen. Zuerst verharren die Dialogpartner in dreisilbigen Phrasen, dann werden die Verse durch Zäsuren zersetzt, vor allem in T. 10 bis T. 12. Nur in T. 8 (Teodata) und in T. 14 (Vitige) kommt die Versrezitation kurzfristig in Gang. Sprachlosigkeit und stockende Dialoge durchziehen einen großen Teil der Oper. Auf musikalischer Ebene wird bereits antizipiert, was im Verlauf der Handlung immer wieder bei den Protagonisten zu finden ist. Händel setzt in erster Linie auf fragmentierte Ausrufe, die den Dialog deutlich ins Stocken bringen und damit den ersten Handlungsstrang in Bewegung setzen.

Ezio (1732) beginnt mit einem Dialog zwischen dem Titelhelden und dem Kaiser Valentiniano. Schon im ersten Takt hört man den Ausruf »Signor, vincemmo!« (»Herr, wir haben gesiegt«) auf eine Quart-Sext-Fanfare. »Signor« ist dabei als Anrede durch eine Achtelzäsur vom »vincemmo« getrennt. Ezio kehrt siegreich von der Schlacht gegen Attila zurück und tritt als selbstbewusster Feldherr vor seinen Kaiser. Erst nach diesem Ausruf beginnt Ezio mit seiner Schilderung der Schlacht. Die musikalische Rhetorik ist deutlich: Zuerst lässt er eine Erklärung verlauten, dann folgt eine Aufzählung der kämpfenden Sieger und Verlierer und beim zweiten Anlauf dann zeigt er die Siegestrophäen vor. Die Schilderungen sind in zwei Siebensilber gefasst, die Aufzählungen beinhalten je einen Elfsilber:

Ezio:

e fra i timori e l'ire	und zwischen Angst und Zorn
erravano indistinti	irrten durcheinander
i forti, i vili, i vincitori, e i vinti	die Starken, die Feigen, die Sieger und die Besiegten
se una prova ne vuoi	wenn du einen Beweis willst,
mira le vinte schiere	siehe die besiegten Heerscharen
ecco l'armi, l'insegne e le bandiere	hier die Waffen, die Standarten und Fahnen

(Vgl. Beispiel 15 im Anhang)

Bereits in dieser ersten Szene wird der Konflikt klar, der sich zwischen dem Kaiser und seinem Feldherrn anbahnt. Beide intonieren eine Quart-Sext-Fanfare in F-Dur, obwohl Ezio durch seine Zäsur noch ein wenig zu zögern scheint (man denke nur an die Konfrontation zwischen Bajazet und Tamerlano, wo ebenfalls die Akkordfanfaren der Dialogpartner eine bedeutende Rolle spielen). Zwar ist Ezio nicht darauf aus, dem Kaiser den Thron streitig zu machen, aber sein Einfluss als siegreicher Feldherr stellt ihn auf dieselbe Stufe. Wie die weitere Handlung zeigt, weiß der Intrigant Massimo diesen Konflikt für sich zu nutzen.

Werfen wir nun noch einen Blick ans Ende von Händels Opernschaffen. Im folgenden Beispiel begann die Oper mit einem Arioso, weswegen das erste Secco-Rezitativ erst an späterer Stelle zu finden ist. In *Serse* (1738) erklingt das erste *recitativo semplice* nach der Eröffnung durch ein Accompagnato und Serses Arioso »Ombra mai fu«. Der persische Herrscher Serse lauscht dem reizenden Gesang Romildas, die sich jedoch bereits seinem Bruder Arsamene versprochen hat. Romilda amüsiert sich darüber, dass Serse einer Platane seine Liebe gesteht, was von Serse jedoch missverstanden wird. In diesem Moment kommen Serses Bruder Arsamene und der Diener Elviro hinzu.

Arsamene:	
Sento un soave concento.	Ich höre lieblichen Gesang.
Elviro:	
Andiam vicini.	Lass uns näher gehen.
Arsamene:	
Andiam.	Gehen wir.
Elviro:	
Son di Romilda questi villaggi?	Hier wohnt Romilda?
Arsamene:	
Sì, lasciami udire.	Ja, lass mich hören.
Elviro:	
Così della città poco discosti.	So nah bei der Stadt.
Arsamene:	
Non parlar più.	Sei ruhig.
Elviro:	
Men' anderò a dormire.	Ich gehe schlafen.
Arsamene:	
Non ti partir …	Bleib da …

(Vgl. Beispiel 16 im Anhang)

Die 2. Szene ist geprägt von einem Flüsterton und Orientierungslosigkeit. Erst in T. 6 scheint langsam ein Dialog zustande zu kommen. Davor besteht die Unterhaltung der beiden aus Wortfragmenten, bei denen einer dem anderen kaum Gehör schenkt. Die Fragmente bestehen aus drei- bis viersilbigen Ausrufen, unterbrochen durch Pausen. Erst in T. 28 schafft es Elviro nach einigen Anläufen, eine Frage zu formulieren. Dies fällt sofort an einer zehnsilbigen Phrase mit Sechzehntelrhythmen auf: »Son di Romilda questi villagi?«. Arsamene reagiert gereizt, so fällt dessen Reaktion rhythmisch aus dem Rahmen. Statt der üblichen drei Sechzehntel in Folge erklingt eine Vierergruppe: »Sì, lasciami udire«. Das Besondere dieser Szene ist, dass in den Einwürfen von T. 13 und T. 28 die Continuo-Begleitung fehlt, es handelt sich an dieser Stelle um ein *a capella*-Rezitativ. Romildas Gesang mit der Sinfonia steht als instrumental begleiteter Sirenengesang in starkem Kontrast zur unbegleiteten Solorezitation der beiden Männer. Doch der Störenfried Elviro gibt auch nach der nun folgenden Sinfonia (T. 30) keine Ruhe. Dies zeigt sich an einer weiteren Steigerung der Sechzehntelgruppen, was den Effekt diesermusikalischen Idylle weiter stört: »Così dalla città poco discosti«. Elviro rezitiert damit einen Elfsilber ohne Zäsur, der rhythmische Aufbau jedoch entspricht keineswegs einer erkennbaren Struktur, ganz abgesehen von der inhaltlichen Belanglosigkeit. Die Sechzehntelgruppen und der fehlende Generalbass verdeutlichen nochmals die Situation, in der der Zuhörer die beiden Männer antrifft. Händel gelingt es an dieser Stelle, den Flüsterton und die Geheimniskrämerei in einem Rezitativ ohne Continuobegleitung zu komponieren. Die Erregung vermittelnden Sechzehntelfiguren verdeutlichen darüber hinaus subtil die angespannte Situation.

Deidamia (1741) beginnt mit einer Rede Ulisses, der soeben auf Skyros eingetroffen ist und dem König Licomede verkündet, dass dieser aus Loyalität an der Schlacht gegen Troja teilzunehmen habe. Ulisses Ansprache, die dem Zuhörer viel Inhalt vermittelt, gleicht einem Botenbericht. Die Ansprache erstreckt sich über zehn Verse im Libretto und siebzehn Takte im Rezitativ. Der Marsch zu Beginn des ersten Aktes untermalt die Ankunft von Ulisse, Fenice und Nestore. Mit Beginn des Rezitativs wird der Zuschauer jedoch direkt und ohne weitere Vorbereitung in die Handlung geworfen. Der unmittelbare Einstieg in die Rede Ulisses weist darauf hin, dass dieser und seine beiden Begleiter ihre Begrüßungen und Höflichkeitsbekundungen bereits vollzogen haben.

Ulisse:

Per vendicar di Menelao l'offesa,	Um die Beleidigung Menelaos' zu rächen,
cui Paride troian, di Priamo un figlio,	dem der Trojaner Paris, Priamos Sohn,
tradì l'ospizio santo ed in Micene	die heilige Gastfreundschaft verraten hat und in
già rapì la consorte Elena bella;	Mykene die schöne Verlobte Helena raubte,
tutta la Grecia è in armi	ist bereits ganz Griechenland unter Waffen,
per l'eccidio di Troia. A te n'invia	für den Marsch auf Troja. Uns schickt
il re d' regi Agamennone: ei brama	der oberste König Agamemnon: er wünscht
che Licomede re di Sciro sia	dass Licomede, König von Skyros, Teil
a parte ancor della comun vendetta;	der gemeinsamen Rache sei
e le tue navi all'alta impresa aspetta.	und er erwartet deine Schiffe für die Unternehmung.

(Vgl. Beispiel 17 im Anhang)

Nun setzt Ulisses Rede unmittelbar mit einer aufsteigenden Tonleiter ein, und der Zuschauer wird nach dem zuvor erklingenden Marsch direkt in das bereits laufende Geschehen gestoßen. Ulisse intoniert in den ersten vier Takten eine Skala, die auf *d'* beginnt und auf der Septime *c'* in T. 4 ihren Höhepunkt erreicht. Gestützt werden diese Takte von einem liegenden D-Dur-Akkord im Generalbass. Händel verstärkt durch die aufsteigende Melodielinie die Unmittelbarkeit der Szene *in medias res* auf musikalischer Ebene. Diese Szene ist vom dramatischen Standpunkt her eher unspektakulär. Der auf Ulisses Rede folgende Dialog wird benötigt, um dem Hörer inhaltlich die Vorgeschichte um den Raub Helenas und die Notwendigkeit des Krieges gegen Troja zu schildern, durch die man die nun folgenden Verwicklungen überhaupt nachvollziehen kann. Die inhaltliche Botschaft spielt in diesem Fall also eine zentrale Rolle.

Fazit

Das erste Rezitativ einer Oper folgt bei Händel manchmal direkt auf die Ouvertüre, in anderen Fällen aber auch erst nach einem Arioso oder in der 2. Szene. Während einige Anfangsszenen eher unspektakuläre, aber handlungsnotwendige Sachverhalte schildern, greift Händel an anderen Stellen in die dramatische Trickkiste. So kann vor allem die Verwendung von Zäsuren im Kontrast zu einer fließenden Rezitation die Stimmung einer Ausgangssituation zum Ausdruck bringen oder durch das Weglassen der Generalbassstimme der Flüsterton der Protagonisten betont werden. Die musikalische Charakteristik ist in einigen Fällen somit eng an das *recitativo semplice* gebunden und in einer reich orchestrierten Form nicht denkbar.

Finalszenen

Bei den Finalszenen variiert der Umgang mit dem *recitativo semplice* ebenfalls. In vielen Werken teilt sich die *scena ultima* (sofern das Ende der Oper als solche vom Komponisten betitelt wurde) in zwei Rezitative. In einem ersten Dialog entwirrt sich die Situation, ein zweites kürzeres Rezitativ bildet dann meist eine Art Epilog direkt vor dem Schlusschor. Die folgenden Beispiele zeigen, wie sehr auch hier Händel bemüht ist, die verschiedenen Handlungsstränge musikalisch ihrem Ende zuzuführen und in einigen Fällen auch ein vermeintliches *lieto fine* in ein zwiespältiges Ende zu verwandeln.

Bei *Radamisto* (1720) bietet es sich an, ein Blick in die beiden Rezitative der 11. und damit letzten Szene der Oper zu werfen, da hier die schlussendliche Entwirrung der Handlung stattfindet (Vgl. Beispiel 18.1 und 18.2 im Anhang). Die Szene ist zwar nicht mit *scena ultima* beschrieben, letztlich erfüllen diese beiden Rezitative jedoch genau diesen Zweck. Diesem folgt Zenobias F-Dur-Arie »Ah, scemami il diletto« (»Ach, mindere meine Freude«), an welche sich ein Rezitativ von nur fünf Takten anschließt, bevor der Schlusschor anhebt. Die Stimmung hat sich gegen den Usurpator Tiridate gewendet. Das Volk rebelliert, auch Fraarte und Tigrane haben sich gegen ihn gestellt. Deren Hereinstürmen auf die Bühne und damit in den Palast eröffnet die 11. Szene, eine Dynamik, die in der ersten Taktik der Szene spürbar ist. Fraarte und Tigrane beginnen beide je mit einem Ausruf.

Fraarte: Arrestatevi, o fidi!	*Fraarte:* Haltet ein, Kameraden!
Tigrane: L'ire frenate, amici!	*Tigrane:* Bremst euren Zorn, Freunde!

Fraartes Worte in T. 47 sind ein fallender As-Dur-Dreiklang mit einem Auftakt von zwei Sechzehnteln. Es folgt in T. 48 Tigrane, der nach einem Quart-Aufstieg auf *es*" endet, worauf der Generalbass nach Es-Dur moduliert. Tiridate greift nun auf seine Worte »Ah, traditore amico« die Wendung Fraartes wieder auf. Nun erklingt in der Singstimme allerdings ein c-Moll-Akkord, ebenfalls in fallenden Terzen. Auf den Grundton c" in T. 49 jedoch bricht die Harmonik um nach C-Dur, was die Widersprüchlichkeit der Worte »traditore amico« hervorheben soll. Dabei wirkt der Rezitationston von Tiridate durchaus gefasst. Der Rhythmus beschreibt eine ruhige Viertel-Achtel-Bewegung, lediglich von einigen Pausenzäsuren durchsetzt, die dafür sorgen, dass jedes einzelne Segment zu einer Art von Ausruf wird: »Ah, traditore amico / empio germano / che fate? / Su / venite! / già mi toglieste il trono / eccovi il brando / toglietemi la vita« (»Verräterischer Freund, ruchloser Bruder, was tut ihr? Kommt, ihr habt mir den Thron genommen, hier ist das Schwert, nehmt mir das Leben«). Bezeichnend ist, dass die Tonalität des C-Dur in T. 49 bis zum Schluss seiner Worte gerade einmal den Umfang einer Dominante umfassen. Seine Standhaftigkeit drückt sich in einer geradlinigen Tonartenkonstellation aus. Am Ende seiner Rede in T. 55 intoniert der Generalbass eine affirmative Kadenz nach F-Dur und unterstreicht somit nochmals das Gesagte durch ein musikalisches Ausrufungszeichen. Ähnlich verhält es sich bei den Worten Farasmanes von T. 56 bis T. 59. Hier liegt die Tonart G-Dur bis zu den letzten Silben auf »vendetta«, um dann nach C-Dur zu kadenzieren. Dabei fällt auf, dass als Reaktion auf den an seinen Sohn gerichteten Befehl, Rache zu üben, keine affirmative Kadenz erklingt, sondern dieser ihm sofort mit »pronto ubbidisco« (»Ich gehorche sofort«) ins Wort fällt. Die folgende affirmative Kadenz findet sich wiederum bei Tiridate in T. 70: »Tigrane, e Fraarte, al sen vi stringo« (»Tigrane, Fraarte, ich umarme euch«). Diese Geste wird mit einer entsprechenden Dominant-Tonika-Kadenz entsprechend hervorgehoben. Um Fraarte nicht am Ende als Bösewicht dastehen zu lassen, äußert dieser im a parte »dell'impuro amor anch'io mi pento« (»der unkeuschen Liebe schäme ich mich«), worauf ebenfalls eine affirmative Kadenz erklingt. Am Ende haben Zenobia und Radamisto wieder zusammengefunden. In einer abschließenden Liebesbekundung schließt das Rezitativ. Radamistos »E tu, cara Zenobia« (»Und du, liebe Zenobia«) in T. 73 ist ein gebrochener a-Moll-Dreiklang, der den Ausrufcharakter nochmals hervorhebt. Zenobia dagegen intoniert bescheidener auf ihre Worte »Amato Radamisto« (»Geliebter Radamisto«): einer kleine Terz von g' nach *b'* folgt eine abfallende Quinte von *c''* zurück nach *g'* und auf die letzten Silben erklingt ein *a'* als Terz des F-Dur-Dreiklangs. Im Rezitativ-Duett ertönen die letzten Worte »cessan gli affanni omai / s'io ti racquisto« (»So sollen die Schmerzen nun enden, wo ich dich habe«). In Terzen, Quarten und Oktaven bilden die beiden einen harmonischen Einklang, während die Harmonik in den letzten drei Takten von F-Dur über G-Dur nach C-Dur verläuft.

Das letzte Rezitativ der Szene ist ein Zweizeiler von Radamisto und Zenobia. Vor allem fällt der harmonische Bruch auf, der sich vom Ende der Arie in F-Dur zum Anfang des Rezitativs in E-Dur vollzieht. Zenobias Liebesidyll scheint sich nicht ganz vereinbaren mit den nun bevorstehenden Feierlichkeiten vereinbaren zu lassen, für die der Hörer wohl nun wieder wachgerüttelt werden soll.

Radamisto: Festeggi omai la reggia in giorno sì beato.	*Radamisto:* Der Hof feiere an so einem glücklichen Tag.
Zenobia: Dia fine a ogni martir benigno il fato.	*Zenobia:* Das Schicksal soll jedem Leid ein Ende bereiten.

Die Rhythmisierung ist eine fließende Achtel-Viertel-Bewegung, die Harmonik wandert von E-Dur über A-Dur und D-Dur nach A-Dur, woran sich der Schlusschor in D-Dur anschließt. In diesem Rezitativ ist kein Platz mehr für den Ausdruck von Befindlichkeiten, hier überwiegt die Formalität. Das höfische Protokoll ruft nun zur Feierlichkeit auf und dies schlägt sich an dieser Stelle in wenigen Worten und Tönen nieder.

Ein Jahr später, in der *scena ultima* von *Floridante* (Vgl. Beispiel 19.1 und 19.2. im Anhang), ist die Prinzessin Elmira zur rechtmäßigen Königin ernannt worden. Die Szene spielt im Thronsaal, wo sie ihren Geliebten Floridante zum Mitherrscher krönt. Elmira eröffnet die Szene mit einer Sextfanfare in D-Dur: »Fido guerriero, mio popolo invitto« (»Treuer Krieger, mein unbesiegtes Volk«). Ihre Ansprache wird in T. 12 mit einer affirmativen Schlusskadenz abgeschlossen. Floridante hingegen ist nicht ein ebenbürtiger Herrscher, sondern er schwört Elmira Treue und Gehorsam eines Vasallen. Daher rückt die Tonart nach Elmiras Schlusskadenz von D-Dur um einen Halbton nach H-Dur, auch findet man am Ende von Floridantes Rede keine Kadenz als Ausdruck seiner Bescheidenheit. Dagegen folgt Elmiras nächste Kadenz bei ihrer

Aufforderung an Timante »vieni a parte del soglio« (»Komm zum Thron«). Wiederum in einer Grenztonart sind folgende Worte gehalten:

Floridante:

[...] Giove di tanto bene	[...] Jupiter sei für soviel Gutes
lodisi pur, perchè da lui sol viene.	gelobt, denn es kommt nur von ihm.

Die letzten Worte dieser Szene liegen bei Floridante, der den Dank an Jupiter richtet. Die Tonart moduliert nach Fis-Dur und färbt Floridantes Danksagung an den römischen Göttervater in ein seltsames Licht. Setzt Händel hier vielleicht einen musikalischen Kommentar, um Floridantes Aussage zwischen dem christlichen Glauben (»... denn alles Gute kommt von Jupiter«) und dem aufgeklärten Denken in der Zeit des Rationalismus den Schein des längst Vergangenen zu geben? Nach einer Arie von Floridante folgt nun jedoch noch ein kurzer Monolog von Elmira, in dem sie in wenigen Worten die Festlichkeiten für eröffnet erklärt.

Elmira:

La cittade la reggia	Die Stadt und der Hof
festeggi d'ogn'intorno,	sollen alle rundherum feiern
e questo sempre sia	und dieser Tag soll immer
festivo in Persia e memorabil giorno.	ein Feiertag und Gedenktag in Persien sein.

Dieser Monolog ist eine klar strukturierte Achtelrezitation, in der die Versgliederung streng eingehalten wurde. Nach dem lebhaften vorangegangenen Dialog erkennt man wieder deutlich das Formprinzip in der zeremoniell-höfischen Ankündigung, die nichts weiter besagen will als: »Das Fest ist eröffnet«.

Die *scena ultima* aus *Tolomeo* (Vgl. Beispiel 20.1 und 20.2 im Anhang) stellt einen Dialog dar, in dem alle Protagonisten beteiligt sind. Araspe präsentiert Alessandro den vermeintlich toten Tolomeo und Elisa behauptet, dass Seleuce auf ihren Befehl hin getötet worden sei. Die erste Auffälligkeit im Notenbild stellt die Reaktion Alessandros dar, als Araspe ihm den durch einen Giftbecher zu Tode gekommenen Tolomeo präsentiert. Alessandro rezitiert die Phrase »Vedrai, quale al tuo regno, empio tiranno, strage e ruina / oggi per me sovrasta« (»Du wirst sehen, Tyrann, wie am heutigen Tag durch meine Hand von deinem Reich nur Trümmer und Ruinen übrigbleiben«) in T. 5 f. in siebzehn aneinander gereihten Notenwerten ohne Zäsur. Erst auf »oggi per me sovrasta« holt er kurz Luft. Der erste Teil dieses Wutausbruches besteht aus einer reinen Achtelbewegung, die sich in T. 6 mit zwei Sechzehntelgruppen auf »empio tiranno« und »strage e ruina« steigert. Es ist deutlich, dass Alessandro den Tod seines Bruders, dem er Reich und Herrschaft wiedergeben wollte, keineswegs gefällt. Als nun von T.

8 bis T. 13 die Sprache auf den Tod Seleuces kommt, bedient sich Händel eines anderen Mittels. Araspe gliedert seine Schilderung in Versfragmente, die sich den Zäsuren entsprechend folgendermaßen lesen: »I tuoi sdegni non prezzo: / Tolomeo / già morì / già son sicuro / che al fin Seleuce è mia« (»Deinen Zorn achte ich nicht: Tolomeo ist tot, schon bin ich sicher, dass am Ende Seleuce mein wird«). Auf die ersten Segmente ist eine affektive Sechzehntelrhythmisierung zu hören, vor allem auf »Tolomeo«, »già morì« und »giá son sicuro« klingt zudem eine Steigerung in den Auftaktlängen an. Während bei den ersten beiden zwei Sechzehntel erklingen, steigert sich dies auf »già son sicuro« zu drei Sechzehnteln Auftakt. Die Pointe jedoch ist das siebensilbige »che al fin Seleuce è mia«: hier wechselt der Rhythmus in eine fließend-emphatische Achtelbewegung, die im Gleichklang ihrer Spondäen den letzten Worten ein großes Gewicht verleihen. Hier klingt der vermeintliche Triumph des Bösewichts Araspe an, der sich innerlich bereits über seinen Sieg zu freuen scheint. Doch man beachte nun die Gegenrede Elisas: »Per me / Seleuce involta / nel proprio sangue or giace« (»Durch mich liegt Seleuce nun eingebettet im eigenen Blut«). Hier gliedert sich die Rede nur in drei Segmente, von denen das erste einen zweisilbigen Auftakt bildet, auf den hin eine stufenweise Steigerung der Melodiestimme bis zum Ende hin folgt. Die Sechzehntelauftakte sind hier nicht so ausgeprägt rhythmisiert wie bei Araspe, doch sie kontert am Ende ebenfalls mit einer siebensilbigen Achtelbewegung auf »nel proprio sangue or giace«, was zweifellos eine direkte Reaktion auf Araspes Worte ist. Vor allem die Tonrepetitionen auf den Leittönen (T. 10 f. Araspe: *h*, T. 12f. Elisa *cis*") unterstreichen dieses Wortgefecht. Auch Araspes anschließendes »Oh perfida sorella« (»Oh hinterhältige Schwester«) in T. 13 f. Folgt diesem Schema: »perfida sorella« ist eine reine Achtelbewegung mit repetierten Noten auf *dis*' und *his*'. Neben der Rhythmisierung des Dialogs soll hier die Tonartenkonstellation nicht aus dem Blick geraten, die in dieser Situation eine wichtige Bedeutung bekommt: In T. 14 f. offenbart Elisa, dass sie Tolomeo nicht getötet habe und dieser nur aufgrund eines Narkotikums den Anschein eines Toten erwecke. Bei den Worten »in ricompensa« erklingt Gis-Dur, der sich zum Septakkord erweitert, in T. 17 zu cis-Moll wandert und in T. 20 f. von Cis-Dur nach fis-Moll moduliert. Der Tod Tolomeos war somit eine Täuschung Elisas, die ihre Zurückweisung durch diesen überwinden konnte und ihn am Leben ließ – auch hier wieder ein bildhaftes Beispiel für eine Grenzsituation zwischen Liebe, Leben und Tod. Nun offenbart auch Alessandro, dass er Seleuce seinem Bruder zuliebe am Leben ließ und die beiden fallen sich glücklich in die Arme. Abgesehen von der Entwirrung der Handlung hat Händel hier noch die Herausforderung, von der vorangehenden Arie Tolomeos in f-Moll zum anschließenden Duett zwischen Tolomeo und Seleuce in A-Dur zu modulieren. Als Alessandro in T. 26 mit »Eccola, o Tolomeo« (»Hier ist sie, Tolomeo«) die Geliebte präsentiert, etabliert sich bereits H-Dur, das sich als Dominanttonart von E-Dur erweist, womit das Rezitativ letztlich schließt.

Nach dem Liebesduett folgt nun noch ein zweites, kürzeres Rezitativ. Die Tonart A-Dur schließt nahtlos an das vorige Duett an, als Alessandro das Wort ergreift. Hier findet also kein Umbruch statt, der den Hörer aus der erzeugten Stimmung herausreißen würde. Alessandro verdeutlicht nochmals, dass er Tolomeo nun das Reich und die Herrschaft zurückgeben will, die ihm seine Mutter geraubt hatte. Überraschend ist zudem die Eintrübung von g-Moll ab T. 4, als er auf die gemeinsame Mutter zu sprechen kommt, die als Urheberin der Problematik schon im ersten Akt erwähnt wird: »la madre estinta oggi a te lo ridona« (»die verstorbene Mutter gibt es dir heute zurück«). Nach dieser für die Oper letzten Verdüsterung zeigt der sichere harmonische Verlauf von Tolomeos darauffolgender Antwort eine andere Sprache. In T. 6 ist die Tonart F-Dur bereits etabliert. Tolomeo stabilisiert sie auf dem Grundton beginnend nochmals: »Ogni offesa s'oblii« (»Jede Beleidigung sei vergessen«) und die Viertelbewegung im Generalbass nimmt bereits die abschließende Kadenz vorweg. In T. 7 nun steigt der Generalbass stufenweise an vom d bis zum g des Folgetaktes. Auch die harmonische Folge stützt die Stabilität: G-Dur, a-Moll, F-Dur, G-Dur, C-Dur auf die Worte »e andianne / al trono«. Diese letzten Worte haben in ihrer Dreisilbigkeit nochmals einen auffordernden Charakter, mit welchen er seinem Bruder Alessandro den Thron überlässt.

Zehn Jahre später zeigt sich in der *scena ultima* (Vgl. Beispiel 21 im Anhang) aus *Poro* (1731) ein Beispiel dafür, wie sich erst im allerletzten Moment auf engstem Raum die Verwirrungen in Wohlgefallen auflösen. Noch in der vorigen Szene hat sich Cleofide bei der vermeintlichen Hochzeit mit Alessandro in den Scheiterhaufen stürzen wollen, um ihrem totgeglaubten Gatten Poro in den Tod zu folgen. Nun eilen alle Protagonisten herbei, was zu einer raschen Aufeinanderfolge von Entwirrungen führt. Poro bittet seine Geliebte um Verzeihung, was Cleofide ihm gewährt. Nach »Ecco il perdono in questo amplesso« (»Erhalte die Verzeihung durch diese Umarmung«) erklingt eine Kadenz auf einem G-Dur-Sextakkord. Nachdem die Vereinigung der beiden abgeschlossen ist, richtet Poro die Worte an Alessandro und fordert diesen ein letztes Mal heraus. In dieser Rede ab T. 9 fällt auf, dass Poro jeden seiner drei Takte mit demselben abtaktigen Rhythmusmodell beginnt, was seinen Worten eine besondere Ausdruckskraft und großes Selbstbewusstsein gibt. Diese Herausforderung schließt in einer harmonischen Rückung von E-Dur nach F-Dur in T. 12 und drückt die Verwunderung Alessandros über den Stolz aus, mit dem sich der besiegte Poro ihm gegenüber präsentiert. Aus Sicht der Tonarten prallen hier nochmals zwei Welten aufeinander. Nachdem Alessandro versucht hat, Poro in seine Schranken zu verweisen, reagiert der Generalbass ein weiteres Mal mit einer Rückung, diesmal von G-Dur nach E-Dur. Poro bittet darum, dass sein weiteres Schicksal eines Königs würdig sein solle, worauf Alessandro ihm gnädig sein Königreich zurückgibt. Diese großmütige Tat schließt mit einer Kadenz von G-Dur nach C-Dur. Als nun noch Gandarte und Erissena zusammengeführt werden, schließt das Rezitativ stufenweise in einem Rezitativchor. Zuerst sind Gandarte und Erissena im Duett auf »oh grande!« (»oh Großer«) zu hören, dann folgen Poro und Cleofide auf »sposo tanto adorato [...]« (»geliebter Gemahl«). Am Schluss wird Alessandro im fünfstimmigen Chor mit »Degno sei di regnar su tutto il mondo« (»Du bist würdig, die ganze Welt zu regieren«) gerühmt.

In dieser *scena ultima* zeigt sich, wie stilisiert und verdichtet eine solche Finalszene ablaufen kann. Vor allem das Aufeinanderprallen fremder Tonarten und die rasche mechanische Hinwendung zum *lieto fine* prägen die Szene. Hier sind alle an der Handlung Beteiligten im Finale auf der Bühne und schließen mit einem Huldigungschor auf den Herrscher Alessandro das Rezitativ ab.

In *Ariodante* (1733) lohnt es sich, den Blick bereits auf Ginevras Monolog der 11. Szene des III. Akts zu richten (Vgl. Beispiel 22.1 im Anhang). Diese ist im Verlies gefangen und beklagt die letzten Stunden ihres unglücklichen Lebens. Eine aufsteigende g-Moll-Skala festigt die Tonart auf ihre Worte »da dubbia infausta sorte pender degg'io, incerta tra la vita e tra la morte« (»Von einem zweifelhaften bösen Schicksal muß ich unsicher zwischen Leben und Tod schweben«). Ohne eine Kadenz während des Monologs oder am Ende schließt Ginevra mit den Worten »Chi mi consola?« (»Wer tröstet mich?«). In den acht Takten dieser Szene sind die Rezitationsmuster deutlich zu erkennen, und es herrscht eine klare Struktur. In T. 4 deutet Händel Ginevras Pendeln zwischen Leben und Tod durch eine Verschiebung der Verszäsuren aus:

Ginevra:

Incerta tra la vita e tra la morte senza conforto, abbandonata e sola?	Unsicher zwischen Leben und Tod ohne Trost, verlassen und allein?

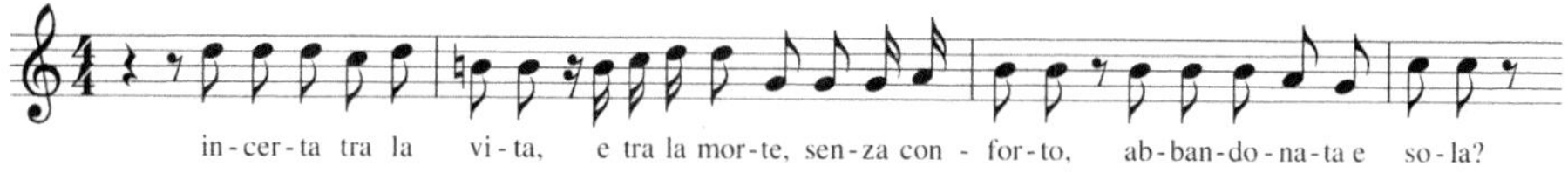

In dieser Situation verschiebt sich der erkennbare Periodenbau zwischen Vers und Notation. Das Gleichgewicht der Rezitation wird gestört, indem der Sinnabschnitt »e tra la morte« bereits an den folgenden Vers gebunden wird. Nach einem kurzen Arioso und einer festlichen Sinfonia stürmen ihr Vater, ihr Geliebter Ariodante, Dalinda und Lucarnio herein, um ihr mitzuteilen, dass sich die Missverständnisse aufgeklärt haben (Vgl. Beispiel 22.2 im Anhang). Dieses letzte Rezitativ unterscheidet sich in seinem kunterbunten Durcheinander von vielen anderen Finalszenen. Der Rezitationston ist mit seinen zahlreichen Sechzehntelrhythmisierungen sowie durch die freudigen Ausrufe Ariodantes und Ginevras sehr lebendig gestaltet. Dies beginnt bereits, als der König eine aufsteigende D-Dur-Skala auf »libertà, libertà« in T. 2 intoniert, die den Kontrast zu Ginevras g-Moll-Skala bildet. Ariodante begrüßt seine Geliebte mit einem vierstufigen Ausruf, in dem sich die Länge der Satzglieder von zwei Notenwerten auf neun Notenwerte steigert. Dalinda und Lucarnio deuten ihre Aussagen nur an, ohne sie zu beenden. Darauf folgen einige verwunderte Ausrufe Ginevras: »Sogno? Veglio? Che fo? Vivo? O deliro?« (»Träume ich? Bin ich wach? Was tue ich? Lebe ich? Bin ich im Wahnsinn?«). Während der König in einer E-Dur-Skala Ariodante und Ginevra endgültig zusammen gibt, bittet auch Lucarnio Dalinda, dass sie seine Liebe erhöre. Dies geschieht bei Dalinda allerdings in der Tonart Fis-Dur: »Picciol premio al tuo amor sia la mia fede« (»Ein kleiner Dank für deine Liebe sei meine Treue«). Bei Dalinda klingt noch das schlechte Gewissen nach, da sie den Intriganten Polinesso gegen ihre eigene Herrin unterstützt hat. Der König beschließt die Szene in D-Dur und lädt alle zu den abschließenden Festlichkeiten ein.

In Händels vorletzter Oper *Imeneo* (Vgl.Beispiel 23 im Anhang) hat sich am Ende Rosmene gegen ihren Geliebten und für Imeneo entschieden. Sie folgt damit einerseits dem Willen ihres Vaters Argenio und erfüllt andererseits die Forderung Imeneos, der die Verbindung mit ihr als Dank für ihre Rettung einfordert. Im letzten Dialog der Oper taucht Tirinto nicht mehr auf, es handelt sich um ein Gespräch zwischen Rosmene und Imeneo. So wird nochmals Rosmenes Entscheidung bekräftigt, während Imeneo bei seinen Einwürfen »È vero« (»Es ist wahr«) und »Fortunato Imeneo« (»Glücklicher Imeneo«) die Aussagen der rational argumentierenden Rosmene zustimmt. In ihrer Einfachheit bietet diese letzte Szene einige Besonderheiten. Alle affirmativen Kadenzen in diesem Dialog liegen bei Rosmene. Während diese die entscheidenden Aussagen mit abschließenden Kadenzen »al fin lega se stessa a questa piagga« (»es bindet am Ende sich selbst an dieses Ufer«), »Parlai da stolta, e stabili da saggia« (»Ich sprach töricht und entschied weise«) und »e non dispiaccia a te ciò che a me piace« (»Und dir soll nicht missfallen, was mir gefällt«) trifft, kommentiert Imeneo in T. 4 und T. 12 ihre Aussagen, jedoch ohne Kadenz. Rosmenes Entscheidung wird so durch Händels Komposition gefestigt, auf den zweiten Blick wirkt sie jedoch alles andere als standfest. Man mag sich im ersten Moment vor allem von der Rationalität der versgebundenen Versrezitation täuschen lassen, in dem Rosmene und Imeneo ihre Verse verlauten lassen. Man findet in diesem Dialog eine verblüffend übersichtliche Aneinanderreihung siebensilbiger Versmuster, die sich u. a. in T. 1 f., T. 9 und am Ende durch ihre Weiterführung als Elfsilber ausweisen. Eine derart akribische versgebundene Rezitation verdeutlicht die künstliche Ordnung, in der sich Rosmene nach außen hin präsentiert, was nur wenig mit ihren eigentlichen Wünschen und Sehnsüchten gemein hat. Ihren letzten Worten sind die Tonarten fis-Moll, Fis-Dur und H-Dur unterlegt, womit sich Rosmene eindeutig in einer Konfliktsituation befindet. Die Ehrlichkeit ihrer Worte »und dir soll nicht missfallen, was mir gefällt« ist somit stark in Frage zu stellen.

Fazit

Die Finalszenen dienen dazu, ein letztes Mal die Situation zu verdichten. Für diesen Kulminationspunkt werden nochmals alle Mittel der Rezitativkomposition aufgeboten: hier trifft ein erregter Rededuktus auf kontrollierte Viertel-Achtel-Rezitationen, es prallen in den Kadenzen fremde Tonarten aufeinander oder eine Grenzsituation löst sich in Wohlgefallen auf. Dabei sind manchmal musikalische Kommentare eingewoben, die in einigen Fällen den »glücklichen« Ausgang wieder in Frage zu stellen scheinen.Wenn die Finalszene aus nur einem Rezitativ besteht, ist die Entwirrung sehr dicht gewoben. Bei der Verteilung auf zwei Rezitative folgt am Ende oft noch ein kurzes, aus wenigen Takten bestehendes Rezitativ, das eher formellen Kriterien folgt und die Protagonisten zum Feiern aufruft.

Monologe

Monologe tauchen in zwei Erscheinungsformen auf: Entweder dient ein Monolog dazu, dass einer der Protagonisten seine Gedanken, Gefühle oder Pläne offenbart. Eine weitere Form des Monologs ist eine offizielle Ansprache oder Verlautbarung, die auch innerhalb der Handlung an die Öffentlichkeit oder einige wenige Personen gerichtet ist (man denke an die Eröffnungsszene in *Rinaldo*). Die Handlung steht dagegen weitgehend still. In einem Monolog steht der Protagonist oft alleine auf der Bühne und ist in seiner Rhetorik ungebundener als in Verbindung mit einem Dialogpartner.

In *Rinaldo* (1711) findet man am Ende der 4. Szene des III. Akts einen kurzen Monolog des Titelhelden, in dem dieser in Vorfreude auf den baldigen Sieg voller Selbstbewusstsein seinen Optimismus als siegreicher Held präsentiert.

Rinaldo:[4]

Al trionfo s'affretti	Auf zum Sieg,
senza ritardo il corso!	ohne Zögern eilen wir los!
Mi stimolan l'amor, gloria, e rimorso.	Mich treiben die Liebe, der Ruhm und Gewissen.

4 Hier unterscheidet sich der Rezitativtext vom gedruckten Libretto der Uraufführung, vgl. *The Librettos of Handel's Operas*, Bd. 2, S. 62.

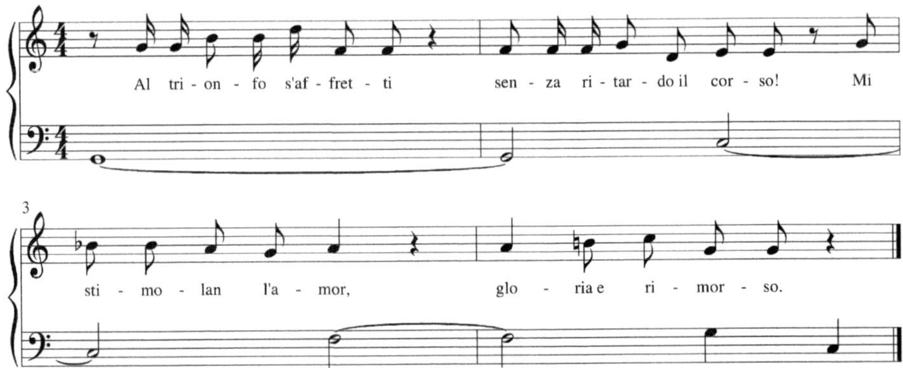

Dieses kurze Selbstgespräch Rinaldos besteht aus drei Versen und verdeutlicht das Selbstbewusstsein des Titelhelden sowie seinen Drang, sowohl in der Liebe als auch auf dem Schlachtfeld erfolgreich zu sein. Händel setzt diese drei Verse Rinaldos in aller Kürze im Augenblick vor der großen Schlacht. Die Eile und der Eifer des Helden würden ihm in dieser Situation wohl kaum mehr Spielraum gewähren, um über seine Wünsche und Vorstellungen in aller Ausführlichkeit zu präsentieren. Vor allem die Schlagwörter »s'affretti« (»man beeile sich«) und »senza ritardo« (»ohne Zögern«) rechtfertigen diesen kurzen Monolog aus sich selbst heraus. Ein weiteres Merkmal ist seine transparente Struktur. Die beiden Siebensilber sind in erkennbaren Mustern komponiert, der Elfsilber hat seine Zäsur an der natürlichen Bruchstelle in T. 3. Das Rezitativ folgt auf Goffredos Arie »Sorge nel petto« (»Es ensteht im Herzen ...«) in D-Dur. Die Harmonik des Rezitativs wandert dann von G-Dur über einen C-Dur-Septakkord und F-Dur nach C-Dur. Rinaldos Rede bekommt ihre Entschlusskraft durch einen simplen Kadenzverlauf von Dominante – Subdominante – Tonika, während diese Harmoniefolge außerdem zu Rinaldos anschließender Arie »È un incendio fra due venti« (»Es ist ein Feuer zwischen zwei Winden«) überleitet, welche in F-Dur steht.

Neun Jahre später, in *Radamisto*, findet in der 9. Szene des II. Akts ein Selbstgespräch Polissenas statt, die sich zwischen der Loyalität zu ihrem Geliebten und ihrem Bruder entscheiden muss.

Polissena:

Tra il german, tra lo sposo,	Zwischen dem Bruder und dem Geliebten,
che risolver degg'io?	wie soll ich mich entscheiden?
Sì: oprerò quel che deggio, e il mio consiglio	Ja: ich werde tun, was ich tun muss, und mein Rat
sarà quello salvar, ch'è più in periglio.	wird sein, jenen zu retten, der in größerer Gefahr ist.

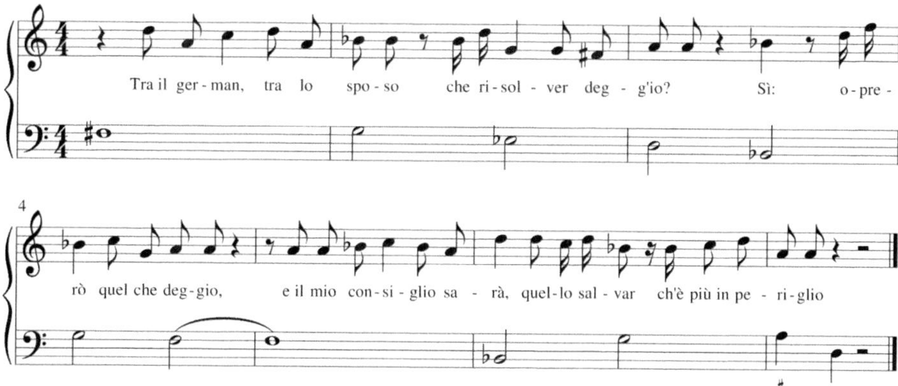

Der Monolog folgt auf Radamistos c-Moll-Arie »Vanne, sorella ingrata« (»Geh, undankbare Schwester«), der Beginn steht im Dominantverhältnis zur vorigen Arie, in G-Dur, und besteht aus nur fünf Versen, die Polissenas Dilemma in den Mittelpunkt rücken, das in einer Dubitatio auf »Che risolver degg'io?« gipfelt. Darauf folgt direkt die Verkündung ihres Entschlusses. Der harmonische Höhepunkt ist die Modulation der Dubitatio von c-Moll nach D-Dur. Danach ist der harmonische Verlauf wieder stabil. Als Polissena ihren Entschluss verkündet, bewegt sich das Continuo zwischen g-Moll, B-Dur und F-Dur und endet auf D-Dur, während die nun folgende Arie »Non sarà quest'alma mia« (»Es wird nicht meine Seele sein«) wiederum in g-Moll steht. Dieses kurze Selbstgespräch ist somit auf das Wesentliche reduziert. Es gibt keine ausführlichen inhaltlichen Bekundungen, sondern lediglich die Darlegung eines inneren Zweifels und des folgenden Entschlusses, diesen auf der rationalen Ebene zu lösen. In der phrygischen Kadenz wird Polissenas Zweifel deutlich, danach stabilisiert sich der musikalische Satz rasch, während die g-Moll-Grundstimmung in dieser Situation nicht zu übersehen ist.

Der Monolog Teofanes aus dem drei Jahre später entstandenen *Ottone* wurde bereits im Zusammenhang mit den Dubitatio-Fragen erwähnt.[5] Teofanes Rezitativ in der 3. Szene des I. Akts folgt auf Adelbertos d-Moll Arie »Bel labro formato« (»Schönes Antlitz«). Teofane ist voller Selbstzweifel und im Gegensatz zu der kurzen Szene Polissenas findet sie keine Erklärung für ihre Situation. Vor allem der Beginn und das Ende ihres Selbstgesprächs sind durch eine Verdichtung offener Fragen charakterisiert, in denen ihre Verzweiflung besonders deutlich zur Sprache kommt:

[5] Vgl. S. 150 f.

E' tale Otton? Tale è il mio sposo? Quello che del mio sen per pompa qui effigiato a mentitor pennello? Ove son le sembianze, che a vagheggiarmi preparava in lui?	Und das ist Ottone? Das ist mein Bräutigam? Der der Pinsel das Bildnis auf meiner Brust derart entstellt? Wo ist das Antlitz, auf das ich mich vorbereitet habe?
Ma! Tal è Otton? Tale è il mio sposo? E dove Dove andò la maestà del ciglio? Sgomentata, tremante, qual prenderò nel caso mio consiglio?	Das ist Ottone? Das ist mein Gatte? Und wohin ging die Würde des Antlitzes? Erschreckt, zitternd, bei wem soll ich in diesem Fall Rat suchen?

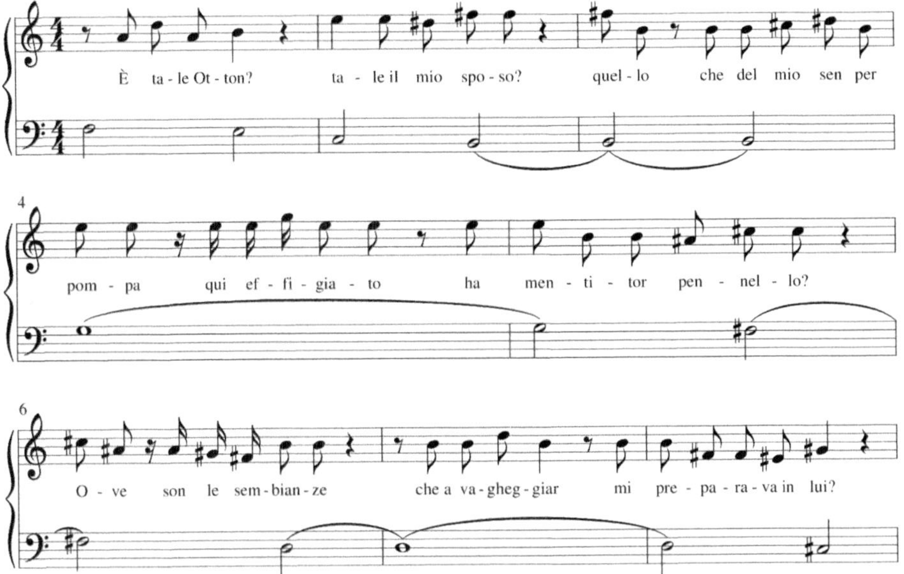

Das Rezitativ beginnt, wie Adelbertos Arie endet: in d-Moll. Sofort moduliert das erste »È tale Otton?« in eine phrygische Kadenz nach e-Moll. Während Teofane im mittleren Teil von T. 9 bis T. 15 die eigentlichen Gründe nennt, weswegen sie die Reise nach Rom auf sich genommen hat, überwiegen ansonsten die Zweifel, die ihren Monolog umrahmen. Die Fragen »È tale Otton? Tale è il mio sposo?« wirken beinahe wie ein Refrain, doch bleibt Teofane noch im Rezitativ. Wie bereits erwähnt, zeigen auch die entfernten Tonarten wie Fis-Dur, Cis-Dur und H-Dur über lange Passagen hinweg die Entfremdung und Verwirrung, in der sich Teofane in diesem Moment wiederfindet. Während Teofane im Mittelteil in erkennbaren Versmustern rezitiert, bestehen Anfang und Ende des Monologs aus fragmentierten Teilversen, die in zweifelhaften Fragen enden. Vor allem ab T. 16 überwiegen wieder kleingliedrige Phrasen. Nur die beiden sich reimenden Verse »la maestà del ciglio?« und »nel caso mio consiglio?«, die wiederum Fragekadenzen sind, erhalten eine erkennbare Kadenzformel in einem siebensilbigen Muster. Die letzte Fragefloskel auf »ciglio« endet in E-Dur und somit in der Dominante für die anschließende A-Dur-Arie Teofanes »Falsa imagine« (»Falsches Abbild«). Über weite Teile des Monologs hinweg dominiert der Verlust der *ratio* und es überwiegt der Ausdruck des Affekts. Im Mittelteil hingegen dominiert die versgebundene Rezitation. Diese Szene Teofanes ist somit einer der stärksten und affektreichsten Selbstgespräche, die Händel als *recitativo semplice* vertont hat.

In *Tolomeo* (1728) führt Alessandro einen kurzen Monolog, nachdem ihn in der 5. Szene des II. Aktes Elisa mit der g-Moll Arie »Il mio core non apprezza« (»Mein Herz schätzt nicht ...«) verlassen hat. Da Tolomeo Elisas Herz zurückgewiesen hat, gerät diese in Zorn und verlangt von dessen Bruder Alessandro, ihn zu töten. Alessandro, der Elisa seine Liebe gestanden hat, muss sich nun zwischen seiner Geliebten und der Treue zu seinem Bruder entscheiden, dem er den ägyptischen Thron zurückgeben will. Nach Elisas Abgang drückt Alessandro seine Gedanken in einem kurzen Selbstgespräch von acht Takten aus.

Alessandro:

Affetto che ragione non conosce nè legge,	Gefühl, das weder Vernunft noch Gesetz kennt,
se sdegno è del tuo cor,	wenn es Schmach im Herzen hat,
non è del mio.	entspricht nicht dem meinen.
Io so che a lui è dovuto l'Egitto,	Ich weiß, dass ihm Ägypten zusteht,
e l'Impero e Regno,	die Herrschaft und das Reich,
e libertà rendergli io spero!	Und auch die Freiheit hoffe ich ihm wieder zu geben.

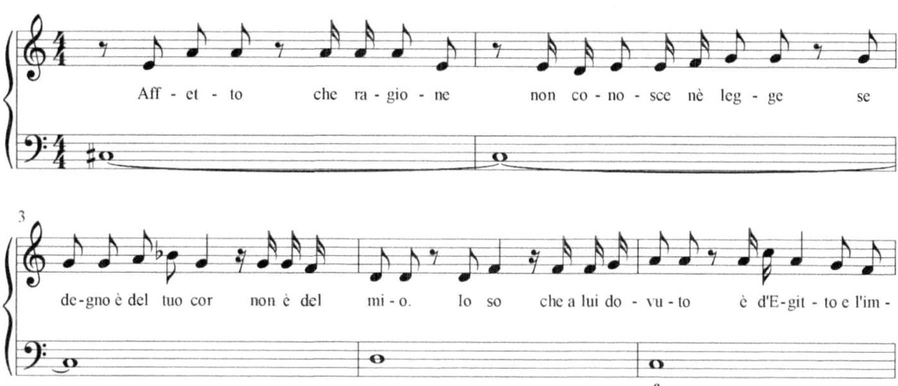

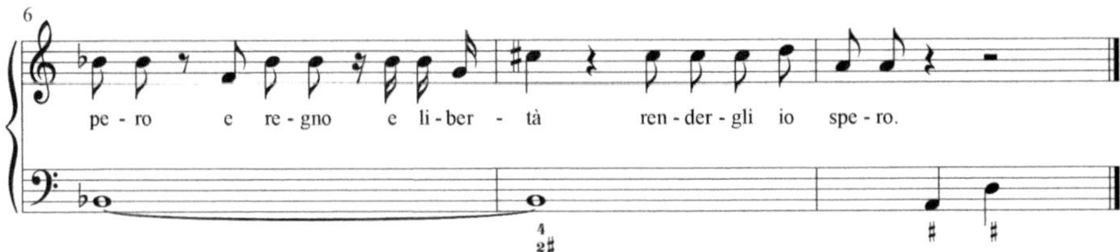

Während Elisa in Raserei gefangen verlangt, dass Tolomeo getötet werde, verkörpert Alessandro die Standhaftigkeit und Tugend. Nachdem der letzte g-Moll-Akkord von Elisas Arie verklungen ist, intoniert Alessandro seinen Monolog in A-Dur. Der Umbruch vollzieht sich also in einer Doppeldominante. Die Tonart wird über drei Takte hinweg gehalten und moduliert dann nach d-Moll, F-Dur und B-Dur nach D-Dur. Wirft man nun einen Blick in Alessandros anschließende Arie, so wird man überrascht sein, dass hier ein weiterer harmonischer Bruch vollzogen wird. Nach der G-Dur-Kadenz am Ende des Rezitativs steht diese nämlich in B-Dur und somit in keinem unmittelbaren harmonischen Verhältnis. Doch der Textbeginn seiner Arie gibt einen Hinweis, weshalb Händel sich diese Freiheit erlaubt: »Pur sento, oh Dio, che l'alma / in calma ancor non sta« (»Noch fühle ich, oh Gott, dass die Seele noch keine Ruhe findet«). Es ist also die seelische Unruhe, die sich in dieser Tonartenkonstellation niederschlägt und also darauf hinweist, dass nicht jedes Rezitativ eine unmittelbare harmonische Verkettung zweier Arien bilden muss.

In Händels letzter Oper aus dem Jahr 1741 finden wir in Deidamias Monolog in der 2. Szene des I. Akts (Vgl. Beispiel 24 im Anhang) ein kurzes Selbstgespräch, in welchem sie in ihren Gefühlen zu Achille hin- und hergerissen ist. Sie bangt darum, dass seine Verkleidung als Pirra am Hof von Licomede entdeckt wird. Andererseits überwiegt bei ihr stets die Freude, wenn sie Achille in ihrer Nähe weiß:

Deidamia:

Ecco il mio ben. Tutt'i momenti, ahi lassa!	Da ist mein Geliebter. Alle Augenblicke
che quel vivace e vigoroso spirto	wo sein lebhafter mutiger Geist ihn
da me lontano il trae, pena e timore	von mir zieht, kämpfen Schmerz und Schrecken
combattono quest'alma:	in meiner Seele:
ma le porta al ritorno e gioia e calma.	Aber bei der Rückkehr bringt er Freude und Ruhe.

Markant ist der harmonische Bruch der vorigen Arie der Amme Nerea »Diè lusinghe, diè dolcezza« (»Er gab Schmeicheleien und Lieblichkeit«). Während die Arie in G-Dur steht und endet, beginnt Deidamias Rezitativ mit dem Ausruf »Ecco mio ben« in Es-

Dur und wirft den Zuhörer somit in eine völlig neue harmonische Sphäre. Deidamia schildert ihre Gefühlsschwankungen von Angst und Sorgen sowie von der großen Freude des Wiedersehens mit ihrem Geliebten. Jedoch ist unschwer zu erkennen, dass Deidamias Sorgen vier der fünf Verse beanspruchen und erst am Ende die Umkehr zu Freude und Ruhe stattfindet. Der Monolog besteht aus neun Takten, vor allem in T. 2 und T. 5 f. findet der Schmerz in chromatischen Abwärtsbewegungen seinen melodischen Ausdruck bei den Worten »Tutti i momenti, ahi lassa« vor allem durch die Tritonusspannung, die nicht nur in T. 2 vom *es*" zum *h*' abfallen, sondern in einem sekundenweisen Aufstieg in T. 3 auch wieder *es*" erreicht (der Spitzenton ist dann in T. 4 ein *f*"). bei »pena e timore« durch drei Halbtonschritte. Bis T. 7 dominiert c-Moll und dessen verkürzter Dominant-Septakkord ohne Grundton. Erst auf den letzten Vers moduliert der Satz nach B-Dur und F-Dur. Nun hört man deutlich, wie sich Deidamias Stimmung aufhellt und die düsteren Sorgen einer strahlenden Freude bei Achilles Rückkehr weichen. Die anschließende Continuo-Arie »Due bell'alme innamorate« Deidamias führt den im Rezitativ gesponnenen Liebesgedanken in der Tonart B-Dur weiter.

Fazit

Monologe sind kürzer und fassen die Befindlichkeit eines Protagonisten in wenigen Versen zusammen. Monologe sind in vielen Fällen straffe Bindeglieder zwischen zwei Arien, die sich harmonisch nahtlos anschließen können und einen Übergang ohne große Brüche gewähren. Andererseits kann der Situation entsprechend zu Beginn ein harmonischer Bruch stattfinden, eine Art Perspektivwechsel aus seelischer Sicht. So wird der Hörer abrupt mit einer neuen Situation konfrontiert. Je nach Befindlichkeit des Protagonisten kann die Akkordfolge auf wenige geordnete Kadenzschritte begrenzt werden oder auch einen größeren harmonischen Bogen beschreiben.

Dialoge

Zwei kleine Beispiele sollen dazu dienen, auch den Dialog unter Einbeziehung der bislang erarbeiteten Erkenntnisse nochmals im Ganzen zu betrachten. Die einzelnen Aspekte wurden bereits in den vorherigen Kapiteln besprochen. Während der Monolog in den meisten Fällen der Konfliktverarbeitung und Offenbarung intimer Gedanken dient, findet im Dialog die eigentliche Handlung mit all ihren Konflikten und Intrigen statt. Das Zwiegespräch ermöglicht Librettisten und Komponisten eine Erweiterung der dramatischen Mittel. Ein großer Unterschied zum Monolog ist das häufige *a parte*-Sprechen. Dabei handelt es sich um eine Aussage, die direkt an das Publikum gerichtet ist, um den Zuschauer über weitere innere Vorgänge zu informieren, die den anderen Charakteren auf der Bühne vorenthalten bleiben. Außerdem kann in Dialogen innerhalb einer Rede rasch der Ansprechpartner gewechselt werden. Vor allem die musikalischen Mittel des Ausdrucks im Verhalten der Dialogpartner untereinander sind wegweisend für die Qualität von Händels Rezitativdialogen. Hier soll lediglich noch auf besondere Eigenheiten des Dialogs hingewiesen werden, da diese bereits in etlichen Beispielen im Laufe dieser Arbeit deutlich gemacht wurden.

Ein spannungsreicher Moment ist die 9. Szene des II. Akts von *Tamerlano* (1724) (Vgl. Beispiel 25 im Anhang). Hier treffen Tamerlano (Bajazets Feind), Asteria, Bajazet (Asterias Vater) und Andronico (Asterias Geliebter) aufeinander. Während Tamerlano die Tochter Bajazet auf seinen Thron führen will, versucht der Vater, seine Tochter daran zu hindern. Dann kommt Andronico hinzu, die Situation spitzt sich zu. Anfangs bittet Tamerlano Asteria mit einem D-Dur-Dreiklang in Grundstellung zu sich auf den Thron. Asterias Zögern zeigt sich deutlich in dem durch Pausen stockenden Dialog. Am Ende willigt sie schweren Herzens ein und fügt im *a parte* in T. 6 f. hinzu »ma per svenar un mostro« (»aber um ein Monster zu ermorden«) sowie in T. 9 f.: »Ahi pena! Se mi vedesse il padre?« (»Oh Schmerz, wenn mich der Vater sieht?«). Die beiden zentralen Aussagen sind Tamerlanos Aufforderung und Asterias Einwilligung. Die beiden Aussagen »Porgi la destra« (»Reich mir die Hand«) und »Eccola« fallen auf den betonten Taktbeginn. Zusätzlich wird »Eccola« durch eine Punktierung hervorgehoben, eine weitere folgt auf »Eccolo«, als Bajazet die Szene betritt. Dies scheint Tamerlano zu empören, der sich in T. 16 in erregten Sechzehntelrhythmen an Bajazet wendet: »Temerario! Cotanto ardisci, prigionier?« (»Verwegener! Soviel wagst du, Gefangener?«). Es folgen drei durch Pausenzäsuren unterbrochene auftaktige Sechzehntelrhythmen aufeinander. Auffallend ist die Parallelität der Sechzehntelgruppen am Anfang auf »tua figlia non è« und »è Asteria« bei Tamerlano, worauf Bajazet im Affekt mit folgenden Figuren antwortet: »tua sposa« – »non è vero«. Wie ein metrisches Echo spielt Bajazet den Ball an Tamerlano zurück, als er dessen Entscheidung keinesfalls hinnehmen will. Tamerlano macht in T. 26 deutlich, dass er nach wie vor Bajazets Herr ist. Dies tut er mit einem gebrochenen Sextakkord auf die Worte »Infelice superbo« (»Unglücklicher Hochmütiger«). Ab T. 29 richtet Bajazet zuerst das Wort an Tamerlano, bevor er sich ab T. 33 an seine Tochter wendet. Die Schlüsselstelle befindet sich in T. 31, als die Tonart von g-Moll abrupt nach G-Dur wechselt, sobald sich Bajazet an Asteria richtet:

(zu Tamerlano)	
[...] a te viltà di sangue, a me grandezza.	Dir die Feigheit, mir den Ruhm
(zu Asteria)	
Tu taci? Temeraria, [...]	Du schweigst? Verwegene ...

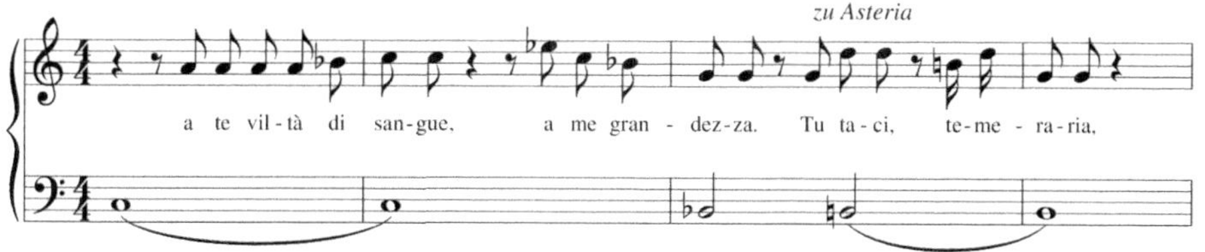

Der schroffe Tonartenwechsel vollzieht sich an dieser Stelle auch szenisch. Der Wechsel des Gesprächspartners ist auf die Taktmitte gelegt, somit keineswegs durch eine größere Pause oder Zäsur bedingt und wirkt überraschend und unmittelbar. Ein weiterer Sextakkord folgt in T. 50 auf »Ti vo avvilito almen« (»Ich will dich wenigstens erniedrigt sehen«). Kurz darauf gibt Tamerlano den Befehl an seine Wachen, Bajazet auf den Boden zu werfen. Auch dies geschieht in einer majestätischen Sextfanfare. Bajazet hingegen will sich nicht erniedrigen lassen und kniet selbst zu Boden. Auch dies geschieht mit einer Sextfanfare in T. 57 auf »Non s'affatichi alcuno« (»Niemand muss sich die Mühe machen«), darauf folgt eine Reihe von fallenden Intervallen, die in musikalische Rhetorik kleiden, wie Bajazet zu Boden geht. Die Fanfare unterstreicht seinen Stolz in dieser erniedrigenden Situation nochmals deutlich.

In der 2. Szene des II. Akts des neun Jahre später entstandenen *Orlando* (Vgl. Beispiel 26 im Anhang) verrät die von Medoro verlassene Dorinda, dass es sich bei Medoro um denjenigen handelt, mit dem Orlandos Geliebte Angelica geflohen ist.

Orlando:

Perché, gentil Dorinda così vai pubblicando ch'ha rapito Isabella, e l'ama Orlando?	Sag mir, liebe Dorinda du erzählst, er habe Isabella geraubt und sie liebt Orlando?

Dorinda:

Io? Signor, male intese ch'il riferì, d'Angelica parlai …	Ich? Herr, der Bote hat es missverstanden, ich sprach von Angelica …

Orlando:

Dimmi, di quale Angelica tu intendi?	Sag mir, welche Angelica meinst du?

Orlando eröffnet den Dialog, indem er eine ausführliche Frage an Dorinda formuliert, warum diese fälschlicherweise Gerüchte verbreitet, dass er Isabella liebe. Die Vertonung der Verse Orlandos entspricht dabei der Versstruktur des Librettos. In T. 5 hat Orlando seine Dubitatio gerade beendet, als ihm Dorinda mit »io?« ins Wort fällt. Dieses »io« ist nicht auf einen einzelnen Notenwert komponiert, sondern mit Nachdruck auf zwei Achtelwerte, was Dorindas Bestürzung noch verstärkt. Dorinda scheint im ersten Moment irritiert, sie fügt hilflos einige Versfragmente aneinander und findet erst im Teilvers von »d'Angelica parlai« zu einer siebensilbigen Phrase, die gleichzeitig der Kern ihrer Aussage ist. Nun ist es Orlando, der Dorinda überrascht ins Wort fällt und weiter nachforscht. Dorinda hat ihre Fassung wieder gewonnen und rezitiert in geordneten Versen, dass ihr Geliebter Medoro mit der Geliebten Orlandos Angelica geflohen ist. Orlandos Überraschung bleibt nicht aus: Die Bassstimme moduliert von A-Dur nach B-Dur, was im Grundton eine Rückung von *a* nach *b* mit sich bringt. Dieser harmonische Bruch drückt die große Überraschung Orlandos auf »che miro?« (»Was sehe ich?«) aus, als dieser sein Armband erkennt, welches er Angelica geschenkt hatte. Der Generalbass kommentiert die Interaktion zwischen Dorinda und Orlando. Noch bevor dieser seine Verwunderung in Worte fassen kann, ist der Zuhörer durch den Generalbass bereits über Orlandos Gefühlszustand informiert. Als Orlando mehr über Medoro erfahren will, erkennt man auch in seiner Melodielinie den sich steigernden Zorn. Dorinda spinnt ihre Intrige noch weiter. Während Orlando bereits in Wut gerät, klärt Dorinda ihn weiter über seinen Nebenbuhler auf:

Orlando:	
Ma chi è costui, che ardisce d'esser a me rivale? E' il Re Circasso? O Ferraguto il Moro? Ferraguto?	Aber wer wagt es, mein Rivale zu sein? Der König Circasso? Oder der schwarze
Dorinda:	
Già v'ho detto, che chiamasi Medoro ed è giovane e bello, D'una bona struttura. Ahi! Che non posso scordarlo! Ed ora in tutto quel, che miro parmi che sia Medoro, e ognor sospiro.	Ich sagte bereits, er heißt Medoro er ist jung und schön und von guter Figur. Ach, ich kann ihn nicht vergessen! Und alles, was ich sehe scheint mir Medoro zu sein, und immer seufze ich.

Orlandos Wut steigert sich in drei Stufen. Die erste beginnt in T. 26 auf »d'esser a me rivale?«, die zweite in T. 27 bei »è il re Circasso« und die dritte in T. 28 bei »o Ferraguto«. Orlando schließt ein weiteres Mal mit einer Dubitatio von c-Moll nach D-Dur. Diese Fragekadenz unterstreicht, wie sehr sich Orlando hintergangen und ahnungslos fühlt. Dorindas Rhetorik steigert sich ebenfalls stufenweise, jedoch erst als sie auf Medoros Aussehen zu sprechen kommt. Dies vollzieht sich aber nicht schrittweise wie bei Orlando, sondern innerhalb eines Dreiklangs. Es erklingt ab »ed è giovane« ein B-Dur-Akkord, der bei »giovane« die Terz *d*" erreicht und bei »e bello« von *d*" nach *f*" springt.

Dorinda schürt gezielt durch ihre musikalische Rhetorik die Eifersucht Orlandos. In ihren letzten Takten schließt Dorinda mit einer Klage auf »Ahi, che non posso scordarlo« (»Ach, ich kann ihn nicht vergessen«). Hier wechselt die variable Akzentstruktur zu einer Volltaktigkeit, die jeder der Phrasen von »tutto quel che miro« und »parmi che sia Medoro« ein deutliches Gewicht verleiht. Im letzten Takt fällt jedoch ein c-Moll-Akkord auf eine Achtelzäsur im Gesang, bevor Dorinda mit »ognor sospiro« (»immer seufze ich«) schließt. Es ist ein instrumentaler Seufzer, der auf Dorindas Gefühlslage hinweist.

Fazit

Obige Beispiele zeigen die Möglichkeiten auf, mit denen sich eine Situation zuspitzen kann: Verdichtung musikalischer Mittel und das Spiel mit Kontrasten. Sechzehntelrhythmisierung, Zergliederung durch Pausenzäsuren und harmonische Brüche sind zentrale Elemente dramatischer Höhepunkte. In schneller Wechselrede entstehen auf diese Weise oft Überraschungseffekte, welche ungeahnte Wendungen hervorrufen können. Wachsende Versglieder, phrygische Fragekadenzen oder Akkordfanfaren können ebenfalls in rascher Folge aufeinanderprallen und zeigen, welche Temperamente sich in einigen Situationen aneinanderreiben.

Mottoverse und Metrisches Echo

In einigen Opern finden sich wiederholt Verse mit Wiedererkennungswert, die in dieser Arbeit als »Mottoverse« bezeichnet werden sollen. Dabei handelt es sich um identische Phrasen, die über Szenen und Akte verteilt immer wieder auftauchen. Während Händel an manchen Stellen dazu neigt, die Worte in einer Art Kehrvers ohne größere Veränderung zu wiederholen, greift er an anderen Stellen gezielt durch Rhythmus und Harmonik in die Ausdeutung eines Verses ein.

In *Il Pastor Fido* (1712) intrigiert die verschmähte Eurilla gegen das Liebespaar Mirtillo – Amarilli. Im II. Akt schläft Mirtillo ein, während Eurilla ihm heimlich eine Blumengirlande mit dem Spruch zur Seite legt »Mi fian cari i tuoi voti, e là t'attendo« (»Deine Versprechungen sind mir teuer, und dort werde ich auf dich warten«). Dieser Mottovers ist in der 3. und 4. Szene des II. Akts mehrfach im Dialog von Bedeutung, vor allem durch die verschiedenartige melodisch-harmonische Gestaltung. Zweimal taucht der Mottovers bei Mirtillo in der 3. Szene auf, ein weiteres Mal bei Amarilli in der 4. Szene.[6]

[6] In der Ausgabe von Friedrich Chrysander ist dieser Vers mit einem Fragezeichen versehen, während im Libretto der Uraufführung der Vers nicht als Frage schließt, vgl. *The Librettos of Handel's Operas*, Bd. 2, S. 105.

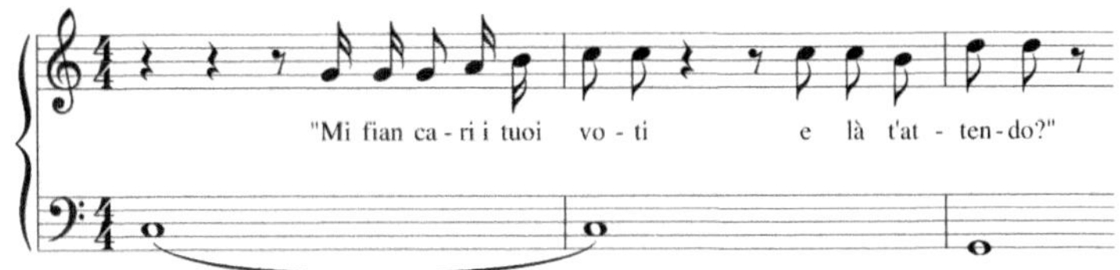

Als Mirtillo in der 3. Szene erwacht, ist er beim ersten Aussprechen dieses Verses überrascht. Man hört auf den ersten Teilvers »Mi fian cari i tuoi voti« eine aufsteigende Skala von *g*' nach *c*" und im hinteren Teil »e là t'attendo« eine Modulation von der Tonika C-Dur in die Dominante G-Dur. Mirtillo setzt in seinen Worten hinter diesen Vers ein Fragezeichen. Allerdings handelt es sich hier um keine Dubitatio, da Mirtillo fest davon überzeugt ist, dass Eurilla den Zorn seiner Geliebten Amarilli beschwichtigen konnte: »Ma forse placò Eurilla il rigor della mia bella, ch'or m'invita gl'amplessi« (»Aber vielleicht hat Eurilla die Strenge meiner Geliebten beruhigt, und die schickt mir jetzt einen Liebesgruß«). Nun wiederholt Mirtillo die Worte auf der Girlande ein zweites Mal, doch genau in diesem Moment taucht Amarilli auf und belauscht ihn, was sich im Notentext eindeutig niederschlägt:

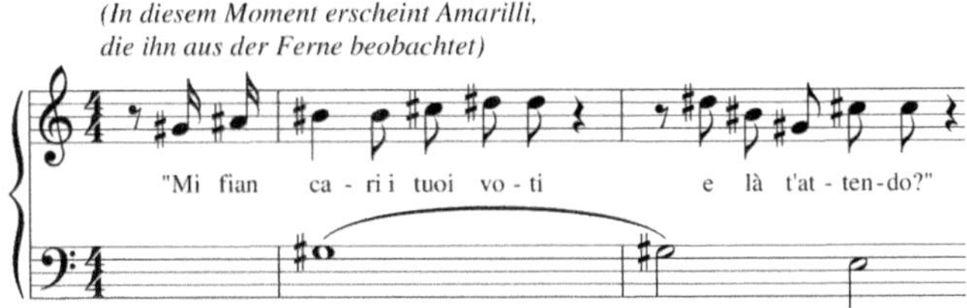

Als Mirtillo den Vers nochmals rezitiert, geschieht dies in einer Gis-Dur-Skala, die im zweiten Teil auf »e là t'attendo« nach cis-Moll moduliert. In diesem Fall wird wieder der Charakter einer Grenzsituation deutlich. Allerdings ist der hintere Teilvers viel akkordischer konzipiert wie im ersten Fall. Auch hier zeigt sich, wie Händel versucht, die Tonart deutlich hervorzuheben. Mirtillo ahnt noch nichts von Amarillis Erscheinen, jedoch verschärft Händel augenblicklich durch die Tonart Gis-Dur die Situation. In der 4. Szene beginnt Amarilli ihren kurzen Monolog mit dem Mottovers, der dieselbe melodisch-rhythmische Gestalt besitzt wie bei Mirtillo in T. 3.

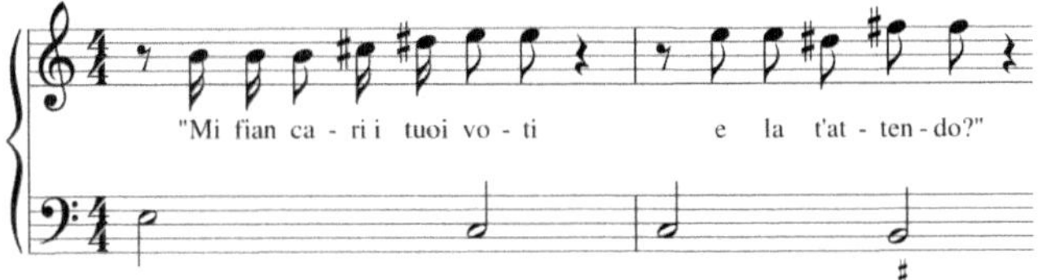

Amarilli singt diesen Vers in H-Dur und mit einer Dubitatio von c-Moll nach H-Dur. Sie scheint also ebenfalls in jene Intrige Eurillas hineingezogen worden zu sein. In diesem Beispiel zeigt sich vor allem, wie sehr sich ein und derselbe Vers in seinem Charakter durch Änderung der Tonart sowie durch Wechseln des Fragemodus' hin zur Dubitatio verwandeln kann.

Im neun Jahre später entstandenen *Flavio* taucht in der 8. Szene des I. Akts zum ersten Mal der Vers »Agli occhi miei non piace« (»Sie gefällt mir nicht«) auf. Dem König Flavio wurde zuvor Teodata, die Verlobte seines treuen Dieners Vitige, vorgestellt, worauf Flavio sich augenblicklich in Teodata verliebt. Auf die erste Frage Flavios, ob ihm Teodata gefalle, behauptet dieser zweimal, dass sie ihm nicht gefalle. In T. 10 äußert Vitige: »agli occhi miei non piace«:

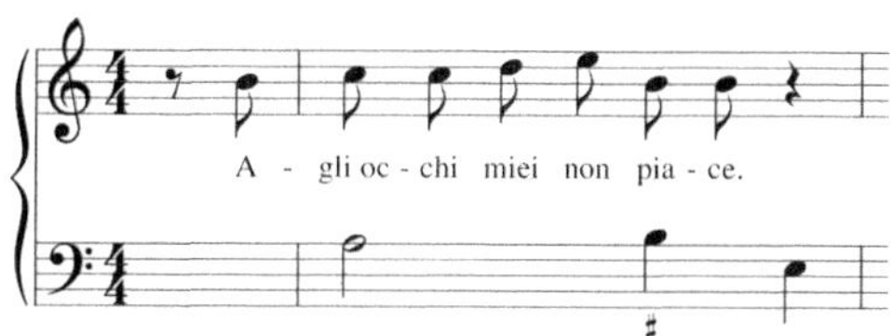

Am Ende der Melodielinie steht die abfallende Kadenzierung einer Aussage. Vitige wiederholt diese Worte am Ende des Rezitativs, gefolgt von einer Schlusskadenz A-Dur – d-Moll.

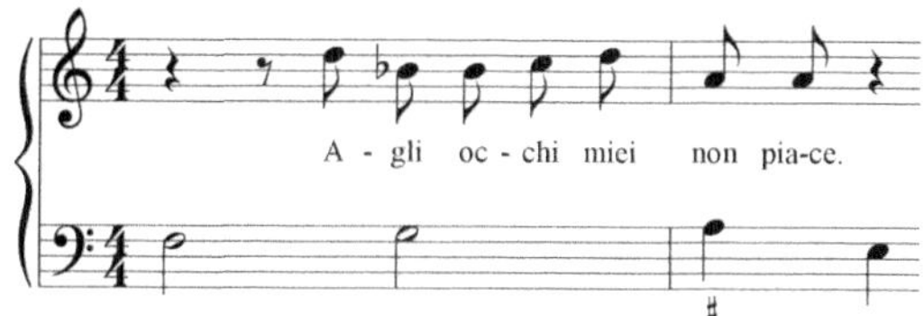

Am Ende des Rezitativs moduliert der Satz dann nach e-Moll, ansonsten entspricht die Melodielinie der Kadenzformel einer abschließenden Aussage. Dem siebensilbigen Vers ist eine reine Achtelbewegung unterlegt, die seine Struktur erkennen lässt und durch die Vitige nach außen hin die Fassung zu wahren scheint. Dies geschieht nicht nur bei Vitiges zweifacher Lüge, sondern auch im III. Akt, als Flavio ihn und Teodata bei einer Liebeständelei ertappt. In der 5. Szene spricht Vitige seine Geliebte Teodata mit »mia regina« (»meine Königin«) an, worauf diese mit »meco tu scherzi?« (»Machst du Witze?«) antwortet. Als sich die beiden verliebt in die Arme fallen, tritt Flavio auf und wendet sich mit folgenden Worten an Vitige: »Questa è colei che agli occhi tuoi non piace?« (»Ist das diejenige, die dir nicht gefällt?«).

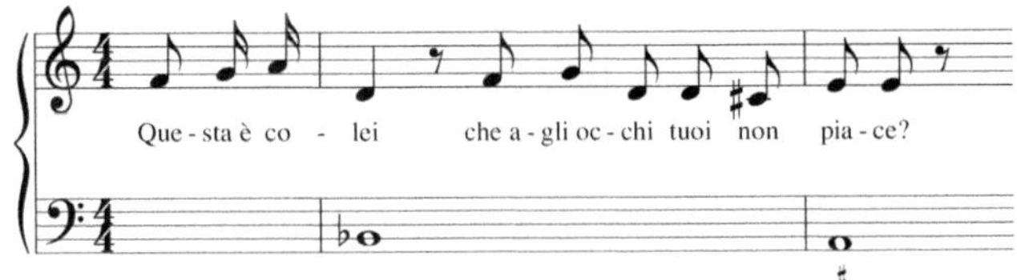

Während Vitige für seine Lüge im I. Akt einen Siebensilber verwendete, so findet man bei Flavio den Mottovers um vier Silben zu einem Elfsilber erweitert: »questa è colei«. Den Mottovers vertont Händel in Form einer Frage, der Generalbass moduliert in einer Dubitatio von g-Moll nach A-Dur, wodurch zudem die Verwunderung Flavios zum Ausdruck kommt. Ein letztes Mal taucht der Mottovers in der *scena ultima* vor dem Schlusschor auf. Nun vermählt Flavio offiziell Teodata und Vitige. Dies geschieht in einer Ansprache von drei Versen:

Flavio:	
E tu, Vitige, in pena	Und du Vitige, zur Strafe
la destra contumace	reiche wider Willen deine Hand
porgi a colei che agli occhi tuoi non piace.	ihr, die dir nicht gefällt.

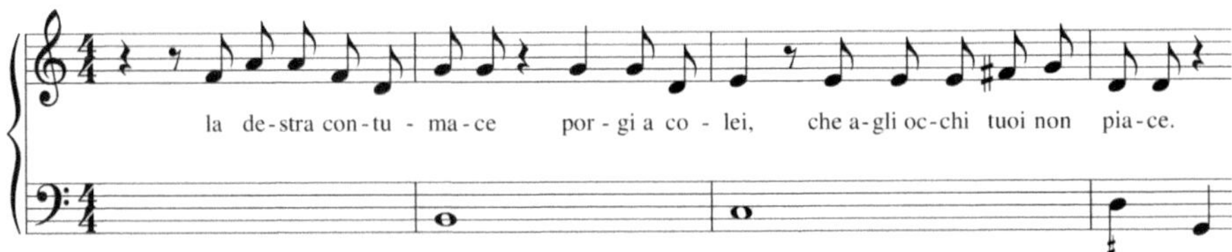

Hier erfährt der Vers durch die Verwendung einer affirmativen Kadenz seinen dramatischen Schlusspunkt. Während im ersten Akt die wiederholte Lüge Vitiges mit einer Kadenz nach Moll abgeschlossen wurde und Flavios Überraschung in einer Dubitatio Ausdruck fand, so erfährt in dieser Szene durch die Kadenz von D-Dur nach G-Dur die Situation ihr glückliches Ende. Händel vertont den siebensilbigen Teilvers wiederum in einer fließenden Achtelbewegung. Flavios »questa è colei« am Beginn des Elfsilbers ist durch »porgi a colei« ersetzt. Die Ironie des Librettos schlägt sich auch in Händels Vertonung nieder. Wenn die ersten beiden Male Vitige seine Zuneigung zu seiner Geliebten leugnet, kommentiert Händel dies mit affirmativen Kadenzen in Moll-Tonarten. Als Flavio entdeckt, dass Vitige jener Frau in den Armen liegt, die ihm nicht gefällt, drückt er durch eine Dubitatio seine Verwunderung aus. Und wenn die beiden am Schluss vermählt werden, geschieht dies auf Befehl des Königs, erkennbar an der bekräftigenden Schlusskadenz. Händel nutzt die ihm zur Verfügung stehenden kompositorischen Mittel, um den sich viermal wiederholenden Vers der jeweils aktuellen dramatischen Situation anzupassen.

Doch dieser Strang von Mottoversen in *Flavio* ist nicht der einzige. Im III. Akt webt Händel noch einen weiteren Vers ein, der, über zwei Rezitative verteilt, doppelt erklingt. In der 2. Szene soll Teodata zu König Flavio gebracht werden, da dieser sich in sie verliebt hat. Da Teodata jedoch bereits Vitige versprochen ist, beschließen die beiden, nur so zu tun, als ob Teodata Zuneigung zu Flavio empfände. Allerdings zeigen sich bald die Widersprüchlichkeiten von Vitiges Plan, da dieser rasch Anzeichen von Eifersucht zu entwickeln beginnt. Der Mottovers, um den es sich in der zweiten Szene handelt, lautet: »Fingo, non t'adirar, tu fingi ancora« (»Ich tue nur so als ob, mach du's genau so«). Zum ersten Mal erklingt der Vers in der 2. Szene in T. 19:

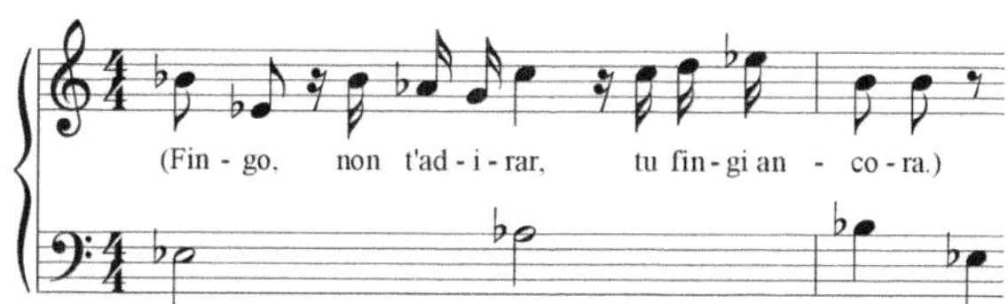

Der Vers gliedert sich in drei Segmente: als erstes erklingt »fingo« in einer fallenden Quinte *b*' – *es*', gestützt von einem Es-Dur-Akkord. Nach einer Sechzehntelzäsur folgt eine Abwärtsbewegung auf »non t'adirar« von drei Sechzehnteln und einer aufsteigenden Quinte nach *c*". Die Harmonik wechselt auf die letzte Silbe nach As-Dur. Das dritte und letzte Segment folgt derselben Rhythmik wie das vorige. Die drei auftaktigen Sechzehntel füllen die Terz von *c*" nach *es*" und fallen auf die erste Zählzeit des kommenden Taktes auf *b*'. dieses *b*' ist die Quinte des Es-Dur-Akkordes, auf dem der Generalbass eine affirmative Dominant-Tonika-Kadenz intoniert. Harmonisch vollzieht sich also die Folge Tonika – Subdominante – Dominante – Tonika. Der Mottovers erscheint in sich geschlossen, geprägt von einer klaren harmonischen und rhythmischen Ordnung. Im folgenden Rezitativ derselben Szene, das sich an Vitiges Arie »Corrispondi a chi t'adora« (»Erwidere dem, der dich liebt«) anschließt, wandert der Mottovers in T. 28 zu Teodata. Zum Verständnis sind hier die vorangehenden Worte Vitiges hinzugefügt:

Teodata: L'obbligo di vassalla Corrisponder m'astringe	 Die Pflicht als Vasallin zwingt mich zu antworten, wenn mich der König zwingt.
Vitige: (Ah! Teodata, forse il Re t'innamora?)	 (Ah! Teodata, macht dich der König verliebt?)
Teodata: (Fingo, non t'adirar, tu fingi ancora!)	 (Ich tue nur so, zürne mir nicht, mach du's genau so!)

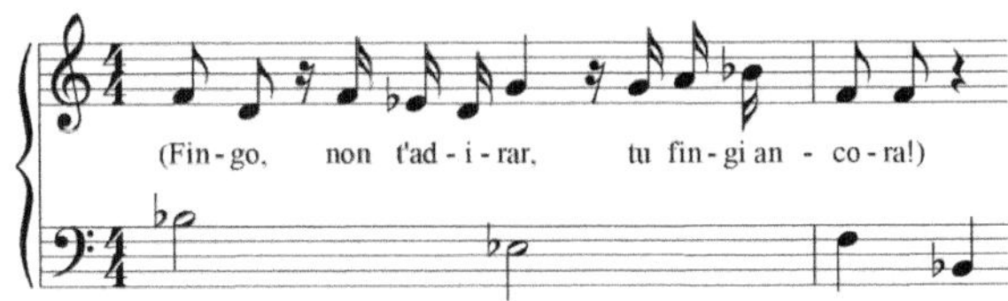

Bei Teodata ist nur das erste Intervall von einer Quinte zur kleinen Terz reduziert. Diese bildet mit *f'* – *d'* den Teil des B-Dur-Dreiklanges, der im Continuo gestützt wird. Auf das zweite Segment finden wir, wie auch im darauffolgenden dritten, dieselbe Rhythmisierung. Auf die letzte Silbe von »adirar« moduliert der Satz nach Es-Dur, auf der letzten Silbe von »ancora« dann nach B-Dur. Auch hier haben wir also die harmonische Kadenzfolge Tonika – Subdominante – Dominante – Tonika. Nur die Grundtonart ist von Es-Dur nach B-Dur verschoben. Zudem lässt die kleine Terz auf »fingo« vermuten, dass Teodata nun gedämpfter spricht, da der König Flavio anwesend ist. So erklärt sich auch, weshalb bei Vitige der Ambitus des Mottoverses eine komplette Oktave umfasst, während es bei Teodata nur eine Sexte ist.

In der 4. Szene des I. Aktes von *Riccardo Primo* (1727) findet Costanza, die Verlobte Riccardos, nach ihrem Schiffbruch Unterschlupf bei Pulcheria, der Tochter Isacios, dem König von Zypern. Sie gibt sich als Doride aus, erweckt aber große Zweifel an ihrer Herkunft. Pulcheria ist mit Oronte verlobt. Als dieser nun Costanza/Doride Komplimente macht, bleibt dies von Pulcheria nicht unbemerkt:

Oronte:

Doride, hai nel sembiante	Doride, du hast im Antlitz
un nonsochè di maestoso e grande,	etwas Erhabenes und Großes,
che sveglia in chi ti mira	das in jedem, der dich ansieht
e rispetto, ed amor.	Respekt und Liebe erweckt.

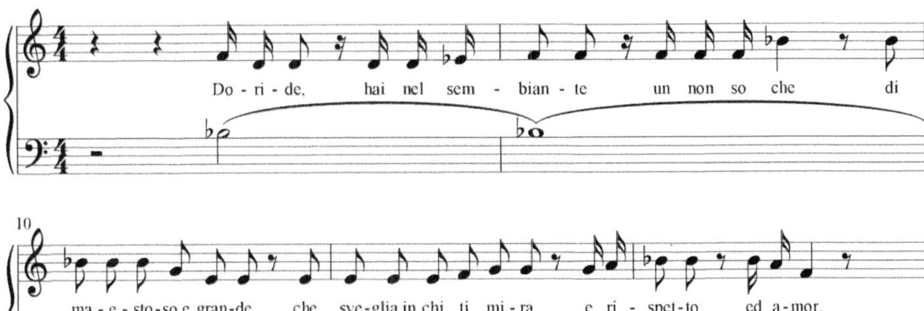

Orontes Stimme ist bei den ersten Worten erschüttert. Die Sechzehntelgruppen in T. 8 und T. 9 machen die Verwirrung deutlich, die ihr Anblick in ihm auslöst. Erst ab den Worten »di maestoso e grande« findet Oronte zu einer geordneten Versrezitation zurück. Diese sind außerdem der siebensilbige Teilvers eines Elfsilbers, gefolgt von dem Siebensilber »che sveglia in chi ti mira«. In der Mitte seiner Rede findet Oronte zu einer kontrollierten Rezitation, die seine Selbstbeherrschung erkennen lässt. Der zweite Teil von Orontes Rede ist von Beginn an eine klar erkennbare Versrezitation:

Parlano assai facondi, allor che il labbro tace, i vaghi lumi.	Dies verraten deutlich, wenn der Mund schweigt, die schönen Augen.

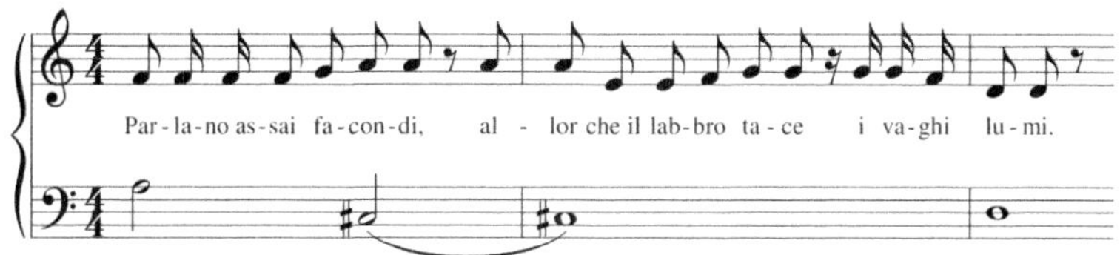

Erst in seinen letzten Worten bebt Orontes Stimme wieder in einer Sechzehntelrhythmisierung. Diese setzen sich bei Costanzas Reaktion fort, da nun diese sehr verlegen von Orontes Avancen zu sein scheint. Bei ihr tauchen die Sechzehntelgruppen wieder in T. 16 f. auf. In diesem Moment tritt Pulcheria, die alles belauscht hat, zwischen die beiden und wiederholt in ironischem Ton den Dialog in denselben Worten. Orontes Rezitationston hat jedoch bei genauer Betrachtung keine eindeutige Tonalität. In T. 8 fällt er auf ein *d*‘ herab, es folgt *es*‘ – *f*‘ – *b*‘ und in T. 10 *b*‘ – *g*‘ – *e*‘, er bewegt sich also innerhalb eines verminderten Akkords. Bei Pulcheria in T. 18 dagegen beginnt ihre Imitation mit einem fallenden F-Dur-Dreiklang und steigt dann stufenweise bis zum *d*“ aufwärts. Gestützt wird ihre Melodik durch einen F-Dur-Akkord im Generalbass. In T. 21 erklingt auf »e in chi ti mira« eine Quart-Sext-Fanfare *g*‘ – *c*‘ – *e*‘ – *c*‘, wie sie von Händel meist für Titelhelden oder kriegerische Assoziationen verwendet wird.

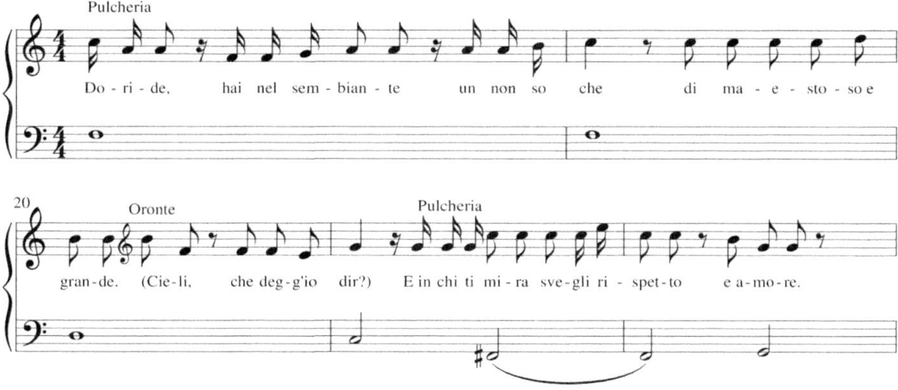

Es ist unschwer zu erahnen, dass Pulcheria dieses Wortgefecht gegen Oronte für sich entschieden hat, Orontes *a parte* »Cieli, che deggio dir?« (»Himmel, was soll ich sagen?«) bekräftigt dies. Auch in diesem Fall zeigt sich, wie eindrucksvoll es Händel gelungen ist, aus denselben Worten wenige Takte später einen völlig anderen Affekt zu schaffen. Der schwebende, angespannte Tonfall Orontes wird bei Pulcheria zur bodenständigen Aussage, die in einer Akkordfanfare gipfelt. Ihre Eifersucht zeigt sich lediglich, als sie das Wort an Costanza richtet.

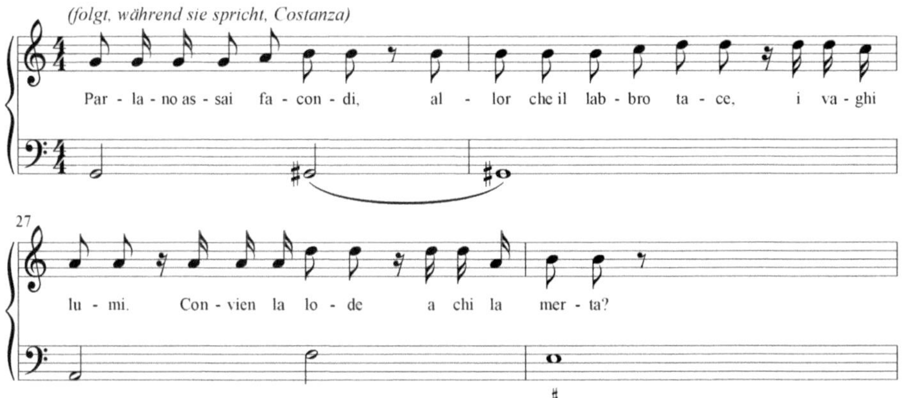

Die Singstimme intoniert zwar eine aufsteigende Skala auf G-Dur, impliziert also zum vorigen F-Dur sogar noch eine Steigerung, jedoch die Rückung von *g* nach *gis* im Generalbass sowie die erregte Sechzehntelrhythmisierung zeigen die Anspannung und Eifersucht, der sich Pulcheria doch nicht ganz entziehen kann.

In *Deidamia* (1741) belauscht Achille zu Beginn des II. Akts ein Gespräch zwischen seiner Geliebten Deidamia und Ulisse, was diesen eifersüchtig macht. Um sich die Zeit während der Suche nach Achille zu vertreiben, erhofft sich Ulisse die Zuneigung Deidamias. Diese erwidert auf seine Frage in der 2. Szene in T. 30 f.:

Ulisse:
T'offende l'amor mio? — Beleidigt dich meine Liebe?

Deidamia:
Lo penso onore. — Ich halte es für eine Ehre.

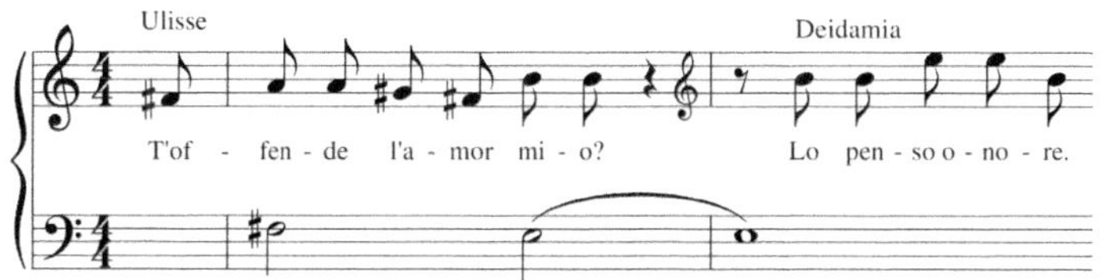

Ulisses Teilvers wird als Siebensilber in Achtelbewegung vertont. Die Tonart bewegt sich dabei von Fis-Dur nach E-Dur, es handelt sich also um eine einfache Dialogfrage, wenn auch durch das Berühren von Fis-Dur die Grenzwertigkeit der Situation deutlich hervorgehoben wird. Deidamias Antwort hingegen ist in einem beiläufigen Intervall *h‘ – e“* notiert, ebenfalls auf dem noch liegenden E-Dur-Akkord im Generalbass. Im folgenden Dialog mit Deidamia greift Achille diese Wortfetzen in T. 20 nochmals auf. Identisch ist hier allerdings nur der zweite Teilvers auf »lo penso onore«. Es erklingt auf einem E-Dur-Akkord dasselbe Intervall und derselbe Rhythmus. Musikalisch wie inhaltlich ändert Achille den vorderen Teilvers ab und gestaltet ihn wesentlich freier:

Achille:

»Non m'offende il tuo amor; lo penso onore«	»Deine Liebe beleidigt mich nicht, ich halte es für eine Ehre«

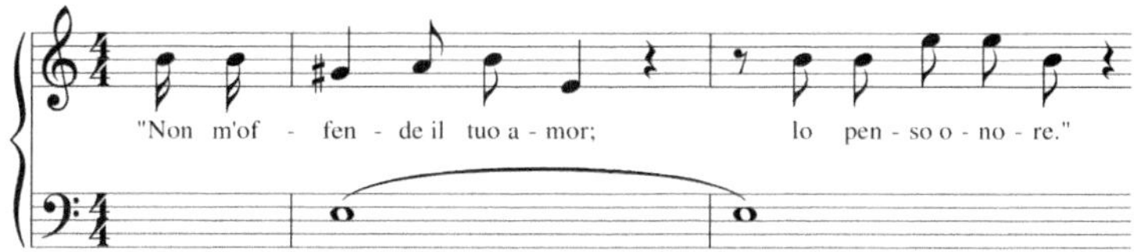

Bei diesem vorderen Teilvers ist bereits die Tonart E-Dur erreicht, Achille intoniert einen auftaktigen Siebensilber mit zwei Sechzehnteln. Melodisch erklingt ein fallender E-Dur-Akkord, er zieht also Ulisses Werben in Deidamias Tonart mit ein, während die rhythmische Gestaltung eine freie Erfindung seiner selbst ist. Eine zweite Stelle, die von Achille wieder aufgegriffen wird, sind Deidamias letzte Worte ihres Dialogs mit Ulisse in T. 41:

Deidamia:

Molto possono uniti amor, costanza	Viel vermögen vereint die Liebe, die Standhaftigkeit.

Deidamia intoniert eine aufsteigende Gis-Dur-Skala und füllt so die ersten sieben Silben aus. Die Aufzählung »amor, costanza« erklingt in zwei fallenden Intervallen, die durch eine Achtelzäsur voneinander getrennt sind. Auch in diesem Fall wird die Geliebte belauscht und Händel verleiht der Situation mit denselben Mitteln große Brisanz. Achille zeigt Deidamia zu Beginn des darauffolgenden Dialogs in T. 5, dass er ihre Unterhaltung mit Ulisse mit angehört hat.

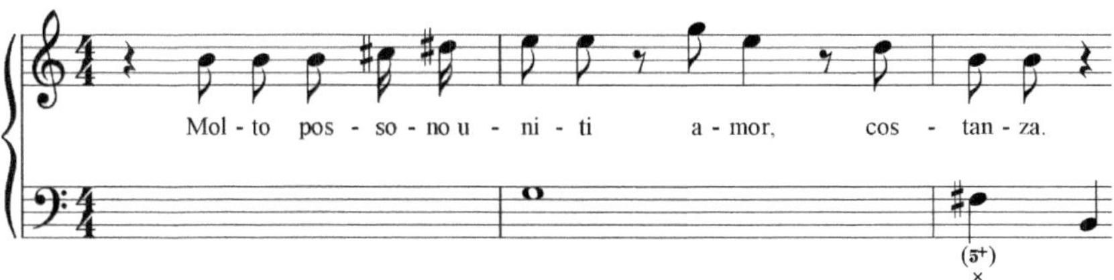

Die Rhythmisierung ist dieselbe, die Deidamia schon verwendet hatte, auch die Führung der Singstimme entspricht jener Deidamias. Allerdings beginnt Achille seine Rezitation in H-Dur und führt die Harmonik über e-Moll und Fis-Dur nach H-Dur zurück. Es steht letztlich die Treue und Aufrichtigkeit zwischen den beiden Geliebten auf dem Spiel.

Den größten dramatischen Bogen durch Mottoverse spannt Händel jedoch in *Giulio Cesare* (1724), der in dieser Hinsicht eine Sonderstellung genießt und daher den Abschluss dieses Kapitels bilden soll.

In der 6. Szene des I. Akts kündigt Tolomeo in T. 24 an, dass er Cesare durch einen Mordanschlag beseitigen will. Er äußert dies, als Achilla die Bühne verlässt:

Tolomeo:

Muora, Cesare, muora — Stirb, Cesare, stirb

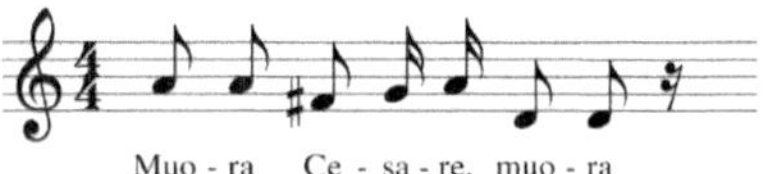

Diese Drohung hallt wie ein Fluch in den zentralen folgenden Szenen nach und wird bei jedem erneuten Erklingen die Situation verschärfen. In der 8. Szene des II. Aktes wird das Liebesspiel zwischen Cesare und Cleopatra abrupt von Tolomeos Schergen gestört. Cesares Diener Curio eröffnet die Szene mit der akkordischen Begrüßungsformel »Cesare, sei tradito« (»Caesar, du bist verraten«), ein fallender G-Dur-Dreiklang. Seine Erklärung fasst er in einer aufsteigenden Skala zusammen:

Curio:

Mentr'io ver le tue stanze,	Als ich zu dich bei deinen Gemächern erwarte,
signor, t'attendo, odo di genti e spade	Herr, höre ich Leute und Schwerter
ripercosso fragor, ed una voce	klirren und eine Stimme
gridar: **»Cesare mora«;** ed improvviso	ruft: »Cesare soll sterben«, und schnell
a te ne volo, ad arrecar l'avviso.	eile ich zu dir, um es dir mitzuteilen.

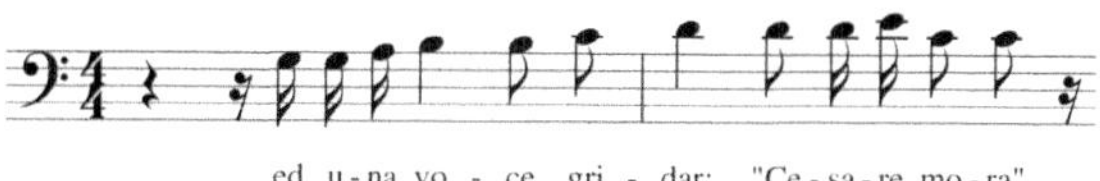

Curio zitiert die Verschwörer mit den Worten »Cesare mora« (»Cesare soll sterben«), einem Ausruf, der mit einer Adonis-Rhythmisierung versehen ist. Eine Erweiterung dieses Ausrufs ist bei Cleopatra in T. 42 zu hören, die in derselben Szene eilig zurückkehrt (*»frettolosa ritorna«*), um Cesare zu warnen. Dies tut sie mit den Worten »Fuggi, Cesare, fuggi« (»Fliehe, Cesare, fliehe«).

Cleopatra:

Oh dio! tu il mio cor mi struggi;	O Gott, du brichst mir das Herz;
salvati, o mio bel sol! **Cesare, fuggi!**	Rette dich, meine Sonne! Cesare, flieh!

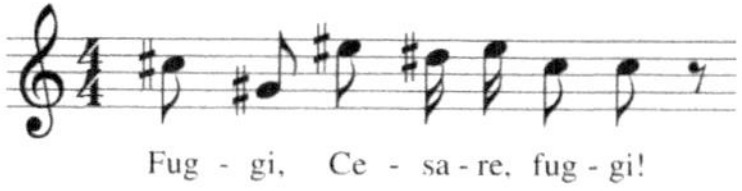

Auffallend ist besonders die daktylische Rhythmisierung in der Mitte, umrahmt von Längen zu Beginn und am Ende. Auch im Chor, der sich an Cesares Arie »Col lampo dell'armi« (»Mit blitzenden Waffen«) anschließt, findet sich diese Struktur: »Mora, Cesare, mora!« (»Stirb, Cesare, stirb«) entspricht ebenfalls diesem Modell. Die immer wieder aufgegriffene Rhythmisierung wird einerseits von den Verschwörern, wie auch von den Gefolgsleuten Cesares verwendet, erst von Curio als einfacher Adonisvers und schließlich durch die rahmende Wortwiederholung von »fuggi« und »mora« am Anfang und am Ende der Ausrufe:

Tolomeo:	Mora, Cesare, mora (I. Akt, 6. Szene, T. 24)
Curio:	»Cesare mora« (II. Akt, 8. Szene, T. 7)
Cleopatra:	Fuggi, Cesare, fuggi (II. Akt, 8. Szene, T. 42)
Cleopatra:	Salvati, o mio bel sol, Cesare, fuggi (II. Akt, 8. Szene, T. 57)
Chor:	Mora, Cesare, mora! (II. Akt, 8. Szene, Arie »Col lampo dell'armi«)

Im Beispiel aus *Giulio Cesare* kann man nicht von einem reinen Mottovers sprechen, da das verbindende Element in erster Linie die rhythmische Struktur ist, die sich auf die beiden markanten Ausrufe »Mora, Cesare, mora« und »Fuggi, Cesare, fuggi« bezieht. Diese stehen jedoch dramaturgisch in sehr engem Zusammenhang. Dasselbe Rhythmusmodell wird einerseits für die Verschwörerparolen von Tolomeo und seinen Schergen verwendet, was erstmals durch die Warnung Curios artikuliert wird und im Coro von Cesares Arie »Al lampo dell'armi« seinen Höhepunkt findet. Auf der anderen Seite steht der Ausruf Curios und Cleopatras als ein Element der Warnung. Während Curio schlicht die skandierten Worte der Verschwörer zitiert, entwickelt Cleopatra den rhythmisierten Vers weiter und fordert Cesare zur Flucht auf. Wie ein roter Faden zieht sich dieses Rhythmusmodell von Tolomeos erstem Ausspruch bis zum Chor der Verschwörer am Ende der Arie. In dieser Aufteilung eines Wort-Rhythmus-Modells in die »Guten« und die »Bösen« sowie die stufenweise Steigerung vom Monolog zum säbelrasselnden Chor liegt eine der dramatischen Stärken von *Giulio Cesare*, wie sie von Händel ansonsten in keiner Oper mit einer solchen musikdramatischen Weitschweifigkeit umgesetzt wurde.

Fazit

Mottoverse sind ein szenenübergreifendes verbindendes Element mit Wiedererkennungswert. Entsprechend der dramatischen Situation werden Rhythmisierung, Melodik und Harmonik entsprechend angepasst. So kann sich eine Aussage in eine Frage verwandeln, oft wird beim erneuten Aufgreifen einer Phrase selbige durch markante Intervall- oder Rhythmusstrukturen hervorgehoben. Auch Tonartenwechsel sind in solchen Fällen ein subtiler Ausdruck der Steigerung.

Zusammenfassung

Am Anfang einer Oper stellt sich die oftmals die Frage, ob oder warum diese mit einem *recitativo semplice*, einem Arioso oder einem *recitativo accompagnato* eröffnet wird. Meist ergibt sich die Antwort aus dem inhaltlichen Zusammenhang. Stellt man jedoch das Seccorezitativ in den Mittelpunkt des Interesses, so muss es keineswegs als Wertminderung der Gattung betrachtet werden, wenn selbiges erst an späterer Stelle folgt. Vielleicht ist ein *recitativo semplice* nach einer wohlklingenden Sinfonia nicht als dramatischer Rückfall zu betrachten, sondern vielmehr für den Zuhörer Anlass, genau hinzuhören und sich aufmerksam mit der beginnenden Handlungssituation auseinanderzusetzen. Gerade die Beispiele aus *Flavio* und *Serse* zeigen, wie in genau der richtigen Situation das erste *recitativo* im Verborgenen verwendet wird. Wenn Händel also ein dramatisches Accompagnato für den Beginn seiner Oper wählt, ist diese Form ein ebenso optimaler musikalischer Ausdruck der Situation wie in anderen Fällen ein Seccorezitativ. Und wenn in den Finalszenen oftmals eine große Menge an Ausdrucksmitteln eingesetzt wird, um verbliebene Konflikte zu lösen, erweist sich das Rezitativ für die knappe finale Schlussbotschaft ebenfalls als ideale Form. Denn hier kann in nur wenigen Takten das Wesentliche ausgesprochen werden, ohne sich in Formalität zu verlieren. Worte des Verzeihens oder der Fröhlichkeit können so vor dem Schlusschor in aller Kürze ausgesprochen werden, ohne das dies als retardierendes Element empfunden wird.

Im szenischen Zusammenhang steht der Monolog hingegen stark im Schatten der dominierenden Arien. Hier wie dort drückt ein einzelner Protagonist sein Innerstes dem Publikum aus. Während in der Arie ein Reichtum an Melodien den Zuhörer fesselt, wirkt der Monolog dagegen karg und trocken. Andererseits hat ein Protagonist größere Freiheiten, in kurzer Zeit zu fremden Tonarten zu gelangen oder sich auf ein knappes Kadenzschema zu beschränken. Mithilfe der Continuostimme kann ein Monolog innerhalb weniger Takte große harmonische Verwandlungen vornehmen, um zwischen zwei durch ferne Tonarten getrennte Arien einen fließenden Übergang zu schaffen oder aber einen tonalen Bruch absichtlich hörbar zu machen. Das Rezitativ kann mit den ihm zur Verfügung stehenden Mitteln einen harten Umbruch abfedern oder ebendiese Wirkung durch einen schroffen harmonischen Bruch verweigern. Die ausgewählten Dialogszenen lassen hingegen in rasch aufeinanderfolgenden Dialogen die Temperamente der Protagonisten aufeinanderprallen und zeigen, mit welcher Zielsicherheit es Händel gelingt, musikalische Mittel zur dramatischen Gestaltung seiner Rezitativszenen einzusetzen. Hier sind es die Wechselwirkungen und Kontraste, die die Aufmerksamkeit des Zuhörers binden. Im Gegensatz zu den geschlossenen Formen der Arien und Duette überzeugen Rezitative durch ihre große Flexibilität. So kann sich z. B. die Deklamation durch eine ruhige Viertel-Achtel-Bewegung in unmittelbarer Reaktion auf den Versinhalt zu einem beschleunigten Sechzehntelrhythmus steigern. Mottoverse schaffen eine Verbindung zwischen den blockhaften Szenen, wodurch eine enge Verflechtung entsteht, welche durch die melodisch-rhythmische Wandlungsfähigkeit der Verse bedeutungsvollen Ausdruck gewinnt und auch auf musikalischer Ebene die *recitativi* organisch auseinander heraus entstehen lässt, sodass diese über die Szenen hinweg miteinander zu kommunizieren scheinen.

Schlusswort

Wohin führt uns nun die Auseinandersetzung mit Händels Rezitativen? Wir wissen nicht, wie zu Händels Zeit ein Rezitativ in der Praxis wirklich vorgetragen wurde und wir haben auch keine genauen Quellen, die uns Nachricht darüber geben, wie der Komponist dieses letztlich aufgeführt wissen wollte. Auch lässt sich aufgrund der wenigen Vermutungen letzten Endes nicht beurteilen, welche Vorgaben Händel an seine Librettisten Haym, Rolli oder Rossi machte und welche Qualitäten der hier besprochenen Szenen wir den Textdichtern verdanken. Doch das notierte Rezitativ gibt in vielerlei Hinsicht Einblick in Rhythmen, Tempi oder Tonalität. Man sieht, welche Passagen in höfischem Konversationston rezitiert werden sollen und an welchen Stellen Händels Charaktere aus diesen Modellen ausbrechen. Die Welt der höfischen Etikette findet in der Sprache des Rezitativs ihren Niederschlag und die ausdrucksstarke Kundgebung weiß daneben ihren Platz zu behaupten. Wort und Vers des Librettos liefern den Rahmen und werden vom Komponisten in eine musikalisch-dramatische Szene verwandelt. Versgebundene Rezitation und Nachahmung von natürlichen Redegesten sind die beiden Pole, zwischen denen viele Rezitativszenen verortet sind und die die Szenen auf eine Art und Weise wiedergeben, die sich beim bloßen Lesen der Verse erschließt. Oft unterdrückt ein Protagonist im Rezitativ noch sein Gefühl, um diesem in der folgenden Arie freien Lauf zu lassen. Manchmal leitet das Rezitativ aber auch intensiv die darauffolgende Arie bzw. das Duett ein. Händels Art und Weise, die Protagonisten sprechen zu lassen, folgt einerseits der natürlichen italienischen Sprachmelodie bei Aussagen, Fragen oder Ausrufen. Andererseits geht er an vielen Stellen auch über diese hinaus: Im Notentext vieler Rezitative stehen polternde Väter, übermütige junge Burschen, sehnsüchtig schmachtende Liebhaber, rasende Mütter, verzweifelte Töchter und ehrenhafte Charaktere. Man erkennt, wie die Continuostimme punktuell Zäsuren setzt oder dabei hilft, die Handlung in eine unerwartete Richtung laufen zu lassen. An manchen Stellen finden sich Mottoverse, die über verschiedene Szenen hinweg immer wieder aufgegriffen werden und einen roten Faden durch die Handlung weben. An mancher Stelle gehen Liebe, Tod und Verzweiflung Hand in Hand in durch entfernte Tonarten eingefärbten Grenzsituationen .

Betrachtet man Händels Werdegang, ist diese Tiefe des musikalischen Ausdrucks, die lediglich auf der Singstimme und dem Generalbass beruht, keineswegs eine Selbstverständlichkeit. *Almira* und *Rodrigo* sind Beispiele dafür, wie Händel zu Beginn seiner Laufbahn lediglich die formellen Anforderungen der Rezitativvertonung zu erfüllen versucht. Eine zwar in Musik gesetzte, jedoch weitgehend indifferent vor uns liegende Textmasse, die dem Zweck des Handlungsträgers dient, ohne jedoch die Szene und die Charaktere präzise zu konturieren, war weder für einen vorwärts strebenden Händel eine dauerhafte Lösung, noch kann sie in unserer heutigen Zeit einen kritischen Geist auf Dauer bei Laune halten. Umso beeindruckender ist es zu beobachten, wie sich aus den Bergen gewaltiger Textmassen der frühen Jahre ab der Londoner Zeit ein kunstvoll gestalteter Torso herausgebildet hat, der uns zwar noch vielerlei Rätsel aufgibt und Fragen offen lässt, andererseits jedoch die verblüffende Gestaltungskraft dieses Komponisten für jedes Detail seiner Werke offenbart. Zwar mag der ein oder andere an der radikalen Verstümmelung der Rezitativverse durch Händel und seine Bearbeiter Anstoß nehmen, doch darf man auf keinen Fall den bedeutenden Wert missachten, der infolge der Vertonung durch Händels musikalisch-rhythmische Gestaltungskraft entstanden ist. Händel Ideen speisten sich aus den Gegebenheiten der entsprechenden Szene und den seelischen Befindlichkeiten seiner Charaktere. Wir können aus ihnen lernen, welch große Wertschätzung Händel auch den bislang noch wenig beachteten Elementen seiner Kompositionen zukommen ließ. Was letztlich zählt, ist die schöpferische Idee, welche damals wie heute weit den interpretatorischen Schwankungen der Aufführungsbedingungen unterliegt. Mit Sicherheit werden Händels Rezitativszenen niemals den populären Rang eines »Lascia ch'io pianga« oder »Ombra mai fu« erreichen, dies ist auch nicht ihre Aufgabe. Jedoch sind die Rezitative eine wichtige Lebensader der Opern, in der noch manche Details schlummern und die den Szenen und Handlungssträngen ihre plastische Gestalt, ja vielleicht gar ihre zwingende dramatische Größe verleihen. Diese Arbeit kann lediglich einen ersten Anstoß geben und im besten Falle dazu führen, diese Opern vom anfangs erwähnten Vorurteil der »Langeweile des Rezitativs« zu befreien. Wir dürfen sicher sein, dass zu den in dieser Arbeit beschriebenen Aspekten der Rezitative in künftigen Zeiten weitere hinzugefügt werden müssen, um Schritt für Schritt ein Gesamtbild dieser Materie zu erhalten.

Anhang

Literatur

ABERT, Hermann: Wort und Ton in der Musik des 18. Jahrhunderts, in: Archiv für Musikwissenschaft, 5. Jahrgang, 1/1923, Steiner-Verlag, S. 31–70.

ALGAROTTI, Francesco: Saggio sopra l'opera in musica, Livorno, 1763.

ALLIHN, Ingeborg: Algarotti, Die Musik am Berliner Hof, in: Francesco Algarotti. Ein philosophischer Hofmann im Jahrhundert der Aufklärung, hrsg. von Hans Schumacher und Brunhilde Wehinger, Werhahn Verlag, 1. Auflage 2009, S. 209–211.

BIANCONI, Lorenzo (Hrsg.): I libretti italiani di Georg Friedrich Händel e le loro fonti (Bd. 1), Olschki-Verlag, Florenz, 1992.

BENARY, Peter: Musikalische Werkbetrachtung in metrischer Sicht, in: Die Musikforschung, 14. Jahrg., Heft 1 (Januar/März 1961), S. 2–10.

CASTIGLIONE, Baldassare: Das Buch vom Hofmann, übersetzt, eingeleitet und erläutert von Fritz BAUMGART, Carl Schünemann Verlag, Bremen, 1966.

CASTIGLIONE, Baldassare: Il libro del Cortegiano, a cura di Giulio Preti, Einaudi, Torino 1965, S. 55 f.

CHIABRERA, Gabriello: Dialoghi sull'arte poetica con altre sue prose e lettere, Tipografia di Alvisopoli, Venedig, 1830.

COMPTON, Regina: The Recitative Semplice in Handel's Operas for the First Royal Academy of Music, 1720–1728, Univ. Diss., Rochester, 2015.

DAHLHAUS, Carl: Polemisches zur Theorie der Rhythmik und Metrik, in: Die Musikforschung, 29. Jahrg., H. 2 (April/Juni 1976), S. 183–186.

DAHLHAUS, Carl: Zeitstrukturen in der Oper, in: Die Musikforschung 34/1, 1981, S. 2–11.

DEAN, Winton: Handel and the opera seria, Oxford University Press, London, 1970.

DEAN, Winton und Knapp, John Merrill: Handel's Operas 1704-1726, Clarendon Press Oxford, 1987.

DEAN, Winton: Handel's Operas 1726–1741, The Boydell Press Woodbridge, 2006.

DOWNES, Edward: »Secco«-Recitative in Early Classical Opera Seria (1720–80), in: Journal of the American Musicological Society, Bd. 14, Nr. 1 (1961), S. 50–59.

EISENSCHMIDT, Joachim: Die szenische Darstellung der Opern Georg Friedrich Händels auf der Londoner Bühne seiner Zeit, hrsg. von Hans-Joachim Marx, Laaber-Verlag, 1987.

ELWERT, Wilhelm Theodor: Italienische Metrik, Steiner-Verlag Wiesbaden, 1984.

ETSCHEIT, Ulrich: Händels »Rodelinda«. Libretto – Komposition – Rezeption, Bärenreiter-Verlag Kassel, 1998.

Georgiades, Thrasybulos: Musik und Rhythmus bei den Griechen. Zum Ursprung der abendländischen Musik, Rowohlt, Hamburg, 1958.

Georgiades, Thrasybulos: Zur Musiksprache der Wiener Klassiker (1951), in: Kleine Schriften, Verlag Hans Schneider, Tutzing, 1977, S. 33–53.

Gerber, Rudolf: Der Operntypus Johann Adolf Hasses und seine textlichen Grundlagen, Olms-Verlag Hildesheim/New York, 1973.

Gianelli, Pietro: Dizionario della musica sacra e profana. Terza edizione corretta ed accresciuta, Bd. 6, Venedig, 1830, S. 88–90.

Harris, Ellen T.: The librettos of Handel's operas. A collection of seventy-one librettos documenting Handel's operatic career, University of Chicago, Garland Series, New York/London, 1989.

Krones, Hartmut: Zur musikalischen »Rhetoric« in Georg Philipp Telemanns Kantaten, in: Telemanns Vokalmusik. Über Texte, Formen und Werke, in: Studien und Materialien zur Musikwissenschaft, Bd. 49, hrsg. von Alfred Nowak und Andreas Eichhorn, Olms-Verlag, 2008, S. 29–64.

Kubik, Reinhold: Nebeneinander – Miteinander. Beobachtungen zur Koexistenz von Rezitativ und Arie bei Händel, in: Ausdrucksformen der Musik des Barock: Passionsoratorium, Serenata, Rezitativ, in: Veröffentlichungen der Internationalen Händel-Akademie Karlsruhe, No. 7, Laaber-Verlag, 2002.

Kubik, Reinhold: Händels Rinaldo: Geschichte, Werk, Wirkung (Diss.), Hänssler-Verlag Stuttgart, 1982.

Kubik, Reinhold / Strohm, Reinhard: Erläuterungen während der Demonstration, in: Gattungskonventionen der Händel-Oper. Bericht über die Symposien 1990 und 1991, hrsg. Von Hans Joachim Marx, Veröffentlichungen der Internationalen Händel-Akademie Karlsruhe, Laaber-Verlag, 1992, S. 206–218.

Leopold, Silke: Al modo d'Orfeo. Dichtung und Musik im italienischen Sologesang des frühen 17. Jahrhunderts, in: Analecta Musicologica 29 (1), Laaber-Verlag, 1993.

Leopold, Silke: Das italienische Libretto im 17. und 18. Jahrhundert, in: Die Musik in Geschichte und Gegenwart (2., neubearb. Ausg. hrsg. von Ludwig Finscher) Bd. 5, Kassel u. a. 1996, Sp. 1123–1131 und 1248 f.

Leopold, Silke: Händel. Die Opern, Bärenreiter-Verlag Kassel, 2009.

Leopold, Silke: »Quelle bazzicature poetiche, appellate ariette«. Dichtungsformen in der frühen italienischen Oper (1600–1640), in: Hamburger Jahrbuch für Musikwissenschaft, Bd. 3., Studien zur Barockoper, hrsg. von Constantin Floros, Hans Joachim Marx und Peter Petersen, Verlag der Musikalienhandlung Karl Dieter Wagner, Hamburg, 1978, S. 101–137.

Lösener, Hans: Der Rhythmus in der Rede. Linguistische und literaturwissenschaftliche Aspekte des Sprachrhythmus, Max Niemeyer-Verlag, Tübingen, 1999.

Lühning, Helga: Titus-Vertonungen im 18. Jahrhundert. Untersuchungen zur Tradition der opera seria von Hasse bis Mozart, Laaber-Verlag, 1983.

Marcello, Benedetto: Das neumodische Theater (Il teatro alla moda), übers. und hrsg. von Sabine Radermacher, Books on Demand GmbH, Heidelberg, 2001.

MATTHESON, Johann: Der vollkommene Capellmeister. Neusatz des Textes und der Noten, hrsg. von Friederike Ramm, Bärenreiter-Verlag Kassel, 1999.

MATTHESON, Johann: Kern melodischer Wissenschaft. Bestehend in den auserlesensten Haupt- und Grundlehren der musikalischen Setzkunst oder Composition, als ein Vorläufer des Vollkommenen Capellmeisters, Hamburg, 1737.

MARX, Hans Joachim: Formen des Rezitativs in den oratorischen Werken Händels, in: Göttinger Händel-Beiträge VIII, hrsg. von Hans Joachim Marx, 2000, S. 105–122.

MARX, Hans Joachim: Affekt und Aktion. Zur Opernpraxis der Händel-Zeit, in: Händel in Karlsruhe, hrsg. vom Badischen Staatstheater Karlsruhe, G. Braun, Karlsruhe, 1991, S. 9–11.

MEYER, Ralph: Die Behandlung des Rezitativs in Glucks italienischen Reformopern (Diss.), Halle, 1919.

MONELLE, Raymond: Recitative and Dramaturgy in the Dramma per Musica, in: Music & Letters, Vol. 59, No. 3 (Jul., 1978), pp. 245–267.

MÜCKE, Panja: Rezitative, in: Händels Opern, 1. Bd., hrsg. Von Arnold Jacobshagen und Panja Mücke, Laaber-Verlag, 2009, S. 294–311.

NEUMANN, Friedrich-Heinrich: Die Ästhetik des Rezitativs. Zur Theorie des Rezitativs im 17. und 18. Jahrhundert, Èditions P. H. Heitz/Verlag Heitz GMBH, Strassbourg/Baden-Baden, 1962.

NEUMAIER, Wilfried: Antike Rhythmustheorien. Historische Form und aktuelle Substanz, Grüner-Verlag, Amsterdam, 1989.

RACEK, Jan: Zum Wort-Ton-Problem in der geschichtlichen Entwicklung der abendländischen Musik (Unter besonderer Berücksichtigung der italienischen begleiteten Monodie), in: Die Musikforschung, 24. Jahrg., H. 2 (April/Juni 1971), S. 121–135.

REIPSCH, Ralph-Jürgen: Telemanns Rezitativtechnik. Untersuchungen am Spätwerk, in: Musik als Text. Bericht über den Internationalen Kongreß der Gesellschaft für Musikforschung, hrsg. von Hermann Danuser und Tobias Plebuch, Bd. 2: Freie Referate, Freiburg im Breisgau, 1993, S. 283–294.

RUHNKE, Martin: Das italienische Rezitativ bei den deutschen Komponisten des Spätbarock, in: Analecta Musicologica. Veröffentlichungen der musikgeschichtlichen Abteilung des deutschen historischen Instituts in Rom, hrsg. Von Friedrich Lippmann unter Mitwirkung von Silke Leopold, Volker Scherliess und Wolfgang Witzenmann, Arno Volk – Verlag Köln, 1976, S. 79–120.

SCHEIBE, Johann Adolph: Abhandlung über das Rezitativ, in: Bibliothek der schönen Wissenschaften und freien Künste XI–XII, 1764–1765.

SCHMALZRIEDT, Siegfried: Ästhetik und Aufführungspraxis des Rezitativs im Werk Händels: Zur Einführung, Ausdrucksformen der Musik des Barock: Passionsoratorium, Serenata, Rezitativ. Series: Veröffentlichungen der Internationalen Händel-Akademie Karlsruhe, No. 7 Published by: Laaber-Verlag, Laaber, Germany, 2002.

STEGER, Werner: G. H. Stölzels »Abhandlung vom Recitativ«, Inaugural-Dissertation, Heidelberg, 1962.

Strohm, Reinhard: Die italienische Oper im 18. Jahrhundert, in: Taschenbücher zur Musikwissenschaft, Heinrichshofen-Verlag, Wilhelmshafen, 1979.

Strohm, Reinhard: Händels Opern im europäischen Zusammenhang, in: Die Oper im 18. Jahrhundert, hrsg. von Silke Leopold, Herbert Schneider, Reinhard Wiesend, Laaber, 2006, S. 28–39.

Strohm, Reinhard: Italienische Opernarien des frühen Settecento : (1720–1730), in: Analecta Musicologica, Volk-Verlag, Köln, 1973.

Strohm, Reinhard: Rezitativ, in: Die Musik in Geschichte und Gegenwart, Sachteil 8, Bärenreiter-Verlag, Kassel, 1998, S. 224–242.

Tartini, Giuseppe: Trattato di musica secondo la vera scienza dell'armonia, Padua, 1754.

Tosi, Pier Francesco und Agricola, Johann Friedrich: Anleitung zur Singkunst. Faksimile-Neudruck mit Nachwort und Kommentar von Kurt Wichmann, Breitkopf & Härtel-Verlag, Wiesebaden, Leipzig, revidierter Nachdruck der Faksimile-Ausgabe 1966, Paris, 1994.

Tosi, Pier Francesco: Opinioni de' cantori antichi e moderni o sieno osservazioni sopra il canto figurato, o. V., o. O., 1723.

Unger, Hans-Heinrich: Die Beziehungen zwischen Musik und Rhetorik im 16.–18. Jahrhundert, Olms-Verlag, Hildesheim, 1969.

Vetter, Walther: Zur Stilproblematik der italienischen Oper des 17. und 18. Jahrhunderts, in: Studien zur Musikwissenschaft, Bd. 25, Festschrift für Erich Schenk, 1962, S. 561–573.

Westrup, Jack Allen: Rezitativ, in: Die Musik in Geschichte und Gegenwart, Bd. 11, Bärenreiter-Verlag, Kassel, 1963, S. 355–366.

Klavierauszüge

Almira, Königin von Kastilien (HWV 1), Klavierauszug nach dem Urtext der Hallischen Händel-Ausgabe, hrsg. von Andreas Köhs, Bärenreiter Kassel u. a., 2012.

Amadigi di Gaula (HWV 11), Klavierauszug nach dem Urtext der Hallischen Händel-Ausgabe, hrsg. von Martin Schelhaas, Bärenreiter Kassel u. a., 2008.

Ezio (HWV 29), Klavierauszug nach dem Urtext der Hallischen Händel-Ausgabe, hrsg. von Andreas Köhs, Bärenreiter Kassel u. a., 2008.

Flavio (HWV 16), Klavierauszug nach dem Urtext der Hallischen Händel-Ausgabe, hrsg. von Peter Brenner, Bärenreiter Kassel u. a., 2000.

Giulio Cesare in Egitto (HWV 17), Klavierauszug nach dem Urtext der Hallischen Händel-Ausgabe, hrsg. von Karl-Heinz Müller, 4. Auflage, Bärenreiter Kassel u. a., 2011.

Ottone, Re di Germania (HWV 15), Klavierauszug nach dem Urtext der Hallischen Händel-Ausgabe, hrsg. von Andreas Köhs, Bärenreiter Kassel u. a., 2010.

Riccardo Primo, Re d'Inghilterra (HWV 23), Klavierauszug nach dem Urtext der Hallischen Händel-Ausgabe, hrsg. von Andreas Köhs, Bärenreiter Kassel u. a., 2007.

Rinaldo (HWV 7a), Klavierauszug nach dem Urtext der Hallischen Händel-Ausgabe, hrsg. von Michael Rot, Bärenreiter Kassel u. a., 2007.

Serse (HWV 40), Klavierauszug nach dem Urtext der Hallischen Händel-Ausgabe, hrsg. von Andreas Köhs, 2. Auflage, Bärenreiter Kassel u. a., 2008.

Hallische Händel-Ausgabe

Almira, Königin von Kastilien (HWV 1), in: Hallische Händel-Ausgabe, Bd. 1, hrsg. von Dorothea Schröder, Bärenreiter Kassel/Basel u. a., 1994.

Agrippina (HWV 6), in: Hallische Händel-Ausgabe, Bd. 3, hrsg. von John Sawyer, Bärenreiter Kassel/Basel u. a., 2013.

Alcina (HWV 34), in: Hallische Händel-Ausgabe, Bd. 33, hrsg. von Siegfried Flesch, Bärenreiter Kassel/Basel u. a., 2009.

Amadigi di Gaula (HWV 11), in: Hallische Händel-Ausgabe, Bd. 8, hrsg. von John Merrill Knapp, Bärenreiter Kassel/Basel u. a., 1971.

Arianna in Creta (HWV 32), in: Hallische Händel-Ausgabe, Bd.29, hrsg. von Reinhold Kubik, Bärenreiter Kassel/Basel u .a., 2012.

Ariodante (HWV 33), in: Hallische Händel-Ausgabe, Bd. 32, hrsg. von Donald Borrows, Bärenreiter Kassel/Basel u .a., 2007.

Deidamia (HWV 42), in: Hallische Händel-Ausgabe, Bd. 41, hrsg. von Terence Best, Bärenreiter Kassel/Basel u. a., 2001.

Ezio (HWV 29), in: Hallische Händel-Ausgabe, Bd. 26, hrsg. von Michael Pacholke, Bärenreiter Kassel/Basel u. a., 2008.

Flavio, Re de' Longobardi (HWV 16), in: Hallische Händel-Ausgabe, Bd. 13, hrsg. von John Merrill Knapp, Bärenreiter Kassel, 1993.

Il Floridante (HWV 14), in: Hallische Händel-Ausgabe, Bd. 11, hrsg. von Hans-Dieter Clausen, Bärenreiter Kassel/Basel u. a., 2005.

Imeneo (HWV 41), in: Hallische Händel-Ausgabe, Bd. 40, hrsg. von Donald Borrows, Bärenreiter Kassel/Basel u. a., 2002.

Orlando (HWV 31), in: Hallische Händel-Ausgabe, Bd. 28, hrsg. von Siegfried Flesch, Bärenreiter Kassel/Basel u. a., 1969.

Ottone, Re di Germania (HWV 15), in: Hallische Händel-Ausgabe, Bd. 12,1, hrsg. von Fiona J. McLauchlan, Bärenreiter Kassel/Basel u. a., 2008.

Poro, Re dell'Indie (HWV 28), in: Hallische Händel-Ausgabe, Bd. 25, hrsg. von Graham Cummings, Bärenreiter Kassel/Basel u. a., 2013.

Radamisto (HWV 12a), in: Hallische Händel-Ausgabe, Bd. 9,1, hrsg. von Terence Best, Bärenreiter Kassel/Basel u. a., 1997.

Riccardo Primo, Re d'Inghilterra (HWV 23), in: Hallische Händel-Ausgabe, Bd. 20, hrsg. von Terence Best, Bärenreiter Kassel/Basel u. a., 2005.

Rinaldo (HWV 7a), in: Hallische Händel-Ausgabe, Bd. 4,1, hrsg. von David R. Kimbell, Bärenreiter Kassel/Basel u .a., 1993.

Rodelinda, Regina de' Longobardi (HWV 19), in: Hallische Händel-Ausgabe, Bd. 16, hrsg. von Andrew V. Jones, Bärenreiter Kassel/Basel u. a., 2002.

Rodrigo (HWV 5), in: Hallische Händel-Ausgabe, Bd. 2., hrsg. von Rainer Heyink, Bärenreiter Kassel/Basel u. a., 2007.

Serse (HWV 40), in: Hallische Händel-Ausgabe, Bd. 39, hrsg. von Terence Best, Bärenreiter Kassel/Basel u. a., 2003.

Tamerlano (HWV 18), in: Hallische Händel-Ausgabe, Bd. 15, hrsg. von Terence Best, Bärenreiter Kassel/Basel u. a., 1996.

Tolomeo, Re d'Egitto (HWV 25), in: Hallische Händel-Ausgabe, Bd. 22, hrsg. von Michael Pacholke, Bärenreiter Kassel/Basel u. a., 2000.

Chrysander-Ausgabe

Faramondo (HWV 39), in: Georg Friedrich Händels Werke, hrsg. von Friedrich Chrysander, Bd. 91, Deutsche Händelgesellschaft Leipzig, 1894.

Giulio Cesare in Egitto (HWV 17), in: Georg Friedrich Händels Werke, hrsg. von Friedrich Chrysander, Bd. 68, Deutsche Händelgesellschaft Leipzig, 1875.

Partenope (HWV 27), in: Georg Friedrich Händels Werke, hrsg. von Friedrich Chrysander, Bd. 78, Deutsche Händelgesellschaft Leipzig, 1879.

Il pastor fido (HWV 8), in: Georg Friedrich Händels Werke, hrsg. von Friedrich Chrysander, Bd. 59, Deutsche Händelgesellschaft Leipzig, 1876.

Teseo (HWV 9), in: Georg Friedrich Händels Werke, hrsg. von Friedrich Chrysander, Bd. 60, Deutsche Händelgesellschaft Leipzig, 1874.

Libretti

Almira (Hamburg, 1704), in: The librettos of Handel's Operas, Bd. 1, hrsg. von Ellen T. Harris, Garland Publishing, New York/London, 1989.

Rodrigo (Florenz, 1707), in: The librettos of Handel's Operas, Bd. 1, hrsg. von Ellen T. Harris, Garland Publishing, New York/London, 1989.

Agrippina (Venedig, 1709), in: The librettos of Handel's Operas, Bd. 1, hrsg. von Ellen T. Harris, Garland Publishing, New York/London, 1989.

Rinaldo (London, 1711), in: The librettos of Handel's Operas, Bd. 2, hrsg. von Ellen T. Harris, Garland Publishing, New York/London, 1989.

Il pastor fido (London, 1712), in: The librettos of Handel's Operas, Bd. 2, hrsg. von Ellen T. Harris, Garland Publishing, New York/London, 1989.

Teseo (London, 1713), in: The librettos of Handel's Operas, Bd. 2, hrsg. von Ellen T. Harris, Garland Publishing, New York/London, 1989.

Amadigi (London, 1715), in: The librettos of Handel's Operas, Bd. 2, hrsg. von Ellen T. Harris, Garland Publishing, New York/London, 1989.

Radamisto (London, 1720), in: The librettos of Handel's Operas, Bd. 3, hrsg. von Ellen T. Harris, Garland Publishing, New York/London, 1989.
Floridante (London, 1721), in: The librettos of Handel's Operas, Bd. 3, hrsg. von Ellen T. Harris, Garland Publishing, New York/London, 1989.
Ottone (London, 1723), in: The librettos of Handel's Operas, Bd. 3, hrsg. von Ellen T. Harris, Garland Publishing, New York/London, 1989.
Flavio (London, 1723), in: The librettos of Handel's Operas, Bd. 3, hrsg. von Ellen T. Harris, Garland Publishing, New York/London, 1989.
Giulio Cesare (London, 1724), in: The librettos of Handel's Operas, Bd. 4, hrsg. von Ellen T. Harris, Garland Publishing, New York/London, 1989.
Tamerlano (London 1724), in: The librettos of Handel's Operas, Bd. 4, hrsg. von Ellen T. Harris, Garland Publishing, New York/London, 1989.
Rodelinda (London, 1725), in: The librettos of Handel's Operas, Bd. 4, hrsg. von Ellen T. Harris, Garland Publishing, New York/London, 1989.
Riccardo Primo (London, 1727), in: The librettos of Handel's Operas, Bd. 5, hrsg. von Ellen T. Harris, Garland Publishing, New York/London, 1989.
Tolomeo (London, 1728), in: The librettos of Handel's Operas, Bd. 5, hrsg. von Ellen T. Harris, Garland Publishing, New York/London, 1989.
Poro (London, 1731), in: The librettos of Handel's Operas, Bd. 6, hrsg. von Ellen T. Harris, Garland Publishing, New York/London, 1989.
Ezio (London, 1732), in: The librettos of Handel's Operas, Bd. 6, hrsg. von Ellen T. Harris, Garland Publishing, New York/London, 1989.
Orlando (London, 1732), in: The librettos of Handel's Operas, Bd. 7, hrsg. von Ellen T. Harris, Garland Publishing, New York/London, 1989.
Arianna (London, 1733), in: The librettos of Handel's Operas, Bd. 7, hrsg. von Ellen T. Harris, Garland Publishing, New York/London, 1989.
Ariodante (London, 1734), in: The librettos of Handel's Operas, Bd. 7, hrsg. von Ellen T. Harris, Garland Publishing, New York/London, 1989.
Alcina (London, 1735), in: The librettos of Handel's Operas, Bd. 7, hrsg. von Ellen T. Harris, Garland Publishing, New York/London, 1989.
Faramondo (London, 1737), in: The librettos of Handel's Operas, Bd. 8, hrsg. von Ellen T. Harris, Garland Publishing, New York/London, 1989.
Serse (London, 1737), in: The librettos of Handel's Operas, Bd. 8, hrsg. von Ellen T. Harris, Garland Publishing, New York/London, 1989.
Imeneo (London, 1740), in: The librettos of Handel's Operas, Bd. 8, hrsg. von Ellen T. Harris, Garland Publishing, New York/London, 1989.
Deidamia (London, 1741), in: The librettos of Handel's Operas, Bd. 8, hrsg. von Ellen T. Harris, Garland Publishing, New York/London, 1989.

Notenbeispiele

1.) Ariodante, I. Akt, 9. Szene

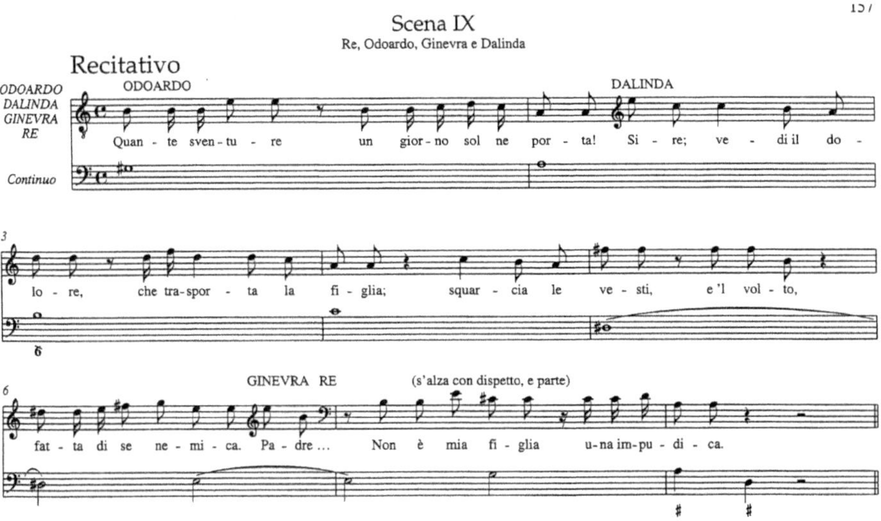

2.) Ottone, Re di Germania, I. Akt, 2. Szene

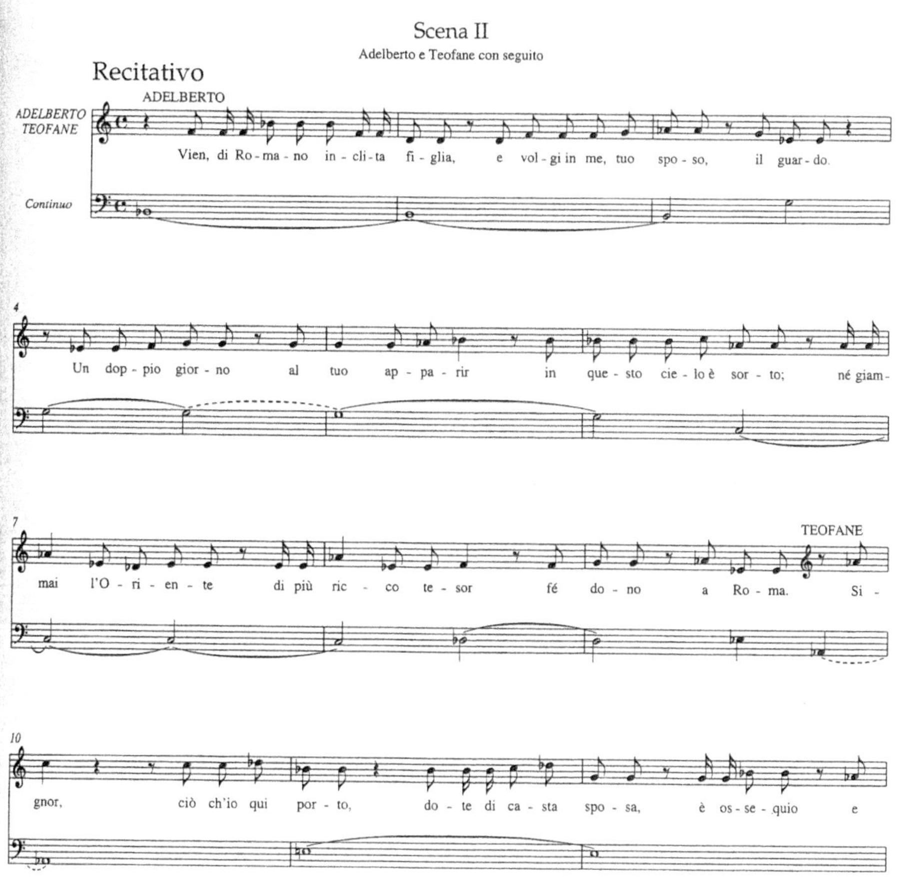

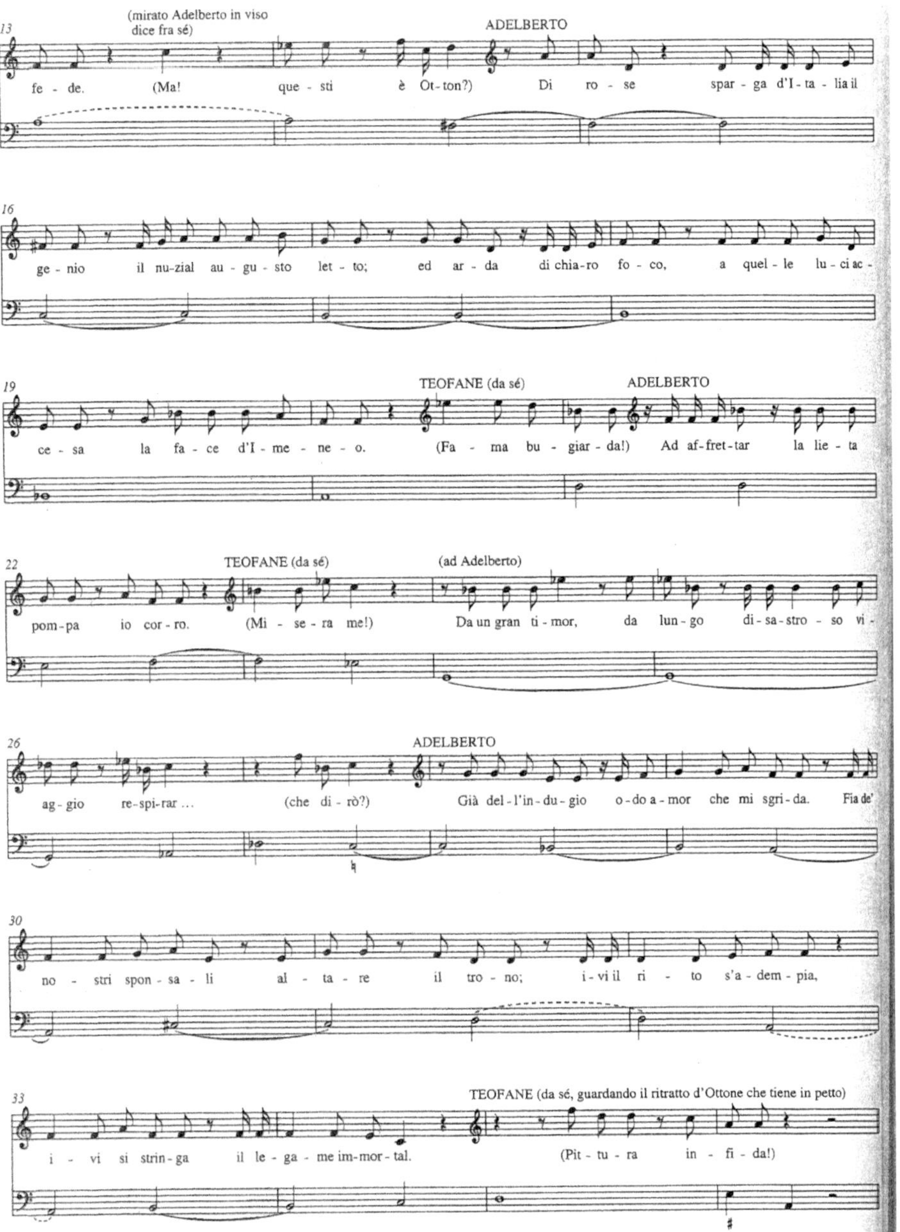
13
(mirato Adelberto in viso
dice fra sé)
ADELBERTO
fe - de. (Ma! que - sti è Ot - ton?) Di ro - se spar - ga d'I - ta - lia il
16
ge - nio il nu-zial au - gu - sto let - to; ed ar - da di chia - ro fo - co, a quel - le lu - ci ac -
19
TEOFANE (da sé)
ADELBERTO
ce - sa la fa - ce d'I - me - ne - o. (Fa - ma bu - giar - da!) Ad af - fret - tar la lie - ta
22
TEOFANE (da sé)
(ad Adelberto)
pom - pa io cor - ro. (Mi - se - ra me!) Da un gran ti - mor, da lun - go di - sa - stro - so vi -
26
ADELBERTO
ag - gio re - spi - rar ... (che di - rò?) Già del - l'in - du - gio o - do a - mor che mi sgri - da. Fia de'
30
no - stri spon - sa - li al - ta - re il tro - no; i - vi il ri - to s'a - dem - pia,
33
TEOFANE (da sé, guardando il ritratto d'Ottone che tiene in petto)
i - vi si strin - ga il le - ga - me im - mor - tal. (Pit - tu - ra in - fi - da!)

3.) Giulio Cesare, I. Akt, 3. Szene

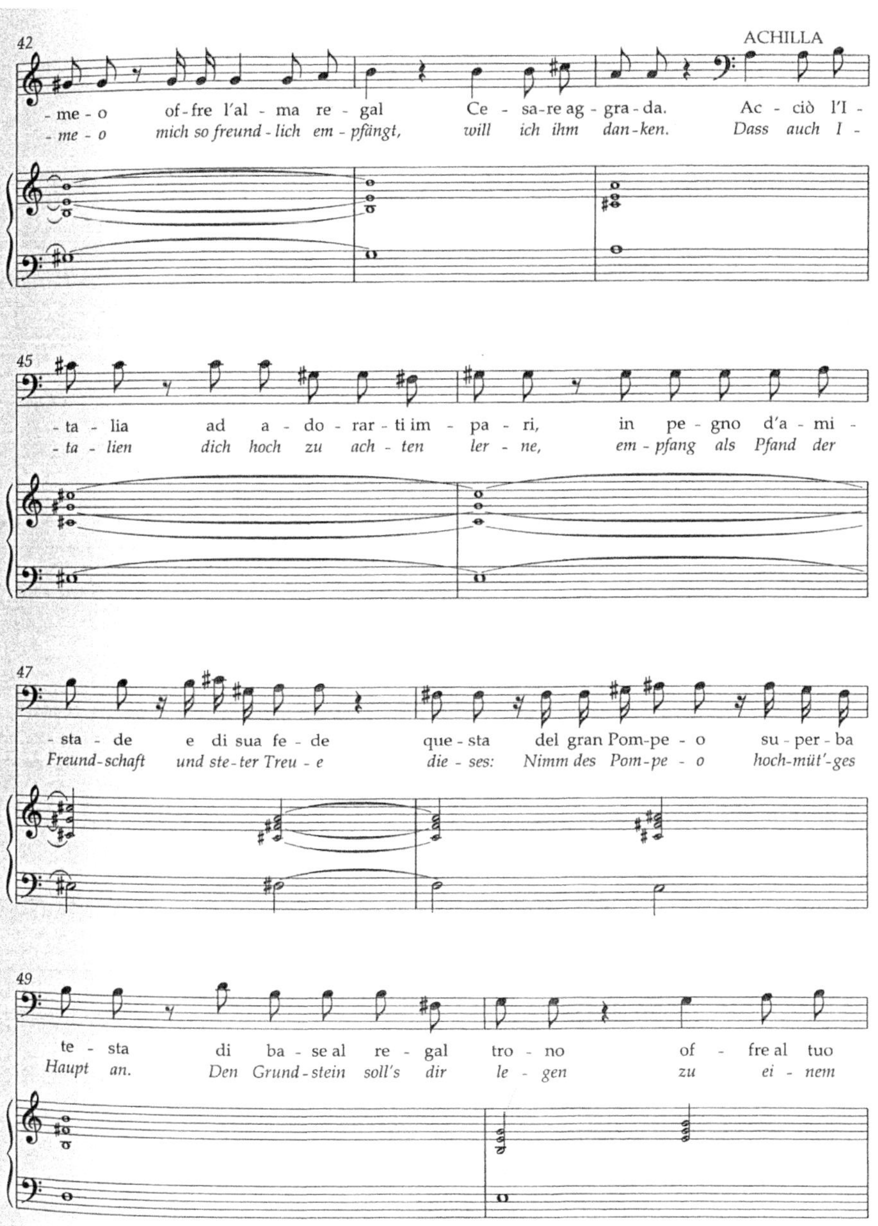

(uno degli Egizi svela il bacile, sopra il quale sta il capo tronco di Pompeo)
(Einer der Ägypter enthüllt die Schale, auf der das abgeschlagene Haupt des Pompeo liegt)

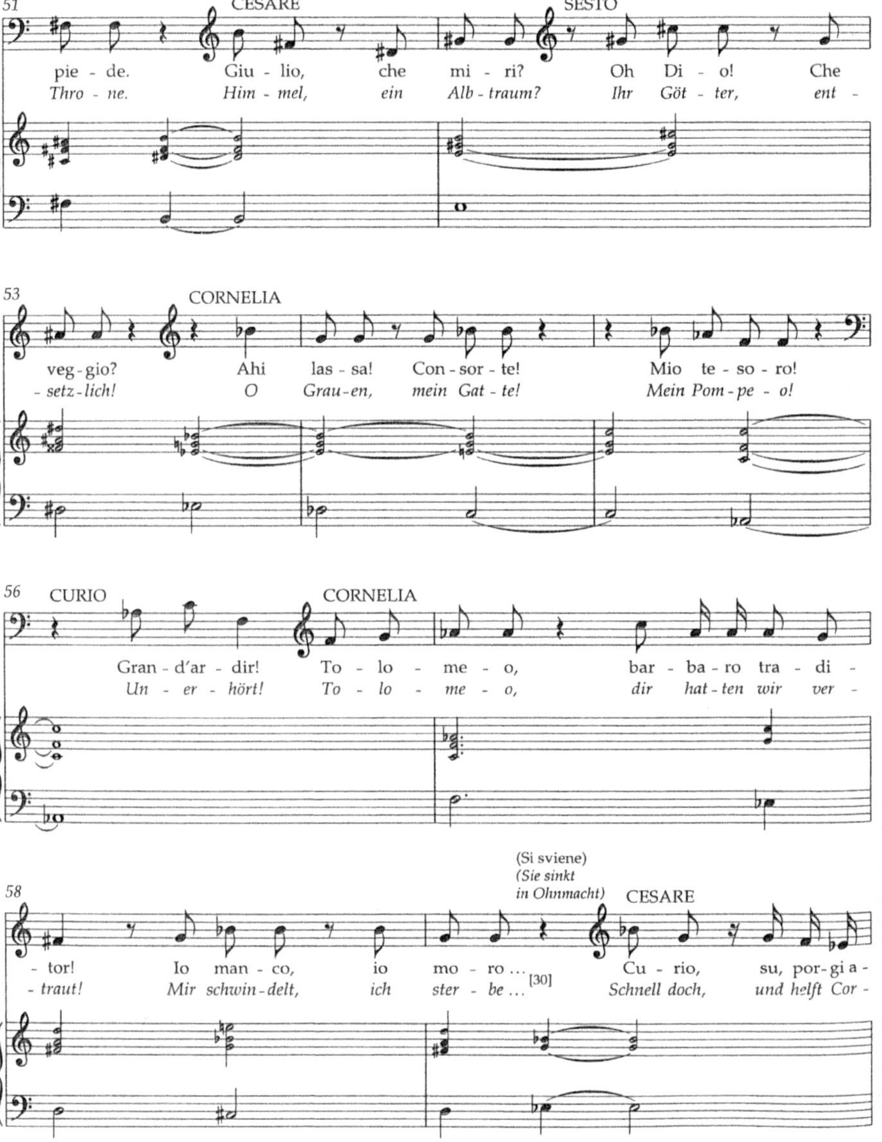

4.) Serse, I. Akt, 9. Szene

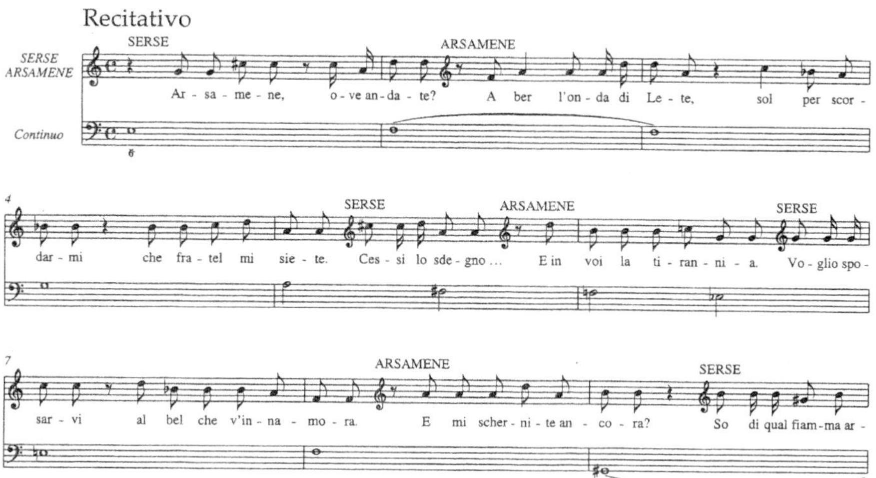

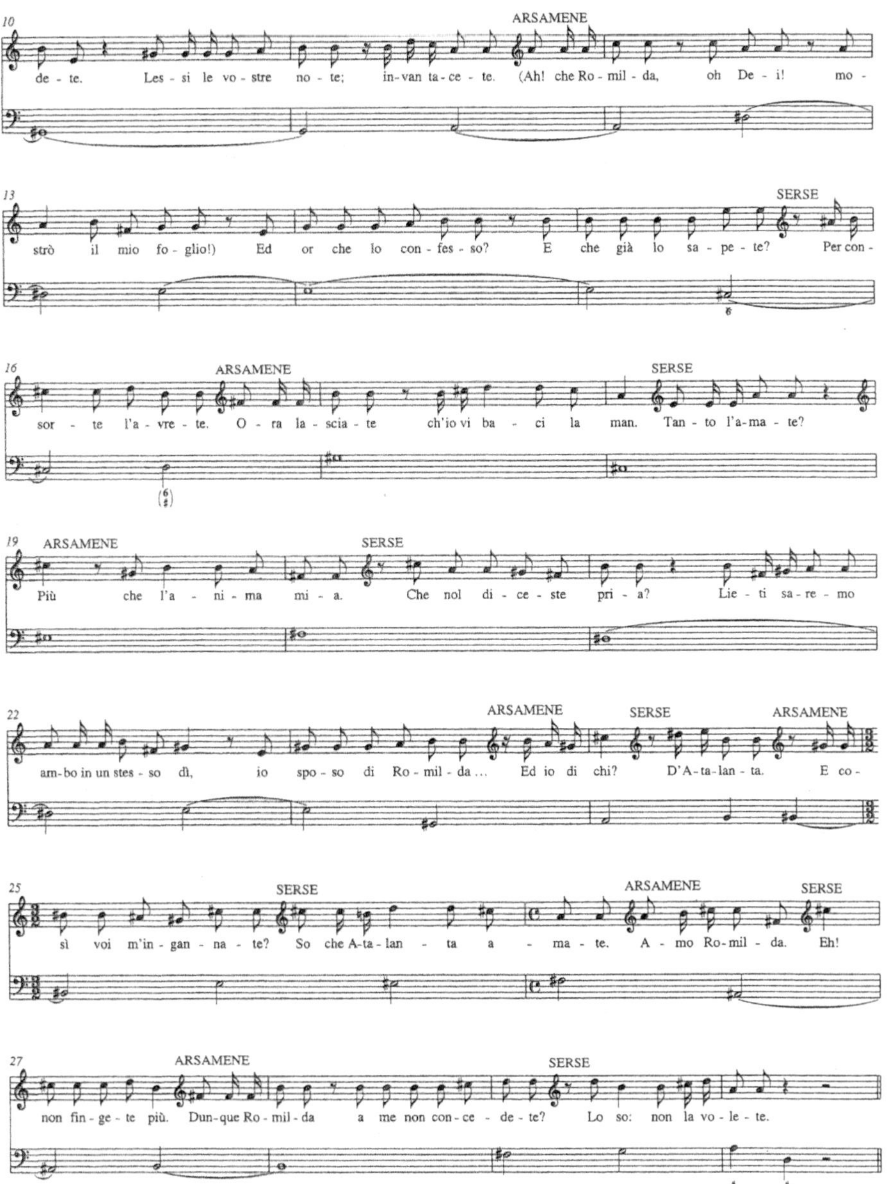
10
ARSAMENE
de - te. Les - si le vo - stre no - te; in-van ta - ce - te. (Ah! che Ro - mil - da, oh De - i! mo -
13
SERSE
strò il mio fo - glio!) Ed or che lo con - fes - so? E che già lo sa - pe - te? Per con -
16
ARSAMENE
SERSE
sor - te l'a - vre - te. O - ra la - scia - te ch'io vi ba - ci la man. Tan - to l'a - ma - te?
19
ARSAMENE
SERSE
Più che l'a - ni - ma mi - a. Che nol di - ce - ste pri - a? Lie - ti sa - re - mo
22
ARSAMENE
SERSE
ARSAMENE
am - bo in un stes - so dì, io spo - so di Ro - mil - da … Ed io di chi? D'A - ta - lan - ta. E co -
25
SERSE
ARSAMENE
SERSE
sì voi m'in - gan - na - te? So che A - ta - lan - ta a - ma - te. A - mo Ro - mil - da. Eh!
27
ARSAMENE
SERSE
non fin - ge - te più. Dun - que Ro - mil - da a me non con - ce - de - te? Lo so: non la vo - le - te.

5.) Imeneo, I. Akt, 1. Szene

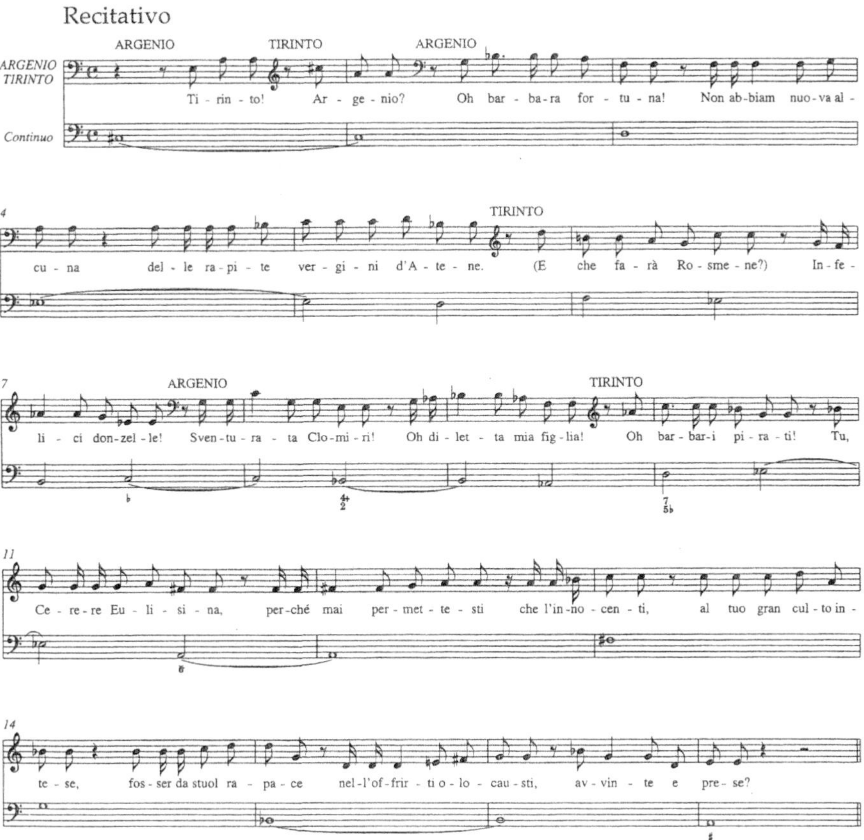

6.) Amadigi, I. Akt, 1. Szene

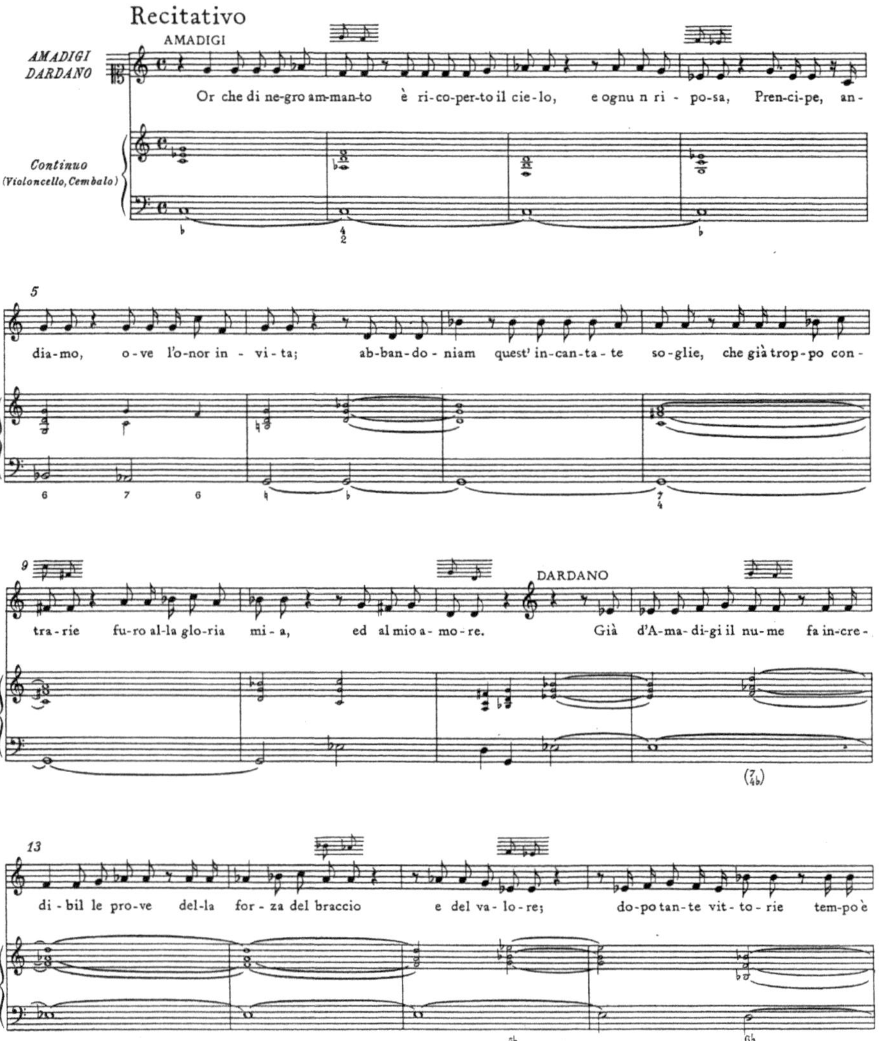

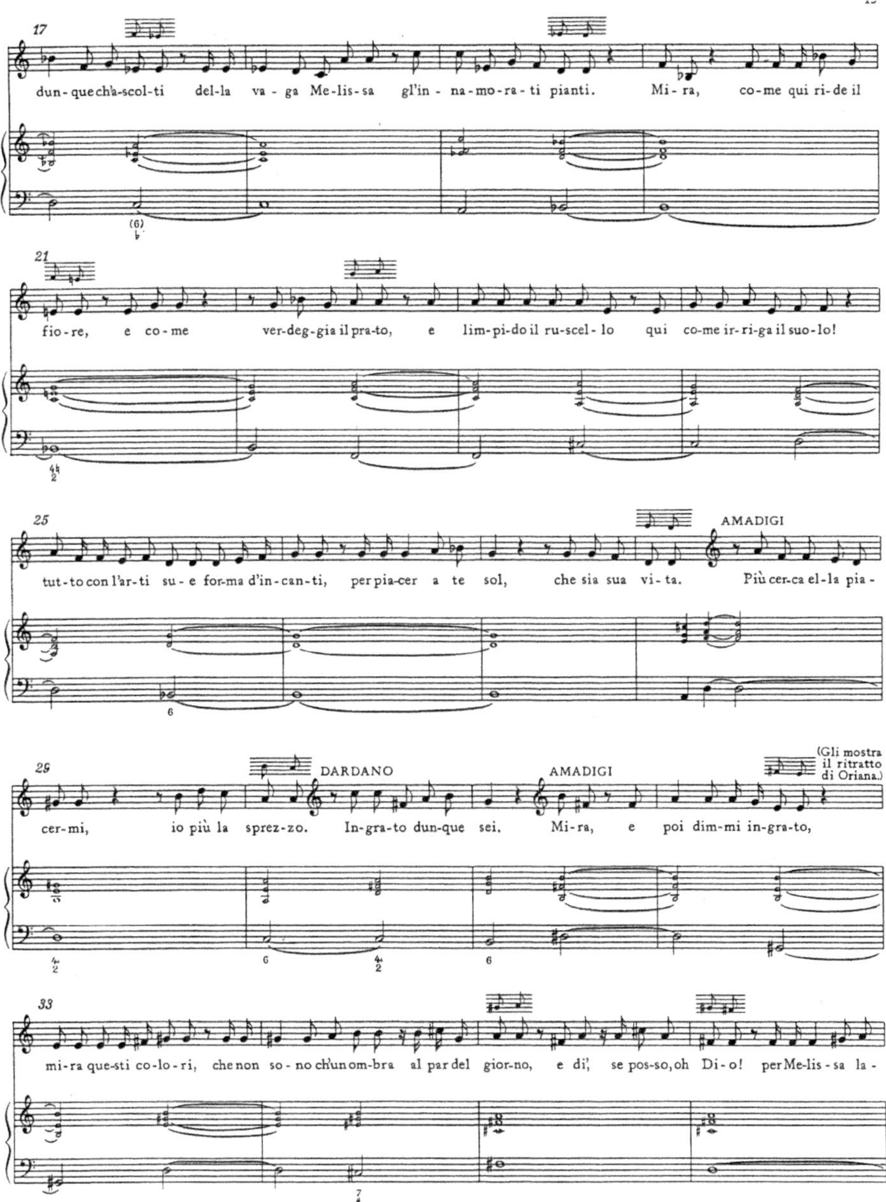
17
dun-que ch'a-scol-ti del-la va-ga Me-lis-sa gl'in-na-mo-ra-ti pianti. Mi-ra, co-me qui ri-de il
21
fio-re, e co-me ver-deg-gia il pra-to, e lim-pi-do il ru-scel-lo qui co-me ir-ri-ga il suo-lo!
25
AMADIGI
tut-to con l'ar-ti su-e for-ma d'in-can-ti, per pia-cer a te sol, che sia sua vi-ta. Più cer-ca el-la pia-
29
DARDANO
AMADIGI
(Gli mostra il ritratto di Oriana.)
cer-mi, io più la sprez-zo. In-gra-to dun-que sei. Mi-ra, e poi dim-mi in-gra-to,
33
mi-ra que-sti co-lo-ri, che non so-no ch'un om-bra al par del gior-no, e di', se pos-so, oh Di-o! per Me-lis-sa la-

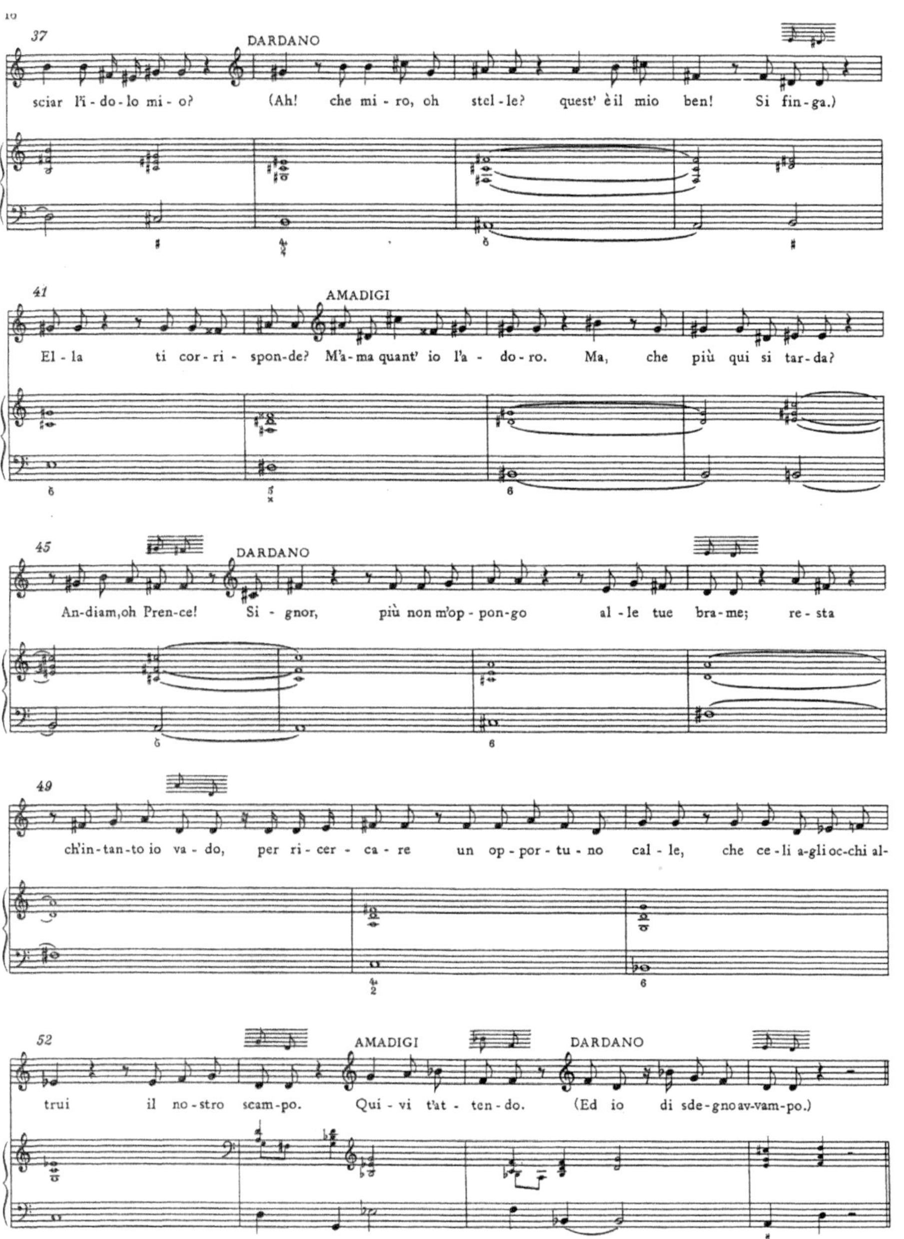
37
DARDANO
sciar l'i - do - lo mi - o? (Ah! che mi - ro, oh stel - le? quest' è il mio ben! Si fin - ga.)
41
AMADIGI
El - la ti cor - ri - spon - de? M'a - ma quant' io l'a - do - ro. Ma, che più qui si tar - da?
45
DARDANO
An - diam, oh Pren - ce! Si - gnor, più non m'op - pon - go al - le tue bra - me; re - sta
49
ch'in - tan - to io va - do, per ri - cer - ca - re un op - por - tu - no cal - le, che ce - li a - gli oc - chi al -
52
AMADIGI
DARDANO
trui il no - stro scam - po. Qui - vi t'at - ten - do. (Ed io di sde - gno av - vam - po.)

7.) Tamerlano, III. Akt, 1. Szene

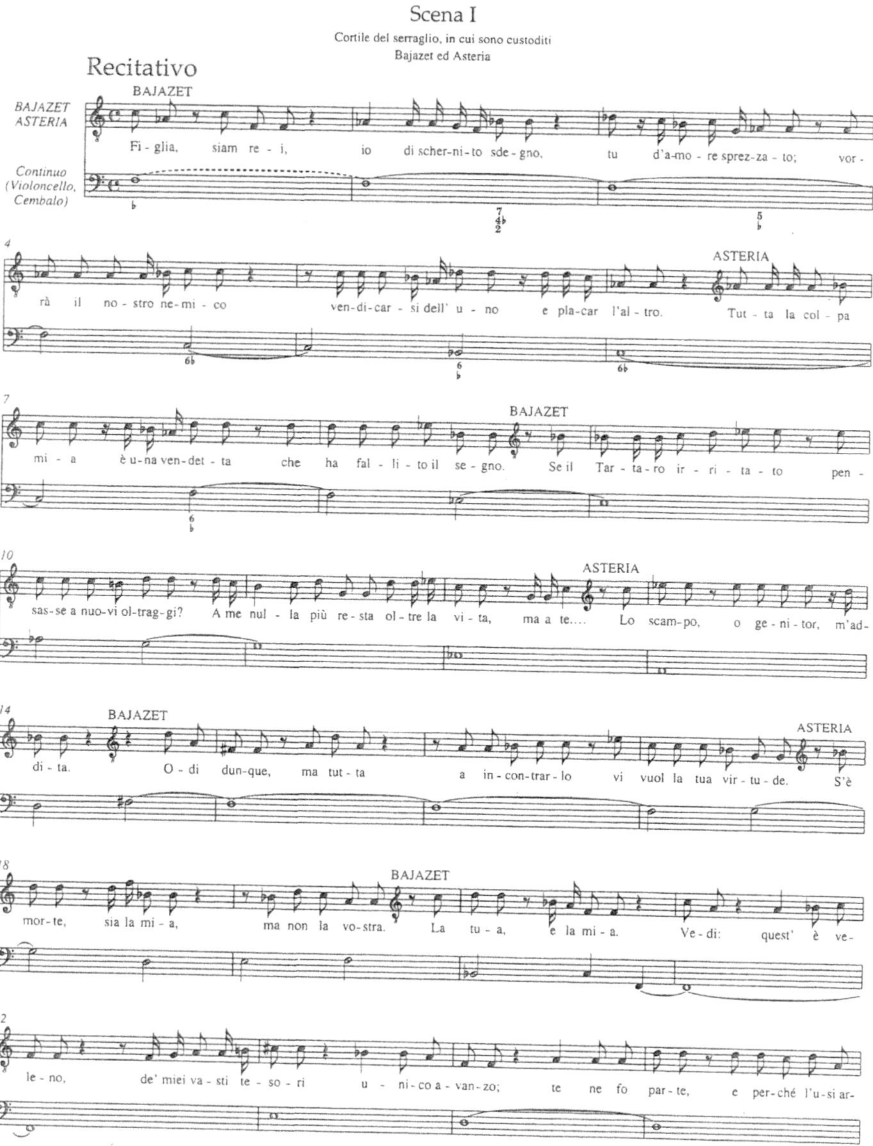

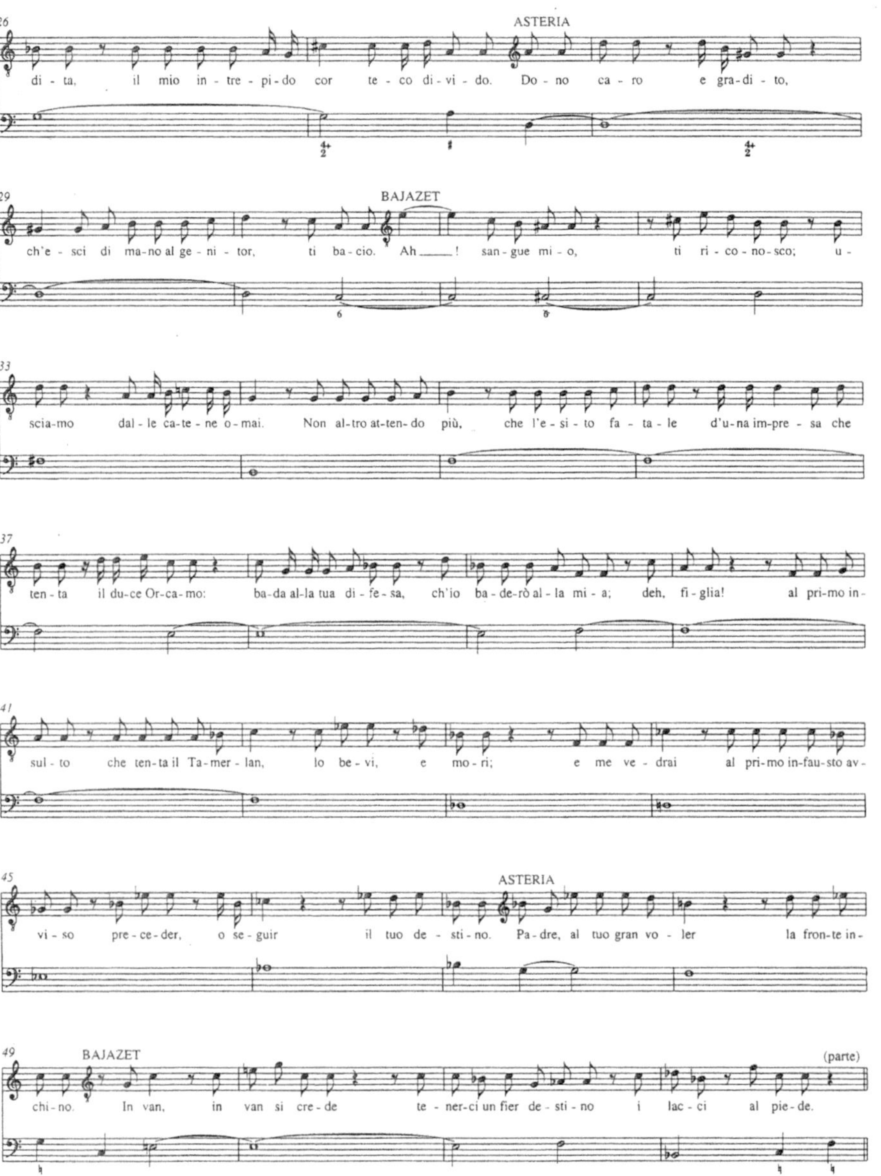
26
ASTERIA
di - ta, il mio in - tre - pi - do cor te - co di - vi - do. Do - no ca - ro e gra - di - to,
29
BAJAZET
ch'e - sci di ma - no al ge - ni - tor, ti ba - cio. Ah ! san - gue mi - o, ti ri - co - no - sco; u -
33
scia - mo dal - le ca - te - ne o - mai. Non al - tro at - ten - do più, che l'e - si - to fa - ta - le d'u - na im - pre - sa che
37
ten - ta il du - ce Or - ca - mo: ba - da al - la tua di - fe - sa, ch'io ba - de - rò al - la mi - a; deh, fi - glia! al pri - mo in -
41
sul - to che ten - ta il Ta - mer - lan, lo be - vi, e mo - ri; e me ve - drai al pri - mo in - fau - sto av -
45
ASTERIA
vi - so pre - ce - der, o se - guir il tuo de - sti - no. Pa - dre, al tuo gran vo - ler la fron - te in -
49
BAJAZET
(parte)
chi - no. In van, in van si cre - de te - ner - ci un fier de - sti - no i lac - ci al pie - de.

8.) Ezio, I. Akt, 3. Szene

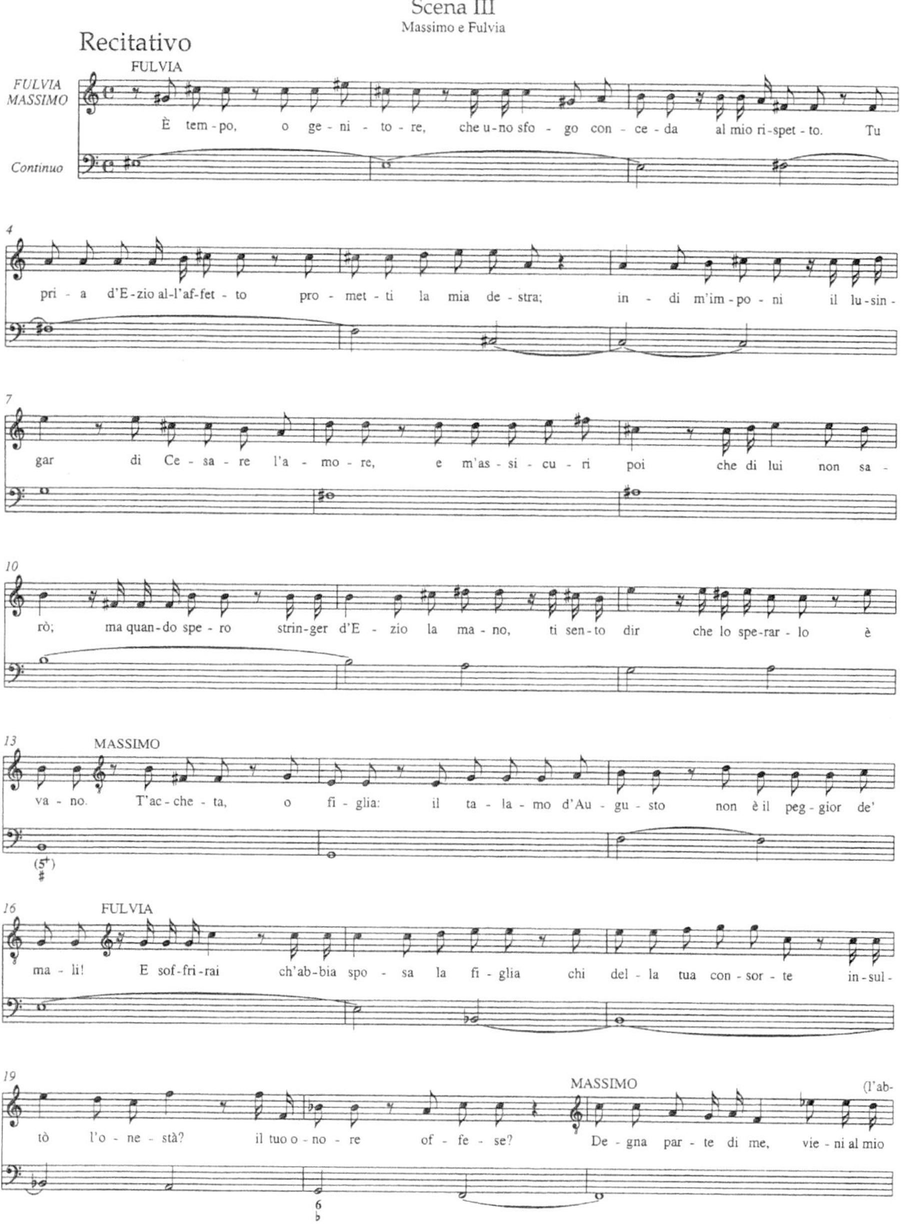

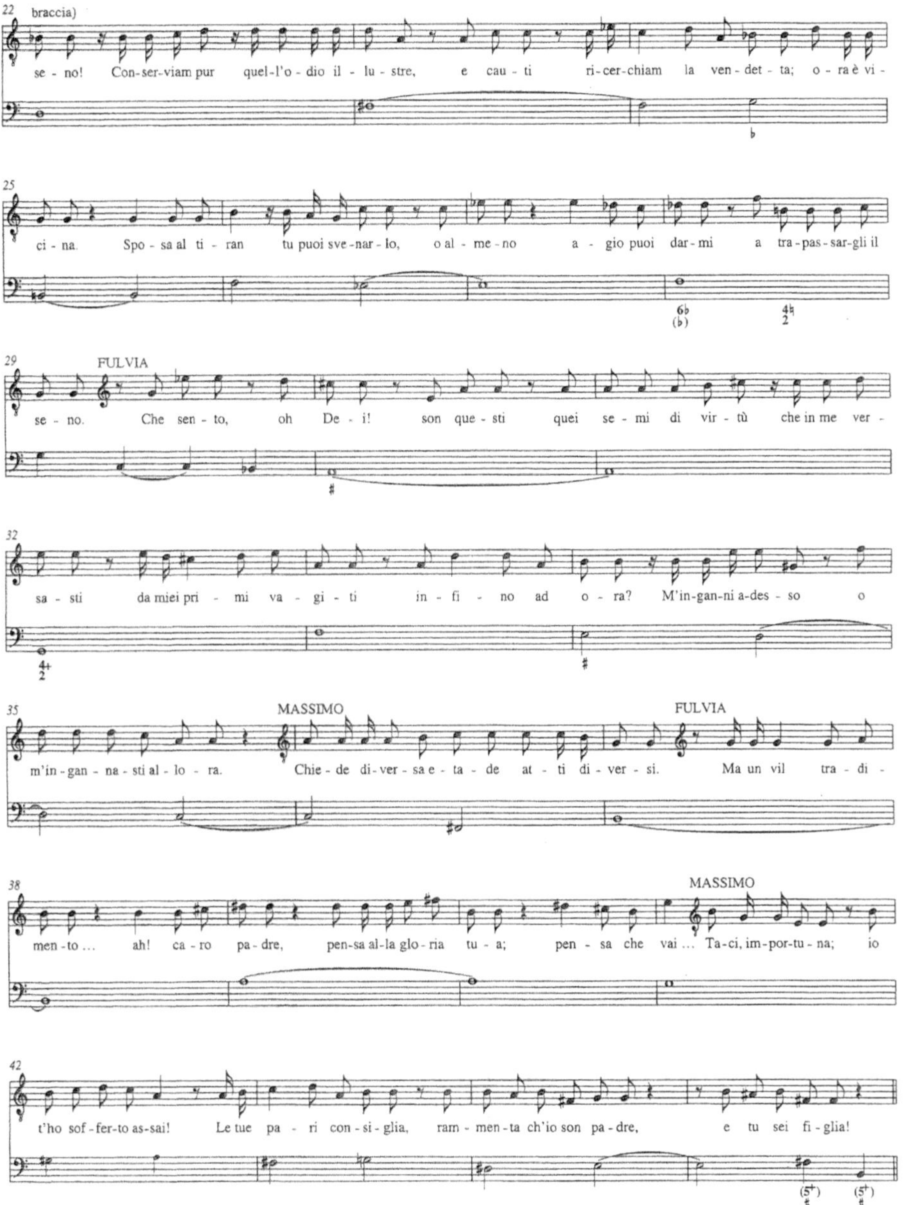
23
braccia)
se - no! Con-ser-viam pur quel-l'o - dio il - lu - stre, e cau - ti ri-cer-chiam la ven-det - ta; o - ra è vi -
ci - na. Spo - sa al ti - ran tu puoi sve-nar - lo, o al - me - no a - gio puoi dar - mi a tra - pas - sar-gli il
FULVIA
se - no. Che sen - to, oh De - i! son que - sti quei se - mi di vir - tù che in me ver -
sa - sti da miei pri - mi va - gi - ti in - fi - no ad o - ra? M'in-gan-ni a-des - so o
MASSIMO
FULVIA
m'in - gan - na - sti al - lo - ra. Chie - de di - ver - sa e - ta - de at - ti di - ver - si. Ma un vil tra - di -
MASSIMO
men - to ... ah! ca - ro pa - dre, pen-sa al-la glo - ria tu - a; pen - sa che vai ... Ta - ci, im - por - tu - na; io
t'ho sof - fer - to as - sai! Le tue pa - ri con - si - glia, ram - men - ta ch'io son pa - dre, e tu sei fi - glia!

9.) Radamisto, I. Akt, 6. Szene

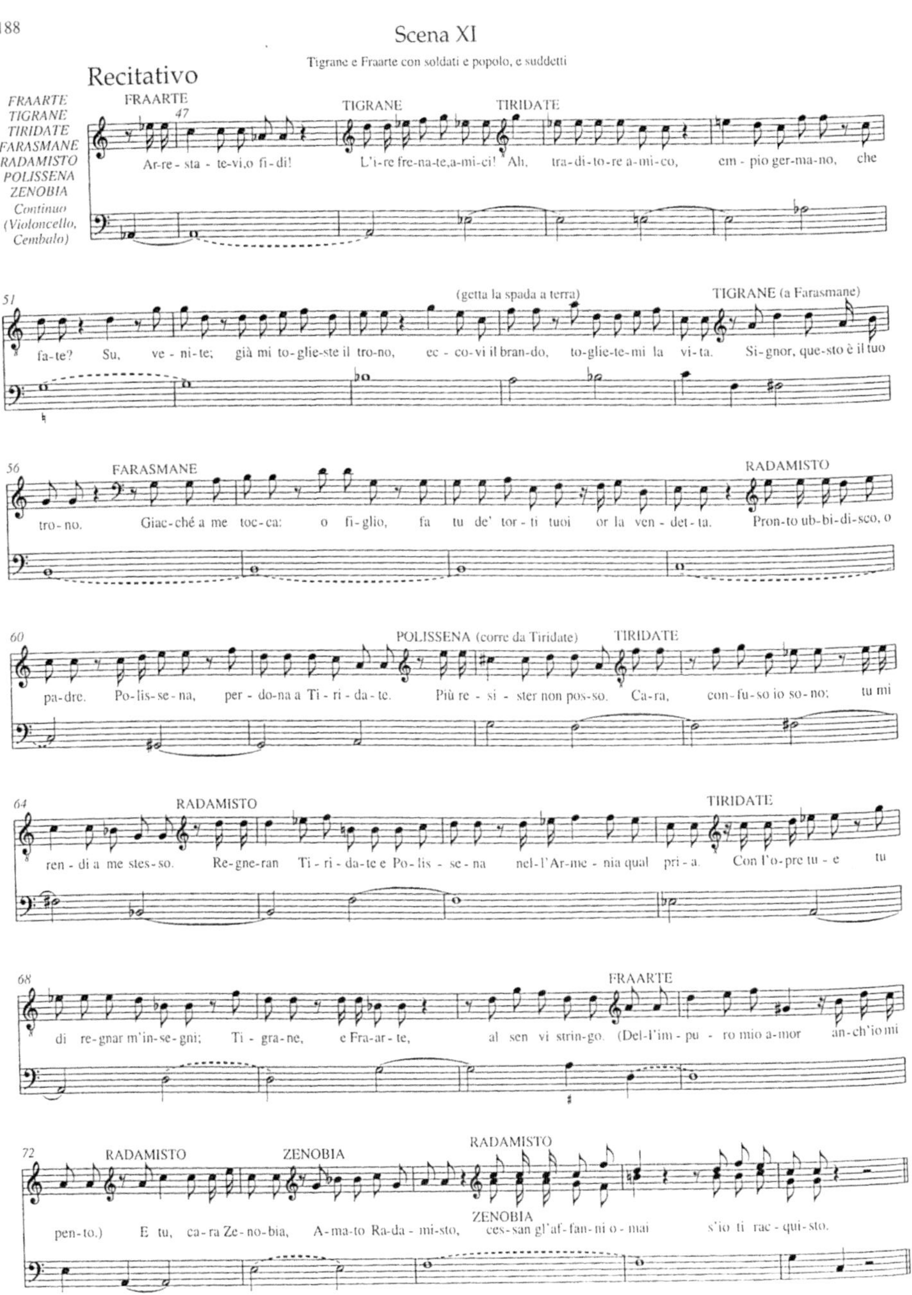

10.) Flavio, Re dei Longobardi, II. Akt, 11. Szene

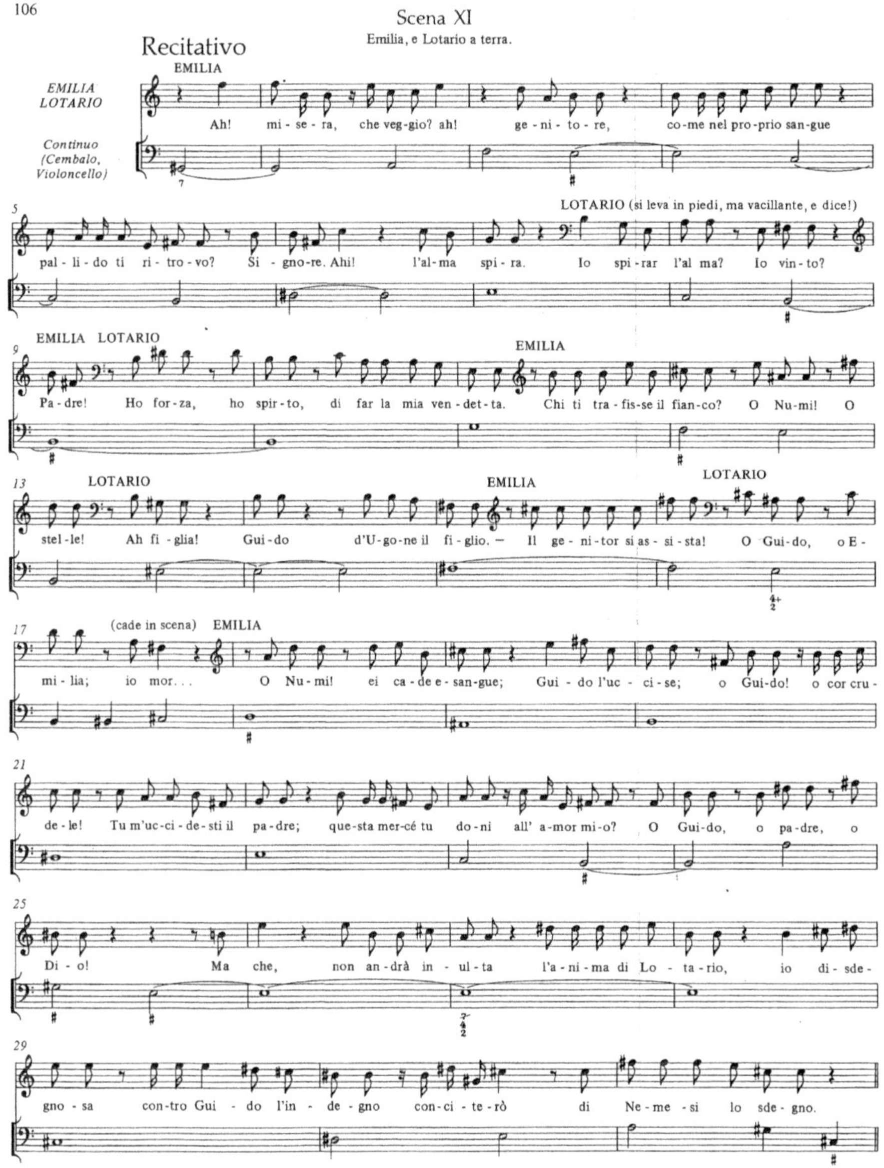

11.) Tolomeo, I. Akt, 2. Szene

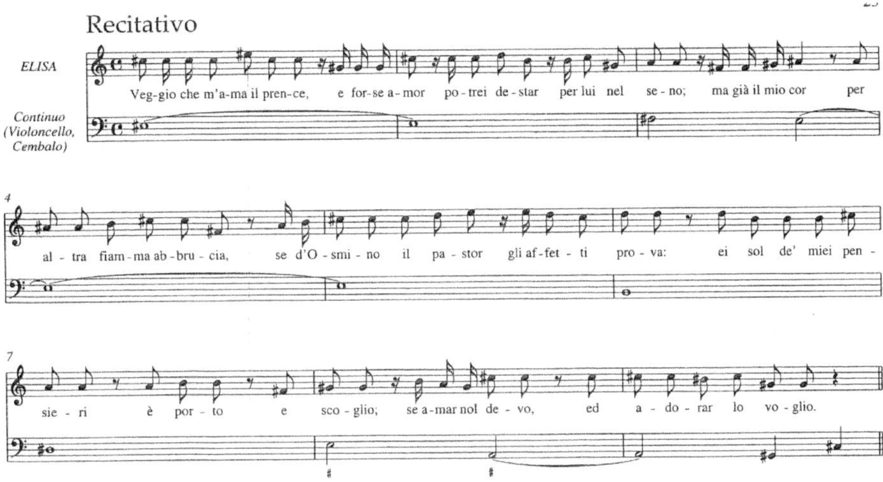

12.) Rinaldo, I. Akt, 1. Szene

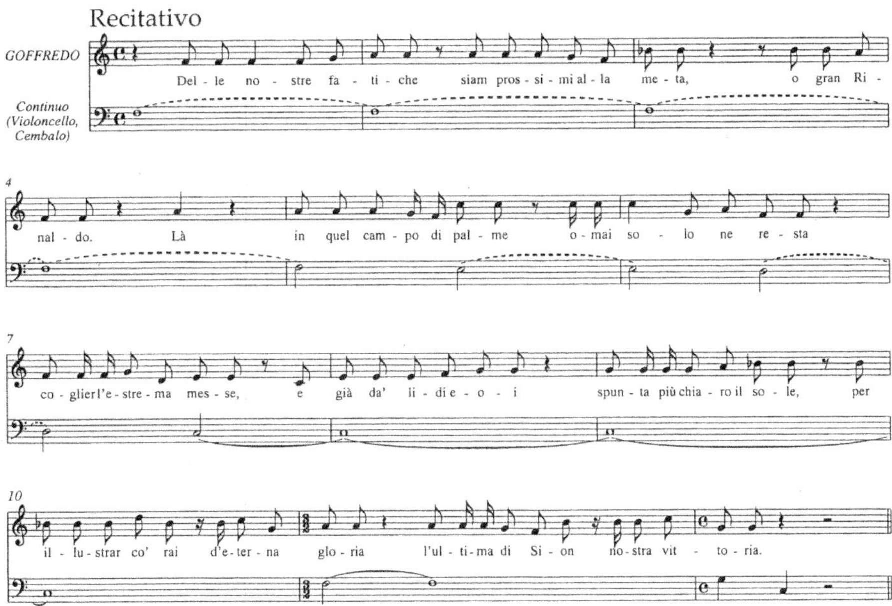

13. Radamisto, I. Akt, 1. Szene

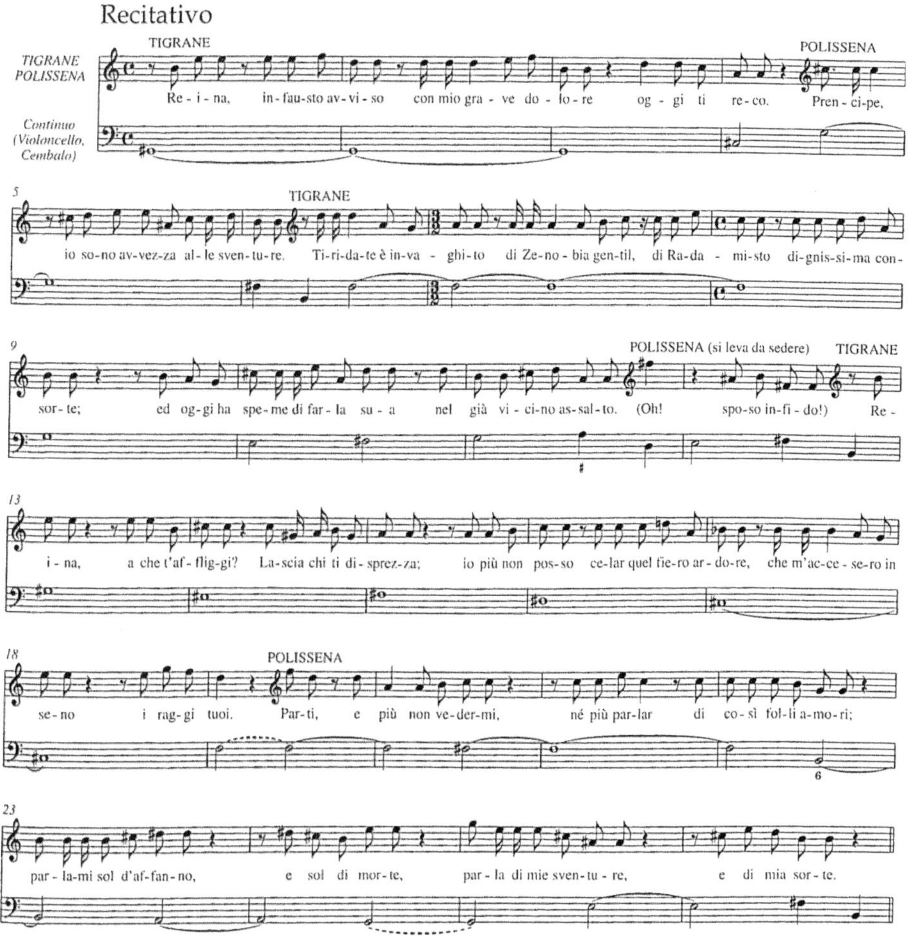

14.) Flavio, I. Akt, 1. Szene

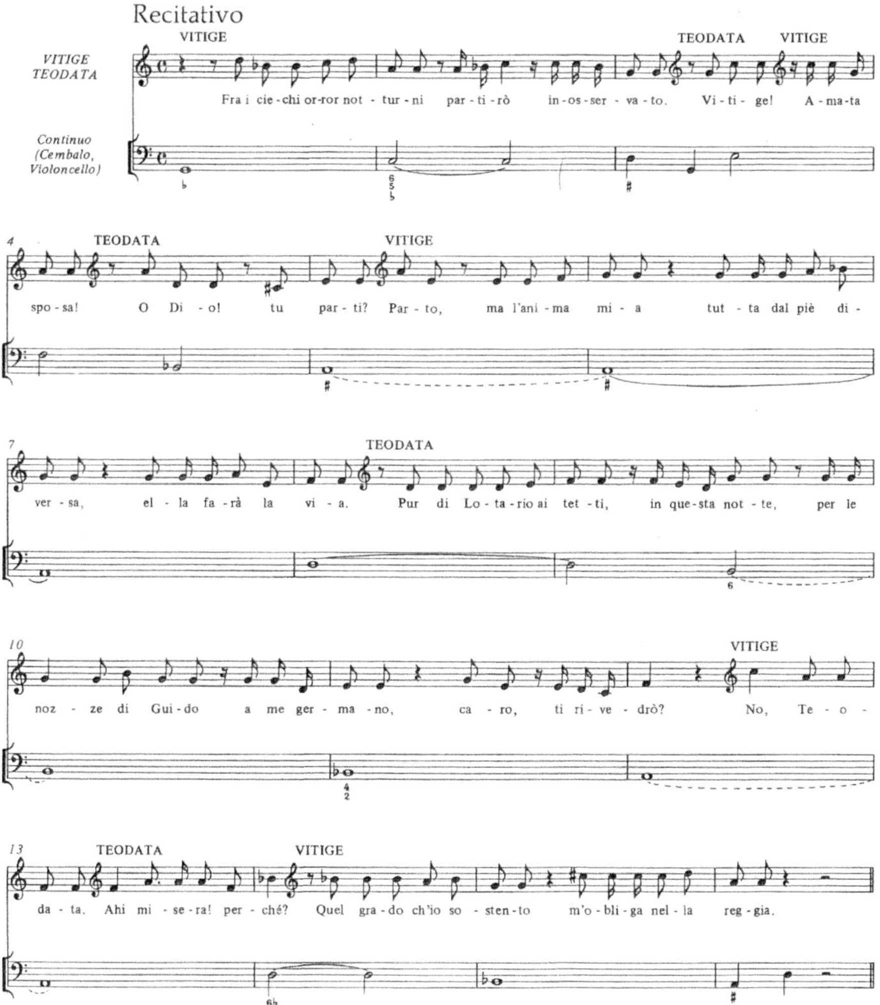

15.) Ezio, I. Akt, 1. Szene

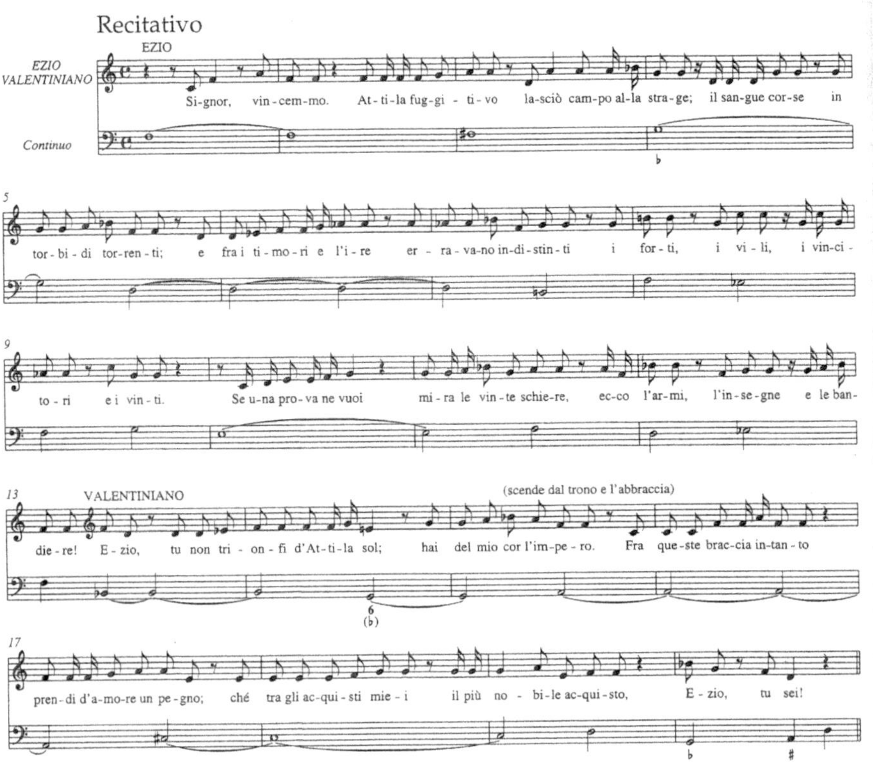

16.) Serse, I. Akt, 2. Szene

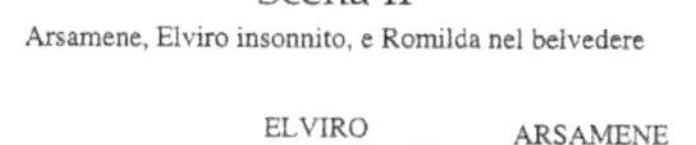

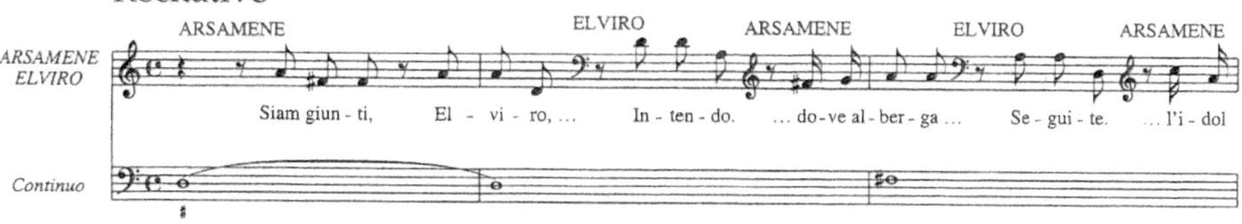

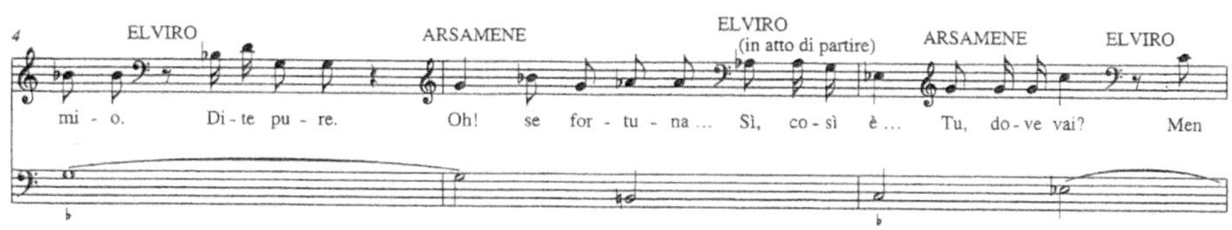

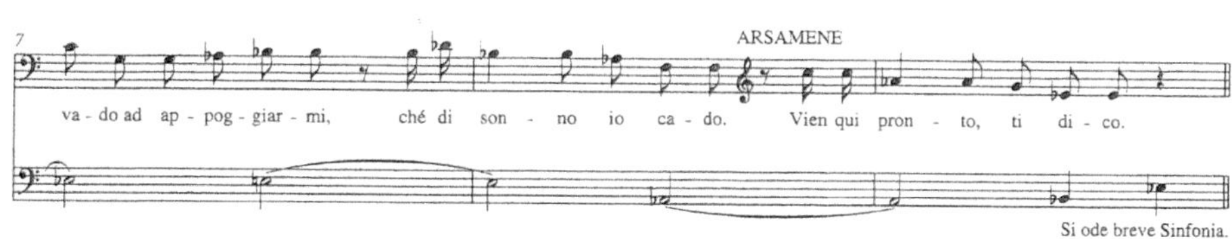

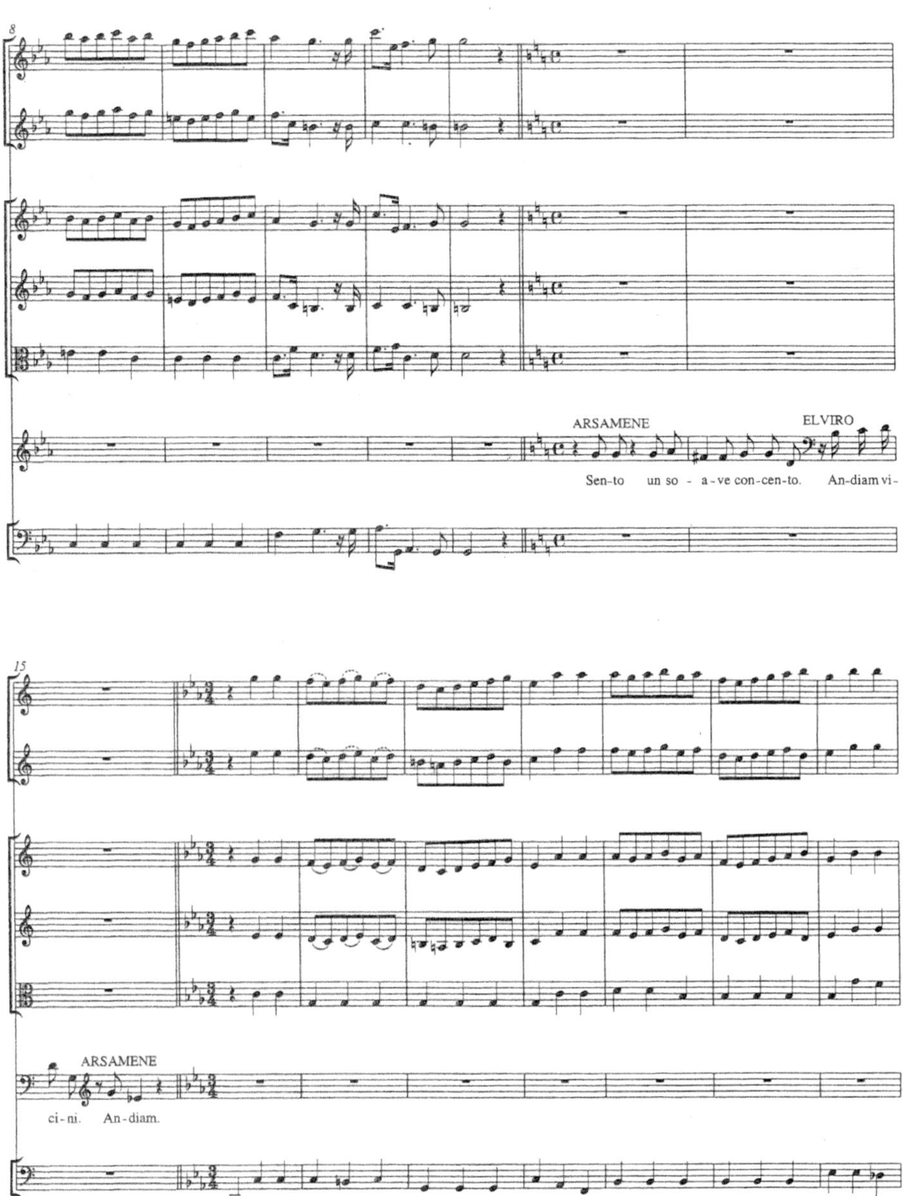
8
ARSAMENE
ELVIRO
Sen-to un so - a-ve con-cen-to. An-diam vi-
15
ARSAMENE
ci-ni. An-diam.

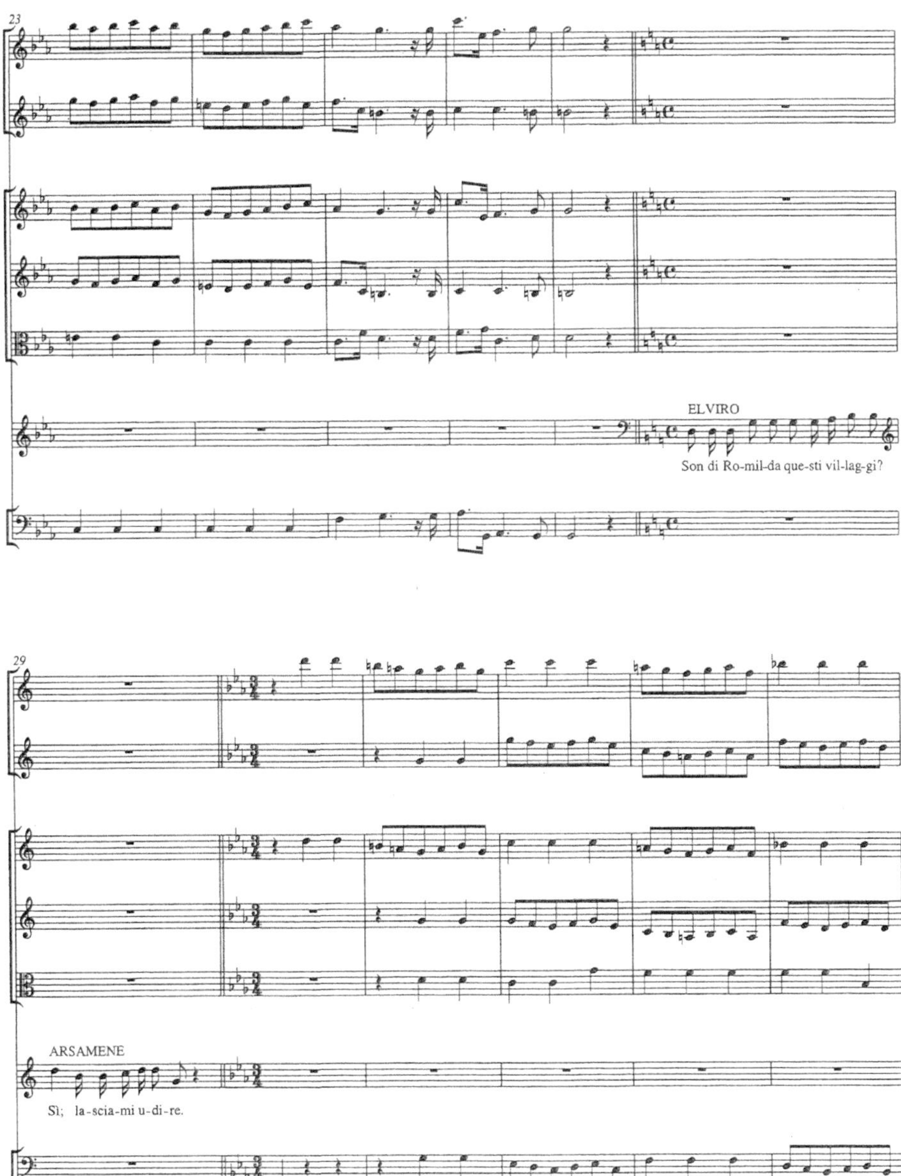
23
ELVIRO
Son di Ro-mil-da que-sti vil-lag-gi?
29
ARSAMENE
Sì; la-scia-mi u-di-re.

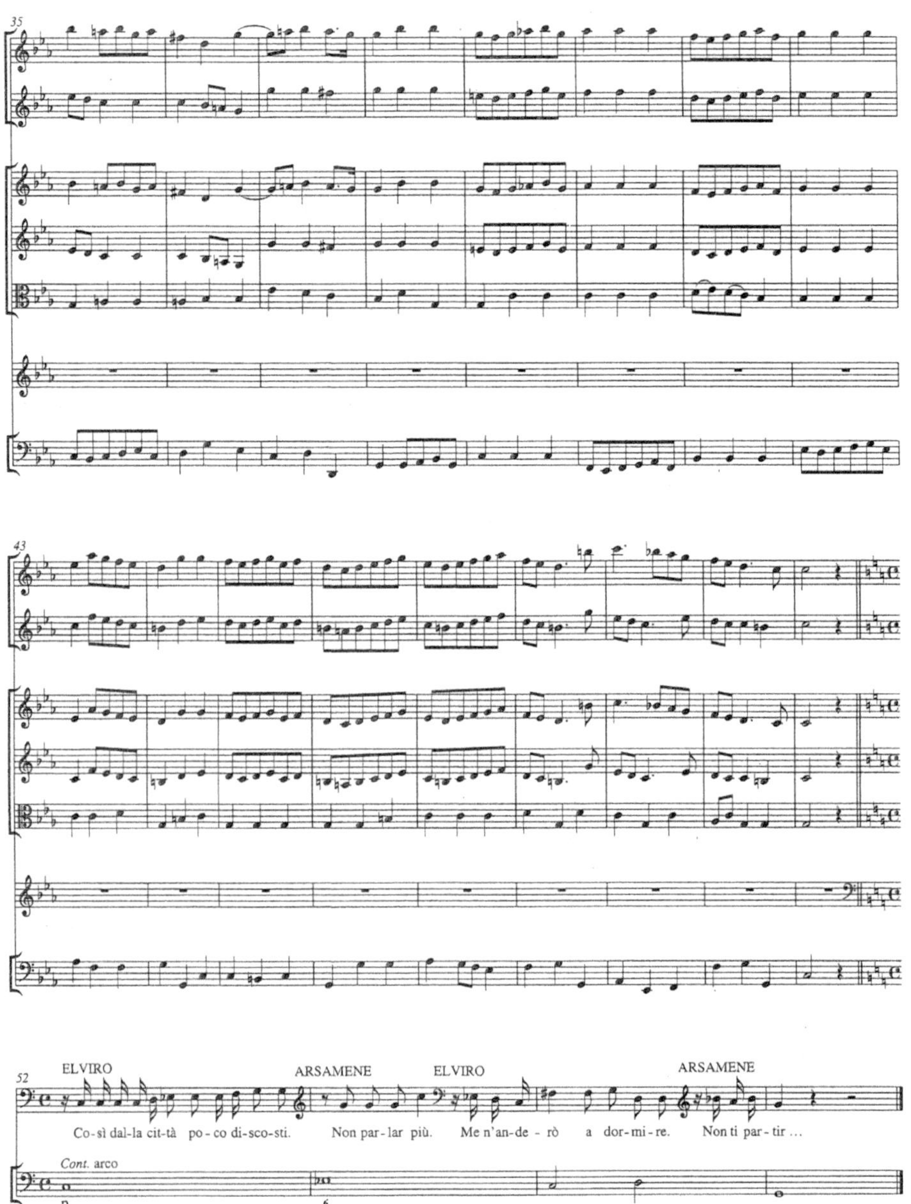
ELVIRO
ARSAMENE
ELVIRO
ARSAMENE
Co-sì dal-la cit-tà po-co di-sco-sti. Non par-lar più. Me n'an-de - rò a dor-mi-re. Non ti par-tir …
Cont. arco
p
6

17.) Deidamia, I. Akt, 1. Szene

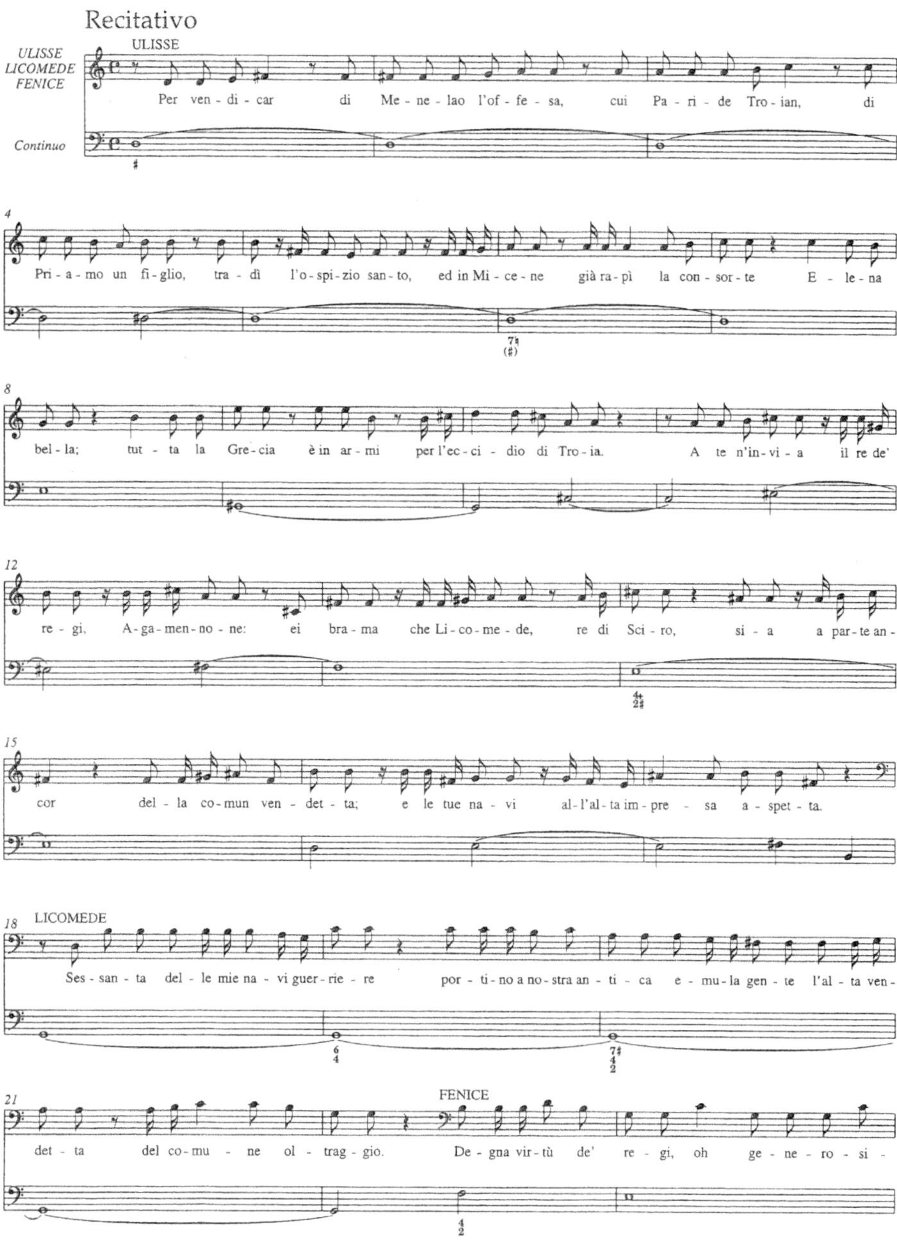

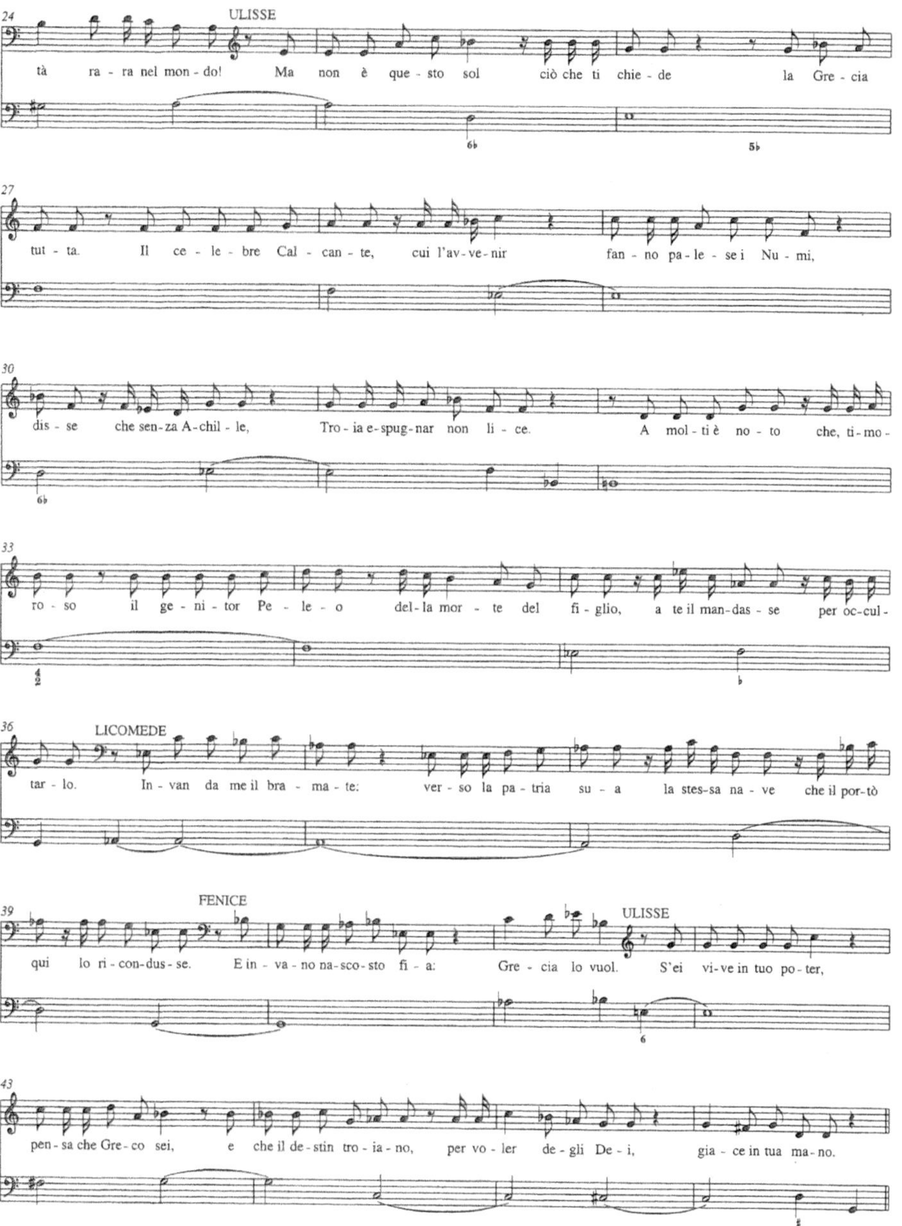

24
ULISSE
tà ra - ra nel mon - do! Ma non è que - sto sol ciò che ti chie - de la Gre - cia
27
tut - ta. Il ce - le - bre Cal - can - te, cui l'av - ve - nir fan - no pa - le - se i Nu - mi,
30
dis - se che sen - za A - chil - le, Tro - ia e - spug - nar non li - ce. A mol - ti è no - to che, ti - mo -
33
ro - so il ge - ni - tor Pe - le - o del - la mor - te del fi - glio, a te il man - das - se per oc - cul -
36
LICOMEDE
tar - lo. In - van da me il bra - ma - te: ver - so la pa - tria su - a la stes - sa na - ve che il por - tò
39
FENICE
ULISSE
qui lo ri - con - dus - se. E in - va - no na - sco - sto fi - a: Gre - cia lo vuol. S'ei vi - ve in tuo po - ter,
43
pen - sa che Gre - co sei, e che il de - stin tro - ia - no, per vo - ler de - gli De - i, gia - ce in tua ma - no.

18.1.) Radamisto, III. Akt, 11. Szene

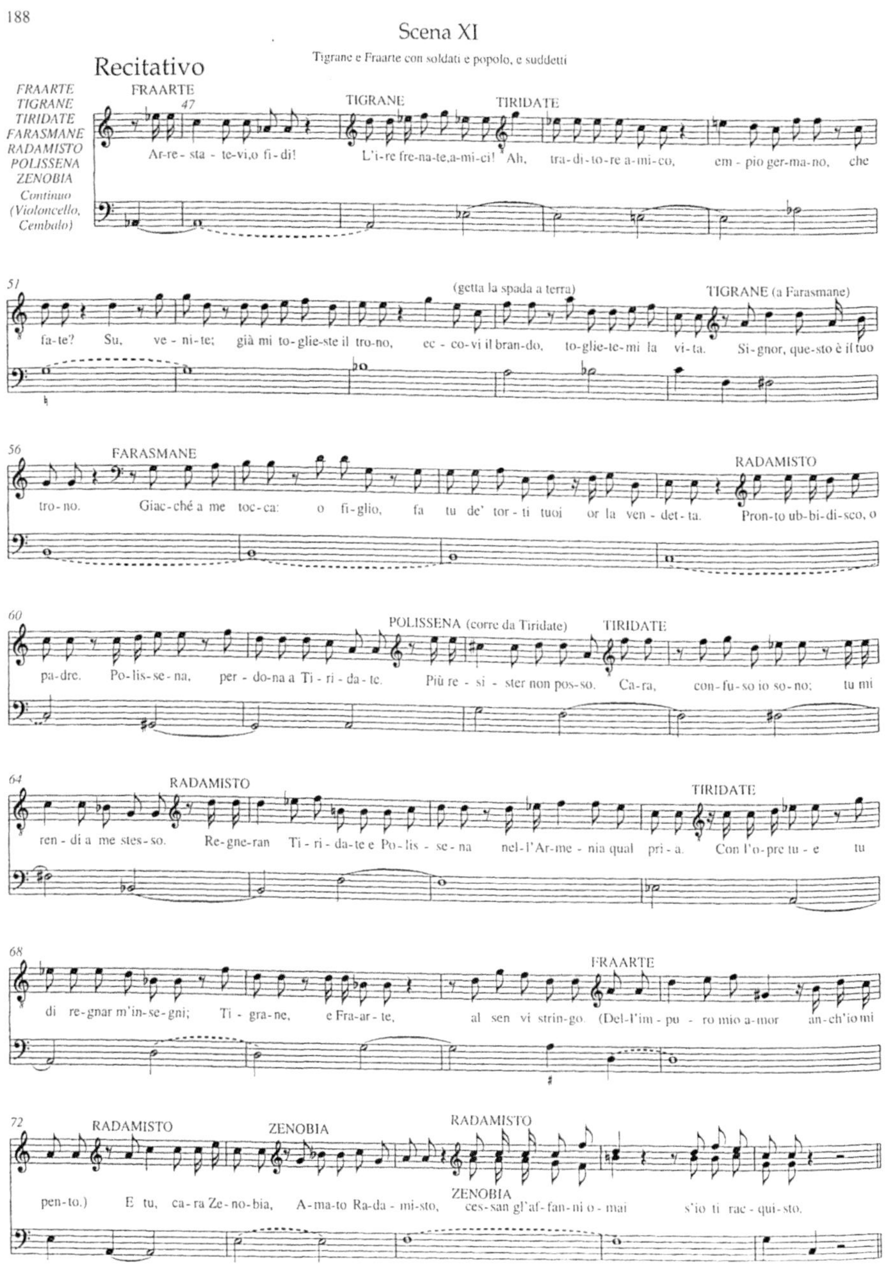

18.2.) Radamisto, III. Akt, 11. Szene (2. Rezitativ)

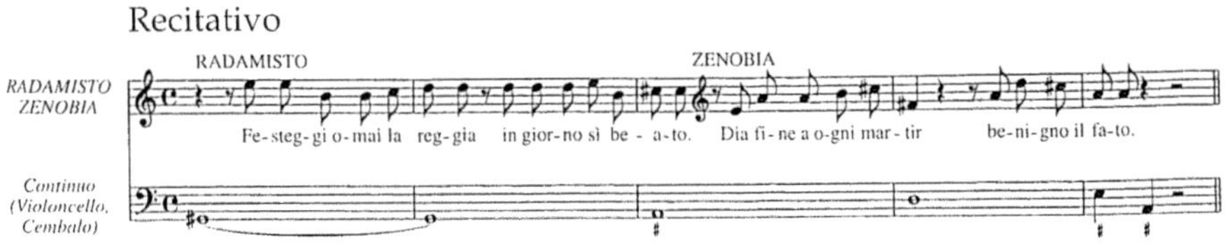

Recitativo

RADAMISTO

ZENOBIA

RADAMISTO
ZENOBIA

Fe-steg-gi o-mai la reg-gia in gior-no sì be - a-to. Dia fi-ne a o-gni mar-tir be-ni-gno il fa-to.

Continuo
(Violoncello,
Cembalo)

19.1.) Floridante, III. Akt, Scena Ultima

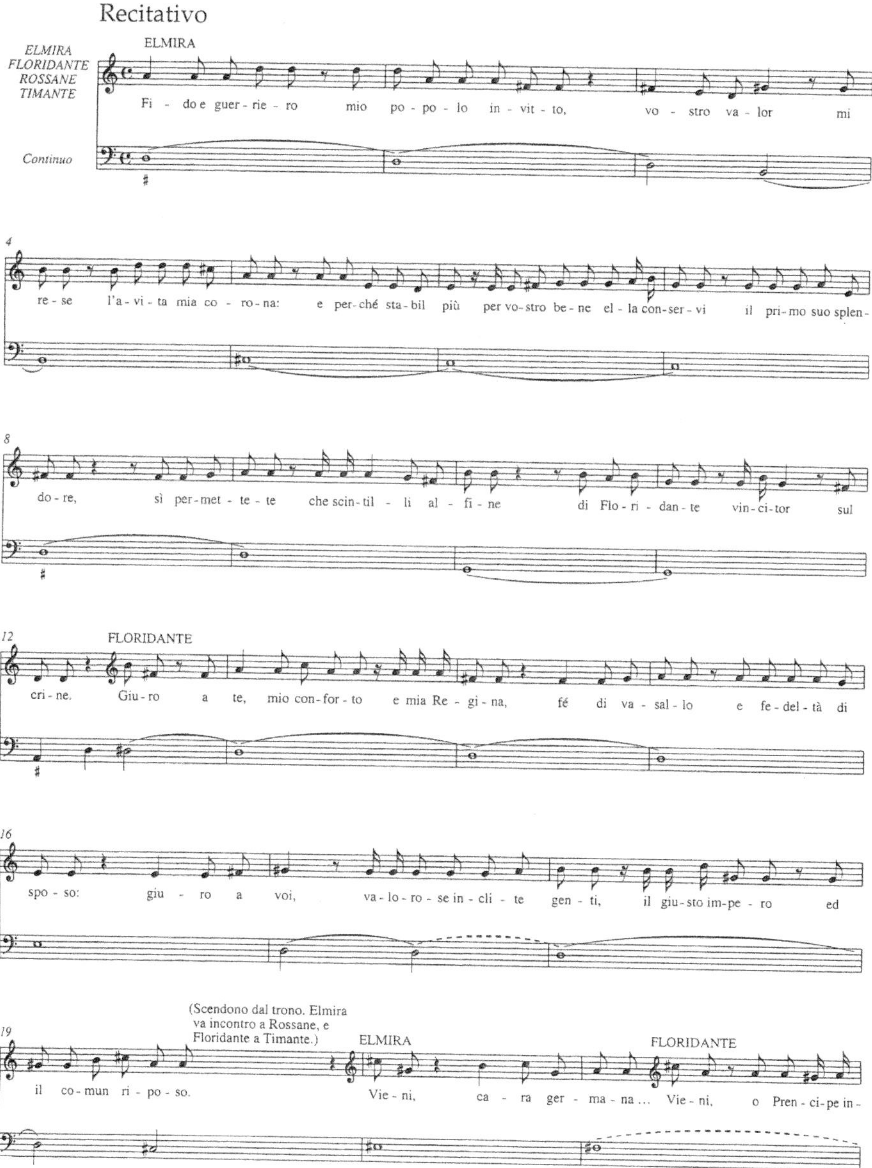

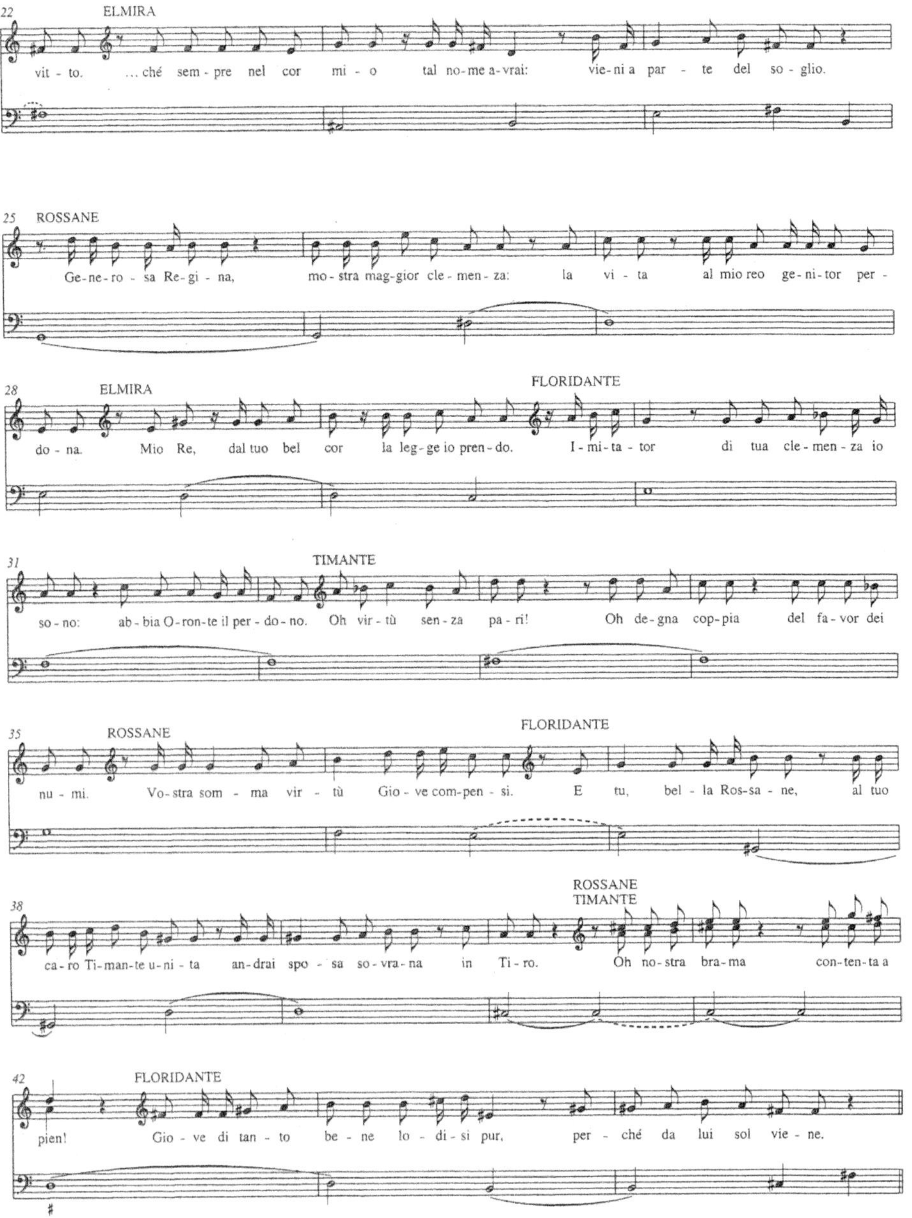
22 ELMIRA
vit - to. …ché sem - pre nel cor mi - o tal no-me a-vrai: vie-ni a par - te del so - glio.
25 ROSSANE
Ge-ne-ro - sa Re-gi - na, mo-stra mag-gior cle-men-za: la vi - ta al mio reo ge-ni-tor per -
28 ELMIRA
FLORIDANTE
do - na. Mio Re, dal tuo bel cor la leg-ge io pren-do. I - mi-ta - tor di tua cle-men-za io
31
TIMANTE
so - no: ab-bia O-ron-te il per-do-no. Oh vir-tù sen-za pa - ri! Oh de-gna cop-pia del fa-vor dei
35 ROSSANE
FLORIDANTE
nu - mi. Vo-stra som - ma vir - tù Gio - ve com-pen - si. E tu, bel - la Ros-sa - ne, al tuo
38
ROSSANE
TIMANTE
ca-ro Ti-man-te u-ni-ta an-drai spo - sa so-vra-na in Ti-ro. Oh no-stra bra-ma con-ten-ta a
42 FLORIDANTE
pien! Gio - ve di tan - to be - ne lo - di-si pur, per - ché da lui sol vie - ne.

19.2.) Floridante, III. Akt, Scena Ultima

Recitativo

ELMIRA

La cit - ta - de, la reg - gia fe - steg - gi d'o - gn'in - tor - no, e que - sto sem - pre

Continuo

4

si - a fe - sti - vo in Per - sia e me - mo - ra - bil gior - no.

20.1.) Tolomeo, Scena Ultima (1. Rezitativ)

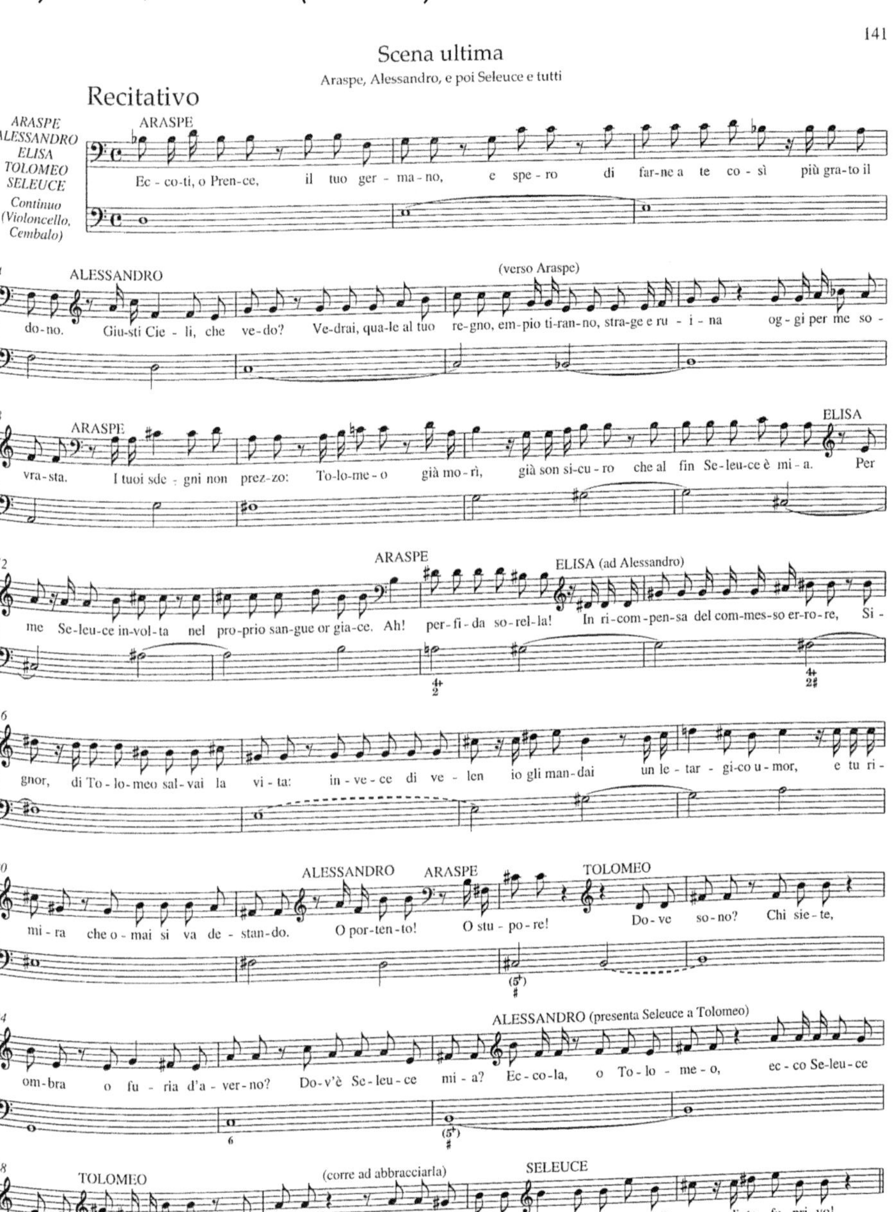

20.2.) Tolomeo, Scena Ultima (2. Rezitativ)

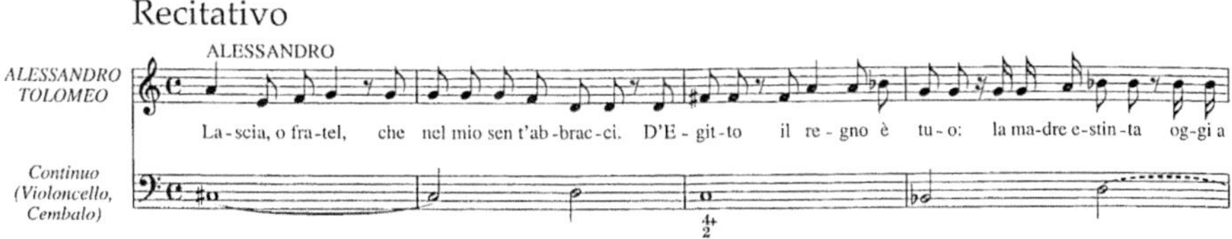

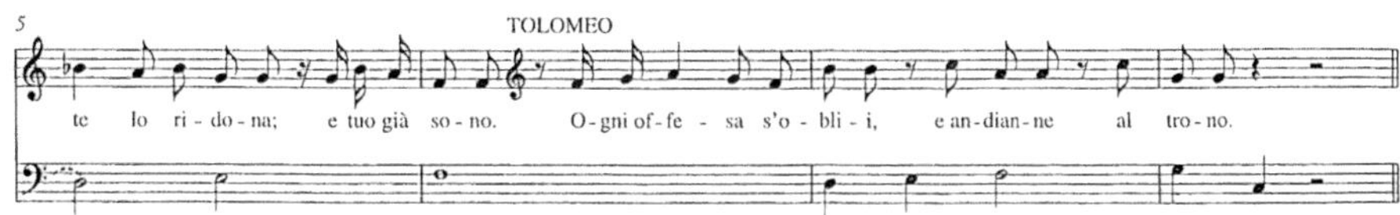

21.) Poro, III. Akt, Scena Ultima

Scena ultima

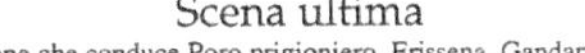

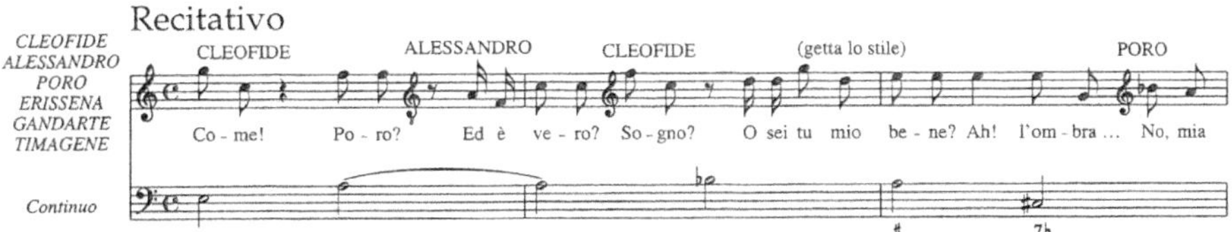

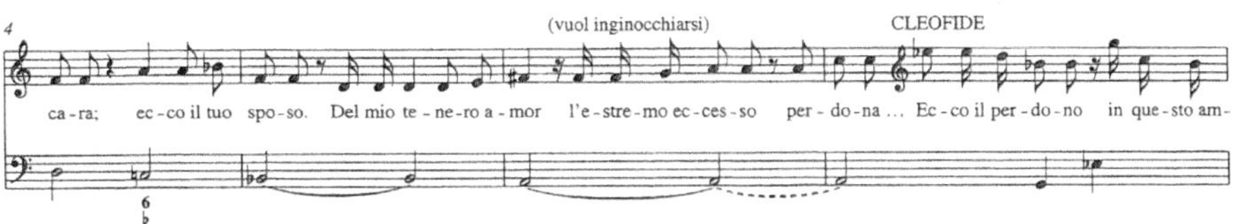

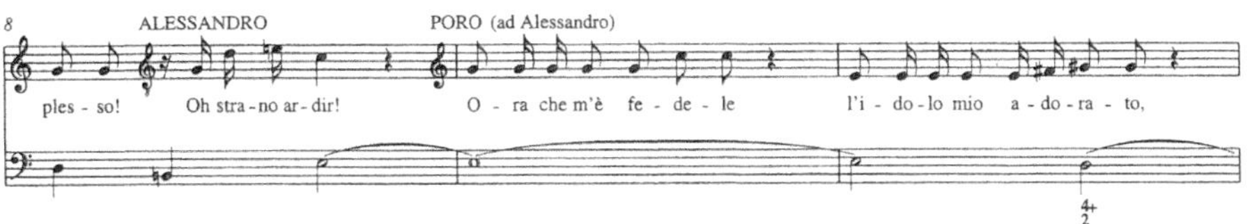

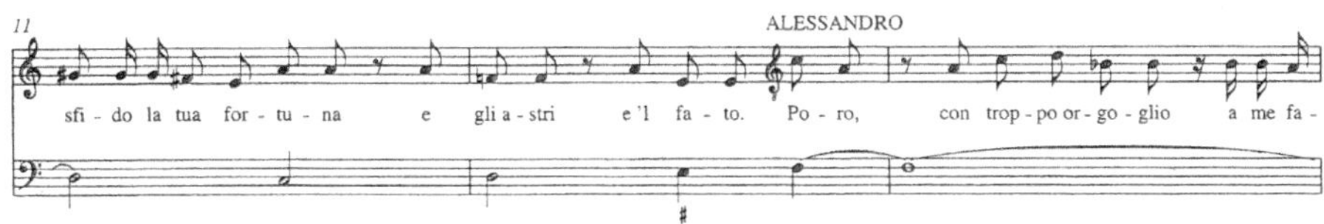

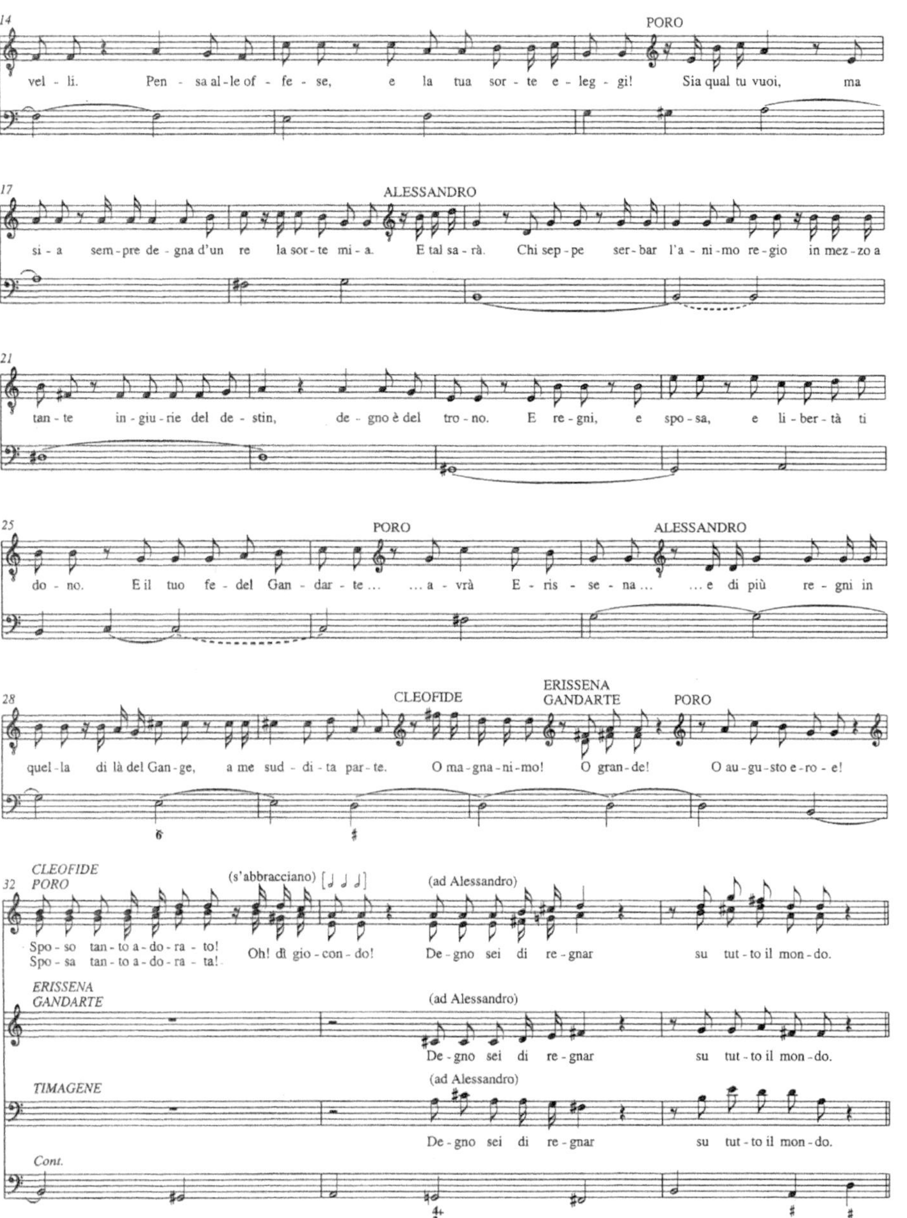
14
PORO
vel - li. Pen - sa al - le of - fe - se, e la tua sor - te e - leg - gi! Sia qual tu vuoi, ma
17
ALESSANDRO
si - a sem - pre de - gna d'un re la sor - te mi - a. E tal sa - rà. Chi sep - pe ser - bar l'a - ni - mo re - gio in mez - zo a
21
tan - te in - giu - rie del de - stin, de - gno è del tro - no. E re - gni, e spo - sa, e li - ber - tà ti
25
PORO
ALESSANDRO
do - no. E il tuo fe - del Gan - dar - te … … a - vrà E - ris - se - na … … e di più re - gni in
28
CLEOFIDE
ERISSENA
GANDARTE
PORO
quel - la di là del Gan - ge, a me sud - di - ta par - te. O ma - gna - ni - mo! O gran - de! O au - gu - sto e - ro - e!
32
CLEOFIDE
PORO
(s'abbracciano)
(ad Alessandro)
Spo - so tan - to a - do - ra - to!
Spo - sa tan - to a - do - ra - ta!
Oh! dì gio - con - do! De - gno sei di re - gnar su tut - to il mon - do.
ERISSENA
GANDARTE
(ad Alessandro)
De - gno sei di re - gnar su tut - to il mon - do.
TIMAGENE
(ad Alessandro)
De - gno sei di re - gnar su tut - to il mon - do.
Cont.

22.1) Ariodante, III. Akt, 11. Szene

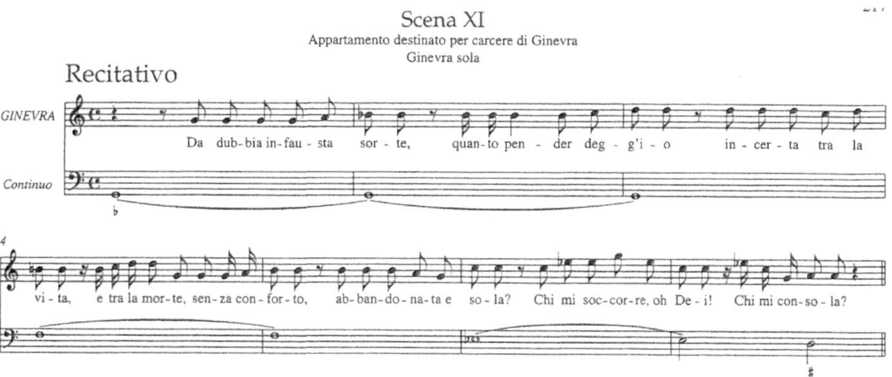

22.2.) Ariodante, III. Akt, Scena Ultima

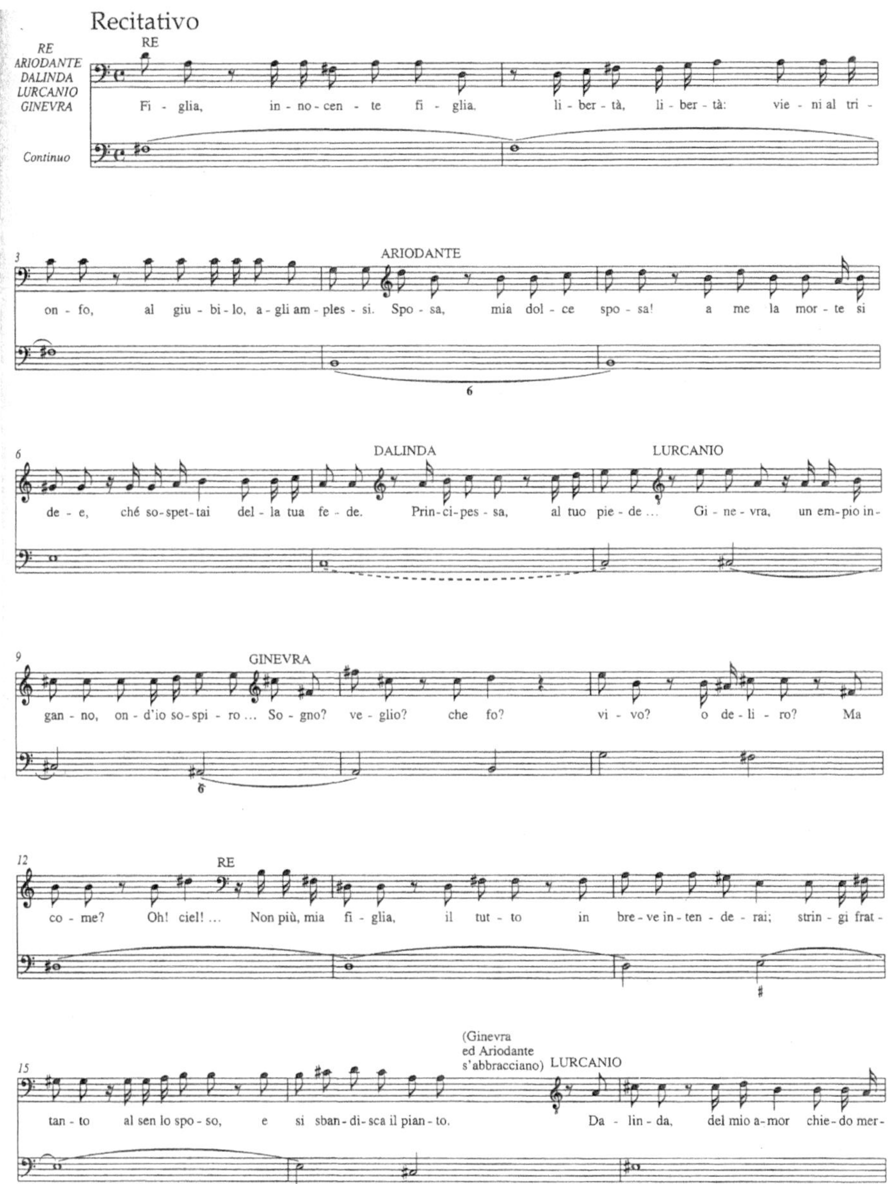

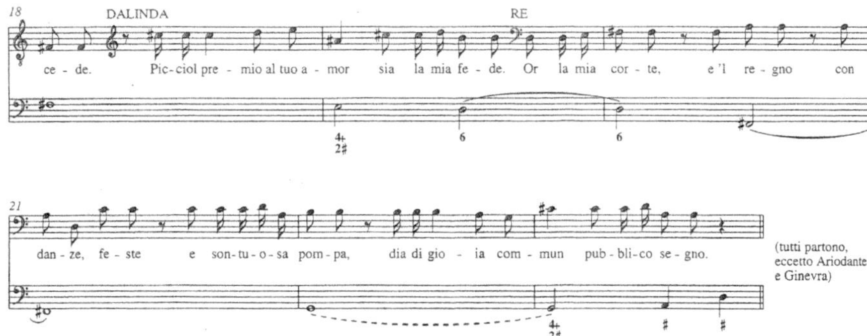

23.) Imeneo, III. Akt, Scena Ultima

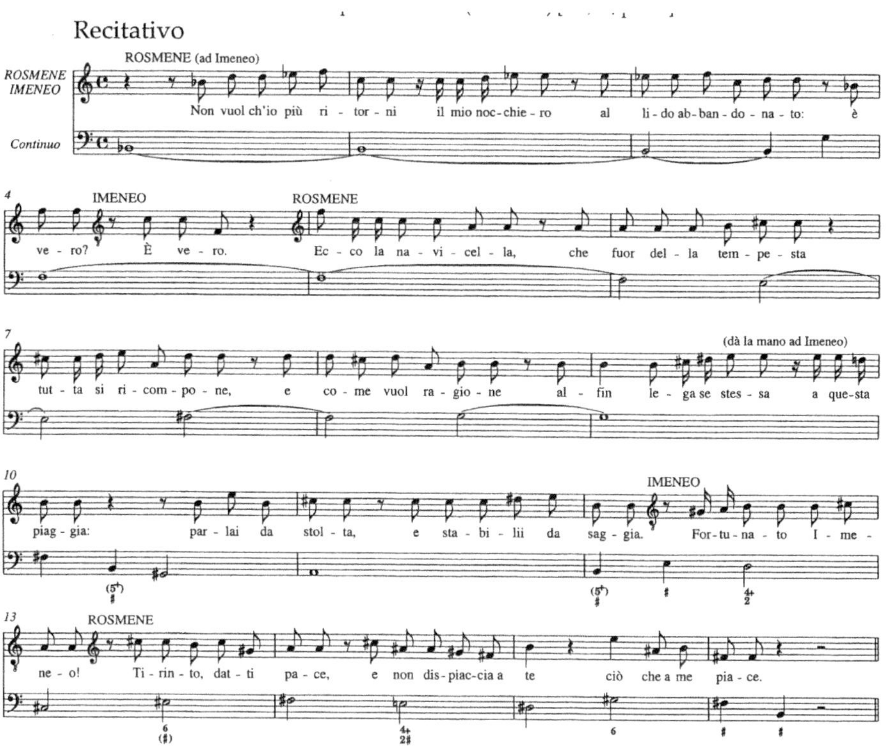

24.) Deidamia, 1. Akt, 2. Szene

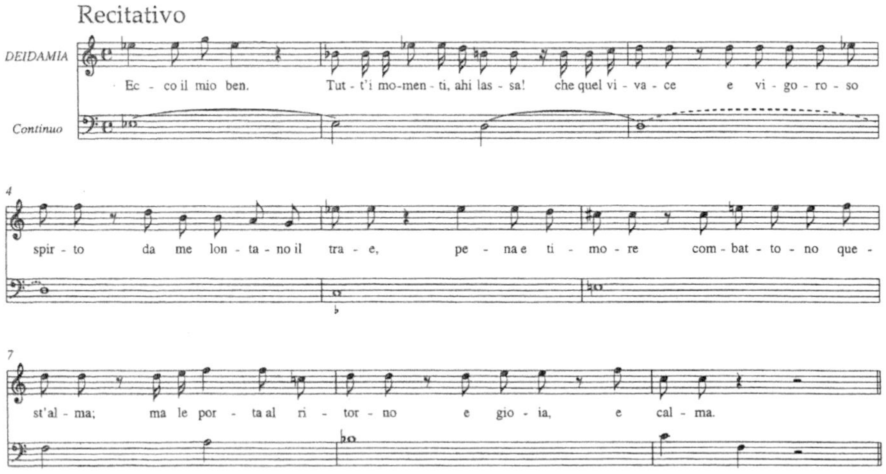

25.) Tamerlano, II. Akt, 9. Szene

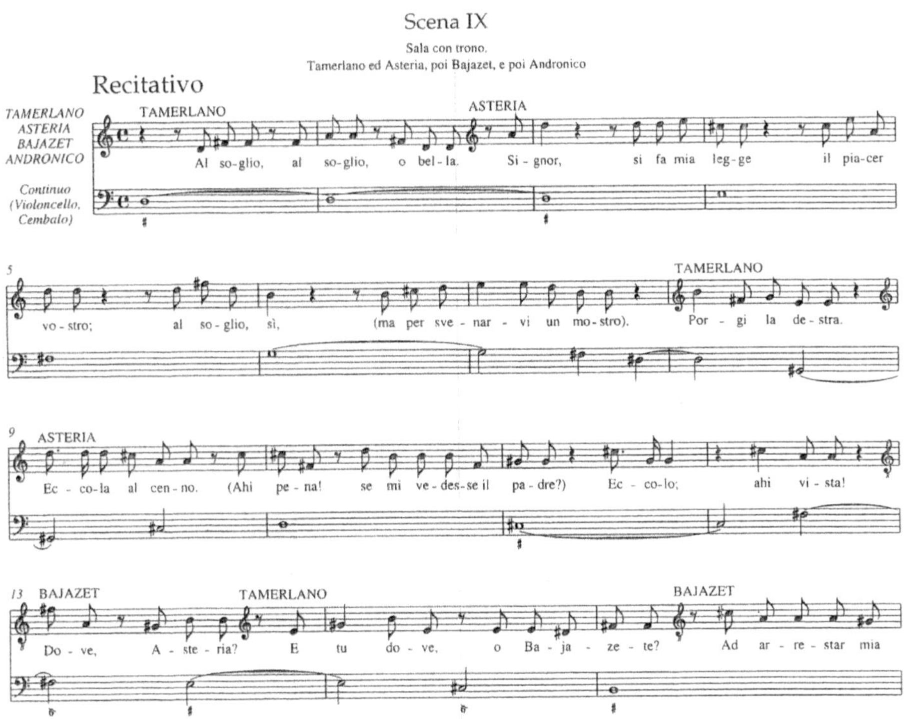

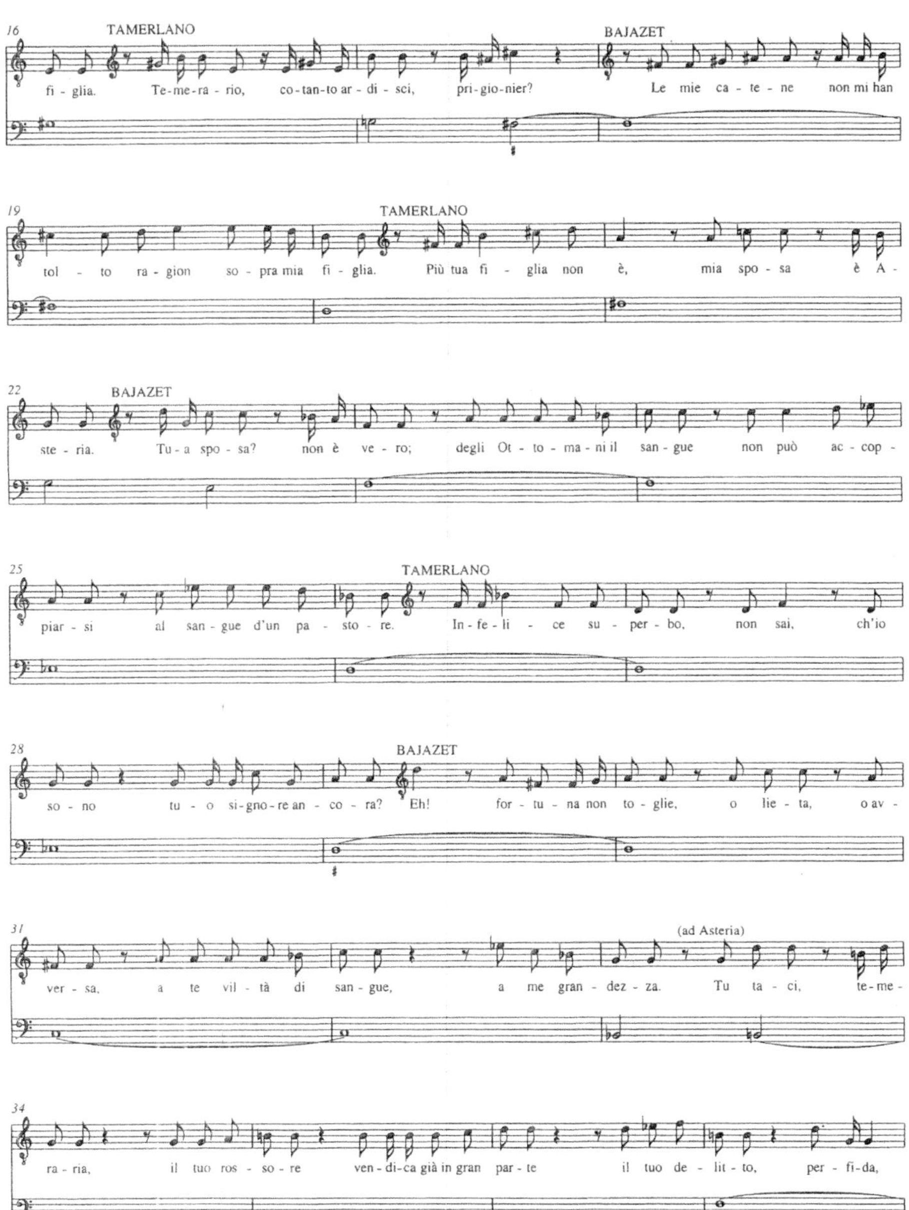
16
TAMERLANO
BAJAZET
fi - glia. Te-me-ra - rio, co-tan-to ar - di - sci, pri-gio-nier? Le mie ca - te - ne non mi han
19
TAMERLANO
tol - to ra - gion so - pra mia fi - glia. Più tua fi - glia non è, mia spo - sa è A -
22
BAJAZET
ste - ria. Tu - a spo - sa? non è ve - ro; degli Ot - to - ma - ni il san - gue non può ac - cop -
25
TAMERLANO
piar - si al san - gue d'un pa - sto - re. In - fe - li - ce su - per - bo, non sai, ch'io
28
BAJAZET
so - no tu - o si - gno - re an - co - ra? Eh! for - tu - na non to - glie, o lie - ta, o av -
31
(ad Asteria)
ver - sa, a te vil - tà di san - gue, a me gran - dez - za. Tu ta - ci, te - me -
34
ra - ria, il tuo ros - so - re ven - di - ca già in gran par - te il tuo de - lit - to, per - fi - da,

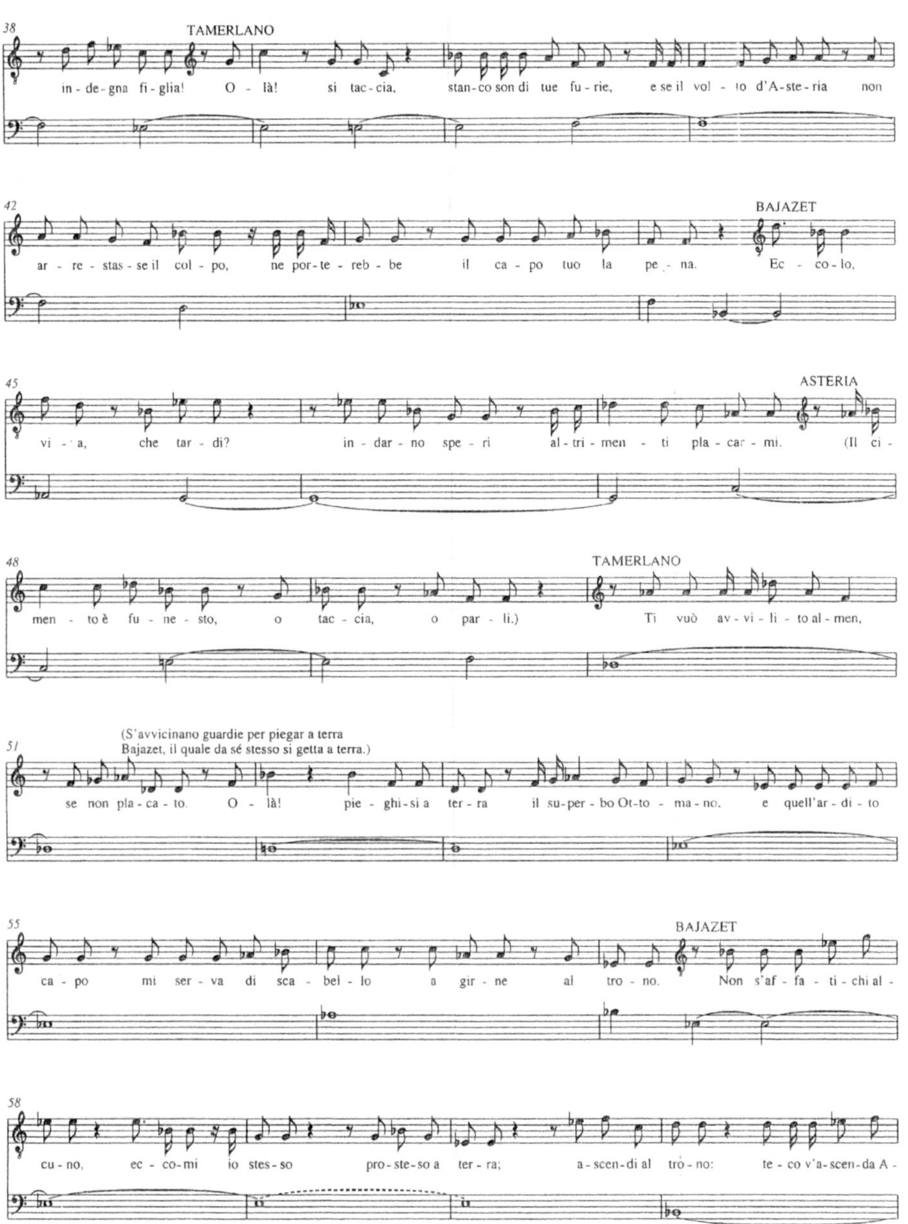

38
TAMERLANO
in - de - gna fi - glia! O - là! si tac - cia, stan - co son di tue fu - rie, e se il vol - to d'A - ste - ria non
42
BAJAZET
ar - re - stas - se il col - po, ne por - te - reb - be il ca - po tuo la pe - na. Ec - co - lo,
45
ASTERIA
vi - a, che tar - di? in - dar - no spe - ri al - tri - men - ti pla - car - mi. (Il ci -
48
TAMERLANO
men - to è fu - ne - sto, o tac - cia, o par - li.) Ti vuò av - vi - li - to al - men,
(S'avvicinano guardie per piegar a terra Bajazet, il quale da sé stesso si getta a terra.)
51
se non pla - ca - to. O - là! pie - ghi - si a ter - ra il su - per - bo Ot - to - ma - no, e quell'ar - di - to
55
BAJAZET
ca - po mi ser - va di sca - bel - lo a gir - ne al tro - no. Non s'af - fa - ti - chi al -
58
cu - no, ec - co - mi io stes - so pro - ste - so a ter - ra; a - scen - di al tro - no: te - co v'a - scen - da A -

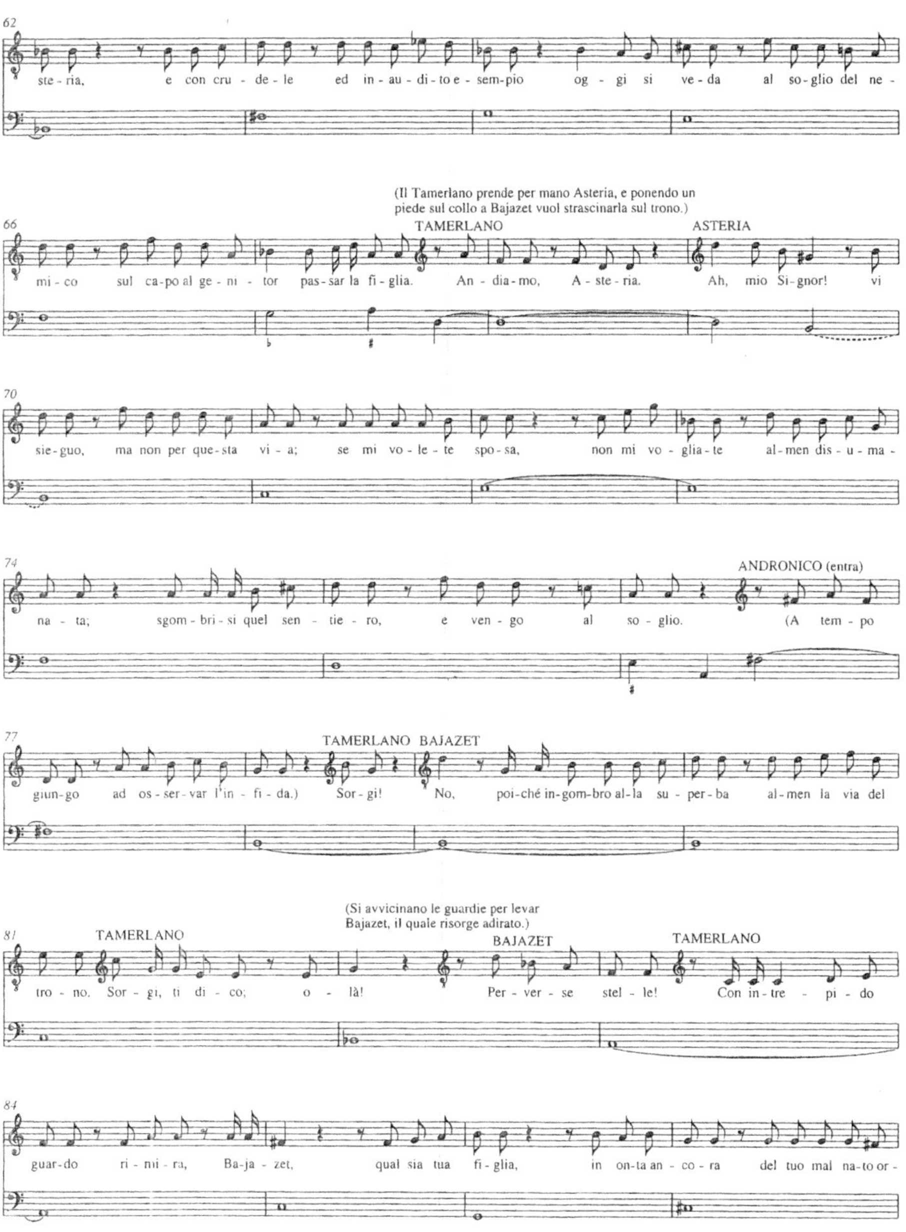
62
ste - ria, e con cru - de - le ed in - au - di - to e - sem - pio og - gi si ve - da al so - glio del ne -
(Il Tamerlano prende per mano Asteria, e ponendo un piede sul collo a Bajazet vuol strascinarla sul trono.)
66
TAMERLANO
ASTERIA
mi - co sul ca - po al ge - ni - tor pas - sar la fi - glia. An - dia - mo, A - ste - ria. Ah, mio Si - gnor! vi
70
sie - guo, ma non per que - sta vi - a; se mi vo - le - te spo - sa, non mi vo - glia - te al - men dis - u - ma -
74
ANDRONICO (entra)
na - ta; sgom - bri - si quel sen - tie - ro, e ven - go al so - glio. (A tem - po
77
TAMERLANO BAJAZET
giun - go ad os - ser - var l'in - fi - da.) Sor - gi! No, poi - ché in - gom - bro al - la su - per - ba al - men la via del
(Si avvicinano le guardie per levar Bajazet, il quale risorge adirato.)
81
TAMERLANO
BAJAZET
TAMERLANO
tro - no. Sor - gi, ti di - co; o - là! Per - ver - se stel - le! Con in - tre - pi - do
84
guar - do ri - mi - ra, Ba - ja - zet, qual sia tua fi - glia, in on - ta an - co - ra del tuo mal na - to or -

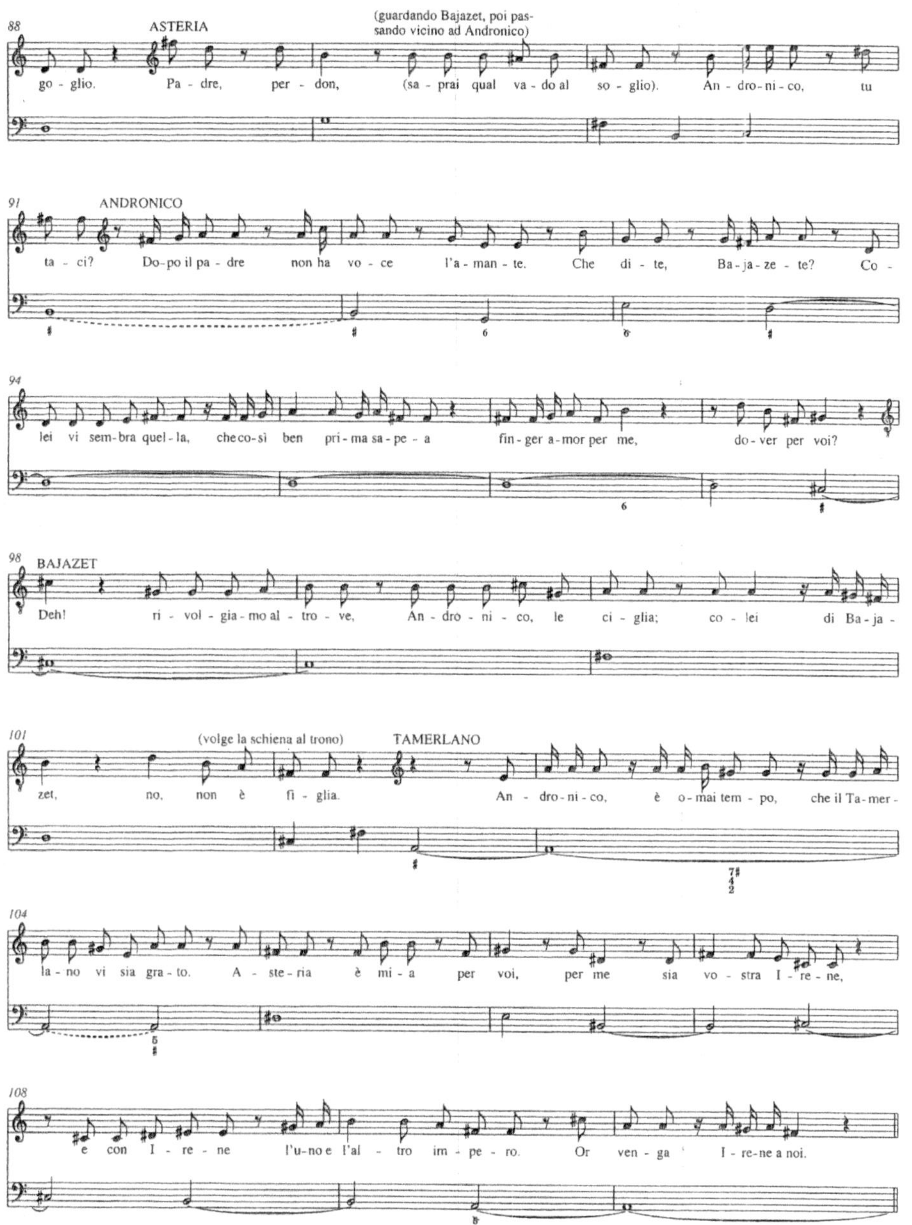
88
ASTERIA
(guardando Bajazet, poi passando vicino ad Andronico)
go - glio. Pa - dre, per - don, (sa - prai qual va - do al so - glio). An - dro - ni - co, tu
91
ANDRONICO
ta - ci? Do - po il pa - dre non ha vo - ce l'a - man - te. Che di - te, Ba - ja - ze - te? Co -
94
lei vi sem - bra quel - la, che co - sì ben pri - ma sa - pe - a fin - ger a - mor per me, do - ver per voi?
98
BAJAZET
Deh! ri - vol - gia - mo al - tro - ve, An - dro - ni - co, le ci - glia; co - lei di Ba - ja -
101
(volge la schiena al trono)
TAMERLANO
zet, no, non è fi - glia. An - dro - ni - co, è o - mai tem - po, che il Ta - mer -
104
la - no vi sia gra - to. A - ste - ria è mi - a per voi, per me sia vo - stra I - re - ne,
108
e con I - re - ne l'u - no e l'al - tro im - pe - ro. Or ven - ga I - re - ne a noi.

26.) Orlando, II. Akt, 2. Szene

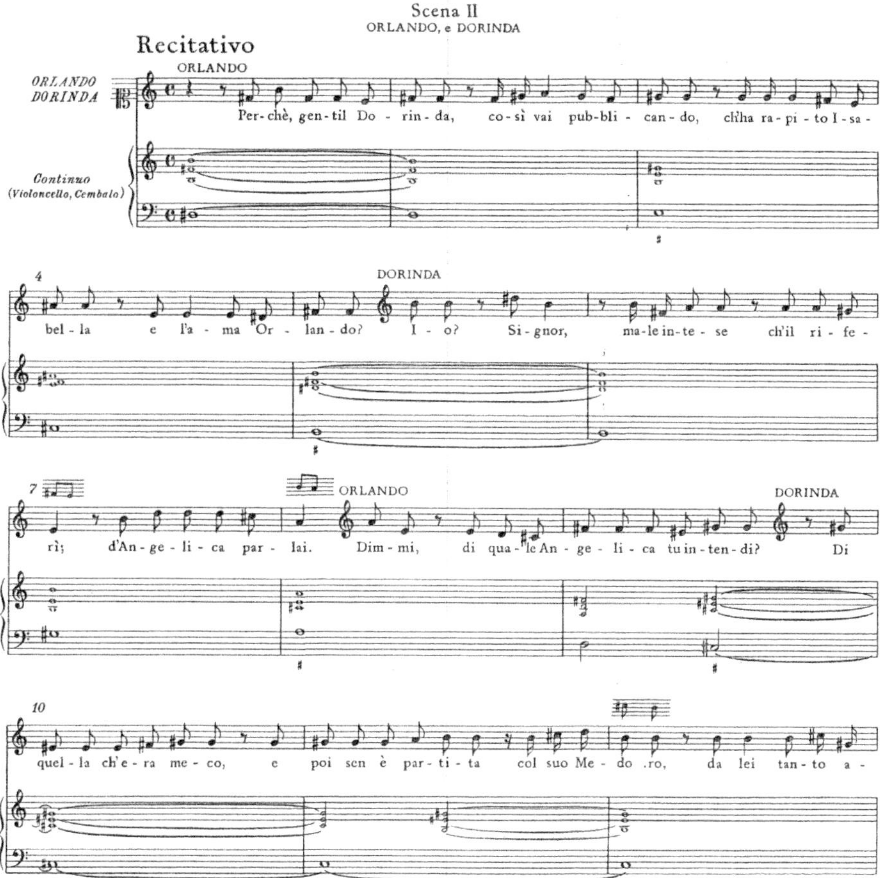

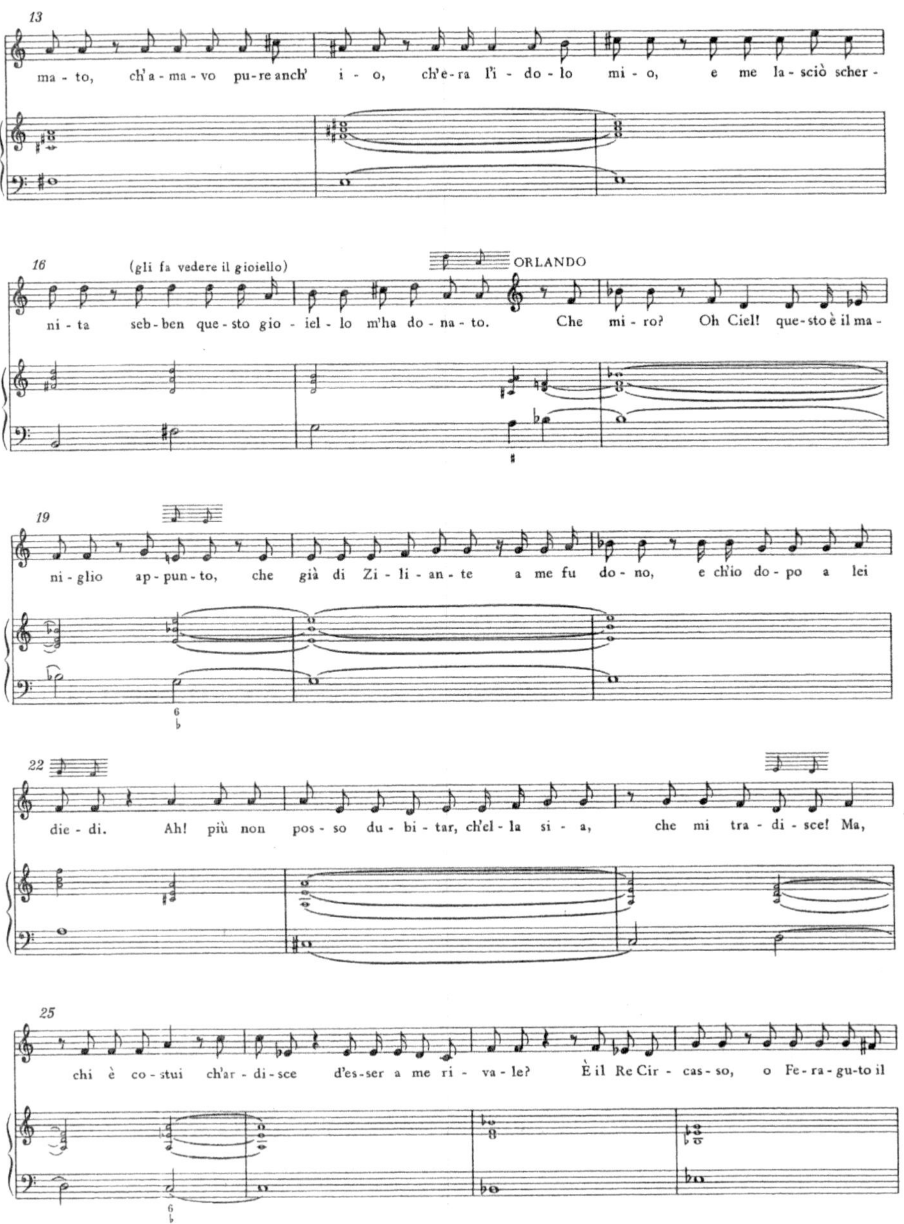
13
ma - to, ch'a - ma - vo pu - re anch' i - o, ch'e - ra l'i - do - lo mi - o, e me la - sciò scher -
16
(gli fa vedere il gioiello)
ORLANDO
ni - ta seb - ben que - sto gio - iel - lo m'ha do - na - to. Che mi - ro? Oh Ciel! que - sto è il ma -
19
ni - glio ap - pun - to, che già di Zi - li - an - te a me fu do - no, e ch'io do - po a lei
22
die - di. Ah! più non pos - so du - bi - tar, ch'el - la si - a, che mi tra - di - sce! Ma,
25
chi è co - stui ch'ar - di - sce d'es - ser a me ri - va - le? È il Re Cir - cas - so, o Fe - ra - gu - to il

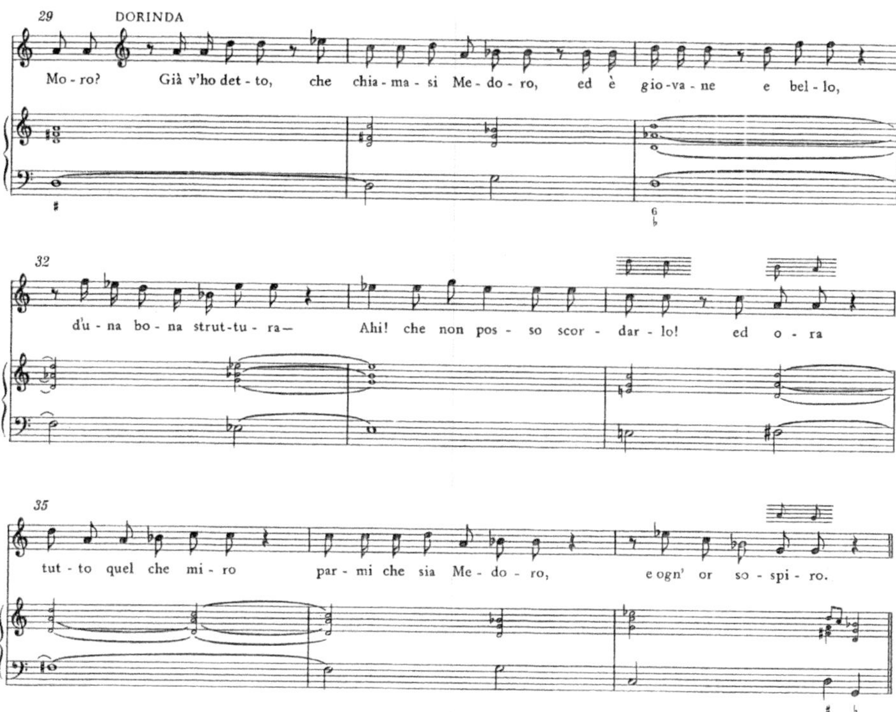

ORLANDO resta attinato coprendosi il volto colle mani.

Danksagung

Als ich im Herbst 2012 mit der Vorbereitung für meine Dissertation begann, war für mich zuerst nicht abzusehen, mit welchen Methoden ich mich einem zwischen Sprache und Musik gelegenen Bereich nähern sollte. Mein Dank gilt so in erster Linie meiner Betreuerin Prof. Dr. Silke Leopold, die mir in der Anfangsphase in vielen Fällen half, Ordnung in die Vielzahl von Ideen zu bringen, und mich davor bewahrte, in eben jene Fußangeln zu treten, die einen vorzeitigen Abbruch zur Folge gehabt hätten. Ebenso danke ich Prof. Dr. Dorothea Redepenning, die mir gemeinsam mit Silke Leopold im Doktorandenkolleg am Musikwissenschaftlichen Seminar der Universität Heidelberg dabei half, den erforderlichen Mut und die Kreativität für diese wissenschaftliche Arbeit zu bewahren. PD Dr. Stefan Drees sowie den Kommilitoninnen und Kommilitonen danke ich für ihre Vorträge und die gemeinsamen Gespräche und Diskussionen. Weitere wichtige Impulse kamen u. a. von Prof. Dr. Reinhard Strohm (Oxford), Dr. Hans-Dieter Clausen (Hamburg), Dr. Markus Engelhardt (Rom) und Prof. Dr. Mathias Bielitz (Heidelberg).

Des Weiteren gilt meinen Eltern Dank für manche Unterstützung. Dr. Olaf Zenner (Köln) stand mir ebenfalls zur Seite. Hilfreich war außerdem die Unterstützung der Mitarbeiterinnen und Mitarbeiter der Bibliothek des Musikwissenschaftlichen Seminars der Universität Heidelberg sowie der Badischen Landesbibliothek und dem Lesesaal Sammlungen in Karlsruhe, die über nahezu alle musikhistorischen Quellen verfügten, die für das Gelingen dieser Arbeit notwendig waren. Ein weiterer Dank gilt dem Bärenreiter-Verlag und Frau Malecki, die mir die Veröffentlichung der Notenbeispiele im Anhang gestattet haben.

Karlsruhe, im Mai 2018